U0894629

珍藏本
纪念版

汉译世界学术名著丛书

俄国社会思想史

第一卷

〔俄〕戈·瓦·普列汉诺夫 著

孙静工 译

郭从周 校

2017年·北京

Г. В. ПЛЕХАНОВ

ИСТОРИЯ РУССКОЙ

ОБЩЕСТВЕННОЙ МЫСЛИ

Госудрственное издательство

Москва 1925 Ленинград

根据苏联国家出版社莫斯科-列宁格勒1925年版译出

汉译世界学术名著丛书
（120年纪念版·珍藏本）
出版说明

2017年2月11日，商务印书馆迎来120岁的生日。120年前，商务印书馆前贤怀揣文化救国的理想，抱持“昌明教育，开启民智”的使命，立足本土，放眼寰宇，以出版为津梁，沟通中西，为中国、为世界提供最富智慧的思想文化成果。无论世事白云苍狗，潮流左右激荡，甚至战火硝烟弥漫，始终践行学术报国之志，无改初心。

迻译世界各国学术名著，即其一端。早在20世纪初年便出版《原富》《天演论》等影响至今的代表性著作，1950年代后更致力于外国哲学和社会科学经典的译介，及至1980年代，辑为“汉译世界学术名著丛书”，汇涓为流，蔚为大观。丛书自1981年开始出版，历时三十余年，迄今已推出七百种，是我国现代出版史上规模最大、最为重要的学术翻译工程。

丛书所选之书，立场观点不囿于一派，学科领域不限于一门，皆为文明开启以来，各时代、各国家、各民族的思想与文化精粹，代表着人类已经到达过的精神境界。丛书系统译介世界学术经典，引领时代思想，为本土原创学术的发展提供丰富的文化滋养，为推动中国现代学术和现代化进程做出了突出的贡献。

为纪念商务印书馆成立120周年，我们整体推出“汉译世界学术名著丛书”120年纪念版的珍藏本，寄望既利于文化积累，又便于研读查考，同时向长期支持丛书出版的译者、编者和读者致以敬意。

两甲子后的今天，商务印书馆又站在了一个新的历史时间节点上。我们不仅要铭记先辈的身影和足迹，更须让我们的步伐充满新的时代精神。这是商务人代代相传的事业，更是与国家和民族的命运始终紧密相连的事业。我们责无旁贷，必须做好我们这代人的传承与创造，让我们的努力和成果不仅凝聚成民族文化的记忆，还能成为后来人可以接续的事业。唯此，才能不负前贤，无愧来者。

商务印书馆编辑部

2017年10月

中译本序

（一）

戈奥尔基·瓦连廷诺维奇·普列汉诺夫是俄国最早的马克思主义者之一，也是当时俄国和欧洲最杰出的马克思主义哲学家之一。1856 年 12 月 11 日出生于唐波夫省利佩茨克县古达洛夫卡村。父亲是贵族地主，母亲是俄国革命民主主义思想家别林斯基近亲的后裔。大学时代参加民粹主义小组。1880 年年底为逃避沙皇政府搜捕亡命西欧。

流亡的最初几年，普列汉诺夫接触了西欧的工人运动，认真钻研了马克思恩格斯著作，彻底清算了自己头脑中的民粹主义思想。于是就从一个小资产阶级的农民民主主义者和空想社会主义者变成了无产阶级的科学社会主义者，从巴枯宁式的唯心史观拥护者变成了唯物史观的信奉者。1883 年 9 月他同查苏利奇等人组织了俄国历史上第一个马克思主义的革命团体“劳动解放社”。这个仅仅由少数几个革命知识分子组成的团体存在了二十年，直到 1903 年 9 月才正式宣布解散，并入新成立的俄国社会民主工党。在这个小团体中普列汉诺夫是公认的思想领袖。在他的领导和直接参与下，劳动解放社翻译和出版了马克思恩格斯的许多重要著作，并把它们秘密运往俄国散发。它还出版了一系列政治、哲学、经济、科学社会主义、美学、文艺评论和历史等方面的论著，捍卫、论证和发展了辩证唯物主义，特别是历史唯物主义的原理，批判了民粹主义、无政府主义、新康德主义、经济主义等俄国以及国际工人运动中资产阶级的和修正主义的思潮，分析了俄国革命提出的种种政治、经济和理论问题，从而培养了一大批年轻的革命骨干，为联合国内外社会民主主义力量和在俄国建立社会民主党进行了大量卓有成效的工作，同时它还建立并且加强了俄国社会民主主义组织同欧洲（主要是西欧）社会民主党的牢固联系，交流了彼此的革命经验，促进了无产阶级的国际团结。

1900 年 8—9 月，列宁和普列汉诺夫通过艰巨而曲折的谈判，达成了共同编辑出版《火星报》和《曙光》杂志的协议。同年年底到 1903 年 10 月，是普列汉诺夫同列宁并肩战斗的三年，也是他政治上最光辉的岁月。列宁认为，普列汉诺夫和他的"劳动解放社"同志，不仅在理论上促进了俄国社会民主主义运动，实行了迎接工人运动的第一步，而且是"为俄国社会民主党打下基础并一直领导党的理论家和著作家"，他们"为党在理论上和实践上的发展做了许多事情"，"俄国社会民主党的建立，是'劳动解放社'即普列汉诺夫、阿克雪里罗得和他们的朋友们的主要功绩"①。

1903 年 11 月，即在俄国社会民主党第二次代表大会闭幕后

① 《列宁全集》，中文版，第 4 卷，第 203、226、292 页。

两个月，作为党的总委员会主席的普列汉诺夫对党内孟什维克的分裂活动采取了退让妥协的政策，并且自己很快也滑进了孟什维克机会主义泥坑，开始在组织问题上，随后由于 1905 年革命的来临又在策略问题上采取了同以列宁为首的布尔什维克尖锐对立的立场。他在组织问题上的主要错误是不理解或不赞同列宁建党学说中发展了马克思恩格斯关于无产阶级政党的理论的那些崭新的东西，没有认识到处在帝国主义时代的无产阶级为了实现自己的任务需要具有新的组织形式的先锋队。和组织问题上的错误相比，普列汉诺夫的机会主义立场在策略问题上表现得更为严重。他用教条主义的态度把马克思恩格斯在资产阶级上升时期关于西欧无产阶级的斗争任务所说的话不加分析地搬到帝国主义时代落后的俄国资本主义社会。他不了解一般资产阶级革命和农民资产阶级革命之间的相互关系，不了解农民资产阶级革命同非农民资产阶级革命之间的区别，不了解在农民资产阶级革命中资产阶级的反动性和农民的重大作用，不了解这个革命要取得胜利，其一般的基本的阶级条件就是实行无产阶级和农民的民主专政。由于他在俄国党内的地位和声望远远高于当年伯恩施坦在自己党内的地位，所以列宁说他的机会主义策略给俄国无产阶级事业带来的危害比伯恩施坦给德国工人运动造成的危害大过百倍。

不过，从 1903 年 11 月到 1914 年 8 月这段时期，普列汉诺夫仍然是一个革命家，确切点说是俄国工人运动中的一个反映小资产阶级情绪和愿望的革命家。他这个时期的总的特点就是动摇性，即在布尔什维克和孟什维克之间摆来摆去。所以列宁称他是一个“特殊的孟什维克”，说他采取了一种“特殊的立场”。所谓特殊立场的意思，不仅是指他在策略和组织问题上好多次脱离过孟什维克，不仅是指他在斯托雷平反动年代抨击了取消派，同布尔什维克结成了战斗联盟，在极其困难的环境下捍卫了党，捍卫了地下活动，捍卫了革命，而且，与此密切联系的，是指他在理论上、在哲学上坚持了“正义的事业”，或如列宁所说，在 1904—1914 年这十年期间，普列汉诺夫作为“孟什维克-马克思主义者”，“在理论上是激进主义、在实践上是机会主义”①。

第一次世界大战爆发后，普列汉诺夫彻底堕落了，变成了一个社会沙文主义者，即口头上拥护社会主义而实际上采取了沙文主义立场，走上了为本国资产阶级及其同盟者的利益辩护的道路，同无产阶级革命事业最后决裂。1917 年二月革命后他回到了俄国，继续鼓吹俄国进行的帝国主义战争，号召工人阶级团结在资产阶级临时政府周围，反对列宁提出的变帝国主义战争为国内战争、实行社会主义革命的“四月提纲”。他虽然没有参加反对十月革命的活动，但是他完全不理解这个革命。1918 年 5 月 30 日，这位卓越的思想家在孤独凄凉中死于因肺结核病恶化而引起的心肌梗塞症。

总之，普列汉诺夫一生经历了复杂多变的政治道路。概略地说，他的政治立场变化过程可以分为四个时期，即民粹主义时期(1876—1883)、马克思主义时期(1883—1903)、孟什维主义时期(1903—1914)、社会沙文主义时期(1914—1918)。前两个时期是

① 《列宁全集》，中文版，第 21 卷，第 82 页。

不断进步、上升的，经过十年的动摇，最后彻底堕落了。

（二）

与政治道路的复杂多变不同，普列汉诺夫的哲学观点在成为马克思主义者以后直到逝世时为止，却是相对稳定的。1921年列宁在跟托洛茨基争论的时候写道："普列汉诺夫所写的全部哲学著作，……是整个国际马克思主义文献中的优秀著作。"[①]这里说的"全部哲学著作"，当然不限于1903年以前的著述，也指1903年以后的作品，其中包括未完成的多卷本专著《俄国社会思想史》。不过就他的理论思维水平而言，十九世纪九十年代是他一生所达到的最高峰。此后十余年虽然不断有新的论著问世，但整个说来理论上并没有新的突破，只不过把他所掌握的那些马克思主义哲学原理较为详细、较为系统、较为具体地运用于某些知识领域，取得了程度不等的成功罢了。这个评价也适用于《俄国社会思想史》。

普列汉诺夫是怎样写起这部著作的呢？应该说，这也是一种必然性和偶然性相结合的产物。

大家知道，普列汉诺夫最初参加民粹主义组织时是一个全心全意投入政治活动的实干家。不久，对理论问题的兴趣越来越在他的头脑中占据更大的位置，在流亡西欧以后尤其如此。每当在政治活动中失意的时候，他就更加热衷于理论研究。例如1900年

① 《列宁全集》，中文版，第32卷，第84页。

9月,他在同列宁就共同编辑出版《火星报》和《曙光》杂志进行谈判时曾对列宁表示过:如果谈判破裂,“他要放弃政治活动而投身于学术工作、纯粹的学术工作”①。后来由于列宁坚定而灵活的态度,终于达成了圆满的协议。但普列汉诺夫同以列宁为代表的年轻马克思主义者的合作为时不长。1903年11月以后,他跟布尔什维克决裂了,倒向了孟什维克一边。然而他同孟什维克领袖们的关系一开始就很不融洽,大小矛盾时有发生。1905—1907年革命失败后,当大多数孟什维克首领鼓吹取消地下活动,取消党,取消马克思主义哲学时,普列汉诺夫又同这些取消派分子彻底闹翻了。这时他的心情的苦闷可以从他当时给妻子的信中清楚地看出来。他写道:“我们无法同孟什维克一起前进。我注定要孤身一人。我不害怕这样的命运,但是我终究感到很难过。”据说正是在1908年至1909年一年中,他完全把自己关在书房里。尽管他投身学术时始终不曾忘情于政治活动,但学术与政治的矛盾一直使他十分苦恼。例如,1914年7月他从布鲁塞尔参加社会党国际局会议回来后对妻子说:“我对一切都厌倦了。我还从来没有看到过像这次会议上所出现的那种争吵。我宁可坐下来写理论著作。‘世界’出版社催促我完成第二卷。”这个第二卷就是《俄国社会思想史》第二卷。

早在1909年5月,普列汉诺夫突然收到“世界”出版社从莫斯科寄来的一封信,建议他撰写一部《俄国社会思想史》。本来这几年从外国和俄国出版社寄来的类似的约稿建议不少,但“世界”出

① 参看《列宁全集》,中文版,第4卷,第308页。

版社的这个建议特别使他高兴，因为俄国社会思想史，主要是十九世纪俄国社会思想史一直是他研究和创作的心爱的题目。从十九世纪八十年代以来，他曾就赫尔岑、别林斯基、车尔尼雪夫斯基、杜勃罗留波夫、民粹派思想家等等，撰写了和发表了十多种论著。所以，一接到这个建议，他就立即回信表示同意，并着手搜集材料，起草全书的写作计划。

这就是说，无论从他要放弃政治活动而投身纯学术工作来看，还是从他对这个题目一向抱有浓厚的兴趣来看，写作《俄国社会思想史》都有必然性。但另一方面，他终于写出了三卷《俄国社会思想史》，而不是其他什么书，比方关于美学或艺术史方面的专著，则是偶然的。如果当年"世界"出版社或者别的什么出版商约他写的是美学著作，那么今天传世的很可能是一部《美学原理》或《艺术史》之类的作品了。据柳·依·阿克雪里罗得说，直到临终前不久他还对自己未能利用在艺术问题上所积累的一切材料写成一部专著深表遗憾。

开初，普列汉诺夫打算用 46 个印张的篇幅简要地概述俄国社会思想从基辅罗斯到二十世纪初的全部发展过程，这样就能较快地交稿。后来事情的进展完全出乎他的意料：他只写出前 3 卷，仅仅写到拉季谢夫，即原计划 9 个项目中只完成第一、二项，而篇幅却有 57 个印张。它的内容不过是全书的主体即最后 7 项所要阐述的十九世纪到二十世纪初俄国社会思想发展的一个理论的和历史的引论，而这个引论就几乎花费了他整个的晚年——1909 年 10 月到 1916 年年底。据说"世界"出版社刊登过一则广告，说此书全部完成将不少于 7 卷。可惜一年以后，疾病过早地夺去了他的生命。

普列汉诺夫一生著述丰富。迄今为止苏联出版的他的著作，如果全部译成中文，总数当在一千万字以上。然而超过30万字的专著只有《车尔尼雪夫斯基》(1909)和《俄国社会思想史》(1914、1915、1916)两种。就写作时间之长、参阅资料之多、耗费心力之大而言，他一生著作中后一本书是首屈一指的。为了写好这部书，他的藏书中新增了好几百本必不可少的第一手材料和研究著作(现今列宁格勒普列汉诺夫档案馆中保存的他的个人藏书达一万六千余册)。他和妻子还写了大量信件给莫斯科和彼得堡的熟人和不熟悉的人，请求购买或借阅有关书籍，这是一张很长的书单子。当时也住在瑞士(克拉伦)的俄国著名藏书家鲁巴金慷慨地允许普列汉诺夫充分利用他个人多达8万册的丰富藏书。作为一个学风十分严谨的马克思主义者，普列汉诺夫并不满足于这一切，也不满足于日内瓦等地图书馆内的有关藏书。1913年6月7日，他写信给“世界”出版社说：“可能今年夏天我要到伦敦去为[我的]著作再找些原始材料。”[①]可惜反动的沙皇政府不允许他回到祖国，更不可能让他利用国内的珍版图书和各类档案。不过他手头现有的上述材料也就相当可观了。这么大量的材料显然不可能在一两年内研究清楚。特别是他以前只熟悉十九世纪俄国社会思想，对于十七、十八世纪这一段却没有什么研究。这就是他的写作计划一再延期的主要原因之一。为此他多次向出版社表示歉意。有时出版社急着要付排了，他突然得到一本重要的学术著作，就硬是压着等读完这部著作，核对好有关资料，并对自己的书稿作些相应的修改或增

① 《普列汉诺夫哲学遗著》，1974年，俄文版，第3卷，第285页。

补，然后才肯寄出去。

总之，像这样一位始终被列宁称为精通马克思主义的大理论家在具体分析大量文献的基础上穷年累月、殚精竭虑才写出的这部洋洋百万言的巨著，其学术价值是不言自明的，任何真正的学者都会严肃认真地对待它。企图像米丁那样用一顶“孟什维克化的唯心主义”帽子从根本上否定它①，只会给这种企图的制造者留下历史的笑柄。

（三）

斯大林死后，苏联学术界在恢复列宁对普列汉诺夫的评价的口号下开始了对普列汉诺夫进行重新评价。但是从根本上对《俄国社会思想史》这部巨著进行重新评价，却是七十年代的事。这里我们只抄录两段苏联著名普列汉诺夫专家的话。

一段见于恰金为《普列汉诺夫哲学遗著》第3卷所写的编者序言。他说：普列汉诺夫这部未完成的三卷本著作“是俄国社会思想史方面第一部综合性的巨著。对于自己的时代说来它是一部试图从马克思主义立场系统地彻底研究俄国漫长历史上社会思想发展基本线索的著作。……基本上是从唯物史观立场写出的这部著作，特别是它的已经发表的部分，是同关于俄国社会思想发展的唯心主义观点和折中主义观点背道而驰的。这绝对是普列汉诺夫的功绩。……普列汉诺夫把俄国社会思想史同西方社会思想发展过

① 米丁：《唯物辩证法的首要问题》，1936年，俄文版，第55页。

程联系起来，这是他的研究的擅长方面……普列汉诺夫拟订的俄国社会思想史计划，整个说来具有重大的价值。在编写和实现俄国社会思想史的现代科学研究计划时，无论如何不能对它置之不顾”。

另一段是约夫楚克和库尔巴托娃的评论：“在《俄国社会思想史》中，他批判了资产阶级自由派的这样一个论断：似乎俄国社会思想是从西欧各种流派简单地承袭来的，没有多少自己重要的和独立的传统；他坚决驳斥了地主资产阶级反革命思想家的下列捏造：似乎十九世纪的俄国革命思想是‘没有根基的’，具有‘学理主义’的缺陷。……另一方面，普列汉诺夫驳斥了斯拉夫派、民粹派和其他反马克思主义的俄国社会思想的历史学家的孤立主义倾向，这些历史学家把俄国社会思想看作是如此独特的，以致看不到它同世界文化的任何联系……他是第一个从马克思主义立场企图描绘从基辅罗斯时期到二十世纪初的俄国社会思想的宏伟的、给人以深刻印象的图景的革命理论家。……他鲜明地揭示了俄国社会思想的进步派别和反动派别之间斗争的历史道路。他令人信服地指出了进步派别同俄国和欧洲解放运动的密切联系及其对我国各族人民的文学、艺术和精神生活的有益影响。……他从马克思主义哲学立场提出了本国的和世界的社会思想史中许多重要的和复杂的问题。”

显然，《俄国社会思想史》也存在着种种不足和错误。普列汉诺夫辩证法观点的根本缺陷以及他晚年的政治立场必然要给这部书留下自己的烙印，这是毋庸讳言的。这本巨著从发表到今天，已经过去六十多个春秋，无论是在历史唯物主义原理或史学方法论方面,还是史料的收集、开掘和整理方面,都有了长足的进步。所以,分析和批判本书的各种缺点和错误无疑是必要的和有益的。从苏联近几十年的文献看,问题不在于谁反对这样做,而在于有水平的科学的批判太少,无中生有的夸大的指责太多,而且正如恰金所指出的,人们一谈到他的某些矛盾或错误的论断时总是不容分说地仅仅归咎于他的错误的政治立场,至于认识上的原因,包括占有材料的不足,分析问题的失算,由于没有前例可资借鉴而产生的经验缺乏,以及当时的马克思主义水平等等,则几乎一概忘记了[①]。

然而,不管这部著作存在着多少不足和错误,有一点却是可以断言的,这就是:迄今为止似乎还没有人写出一部整个说来能与本书并驾齐驱的专著,更不用说超过它了。也就是说,无论就立论之高、视野之远、内容之广、时距之长,还是就分析之细或文采之美而言,在同一领域内至今都可说是一部开一代新风的马克思主义的奠基性著作。

本书在1937年抗日战争爆发前后就已有了中文译本。不过,当时商务印书馆出版的由孙静工先生翻译的《俄国社会思想史》,只刊印了上、中册,即该书的第一、二两卷,而且又是节译本。由于我们国家当时正处在民族生死存亡的紧急关头,这个译本印数很少,在文化界中没有引起应有的重视。长期以来知道有这个中译本的人为数不多。

① 参看他的著作《普列汉诺夫及其在发展马克思主义哲学中的作用》,1963年,俄文版,第247页。

党的十一届三中全会以后，改革的春风吹遍神州大地，学术事业同样走上了空前繁荣的道路。因此，《俄国社会思想史》由原译者孙静工重新翻译并经郭从周同志校订后出版，应该说是一件很有意义的文化引进。那么，对于我们正在进行社会主义现代化建设的中国人民说来，它的理论价值和实践意义是什么呢？我想，是否可以指出以下几点。

第一，普列汉诺夫曾经讲过，要自觉地继承马克思恩格斯的事业，就必须把辩证唯物主义方法运用于他们“很少研究过或根本没有研究过的历史发展的那些方面——例如研究思想史”[①]。他之同意接受写作《俄国社会思想史》的建议，用意就在这里，由此而写出的作品的价值也在这里。所以弄清他是怎样运用唯物史观原理分析和叙述一个东方国家的社会思想史的，对于我们进一步研究中国哲学史，对于我们着手研究各类思想史，特别是社会思想史，无论在研究的对象、范围和方法或者叙述方式方面，应该说都是很有参考价值的。这里特别要指出一点，就是：他对各派社会思想及其历史的考察，总是紧密结合着当时的社会心理进行的，总是紧密结合着俄国哲学、文学、艺术史和其他各门社会科学史进行的，总是紧密结合着西欧先进的哲学思想和社会政治思想的影响进行的，总是把政治思想、经济思想、伦理思想或宗教思想糅合起来，从而创造出关于各个历史时期社会精神生活发展过程的一幅哲学上经过细致思考的、鲜明完整的图画。

第二，如果说通过他怎样论述俄国社会思想史可以看出应该

① 《普列汉诺夫哲学著作选集》，第3卷，第219页。

如何运用唯物史观一般原理，那么反过来，从这种论述本身也可以进一步揭示他的社会结构学说和社会发展动力学说，特别是他的社会心理学说的丰富内容。

1890年9月21—22日恩格斯在致布洛赫的信中明白告诉我们，他和马克思并不是始终都有机会全面系统地阐述唯物史观的一般原理，难免对其中的某些原理（例如参与交互作用的诸因素对经济的反作用）未能给予应有的重视。“但是，只要问题一关系到描述某个历史时期，即关系到实际的应用，那情况就不同了，这里就不容许有任何错误了。”可见，要全面掌握马克思恩格斯的历史唯物主义思想，不研究他们的历史著作是绝对片面的。例如《法兰西阶级斗争》、《雾月十八日》、《法兰西内战》、《德国农民战争》等著作对于当时法德社会各阶级、各阶层之间进行的复杂、激烈的斗争所作的具体而深刻的分析，难道没有大大丰富他们的社会结构学说，特别是阶级斗争学说么？理论工作者很少有人试图遵循恩格斯的上述指示，从这些著作对具体历史事件的论述中概括出一般原理，不能不认为是令人遗憾的。同样，对于普列汉诺夫著作的研究者在分析《俄国社会思想史》上应取的态度，也可以作如是观。

第三，研究俄国近代社会思想史（包括政治思想史），有助于进一步了解苏联现行的社会政治观点。众所周知，西方、日本和苏联都一直非常重视对我国明清史的研究，包括明清社会思想史的研究，其目的十分明显。我们也应当大力开展俄国近代思想史的广泛研究。在这一研究中，普列汉诺夫这本书无疑占有突出的地位。

最后,如前所说,《俄国社会思想史》是普列汉诺夫一生经营最久、部头最大的传世名作。不研究这部著作,很难说对他的哲学思想,特别是他晚年的社会政治思想有全面的认识。

王 荫 庭

1986 年 12 月于武汉大学

目　录

第一部分

第二部分　彼得前的罗斯社会思想运动

俄文版编者序

普列汉诺夫在1909年5月旅居意大利时，收到“世界”出版社请他编写俄国社会思想史的建议。回到日内瓦后，普列汉诺夫立即着手制订编写计划，并于同年10月底将计划寄给出版社。

原计划整个著作的篇幅为46个印张左右。值得指出，普列汉诺夫对于整个资料的分期安排，是怎样设想的：

1. 历史总绪论 …………………………………………… 3印张

2. 叶卡捷琳娜二世时代(诺维科夫·拉季谢夫等) …… 3印张

3. 保罗一世和亚历山大一世(十二月党人) ………… 4印张

4. 尼古拉一世(国家情况与文学、斯拉夫派、西方派、彼得拉舍夫斯基派概述) ……………………………… 7印张

5. 亚历山大二世(20年代，革命小组，民粹派，“到民间去”，“民意派”三月一日惨剧) ……………………………… 10印张

6. 亚历山大三世(民粹派的退化与马克思主义的诞生) ………………………………………………………… 4印张

7. 尼古拉二世——第一部分(民粹派及主观主义者同马克思主义者的论争；马克思主义的分化，即“对马克思的批判”) …… 5印张

8. 尼古拉二世——第二部分(政党：欧洲自由主义派、社会民主党、社会革命党) ……………………………………… 5印张

9. 1905—1907 年各次事件及其对俄国社会思想进化的影响 …………………………………………… 5 印张

共计 46 印张

普列汉诺夫很快就感到他的设想保守了。看来在编写俄国社会思想史的过程中,讨论十九世纪以前时期的那些章节,愈来愈加扩大。在 1912 年 5 月普列汉诺夫准备将所写《历史绪论》寄发时,他通知出版社说,这一部分将不是三印张,而是四印张半。

1912 年 7 月,出版社收到《绪论》后,认为这部著作可能要扩大,所以普列汉诺夫建议他们将全书的篇幅增加为五十印张。

可是普列汉诺夫又错了。1913 年 2 月,他写信给出版社说,第一卷稿不会在秋季以前写完。"我还有关于莫斯科罗斯的分裂运动和人民运动——彼得改革的影响一节未写;叶卡捷琳娜二世时代(诺维科夫,拉季谢夫等);'十二月党人'。第一卷应以关于十二月党人的论述结束。"

1913 年 5 月,普列汉诺夫再次通知出版社,他要到 10 月底才能寄出第一部分。他请他们对其余的部分不要担心。"这些部分其实业已写好,因此最后的校订可以比第一部分少费不少时间。但是由于许多原因,我不能准确地指明其后每一部分的脱稿时间。"因此,他请暂缓征求预订。

但在下一封信里(1913 年 6 月 7 日),普列汉诺夫通知说,他没有寄出"本书的第一章",因为他"昨天才收到 A. 巴甫洛夫论俄国寺院土地还俗一书",而"这一书的参证,却是必不可少的"。

普列汉诺夫直到 1913 年 6 月下半月才最后写好他的著作全部纲要。他写信给出版社说:"我必须进行很多极为顽强的劳动来制订一个详细计划。仿佛必须事先审查我自己有关这部业已着手的著作的全部思想的未来的进程。而且不只是思想进程。我重新审查了有关问题的文献资料及我对这些问题的标记。现在都做好了,——看来,不坏。剩下来的只是要将计划付诸实行。”但他还是请求通告,第一卷要到新年才能出版。

计划是写好了,但普列汉诺夫请出版社决定如何分卷。他在1913年8月写信给出版社说:“我这方面,只是请你们尽快通知我,你们打算对我的著作怎样分卷出版,以及第一卷包括哪几章。”

普列汉诺夫最初打算写到俄国社会民主党的建立,但由于书报检查的条件,同意他的著作将以《马克思的俄国学生们的论战》一章作为结束。

1914年2月,刚刚写完《莫斯科罗斯》时,普列汉诺夫仍然以为“全书将是三卷”。第一卷——莫斯科罗斯,第二卷——十八世纪和“十二月党人”,第三卷——其他。

普列汉诺夫又错了。1914年春,当他拟订的全书计划作为“世界”出版社公布出版普列汉诺夫的《俄国社会思想史》广告部分付印时,看来全部材料最少需用五卷。

从这一个我们作为全书前提的计划中看到:全书由下列各部分组成:I. 第一部分,绪论。俄国社会关系发展概论;II. 第二部分,彼得前罗斯的社会思想运动;III. 第三部分,十八世纪的俄国社会思想运动;IV. 第四部分,十九世纪上半期的社会思想;V. 第五部分,亚历山大二世时代的社会思想运动;VI. 第六部分,十九世纪最后25年的社会思想运动。

普列汉诺夫如何使这一计划实现呢?在大战开始之前,他仅能把最初两篇写完和定稿。但出版社急于出书①,所以不合理地把关于克里扎尼奇的一节作为第一卷的结束,完全任意地割裂第二篇第七章,把关于科托希欣和戈利岑的各节以及关于分裂派的第八章,编入第二卷。这种只能用商业性理由来解释的任意处理,极大地损害了第一卷的结构,引起了评论家们完全正当的指责:他们认为在研究"彼得前罗斯社会思想运动"的书里,没有关于分裂派的一章,是完全不可理解的。因此,我们按照普列汉诺夫本人原来的打算,将这两章从第一卷移到第二卷。

从 1914 年第一次世界大战开始到 1917 年二月革命,普列汉诺夫仅仅只写好第三篇,而且关于拉季谢夫的一章还未写完。

战争使俄国同瑞士的邮政联络困难重重,极大地阻碍了以后各卷的出版。第二卷直到 1915 年末才出版。这一卷除续完第二部分外,只编入第三部分的第四章。叙述止于"枢密院议员"同"贵族等级"的斗争。

第三卷于 1916 年年底即已印完。出版社甚至不等待第三部分的最后几章,便赶忙出书,又像对待第一卷那样,把它任意割裂。普列汉诺夫死后,第三部分的第十—十二章已以单行本出版,不久之前,杰伊奇又将关于拉季谢夫的第八章未完稿刊行(《劳动解放》社,集刊第一期)。

普列汉诺夫在革命后回到俄国,已经没有继续写他的著作的可能了。普列汉诺夫没有按照最初的打算以 6 印张来写完绪论和

① 我们在 1914 年 5 月 14 日的《俄国新闻》中看到第一卷将于 5 月底出版的通告。实际上,第一卷是在 1914 年 2 月底出版的。

十九世纪社会思想史，而是写了三卷约 56 个印张。他对自己著作的篇幅是怎样毫无明确的概念，可从这样一个事实中看出，即他在写完第一卷后，还以为他只能以三卷为限。可是“世界”出版社在 1917 年初，便已在新的广告里宣布，他们出版的《俄国社会思想史》最少是 7 卷。

毫无疑问，普列汉诺夫是能够更快地写好他的著作的其余部分的。他还要写的是十九世纪社会思想史，这是他早就作过认真的研究，且其个别时代已由他在一系列光辉论著中作过叙述。我们将在特别增补的一卷里，收入普列汉诺夫在内容方面可以代替最后三部分中许多已写各章的全部论文。

在现在提供读者的三卷里，我们使用了“世界”出版社版三卷里和“彼得堡工人消费合作社”版《俄国社会思想史》增补各章的遗著版里所发表的全部资料。在第一卷里，我们收进了头两部分：《绪论　俄国社会关系发展概要》和《彼得前的罗斯社会思想运动》。在第二卷和第三卷里收进了第三篇全文，——《十八世纪的俄国社会思想运动》。

由于普列汉诺夫不得不很快就放弃了作者看校样的工作，所以在印刷上有许多出于疏忽的错误。普列汉诺夫的夫人写信告诉出版社：“我的丈夫很遗憾，不能收到校样；在头几卷里有许多错误。有些地方的意思完全被歪曲了。”

在力所能及和可能的范围内，在我们的这个版本里，这些错误都改正了。大量引文亦经核对。有些文体生硬的地方，则未予更动。

我们所使用的普列汉诺夫同“世界”出版社的通信表明，他是多么认真地对待自己的任务，多么仔细地在尽管很差的条件下收集了他所需要的全部资料。如果要求普列汉诺夫在《俄国社会思想史》里提出这一思想的全部社会经济基础的详尽历史，那是荒诞的。只能在资料允许的范围内要求他用阶级斗争的发展来解释这一思想的发展。历史的评论应该阐明普列汉诺夫对于这一任务完成到什么程度，他的观点在什么程度上真正是马克思主义的。

波克罗夫斯基在所写《阶级斗争与俄国史书》讲义中（彼得堡，1923 年）很严厉地批判了普列汉诺夫的整个著作。他顺便指出，作为历史发展基因的阶级斗争理论，有一个普列汉诺夫著作中前所未见过的新说法。除阶级斗争之外，普列汉诺夫还提到阶级合作。

普列汉诺夫在《绪论》里写道："任何分为阶级的某一社会的发展过程，都取决于这些阶级的发展过程及其相互关系。这就是说，第一，在问题涉及国内社会制度时，取决于这些阶级的相互斗争；第二，在涉及保卫国家抵御外国侵略时，取决于这些阶级的或多或少的友好合作。因此，俄国历史进程的无可争辩的相对特殊性，也必须用构成俄国社会的各阶级的发展过程及相互关系来解释。"

按照波克罗夫斯基的意见，这种说法"为'团结'派的护国主义预提根据，正是这种理论促使普列汉诺夫参加护国派"。

必须指出，当《我们的话》提出普列汉诺夫关于战争问题的立场是否真正抛弃了他旧日的理论观点问题时，我是在俄国出版物中指出普列汉诺夫这一新"理论"的第一人[①]。

① 《普列汉诺夫是否背叛了自己的旗帜？》，《我们的话》，1915 年 12 月 3 日。

然而现在不能局限于这一“论战的”史料研究了。普列汉诺夫在《俄国社会思想史》中所发表的许多观点以及波克罗夫斯基把这些观点看作对马克思主义概念的抛弃。技术知识分子的“意识形态”成分，普列汉诺夫在十九世纪九十年代中叶便已有所发挥。由于上述说法并不是对某些历史事实的不妥当表述，所以它只是从同自由资产阶级联合的策略中，从普列汉诺夫自俄国第一次革命以来所特别热衷宣传的策略中产生的逻辑结论。但是，应该说，普列汉诺夫的错误，只能在很小的程度上用这一“理论”来解释，而《俄国社会思想史》的巨大价值，则在很大程度上压倒了这些错误。

德·梁赞诺夫

1925 年 3 月

著 者 序

在这部研究俄国社会思想史的著作里，我是从历史唯物主义的一个基本原理，即不是意识决定存在，而是存在决定意识出发的。因此，我首先要对那些决定俄国社会生活发展本身过程的空间与时间的客观条件，作一考察。我的历史绪论就是要作这一考察的。我称这一过程的地理环境为空间条件，其历史情况则为时间条件。我觉得在这部书里研究地理环境——换言之，研究地理环境的特性——尤为适当，因为我国历史学家并不经常对它予以应有的注意，即使注意到了，也不经常有正确的观点。我以为已故谢·米·索洛维约夫关于地理环境怎样影响我国人民性格的见解，便是关于地理环境对俄国人民历史影响之不很令人满意的估计的一例。我坚信地理环境之影响该地人民性格，只能通过社会关系，而社会关系则根据地理环境对该地人民所支配的生产力的发展是阻碍还是加速，从而采取这样或那样形式。对于俄国历史过程的地理环境的分析，使我得出结论，认为在地理环境的影响之下，俄国人民生产力的发展，若与在这方面更为幸运的西欧各国人民相比，是很迟缓的。这种生产力——从而整个经济发展过程——的比较迟缓的发展，在很大程度上解释了我国社会生活的某些重要的——当然不是斯拉夫派所想象的那种绝对的，而是相

对的特点。历史情况的分析又向我表明，它长期地加剧了地理环境所造成的这些特点，因而罗斯在一个相当长的时代里，就其社会政治制度的性质而言，越来越离开西方而接近东方。这势必在所谓俄国的民族精神上留下深刻的印记。但同一历史情况，最后又对罗斯同东方的接近设置了界限，而迫使它寻求接近于西方。彼得改革是俄国社会生活史中一个非常重要的时代。改革的必然的——尽管比较遥远的结果，是我国社会政治关系的欧化，虽然这种欧化直到现在还未全部完成。当然，俄国社会生活的欧化，不能不同时带来俄国社会意识的欧化。就是说，我国思想家在改革以后曾向西欧思想家学习。现在在俄国文献中，对“西方影响”的历史已经阐述得很不坏了。但我认为必须对这一影响的下述几乎迄今仍未被察觉的特点，略进一言。决定西欧社会思想自身发展进程的西欧先进国家的社会关系，自从“西方影响”开始明显地渗透我国以来，当然不是一成不变的。在1789年以前，西方的社会运动是在资产阶级的旗帜之下进行的；资产阶级同僧侣贵族和世俗贵族进行了坚决斗争。当时，西方资产阶级的思想家是全世界的先进思想家。但在1789年以后，一般说来，资产阶级已不再是革命的阶级了。从那时起，他们只表现出贵族反动意图引起的某种反对派情绪罢了。1848—1849年后，他们沾染了保守的或甚至反动的倾向，最后连这种反对派情绪也丧失了。这种变化当然也整个地影响了他们的思想家的活动。在法国大革命前，这些思想家是比较自觉的，比较彻底的革命家。1848年事件却使他们变成比较自觉的，比较彻底的保守派或反动派了。但是俄国知识界，只有他们的最有洞察力的代表，才明确地认识到这种在西方发生的变

化。而且就是这些最有洞察力的代表,也不曾经常从各方面阐明在思想意识方面发生的变化同社会政治方面发生的变化的密切因果联系。他们虽然在其比较熟悉的思想方面意识到这一联系,而在他们所不那么熟悉的方面,却有时仿佛完全怀疑这种联系的存在。因此,在我国时常发生这样的情况:思想家们从西方作家那里因袭了一些先进的社会学说,这些学说的出现标志着一个极端重要的历史事实,即先进阶级的作用在西方已从资产阶级转移到无产阶级身上,而这些思想家却仍保持着当时一些标志资产阶级的衰落,标志资产阶级拒绝在解放斗争中发挥先进先锋队作用的哲学或文学概念。试举一例。车尔尼雪夫斯基,在其所知道的一切社会学说中掌握了最先进的西方社会学说(其中最先进的马克思学说,他还不曾知道)。他在哲学上信奉费尔巴哈的学说,这是他所知道西方学说中最先进的学说。他是完全彻底的。但在六十年代末期,我们在俄国的先进思想家中已看不到这种彻底的思想家了。那时,除先进的社会学说外,在批判主义的名义之下,一些由于上述 1848 年后资产阶级意识形态的衰落而在西方取得成就的哲学理论,也开始传播于我国。在这以后的整整几十年中,俄国先进作家(当时俄国最先进的社会阶层、平民知识分子阶层的思想家)的世界观把一些在本质上不相协调的观点(因为这些观点是种种直接对立,因而是完全不可调和的社会潮流的表现)拼凑在一起,始终犯了折中主义的毛病。这当然是我国思想发展史中的一大弱点。恰达耶夫慨叹说:“再好的思想,由于缺乏联系性或彻底性,也要在我们的头脑里凝固,变为无用的幻想。”这显然是一个极大的夸张。但同样显然的是,在我们的优秀思想里,确实是时常缺乏“联系性或彻底性”的。这种缺陷不能不使由于某种幸运的偶然性摆脱它的政论家感到愤慨。然而历史学者应当“不哭，不笑，而是理解”。他应当说明，在我国比较先进的思想家的宇宙观中何以缺乏“联系性或彻底性”。我曾力图尽其力之所及认真地履行历史学家的这一职责。在分析我国居民各个不同阶级中思想运动发展的历史情况时，我曾力图考虑1848年革命运动在西欧思想史上引起的危机对于俄国思想运动的影响。我的分析使我得出的结论是，俄国思想家时常表现的非逻辑性，归根结底可从西欧社会发展的逻辑中得到解释。这一结论骤然看来不管多么反乎常情，但我认为是完全不容置辩的。对于以这一结论为奇谈怪论的人们，我请他们不妨想一想，我们以为反乎常情的一些现象，每每是自然界和历史上复杂过程的结果。

再说两句，我以为毫无疑义，在我的著作中，会找到某些个别的疏漏。人孰无过(Errare humanum est)。但是正如我深信，我前述作为出发点的原理具有不可动摇的正确性。同样也深信，我既然掌握了这一条原理，那就应该在自己的著作中沿着我刚刚在这里指出的道路前进。逻辑要求我这样做。

我借此对一些曾以丰富的材料帮助我的学者——他们甚至同我素不相识——表示深切的谢意。我永远不会忘记他们的赞助。我以为不妨在这里提出尼·阿·鲁巴金[①]的名字，他真是无限盛情地让我使用了他的极为丰富的藏书。

① 鲁巴金(1842—1946)俄国作家兼图书学家，主要著作有《在书籍中》。评介俄国图书约二万种。另著《数字中的俄罗斯》，列宁予以高度评价。——校者

第一部分

绪论　俄国社会关系发展概要

社会思想的发展过程，取决于社会生活的发展过程。历史唯物主义的这一基本原理，现在甚至唯心主义者也很少和不愿争论了。而且对这一原理，也很难提出异议。思想史——以及一般说来意识形态史的科学研究，现在可以取得某些成就，就是因为研究者开始认识到"事物过程"一方面和"思想过程"另一方面之间的因果联系。因此，假如我在概述俄国社会思想史之前，先对俄国社会关系的发展过程略抒所见，读者当不以为怪了。

俄国历史是否同西欧的历史相像呢？自上世纪三十年代，也许是从二十年代末开始，这一问题已不断引起所有并非完全漠不关心祖国命运的俄国人的注意。关于这一问题，争论得很多，也写得很多。在下面的叙述里，我们将不得不对这一问题做出各种答案。但现在只指出一点是适当的：这个问题在现在，例如比在斯拉夫派与西方派充满理论内容和斯拉夫派同西欧派的著名争论时代，它仿佛距离解决更远了。事实上，那时的争论各方在几乎一切问题上存在意见分歧，但都同意一点，即俄国历史完全不与西方历史相似。在这一点上，像维·格·别林斯基这样的极端西方派，也完全同意了像伊·瓦·基列耶夫斯基这样的极端斯拉夫派[①]。当然，别林斯基及其同道们虽承认俄国社会生活的发展完全不与西欧相同，而他们从这里所作的理论和实际结论，则是与斯拉夫派直接相反的。但对这一原理本身，则任何一方都无异议。别林斯基——就因为他对斯拉夫派的无限敌意，赫尔岑在所写日记里称他为“狂热分子，走极端的人”，——如果有人对他说，通常将俄国的历史命运同西欧的历史命运**完全**对立起来是没有充分的事实根据的，他一定会报以惊异和猜疑。他一定会觉得这人是过于醉心西化了。然而现在情况却非这样。

现在，在这一点上，我们已不一致了。

例如，保·米柳科夫先生在所写《俄国文化史概要》中，便重复了“四十年代的人们”关于俄国的完全历史特殊性的观点[②]。而已故帕夫洛夫-西尔万斯基在关于古代罗斯封建制度的一些优秀著作中，则不仅批驳了这一陈旧的观点，而且甚至故意减少了那些就连他自己也不得不在其著作中承认的俄国和西欧封建制度之间的

① “当代的最伟大思想成就之一，便是我们终于了解到俄国有其同任何一个西欧国家完全不同的历史；必须研究这个历史，并根据这个历史本身，而不是根据同它毫无共同之处的欧洲各国人民的历史，来作出判断。”别林斯基在《1846年俄国文学一瞥》一文中就是这样写的。当然，无论基列耶夫斯基或波戈金，都会对他表示完全同意的。

② 米柳科夫先生说：“我们在研究任何西欧国家的文化时，必须从经济制度首先转到社会结构，然后才是国家组织。但对于俄国，则宜于采取相反的程序，即先研究国家的发展，然后研究社会制度的发展。”这是因为“在我国，国家对社会组织有巨大的影响，而在西方则是社会组织制约了国家制度”（《俄国文化史概要》（*Очерки по истории русской культуры*），圣彼得堡，1896年，第113—114页）。

无可置辩的差别。我们看到,意见的分歧是越来越大了。但我们不应因此感到为难。无论现在在个别学者之间的意见分歧有多么大,而争论的问题毕竟比在别林斯基时代更接近于解决:同那个时代相比,历史学和社会学毕竟有了很大的进展。试就我们现在所掌握的资料,作一总结。

I

俄国同西欧比较时,必须记住,就在西方,不同国家社会政治关系的发展过程,也不经常都是一样。例如,法国是一回事,而普鲁士则是另一回事。普鲁士的社会政治关系有时是按照同法国仿佛“相反”的程序发展的。往后,我们在研究资本主义在俄国存在或不存在问题的激烈争论时,便可看到,对西方经济发展过程的过分抽象的概念引起理解上的混乱是怎样的多。至于古代罗斯的封建制问题,如果对于一位在解决这个问题上比所有其他人作出更多贡献的人的用语不确切予以指责,那自然是不公正的。他经常极为肯定地指出,他是将封邑罗斯同一个西欧国家比较的。他是用中世纪的法国来进行比较的,很公正地认为这个法国为典型的封建主义国家。但不能否认,他犯了另一与前述相反的错误:他似乎忘了在所有西方国家的社会发展过程中,有一些使其与东方,更确切地说,与古代埃及或中国这样伟大东方专制国家的社会发展过程极不相同的特点。忘记这一点,便妨碍他适当地利用他自己的——我重说一遍,非常宝贵的——结论。

问题是这样:帕夫洛夫一西尔万斯基反对“我国科学界所深信不疑的俄国历史过程的完全特殊性的观点”,他是完全正确的。他

曾非常有说服力地表明,“在古代罗斯的制度同封建制度之间,说不上有什么根本的不同”。但是在没有根本不同的地方,也可能出现某种次要的不同,使我们所研究的过程具有毕竟值得指出的特殊性。因此,对于俄国历史过程的完全特殊性这一老问题的否定的——而且在帕夫洛夫—西尔万斯基的著作中一般做得堪称满意的——解答,完全不能取消这一过程的相对特殊性问题。

现在我们知道,不仅俄国——像西欧一样——经历过封建制度的阶段。此外,我们知道埃及、迦勒底、亚述、波斯、日本、中国——总之,东方所有,或差不多所有文明国家,都同样及时经历过同一阶段。因此,我们没有任何权利说,埃及的历史过程与法国的历史过程相比,具有完全的特殊性。然而这并不是说,我们可以宣布这两种过程是相同的。完全不可以。古埃及的社会发展过程毕竟在许多方面不同于法国的社会发展过程。同样应该说,在将法国的历史发展同俄国的历史发展作比较时,也谈不到什么俄国历史过程的完全特殊性,这样的特殊性一般说是社会学所不知道的;但俄国的历史过程虽非完全特殊,却毕竟由于某些非常重要的特点而与法国不同。而且不仅与法国不同。在俄国历史过程中,有些特点使它显然有别于所有西欧各国的历史过程,而与东方伟大专制国家发展过程相类似。此外,使问题变得非常复杂的是,这些特点本身也都有其颇为特殊的发展过程。它们时增时减,因而俄国仿佛是动摇于西方和东方之间。在俄国历史的莫斯科时期,这些特点的范围要比在基辅时期大得多。但在彼得一世改革以后,这些特点又减少了——最初减少得很慢,后来却越来越快。俄国社会发展的这一新阶段——最初既迟缓又表面,后来则越来越

迅速和深化的俄国欧化阶段——就在我们这个时代也远未结束。这一切对于全面阐明我国的历史过程，是再重要也没有了。然而帕夫洛夫一西尔万斯基却满足于他的——我重说一遍，完全正确的——论断，认为关于俄国历史过程的完全特殊性的思想经不起科学的批判等等，对这一切仿佛视而不见。

他有理有据地责备俄国学者没有充分使用比较法。但何谓使用比较法呢？使用比较法是否意味着仅仅指出两种或数种被研究过程的类同点呢？显然不是。在指出类同点的时候，还要指出差别点。谁对后者不予充分注意，他便是不正确地使用比较法。

也许有人会反驳我说，帕夫洛夫一西尔万斯基所写的不是俄国历史的哲学，而是研究封邑罗斯的封建制度，他有完全的权利不越出自己任务的范围。这自然是如此。但是，第一，他既然提出俄国历史整个过程的完全特殊性问题，便是自己越出了他的研究范围；第二，可惜就是甚至在这一范围之内，他也表现得很片面。例如，他自己承认在俄国封建制度一方面和法国封建制度另一方面之间存在着某种不同。但他不去仔细地考虑这种不同，而只限于顺便一提。他不问问自己，俄国封建制度的相对特殊性怎样影响我国（其实是莫斯科罗斯）社会关系的往后发展。从这里便产生了对整个一般俄国历史过程的不够明确的概念。这种缺点，可以解释为对俄国历史同西方历史毫无共同之处的陈腐而完全站不住脚的学说的反响，并得到宽恕。但解释和宽恕并不等于缺点的消除。缺点毕竟是存在的，想要继承帕夫洛夫一西尔万斯基的遗志的我国未来学者，应该留意避免这一缺点。

但是，无论这位天才学者得出了怎样的结论，毋庸置疑的是，俄国社会思想史家在驳斥俄国历史过程完全特殊性这一十足陈腐的学说时，怎样也不能不看到这一过程的相对特殊性。因为很明显，正是在这里，正是在这个俄国社会发展相对特殊性中、在这些次要的、但简直很重要的特点中，也应当找到在我们思想发展中和在我们所谓国民精神中看到的特征的说明。

II

任何分为阶级的某一社会的发展过程，都取决于这些阶级的发展过程及其相互关系。这就是说，第一，在问题涉及国内社会制度时，取决于这些阶级的相互斗争；第二，在涉及保卫国家抵御外国侵略时，取决于这些阶级的或多或少的友好合作。因此，俄国历史进程的无可争辩的相对特殊性，必须用组成俄国社会的各阶级的发展过程及其相互关系来解释。

我国历史科学仿效复辟时期法国史学家的富有教益榜样，早就在自己的面前提出了俄国的阶级相互关系是怎样的问题。我在前面已经说过，有一个时期，观点极为对立的人们却在俄国历史同西方历史完全不同这一信念上相互接近。当时以为这种不同似乎是由于一种毫无疑义的情况，即同西方相反，俄国没有各阶级间的相互斗争。现在，这一情况怎样也不能认为毫无疑义的了。现在，一个严肃的学者要反问自己的，已不是我国有无阶级斗争，——现在已经证明，阶级斗争是有的，——而是阶级斗争是否同以及在什么程度上同在其他国家进行的阶级斗争相类似。

为求这一根本问题的解决，我们将首先求教于现时俄国最有权威者之中的——至少是一个最有权威的——历史学家。

已故瓦·克柳切夫斯基教授说："我国社会各阶级的历史，在科学方面是颇有教益的。我们在这些社会阶级的产生和发展的过程中，在它们的相互关系的决定过程中，看到种种条件的作用，这些条件是同欧洲其他国家的社会阶级产生的条件相类似的。但在我国，这些条件是在其他的结合中出现的，在其他的外部情况下起作用的；因此，由于这种条件而建立的社会，遂具有特殊的性质和崭新的形式。”①

像帕夫洛夫一西尔万斯基一样，克柳切夫斯基教授只限于将俄国同西方作片面的——从上世纪三四十年代遗留下来的——比较。如果他将我们祖国同东方作一对照，补充了这片面的比较，那就会立即看到，我国社会发展过程与西欧相比愈是显得特殊，则它对东方各国发展过程则愈少特殊性而且相反。这点意见会对他往后的思考，大有益处，但在他的比较范围内，他是完全正确的：在俄国土壤上形成的社会结构显示出“特殊的性质和崭新的形式”。因此，我们剩下来所要研究的，实在只是那些使我国社会阶级的历史不曾采取它在“其他欧洲国家”所采取的那种形式的条件结合的特点了。关于这一点，我们从克柳切夫斯基教授那里知道了些什么呢？

按照他的说法，任何社会阶级的历史都应区分两种因素：经济因素和政治因素。第一种因素表现为社会按社会劳动的分工而划分，第二种因素则补充——“完成”——第一种因素的作用，按照国民经济的组织而分配社会权力，因此，“经济的阶级转化为政治的等级”。换句话说，“政治的事实是从经济的事实中产生的，亦即经济事实的结果。”看来，克柳切夫斯基教授认为这样的发展过程是

① 《古代罗斯的大贵族杜马》，第 4 版，第 7 页。

最为正常的。但他发觉在好些地方，事情的发展采取了相反的次序。原因如下：一个国民经济业已相当巩固形成的国家，可能被人征服，而征服是要在这个国家造成新的社会阶级，从而改变以前那些阶级的地位和相互关系的。这将在这个国家的经济生活过程里引起许多改变。显然，这些改变乃是“政治事实的直接结果”。克柳切夫斯基教授觉得许多西欧国家就是这样，或最少近似这种模式。按照这一刻板的模式，政治因素先于经济因素，西欧许多国家建立起来[①]。他认为西欧国家产生的这一方式具有巨大意义。他说，是政治事实来自经济事实，或者是相反，这是远远不能等量齐观的。

他说明自己的这种思想时，论断如下。

当外来的力量侵入社会，并以武力夺取国民劳动的支配权的时候，则由这种外力创立的全部国家制度，去适应保卫其所取得的经济利益。这一情况造成一系列异常重要的后果。“在这种情况之下，国家制度的建立，对最高政权和其他阶层的态度，都为统治阶级所深切注意；国法问题居于首要地位，成为社会史中最显著的现象；个人的民事关系以及他们的经济地位的确立，都受国法问题的直接影响，直接取决于这些问题的解决，而不是相反，——这是因为统治阶级力图这样决定其政治关系，以便和平地利用其因征服而取得的经济利益”[②]。由于所有这一切，社会的内部历史便取得了战斗的性质，一切社会关系尖锐化了，各种制度和阶级也都取

① 不难看出，关于西方社会发展过程的这一观点，是同帕·尼·米柳可夫的观点直接对立的。

② 《古代罗斯的大贵族杜马》，第9页。

得了明显的轮廓。反过来说，在没有发生征服的地方，其社会制度的基础便没有这样鲜明地表露出来，也没有这样彻底地在实践中贯彻，因此社会的内部历史，具有更和平的性质。

已故教授不敢断言，俄国的社会关系是按照这后一道路发展的。但他同时并不认为可将俄国社会关系的发展同西欧社会关系的发展过程等量齐观。他曾试问："在我国社会阶级的形成中，政治或社会两种因素何者居先呢？是否其中同一因素永远走在另一因素的前面呢？"结果，他认为在我国社会史中，"混合的过程居于统治地位。"就是说，在我国，这两种因素中的每一种因素时而居先，时而居后地轮流起作用：有时，等级的形成肇始于政治因素，有时它却是社会经济发展的结果。正因为如此，所以这位精通西欧等级起源和发展的学者，没有在我国看到他所熟知的现象的复现①。

III

这样，在西欧，经济因素是政治因素的结果；而在我国则混合的过程居于统治地位。按照克柳切夫斯基教授的意见，这就是俄国历史发展过程的相对特殊性的根本原因。我们来分析这一意见。

这位天才卓越的历史学家坚信，在西欧政治因素先于经济因素，是以征服这一事实为根据的。他认为征服在西欧社会的发展中，起了第一推动的作用。但是试问：我们有什么比较确凿的根据来设想在任何社会的历史中，政治的因素都先于经济因素呢？

① 《古代罗斯的大贵族杜马》，第13—14页。

对于这一重要的社会学问题，西欧的科学界早已由基佐及其他复辟时期的法国历史学家作了**坚决否定**的答复。我已不只一次叙述过这些历史学家的观点，因此，关于这一点，我觉得已无详细论述的必要。但在这里，我还是不得不重提我在其他地方业已说过的某些意见。

基佐的很有意义和很有说服力的见解是："很大一部分作家，学者或政论家，力图用某一社会的政治制度来解释它的状况及其文明的程度和类型。但如从研究社会本身着手，以便认识和理解它的政治制度，那会是更为合理的。制度在成为原因之前，就是一种结果；社会是先创立制度，然后在制度的影响之下开始改变的。不应根据政府的形式来判断人民的状况，而应首先研究人民的状况，才能判断其应有何种政府和能有何种政府。……社会，社会的成员，个人由其社会地位决定的生活方式，各人的不同阶级关系，总之，**公民**的社会生活——这无疑是愿意了解人民怎样生活的历史学家和愿意了解怎样统治人民的政论家所注意的首要问题。"[①]

我不打算在这里引证梯也尔和米涅的著作，他们是完全同意基佐的这一观点的[②]。我认为我在上面业已证明，复辟时期的法国历史学家，他们虽然认为征服在欧洲社会的发展中起过重大作用，但他们对于那种以为某一民族的社会制度可用这个民族的政治制度

① 《论文集》(*Essais*)，第10版，第73—74页。可能以为，基佐是在反驳米柳科夫。

② 关于这点，详请参阅拙著《一元论历史观点的发展问题》，第4版，第13—26页(全集，第7卷)，拙译《共产党宣言》，第2版序(全集，第11卷)，以及《M. П. 波戈金与阶级斗争》一文(《现代世界》，1911年4月和5月)。

来解释的思想，却曾予以驳斥，认为这是一种陈腐的科学成见。他们都坚决而有说服力地证明，政治制度在成为原因之先是结果。对社会生活的科学解释方面的任何新成就，无不证实和加深了他们的这一学说。马克思和恩格斯的历史唯物主义以社会制度来解释政治制度，又以社会经济来解释社会制度，最终地阐明了社会发展的经济和政治“因素”的相互关系。马克思和恩格斯是非常了解政治“因素”的巨大历史意义的。正是由于这个原因，他们才积极地从事政治。但他们比基佐更明确地看到，这一因素的作用，只不过经常是结果对其所自产生的原因的反作用。他们观点的正确性，也为克柳切夫斯基教授本人的见解所证明，是易于令人确信的。

对于那些照他看来是政治“因素”先于经济“因素”的国家，他是这样描绘它们的社会发展过程的：

“在工业文明业已取得某些成就，居民的劳动已在一定程度上控制了当地自然界的力量和资料，国民经济已相当巩固地建立起来的国家里，当这个国家遭到征服的时候，征服便改变了原有的土著阶级的地位和关系，而在这个国家产生新的社会阶级。这个阶级利用其胜利的权利，支配着被征服的人民的劳动。由于这种情况而在国民经济生活中发生的变革，便是政治事实的直接结果，即由于征服而开始统治社会的新阶级入侵的直接结果。”①

这是无可争论的：在征服这一政治事实影响之下发生的国家的经济的变革，是政治事实的结果。但这不过是一种单纯的同义反复而已。问题并不在于可否将政治事实引起的变革称为政治事

① 《普列汉诺夫全集》第11卷，第7—8页。

实的结果，自然，既是可以的，又是应该的。问题在于政治因素引起的变革的性质，究竟何所依据，何由决定。换言之，为什么某一政治事实——例如同样是征服——在一种情况下引起国民经济的一些变革，在其他情况下则引起完全是其他的变革呢？对于这一问题，只有一个答案：即因为在不同的情形之下，被征服者的经济发展程度是各不相同的；其次，还因为在不同的情形下，征服者的经济发展程度也是各不相同的。这就是说，政治事实的各种可能结果都是事先由经济因素决定的。换句话说，政治因素可能的作用事先由经济因素决定。

这一论点是如此正确，如此明显，就是克柳切夫斯基教授自己在叙述其理论体系时，也不得不加以默认。事实上，请看罢！根据他的假定，某一国家是在其工业文明业已取得某种成就，其国民经济亦已相当巩固地建立起来之后，才被征服的。很明显，在这里，征服这一政治事实并不先于经济关系的一定制度，而只是对这个制度，对这一业已存在的制度，发生作用。同样明显的是，政治事实的作用亦必依经济关系原先某种方式的性质变化。这一点也是克柳切夫斯基教授自己所默认的。

他断言："征服者为了自己在物质上有保障，是不需要在被征服的国家重建经济，指出开发其天然财富的方法和手段的。他们强制地插手于业已建立的经济秩序，手持武器，监视已有的经济机构；他们只要按照自己需要的指示，将这个经济机构的某些部分重作安排，给它一些新的工作，把人民的劳动优先指向边疆天然财富的开采上，他们拥有这些富源是最方便而最有利的。此后，他们需要关心的，便不是在技术上组织这一机构，而只是保证安置到这一机构中去的人手驯服地进行活动。”①

这一“只是”意义再深长不过了:它解决了整个问题。如果征服者不需要“在技术上组织”陷于他们支配的国家的经济机构,如果他们“只是”要使那些转动这一机构的人手驯服地进行活动,如果——用政治经济学的语言来表述——他们的作用和意图在于占有劳动人民在这个国家被征服前即已存在的经济条件下所生产的剩余产品,则我们便没有任何权利说政治因素先于经济因素了,这难道还不明显吗?在这里,政治因素也是出现在经济因素之后,而且如前所述,前者的作用的性质是由后者决定的,这难道不是显而易见的吗?最后,这一作用就其一般性质而言,是同土著统治阶级,即由于国家经济发展,而与征服没有关系产生的阶级所能够和应该发挥的作用没有任何实质性差别的,这难道不是显而易见的吗?难道土著统治阶级不想为自己保证劳动人民驯服工作吗?难道他们不想占有未被征服,但却处于经济从属状态的劳动群众所创造的剩余产品吗?

克柳切夫斯基教授继续说:“统治阶级将力图用政治的手段,用适合等级组织的目的立法制度,用相应的政府机关的组织来取得这种保证。”②

这一切当然又是无可争论的。但是假如我们所说的统治阶级,征服对其产生完全不起任何作用,那我们也定将看到,这个统治阶级所关心创立的立法制度,是会使其经济地位的利益得到维

① 《普列汉诺夫全集》,第8页。

② 同上。

护的。同样，我们还可相信，这个统治阶级将使用政治手段来达到自己的目的。因为，不这样是不可能的。

IV

克柳切夫斯基教授提到诺夫戈罗德，认为那里的社会发展是符合第一种模式的一个古代罗斯地区：在那里，社会按职业的类型来划分，不同阶级的政治作用与职业的类型相符合。“这个自由的城市早就摆脱了公爵和供职贵族的直接压制，获得了民主制度的形式。但在更早以前，这个以对外贸易的成就为主要动力的城市，已建立了几处大的商馆。这些商馆是诺夫戈罗德商业领导机关，因此后来便变为政府的权贵。但是他们的统治始终是一个单纯的事实，并未取消诺夫戈罗德制度的民主形式。”①

我们在这里看到与上面相同的情况：无可争辩的事实是无论如何不能承认是无可争辩的结论的基础。这是因为结论比事实的基础要广泛得多。

历史表明，有些地方、有些时候，最高的——就其经济地位而言——阶级的政治统治，“始终是一个单纯的事实”，而在其他地方和其他时候，却取得了比较确定和巩固的法律形式。一切取决于时间和空间的条件。如果我们在诺夫戈罗德看到第一种情况，那么在威尼斯，我们便看到第二种情况。最初，在这一自由的城市里，也只有经济地位相互差异的阶级，而没有政治权利互不相同的等级。但后来，事情起了急剧的变化。在十三世纪末叶发生了所

① 《普列汉诺夫全集》，第11页。

谓 Serrata del maggior Consiglio[①]，为威尼斯的商业贵族在法律上的特权奠定了巩固的基础。怎么回事？我们有权认为这一变革是征服的结果——哪怕是很遥远的结果么？无论如何不能。在1797年5月法国军队入侵以前，这一亚得里亚的"海上女皇"并不知道外国的征服。我们可以用克柳切夫斯基教授的话说，那里的经济因素经常先于政治因素。但是我们在威尼斯也看到同样的现象，——经济统治阶级取得了政治特权，——而按照我们的作者的意见，这种现象是只能在那些相反的、政治因素先于经济因素的国家里发生的。另一方面，佛罗伦萨虽曾为外国所征服，却在长期内不断朝着民主的方向改变其政治制度，也就是朝着与威尼斯政治发展的贵族方向直接相反的方向改变其政治制度。这是因为什么呢？是否因为那里的政治因素和经济因素的关系（在时间上）同威尼斯直接相反呢？否。像在威尼斯和全世界一样，在佛罗伦萨，经济因素也是"先于"政治因素的。但在佛罗伦萨，经济因素引起了一种与威尼斯不同的社会力量对比，因而造成了它的政治发展的相反方向，也就是造成了政治因素的完全不同的特性[②]。

尽管在威尼斯建立了贵族制度，而在佛罗伦萨则建立了民主

---

① 1297年威尼斯"关闭大会议"，即自此以后必须在过去四年中参加过大会议者始得当选为大会议议员。威尼斯至此成为少数大商业家族所统治之共和国（《中外历史年表》第509页）。——校者

② 关于造成某些意大利大城市的政治发展过程差别的经济原因问题，帕斯库阿列·威拉里曾提出好些很机智的猜想（见他的著作《马基雅维利及其时代》，佛罗伦萨，1887，序言（*Nicolo Machiavelli e i Suoi fempi*，Firenze，1887，introduzione））。如果说他的猜想解决问题，那是过于夸大；但这些猜想完全确定地指明了应在何处寻求问题的解决，而在这里，对于我们已完全足够了。

制度，但是这两处的统治阶级却是尽力使用政治手段来保卫其经济利益的。当然，诺夫戈罗德的情况也是同样。不过由于经济原因造成的政治结构的差别，政治手段各异其趣罢了。我们现在所看到的情况也是一样。普鲁士统治阶级直到现在还享有政治特权。但法国统治阶级已无政治特权。然而像普鲁士的容克地主和富有市民一样，法国资产阶级在争取生存的斗争中，也尽力使用了政治手段，而且对于维护其经济统治的立法的重视，当然也不亚于他们。这一点是毋须证明的。

俄国怎样呢？这一幅员辽阔的国家的各个不同部分，经济因而也是政治的发展，是不平衡的。但是一般说来，我们简直可以说，蒙古入侵前的罗斯知道阶级，但不知道等级。在十三世纪到十五世纪，各个不同阶级在法律权利和义务上的差别，才逐渐出现。这种差别最初在立陶宛罗斯，后来又在莫斯科罗斯导致了比较界限分明的不同阶层的形成。事情的发展，虽有必要的改变(mutatis mutan dis)，但在这里同在威尼斯和所有地方，都是一样，而且在这里一如在所有一切地方，经济的因素也先于政治因素，给政治因素的发展以方向，并决定其进程的速度和其现象的鲜明性。

克柳切夫斯基教授的错误，在于他过分缩小了政治手段这个概念，完全任意把它同政治特权这一概念等量齐观。

排除了这一孕育着种种荒谬结论的错误，我们便可——仍然根据我们的作者的见解——明确地看到，经济与政治之间的关系，实际归结到什么。

尊敬的历史学家在看到征服者利用政治手段以保护其经济利益以后说，“所有这一切都将随着时间的推移在许多方面改变国民经济，在国民经济中引起许多新的关系；所有这些新的经济事实，都将是先于它的政治事实的结果”①。

这很正确。但我们在这里将要看到的，正是政治“因素”对制约其产生和性质的经济因素的反作用的一种典型情况。

这样的情况为社会发展过程中所常见，但没有一次足以证明克柳切夫斯基教授观点的正确。所有这样的情况都不足以表明，在某些国家的历史中政治因素先于经济因素，而只是表明在一定经济基础上产生的政治关系，又影响于国民经济的更进一步发展。但是——整个问题就在这里，——这样的情况不仅发生在统治阶级利用某些法律特权的地方，而且在一切具有一定政治关系的地方，也莫不如此。就在克柳切夫斯基教授所引证的诺夫戈罗德共和国，也是如此。

征服会使社会阶级的相互关系尖锐化，会给社会发展过程增添许多紧张的情节，这是无可争辩的。然而并非经常如此。满族人征服中国直到晚近时期，都不曾妨碍这个国家的内部历史保持不很紧张的状态。社会生活或多或少的紧张程度，只是取决于现存社会秩序造成了多少足以引起各种不同社会力量之间的剧烈和明显冲突的事端，而并不决定于征服是否是这一秩序的基础。波兰的内部历史是充满了明显的紧张情节的。这是否因为波兰社会的阶级划分是征服的结果呢？我们还不能说波兰国家的产生是同征服有关系的，这一点完全未获证明。

克柳切夫斯基教授所想象的经济与政治的相互关系，是既

① 帕斯库阿列·威拉里：《马基雅维利及其时代》，第 8 页。

不正确，也不明确的。此外，他过于夸大了征服的历史作用。他在这方面还不曾完全摆脱在三十年代及四十年代流行于我国和我国作家从复辟时期法国历史学家那里抄袭来的观点的影响。基佐、梯也尔、米涅等虽曾正确地谈到政治制度在成为原因之前应是结果，但未能阐明西欧封建制度的产生。他们未能把它理解为西欧“一般社会生活”内部发展的结果，因而完全把它算在征服，即政治作用的账上。这是一种矛盾，他们由于当时缺乏实际材料而陷入这种矛盾之中。但时至今日，这种矛盾早就应该结束了。

V

谢·米·索洛维约夫就已了解，征服远远不能解释一切算在它的账上的社会现象。

他写道：“许多人都谈到征服与非征服，都以为俄国历史与西方国家历史的主要差别，在于西欧曾发生某一部落为另一部落所征服；而在我国却未发生这种事情。根据我们的意见，这一观点是片面的。他们在将西欧国家同我们俄国相比较时，主要注意法国、英国，而忽视了德国、斯堪的纳维亚各国和同我国紧邻的斯拉夫国家：在这里没有某一部落为另一部落所征服，而这些国家的历史有别于我国，一如其有别于法国和英国的历史。因此，只是缺乏征服，还不能解释主要差别，是显而易见的。”①

① 《远古以来俄国史》(*История Россий с древнейших времен*)，“公益出版社”版，第1卷，第268页，注解。

事实上，这是再明显不过的。现在，除了上述索洛维约夫的见解之外，还须补充指出，就是在那些确曾发生征服的西方国家里，征服对于社会发展过程的影响，也不如以前所设想的那样强烈和迅速。试从波戈金所谓“一切都由征服发生”的国家中举出一例——法国这一典型的封建国家。法国遭受征服的社会结果怎样呢？阿尔弗雷德·兰博写道：“野蛮人入侵所带来的变革，并不如初看时那样大。严格地说，高卢并未为日耳曼人所征服。西哥特人和布尔格达人占领了他们的以皇帝命名的几省，而高卢……之接待克洛维”[①]，则与其说是视为仇敌，毋宁说是视同朋友。这种入侵既不是暴力的，也不是流血的，除了在高卢的东北部，入侵持续了数百年外，国家仍然保持了本来面目。在加隆河流域的西哥特人为数不多（在渡多瑙河时共二十万人）；在罗尼河[②]流域的布尔格达人为数更少（当艾莯[③]将他们安置在萨伏伊时，共八万人）；法兰克人不过是克洛维统率下的少数战士，而不是大批移民。总之，日耳曼人在高卢的大部分地区既未改变其种族，也未改变其语言[④]。

在这种情形之下，他们无力改造高卢的经济生活，这是不难猜想的。

兰博继续写道：“他们很少改变居民的状况。他们不能夺去农

① 克洛维—墨洛温王朝(481—511)的法兰克国王，他几乎把整个高卢统一在法兰克的政权下。——校者

② 罗尼河——在瑞士和法国境内的河流，注入地中海的里昂湾。——校者

③ 艾莯(约395—451)，罗马的统帅。——校者

④ 《法国文明史》(*Histoiré de la civilisation française*)，第6版，第1卷，第76页。

民的土地，因为土地本不属于农民，而且因为必须保留农民作佃农。”[①]至于私有主损失部分土地，对于他们是很少感觉的，因为并不是所有土地都被耕种。况且损失的部分也不大，因为国有的土地已很充分，可以把这种土地的一部分分配给西哥特、布尔格达和法兰克的战士[②]。

兰博虽不否认蛮族入侵对于社会一国家的进一步发展，曾有某种影响，但他坚决认为法兰克人统治下的高卢只是在克洛维以后两三百年，才开始明显地有别于罗马统治下的高卢[③]。

这一点在现时是很难辩驳的。但是在这种情况之下，经济的“因素”是有充分的时间来行使其权利并决定日耳曼人入侵的一切可能后果的全部性质的。正因为如此，所以对于那些现在不肯将这一入侵看作西欧封建制度产生原因的历史学家，我们必须承认，他们的观点是有根据的[④]。

这一切使我们得出以下的最后结论：克柳切夫斯基教授认为俄国社会阶级的发展过程在许多方面与西欧不同，是正确的。但是，他解释这一过程的相对特殊性是由于在西方，仿佛政治“因素”走在经济因素的前面，而在俄国则居统治地位的是混合的过程，这是很大错误。这一解释，一方面意义很不明确，同时又与历史的事实相矛盾。实际上，政治“因素”任何时候，任何地方都不会走在经

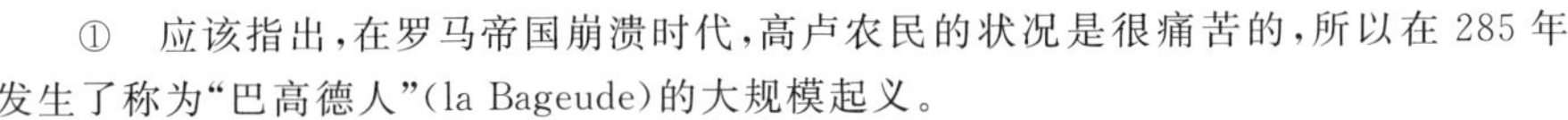

① 应该指出，在罗马帝国崩溃时代，高卢农民的状况是很痛苦的，所以在 285 年发生了称为“巴高德人”(la Bageude)的大规模起义。

② 《法国文明史》，第 76—77 页。

③ 同上书，第 77 页。

④ 属于这种历史家的有 M. Φ. 弗拉基米尔斯基—布旦诺夫(参阅他的著作《立陶宛俄罗斯法学史概论》，第 1 卷)，《立陶宛国家的采邑》，基辅，1889 年版，第 2—3 页。

济因素的前面；它总是受后者的制约，不过这完全不妨碍它对后者予以反影响。

索洛维约夫虽完全正确地认为征服在西欧社会发展史中的意义完全不如陈腐之见所说的那么大，但他自己却给历史学家提出了如下的方法论指示：

"我国历史同西方国家历史的显著差别——最初感觉到的差别——不能只用没有征服，而必须用许多在最初和在全部历史过程中起作用的各种不同的原因来解释。历史学家如果不愿受片面性的指责，应对所有这些原因加以同样的注意。"①

对此，不得不提几点批评的意见：

第一，索洛维约夫本人公正地提请学者注意，就在西欧，也远远不是在所有国家都发生了征服，然而这却不妨碍所有西欧国家在其社会发展中显示出一些在俄国社会发展中无目的地找到的特点。

第二，甚至在确曾发生征服的西方国家里，如在法国，征服的影响也比过去所设想的要少得不可计量。读者不妨想想兰博关于这个问题的言论。

第三，波戈金曾以在俄国没有征服为理由，把俄国同西方对立起来，亦不得不在《莫斯科人》杂志上同基列耶夫斯基争论时宣称，所谓没有，也完全不像他以前和后来继续想象的那样完全，这显然是自相矛盾。如果接受史册中关于某些斯拉夫和芬兰部落自愿召请瓦兰人②的传说，那也无论怎样不能否认，许多其他部落是受了

① 《立陶宛俄罗斯法学史概论》，第1卷，第268页，附录。

② 瓦兰人为古代俄罗斯人对北欧诺尔曼人的称呼。——译者

外来人的“折磨”才变得驯服的；而且总地说来，这些外来人在自己的新祖国里建立了设防的驻扎地后，如克柳切夫斯基所说，表现为征服者。关于使克尼亚任受到鼓舞的（也收进史册）诺夫戈罗德人民在瓦季姆领导下进行反对留里克的暴动的传说，亦可于此得到解释①。

第四，任何人都会欣然承认以下意见：一个历史学者在避免片面性中，应该对所有引起我国社会一国家关系特殊性的全部原因，加以“同样的注意”。然而这条规章是过于不确定了；而且就其字面意义说，也是不可能做到的。相信我们已经找到了促使某一现象产生的一切原因，那时常是很困难的，有时甚至是完全不可能的。但从方法上说，主要的事情并不是要将原因一个不留地列举出来，而是要确定其中最主要原因发挥作用的途径。试举一例。

有些古代作家业已注意到地理环境对于社会的人的影响。但在他们需要确定地理环境通过什么途径促成某一社会政治制度的产生时，他们却犯了错误。他们认为，“气候”在生理上作用于组成

① 必须记住，史册中关于召请瓦兰人的传说传到我们，其情况同他所说的晚得多的时期，即十一世纪和十二世纪初所传相同。那时，关系已经改变了。克柳切夫斯基说：“在十一世纪，瓦兰人继续以雇佣兵的身份来到罗斯，但不曾在这里变为征服者，所以强力夺取政权未再重复。此说似不可信。”（《俄国史教程》，第三版，第一卷，第169页）此外，十一世纪的俄国书生以为如果把瓦兰人的入侵描绘为当地人自愿召请的结果，要好一些。这是很自然的。克柳切夫斯基教授认为这一关于召请公爵的传说不是民间传说，“而是适合学龄儿童理解能力的关于国家起源的一种刻板公式寓言”（同上书，第170页）。谢·费·普拉托诺夫很有趣地指出：英国编年史家维多金德叙述了不列颠人一模一样地召请了盎格鲁撒克逊人，而且用诺夫或罗德人一样的语言赞扬自己的国家是 terram latam et spatiosam et omnium rerum copia refertam（《俄国史讲义》，第6版，第68页）。

某一社会的个人，在他们身上造成这样那样的心理素质，这种素质又决定社会制度。例如，希腊的气候似乎在生理上预定了人们倾向于自由制度，而亚洲的气候则预定了人们倾向于服从国王。这种以为气候直接影响社会的个别成员时，决定政治制度的古代学说，曾流传到近代作家，如十八世纪的法国启蒙思想家和波克利①。时至今日，这一学说应该说是陈腐了，因为现在已经明确，"气候"，即地理环境如果不说是唯一的，也主要是通过社会环境来影响于社会的个别人员的：地理环境的特性决定生产力的较快或较慢的发展，而生产力的发展程度则最终地决定整个社会制度，也就是决定社会环境的全部特性，这种特性又制约着个别人们的意图、情感、观点，总之，整个心理状态。因此，地理环境对于个别人的影响，虽一度被认为是直接的，而实际上却只是间接的。只有当科学家们理解了这一点的时候，才能对地理"因素"在社会关系发展过程中的作用，作出科学的论断。为了理解地理环境的意义，必须阐明地理环境对人类社会发挥作用的途径。历史发展的所有其他"因素"也是如此：在未能正确确定这一作用的途径时，则对这一作用仍旧不能理解，更正确地说：只能错误地理解。

VI

正因为不明了历史发展的各种不同"因素"发挥作用的途径，索洛维约夫尽管力图避免片面性，有时自己却变为片面性的。他

① 波克利，亨利·托马斯(Herry Thomas Bockle)(1821—1862)为英国实验主义历史学者，所著《英国文明史》认为必须根据自然条件与环境以解释人类社会的历史。——译者

在所著《俄国史》第一卷第一章末尾提出的自然对人民性格的影响的见解，是很肤浅的，是事实上什么也不能解释的。他说："丰富多彩的自然，富饶的植物，舒适的气候，在人民中发展爱美的感觉及对艺术、诗歌和公共娱乐的爱好，从而对两性关系发生强大的影响。"[①]但是，斯堪的纳维亚各国人民或英国人对诗歌的爱好并不亚于意大利人或西班牙人。爱斯基摩人的艺术追求不弱于巴西的红种人。两性的相互关系决定于家庭关系的发展过程，这一过程又取决于国家的经济状况，而不取决于国家的地理条件。的确，我们知道，经济本身对地理环境是有因果依赖性的，因为后者影响生产力的发展速度。但我们在这里面临的是"自然界"间接影响的场合，而索洛维约夫所说的却是它的直接影响。最后，至于公共娱乐问题，则任何民族，只要它在生活上过得去，只要它不因极端个人主义的发展丧失了公共娱乐的习惯，是都会爱好的；而个人主义的极端发展还是由于社会关系，而不是由于自然条件。

索洛维约夫用人民的性格依赖于国家的自然条件这个一般见解来解释"罗斯南北两部分居民性格的历史差别"。我希望经过以上说明，我们的历史学者关于这一问题的结论的没有根据，是显而易见的。如果对他的另一企图，即用地理环境的特点来解释俄国人民的历史命运的企图加以研究，那会是更为有益的。

我所指的是他将俄国的木同西欧的石对立起来的著名观点。我们的作者说，从西欧旅游到东欧并且具有外表差别的新鲜印象的旅行家，会称西欧为石的欧洲，而称东欧为木的欧洲。根据索洛

① 《俄国史》，第1卷，第29—30页。

维约夫的意见，就欧洲这两部分的外观而言，这一评语是完全正确的。

他继续说："石——我国古时称山为石——将西欧分为许多国家，使许多民族分疆划界。西欧的好汉用石筑巢，从那里控制庄稼汉；石给庄稼汉带来了从属地位；但很快，庄稼汉也用石筑成围墙，取得了自由独立；由于石，一切都巩固起来，确定下来；由于石，非人力所能创造的山岳和宏伟不朽的建筑物，巍然屹立。"①

"石"字在这里——请注意！——有两重意义。第一，它表示作为建筑材料的本义上的石。第二，表示经常使一国外貌或多或少地多样化的山峦。山使西欧分为许多国家和民族，而从山上取得的建筑材料则使这些国家的内部关系得以巩固和确定。在东欧，由于没有"石"，造成了直接相反的结果。

索洛维约夫断言："在伟大的东方平原，没有石，根本没有各民族的多样化，因而只有一个前所未见的辽阔国家。在这里，好汉无处可筑石巢，不能独自居住。他们侍从式地聚居在大公的周围，在无边无垠的空间里永恒地游动。在城市里，他们没有巩固的关系。由于没有多样化，没有地区间的严格界限，也就没有足以严重影响当地居民的性格形成并使他们对于离开故乡——对于移民感到痛苦的各种特点。没有使他们感到留恋的固定居所……城市由木屋组成，星星之火就可使其变为灰烬。不过，灾难不大……由于材料价廉，新屋所费无几，——由于这种情形，古时的俄国人遂随便抛

① 《俄国史》，第3卷，第664页。

弃自己的房屋、自己的城市或乡村……从这里便产生了居民中背井离乡的习惯,从这里便产生了政府搜捕、安顿和使居民定居的企图。”①

作为建筑材料,“石”给西方的最高阶级以同下等阶级大为特殊化的物质可能,从而使阶级斗争尖锐了。但作为山,石却对西欧各国人民的性格给予直接的影响,使他们具有定居和固定性的趋向。俄国人民缺乏这种趋向,是因为我国缺乏“石”。在没有定居和固定趋向的地方,阶级相互关系仍然是不确定、不稳定的。因此,他们的相互斗争也不能达到紧张显著程度。这就是索洛维约夫的思想。但这种思想是经不起批评的。

作为建筑材料,石并不曾在西方经常起到索洛维约夫强加给它的那种特殊作用。西欧也一度是木的欧洲。就在十世纪,法国封建领主的城堡都是木筑的塔楼,壕沟环绕,四面围着栅栏,这栅栏当然也是木制的。的确,在九世纪,那里曾出现——主要在南部——石筑堡垒;但只是在十、十一世纪时,这种堡垒才推广到全国②。而法国事实上是一个典型的封建主义国家。法国的封建关系是什么时候产生的呢?这里不允许作不适当的详细论述,我要说的是,十世纪时法国封建制度的主要特征业已形成。因此,显然不是“石”保证了法国“好汉”对“庄稼汉”的胜利。这些“好汉”只是在将桎梏加在“庄稼汉”身上之后,才开始建筑自己

---

① 《俄国史》,第 3 卷,第 664 页。

② 《中世纪和现代文明史》(*Histoire de la civilisation au moyen âge et dans les temps modernes*),赛义格诺博斯著,巴黎,1887 年版,第 12—13 页。参阅兰博:《法国文明史》,第 1 卷,第 426 页。

的“石巢”。

城市怎样？索洛维约夫完全正确地指出，俄国的城市都是由木屋组成的。试问中世纪的西欧城市又是由怎样的建筑物组成的呢？也往往是由木料建筑物组成的。而那算什么城市啊！一份流传到我们手里的关于中世纪手工业者工资问题的决定表明，直到十八世纪初期，伦敦几乎完全是一座木城。当然，像在俄国一样，西方的木料建筑物也是不耐火的：像在我国一样，它们在那里也时常“化为灰烬”。上面刚刚提到的关于工资问题的决定，实质上是一份关于木工工资的决定，根据其他公民的意见，作出这一决定，是因为在1212年火灾烧毁了当时的木城伦敦的很大一部分以后，木工要求过高的缘故[①]。

法国和德国的城市也大都是木屋组成的。“与农村相反，我们在城市里看到一些石基的房屋，尽管在整个中世纪，房屋本身还都是用木料建造的。砖盖屋顶，也是逐渐推广的。在哈米尔那、纽波特、亚米安那，乃至法国，我们看到草编的屋顶。在格丁根，凡用砖代草的人，市长津贴所费四分之一。”[②]似乎意大利的城市，历来用石建造的房屋要多得多。但是这一例外——如果真有这一例外——仍然丝毫不能证明索洛维约夫的思想的正确；如果英、法、德等国的木城在其历史发展中没有走过俄国木城一样的道路，则“木”丝毫不能解释这一差别，是显然的。

---

① 科瓦列夫斯基，马·马：《西欧国民经济的发展》（*Развитие народного хозяйства в западной Европе*），圣彼得堡，1899年版，第71页。

② 库利舍尔，И. М.：《西欧经济生活史讲义》（*Лекция по историп экономического быта западной Европы*），圣彼得堡，1913年版，第126页。

不仅如此。立陶宛罗斯的城市也都是木城[1]，然而它们的历史命运却既不像例如法国城市，也不同于莫斯科罗斯的城市。这是一个新的证明，说明“木”或“石”同这种历史特点，毫不相干。

最后，索洛维约夫忘记了，“宏伟不朽的建筑物”不仅是用石建造的。在比利时和荷兰，它们都是用砖建造的。不言而喻，这样的建筑物，只有在社会发展引起对它们的需要，而且为满足这种需要提供了经济的可能时，才能开始建造起来。

总之，西欧的城市是随着其居民所支配的生产力的增加和他们经济的日益繁荣而从木城转为石（或砖）城的。因此，完全可以设想，如果俄国的城市也像西欧城市那样迅速富裕起来，则其中的木是会逐渐为石所代替的。

蒙古入侵前的罗斯的最富有城市基辅和诺夫戈罗德，比其他城市有更多的石料建筑物。在基辅共有石建教堂十二座以上[2]。后来，莫斯科在未想到向西欧技师请教以前，就是向诺夫戈罗德学习石工的。诺夫戈罗德和基辅的发展停滞的原因，不在于石的缺乏。

---

① “我从别尔斯克前往布列斯特（Briesti），这是一座木城要塞。”“卡明涅茨，这是一座建有石筑塔楼和木料城堡的城市”等等（赫尔贝尔斯坦：《莫斯科见闻录》，圣彼得堡，1886 年版，第 212—225 页）。索洛维约夫关于石和木的历史意义的思想与想象中的旅行家的印象属于同一时期，如果把兹拉托乌斯特市的一位真正旅行家所得印象与这些印象作一比较，那是很有趣味的：“在城市的上面，悬垂着花岗石的峭壁，石块会自行落在头顶上，整个的城市都是用大圆木建造的。小小的木屋，仿佛是从勒里希的〈古罗斯〉一画中脱落出来的。街道没有铺好”，等等（Г. 彼得罗夫：《宝地游记》，载于 1913 年 3 月 14 日《俄国论坛》）。非常明显，这里的问题不在于石。

② 伊戈尔·格拉巴尔：《俄国艺术史》（*Игорь Грабарь: История русского искусства*），第 1 卷，第 146 页。

索洛维约夫在山的意义上所了解的“石”，其观点并不是那样严重的错误。但他在这里也并不正确。

山使原始的部落彼此隔离，因而妨碍他们汇合成为一个部族，这是对的，但是这一原理也只能在附有非常实质性保留的条件下，才能接受。“石”毕竟不曾妨碍西方的不同部族发生非常活跃的相互交往。这种交往的发展归根到底还是取决于经济发展过程，而经济发展之取决于地理环境，则只是以这一环境对社会生产力发展的促进程度为转移。索洛维约夫在这里也以地理环境直接影响为前提，然而在这里应该主要地说是地理环境的间接影响。这就是他的假设经不起事实的批判的缘故。在西欧，没有比瑞士更为多山的国家。然而那里的“庄稼汉”对“好汉”的封建依附地位从来没有像在“东厄尔巴”平原那样牢固和范围广阔。再看另外一个例子。立陶宛罗斯位于索洛维约夫称为“木国”的同样东部平原部分。但如将他的内部关系同莫斯科罗斯的关系作一比较，我们便可看到，其在十六世纪同莫斯科罗斯的相似之处，远不如其与西欧各国相似之甚。的确，可以说——而且人们也时常这样说——立陶宛罗斯是在波兰的影响之下，即在同一西方的影响之下制订其内部关系的。波兰对立陶宛的影响确乎是强烈的。但是这种影响能否全部地、毫无保留地解释立陶宛的内部关系的性质呢？不能，其非常明显的理由是：一个国家对另一国家内部关系性质的影响，只有在后者具备了负担这一影响传导者作用对其有利的社会因素时，才有可能。我们在下面还将看到，为什么西部罗斯居民中的某些阶级如此热衷于充做波兰影响的传导人。现在我们必须回到索洛维约夫的观点上来。

VII

他关于气候、“石”和“木”的影响的见解，是很不妥当的。但是在他的巨著之中，毕竟在论及地理环境对我们祖国社会发展的影响方面，还有一些完全正确的思想。我们必须慎重深思这些完全正确的思想。

在所著《俄国史》第一卷第一章里，他在指出东欧平原的单一性后说：

“自然形态的单调排除了地区性的依恋情绪，使居民从事单调的职业。职业的单调性造成习惯、道德风尚、信仰的千篇一律；道德风尚、习俗和信仰的千篇一律排除敌对的冲突；相同的需要指出满足这种需要的相同手段；——所以东欧平原无论多么辽阔，无论在最初其居民部落多么不同，但迟早都会成为一个国家的地区。明了这一点，则俄国国家地区的辽阔，各部分的千篇一律及其相互间的牢固联系，便可理解了。”①

从方法的观点说，这一见解也不能说是无懈可击的。我们的史学家重复了在他以前论述地理环境对于民族发展过程的影响的大部分学者的错误：他也是首先企图确定地理环境会引起那些心理的素质。只是在这之后，他才指出按照他的意见、为这种素质所制约的那些职业以及一般生活方式。这是历史唯心主义的方法：用意识来解释存在，尽管生活的某些物质条件——在这个场合上，即欧洲东半壁的地表特点——拿来作为整个推理的出发点。但唯

① 《俄国史》(*История России.*)，第 1 卷，第 10 页。

心主义方法本身是这样不能令人满意，所以使用这一方法的学者，如果不是口头上，而是想在实际上找出社会现象的相互联系，便不得不放弃它而暂时变为唯物主义者，即暂时用存在来解释意识[①]。社会科学的许多很重要发现，都应归功于学者们的这一方法论的不彻底性。索洛维约夫在这里正是不忠实于他的唯心主义方法的；但他的这种不忠实却提供了良好的理论成果。他在约略谈到俄国部落的心理素质似乎是由地理环境直接引起的话以后，立即转而考虑自然形态的单调性怎样影响这一部落的职业和生活方式。换言之，他迅速地从用意识来解释生活的企图——尽管这是众目所睹，他自己却并未察觉——转到用存在来解释意识。在这里，我们从他的著作中了解到自然形态的单调造成职业的单调性，而职业的单调性又造成习俗、道德风尚、需要和信仰的单调性；而且需要的单调性指明满足这种需要的相同手段，等等。这是一种很宝贵的思想，许多研究俄国历史过程的相对特殊性的原因的著作家，直到现在，还极少考虑及此。

试想，一个细胞通常分裂为两个子细胞，这两个子细胞又分裂为四个孙细胞，孙细胞再各自分裂为两个曾孙细胞，等等。细胞的数目按几何级数增加，而且每一个细胞都不能完全单独地存在。结果怎样呢？结果得出某种细胞的综合体，某种活质组织，而不是比较复杂的有机体。若要得出这种有机体，则在发生细胞繁殖过程的同时，必须发生细胞的分化过程。在自然界，没有分化就没有发展。

① 我所以说“社会现象”，是因为每一位自然科学家在他的试验室里都不由自主地变为唯物主义者。为了找到对自然现象作唯心主义解释的例子，必须回到威廉的自然哲学上去。

姑且假定，我们所研究的是一个位于平坦、四通八达、旷无人烟地区的农民公社。当这一公社由于社员人数的增加而感到“土地狭小”时，一部分社员必须离开本村而组成新的村落。当这新村落的增长，在旧的农村经济经营方法之下感到周围土地不足时，它也将其一部分居民迁到“新的地区”。在新的地区，同样的情况又再重复，等等。只要“空地”尚未用尽，每个村子每当其成员的数目达到一定限度时，都要实行人口外迁。结果怎样呢？结果是许多农村都使用旧的方法耕种土地。也许，因此人口密集的地区仿佛颇为富有，但其经济发展水平，却仍旧很低。自然条件的单调性及与此有关的职业单调性，阻碍了经济水平的提高，因而也阻碍了居民精神的发展。马克思说：“不是土壤的绝对肥力，而是土壤的差异、它的自然产品的多样性，构成劳动分工的自然基础，迫使人们根据其周围自然条件的多样性而使其自身的需要、能力、生产手段和生产方式多样化。”[①]自然条件的单调是东欧平原的特点，它是不利于其居民在经济发展方面取得成就的。但我们知道，经济发展决定社会的政治和精神的发展。因此，任何人想要阐明俄国社会发展的过程，都一定要重视索洛维约夫对引起职业单调的“自然条件”的指示。

不仅如此。我们的历史学家继续写道：“伟大的平原在东南部四通八达，与中亚草原直接衔接，一群群游牧民族从远古以来就到达了在乌拉尔山脉和里海之间的广阔门户，在伏尔加河、顿河、德聂伯河下游一带占据了一些使他们感到自由自在的地区……亚洲

① 《资本论》，第1卷，德文第3版，第524—525页。

不断派出掠夺成性的汗国部队，他们想牺牲定居居民的利益而生活：同草原野蛮人的不断斗争，成为这种定居居民历史中的主要现象之一，这是显而易见的。”①

同游牧部落的这种持续斗争对俄国的内部发展有什么影响呢？索洛维约夫对解决这一重要问题，只是作了某些暗示。有些历史学家认为，同游牧部落的斗争对于罗斯部落的命运具有决定的影响，他自己不属于这些历史学家。他关于鞑靼人的意见是人所共知的：“鞑靼人（在征服罗斯后——著者），仍旧居住在很远的地方，他们所关心的只是征收贡品，完全不干预内部关系，而听其一切照旧。”②但其他游牧部落，先于鞑靼人同俄国部落接触者，比鞑靼人更少“干预内部关系”。所以我们应该在这样的意义上理解索洛维约夫的话，即所有这些其他部落都比鞑靼人更多“听其一切照旧”。果真如此，则同游牧部落的斗争对俄国内部历史的影响又表现在哪里呢？显然，索洛维约夫承认，游牧部落虽然“听其一切照旧”，却由于自身的影响而阻滞或加快了俄国社会内部关系的自然发展。他说：“草原部落或波洛韦次人③不仅侵袭罗斯，而且使罗斯同黑海海岸隔绝，妨碍其与拜占庭的来往。俄国的王公不得不带着大批卫队远迎希腊商人，并护送其到达基辅，防止草原强盗的掠夺；野蛮的亚洲企图夺去罗斯同有学识的欧洲交往的一切途径和出路。”④但既然如此，则很显然，游牧民族对我国内部历史的

① 《俄国史》，第1卷，第10页。

② 同上。

③ 波洛韦次人（половцы）为在南俄草原游牧的突厥语系民族。——译者

④ 《俄国史》，第1卷，第4页。

影响，首先——也许主要地——是他们阻滞了我国的经济发展。可惜索洛维约夫不对这一重要问题加以探讨。

他在谈到维托夫特在沃尔斯克拉沿岸被帖米尔—库特拉伊人和爱第格伊人击败时，指出"鞑靼人胜利了；但这一胜利的后果如何呢？后果是立陶宛领地某些部分的被蹂躏——如斯而已！"[①]这一意见对于这里所研究的他的观点，是很有意义的。像卡拉姆金一样，他所指的主要是国家史，而在事变不曾对国家制度或对国家同邻国的关系发生明显的直接影响的地方——在刚刚指出的立陶宛大公国对汗国的关系的场合里，——他却想减轻事变的历史意义。游牧部落"只是"蹂躏了罗斯或从罗斯搜刮贡赋。因此，索洛维约夫说，他们让一切照旧。然而如果这种蹂躏阻滞了对旧事物的内部发展，则亦可因此给这一发展以新的方向，即同在不同的历史接邻关系下可能取得的方向有所不同的新方向。当然，发展速度的差别只是一种量的差别。但量的差别的逐渐积累，终将转变为质的差别。谁知道？也许，掠夺成性的游牧部落一方面蹂躏罗斯，因而阻碍其生产力的增长，同时又促进了它的政治制度的某些特点的产生和巩固。这就是为什么对于东欧平原定居人民同野蛮敌人斗争的经济和社会政治结果问题，必须注意进行研究的缘故。

VIII

某一社会所拥有的生产力越是发展，则这个社会在经济发展

① 《俄国史》，第1卷，第103页。

的梯级上越高。在经济发展的梯级上升得越高，则这个社会越能在与邻国的斗争中更顺利地维护其生存。恩格斯在与杜林争论“暴力论”时说道：“暴力的胜利是以武器的生产为基础的，而武器的生产又是以整个生产力为基础，因而是以‘经济力量’、以‘经济状况’、以暴力所拥有的物质资料为基础的。”[①]如果这是正确的——而这是完全正确的——则居住在东欧平原的农民这样长期不能战胜从亚洲通过“乌拉尔山脉和里海之间的广阔门户”入侵的游牧部落这一事实何以解释呢？要知道，农民在经济方面是高于游牧人的。

现在，这个问题显然已为我国学者中主张对历史作唯物主义解释的人们所注意。然而应该承认，可惜他们对这个问题的解决，并非常常顺利。

例如，B. A. 克尔图亚拉曾在不久以前发表一种主张，认为在十三世纪中叶前，俄国的主要职业是狩猎及与此有关的商业，而鞑靼人则是从事畜牧。畜牧高于狩猎。畜牧业要求更好地组织社会力量。“因此，以畜牧业为基础的社会政治组织，通常都比以狩猎为基础的组织更为强大。”我们的尊敬的作者便以此来解释“建立在伟大水道上的狩猎—商业国家终于被畜牧—游牧部落所战败”这一事实[②]。

这样一来，索洛维约夫说贝琴涅戈人[③]、波洛韦次人和鞑靼人

① 《反杜林论》，人民出版社，1970 年，第 164 页（《马克思恩格斯全集》，第 20 卷，中文版第 181 页）。

② 《俄国文学史教程》，第 2 卷，第 I 章，1871 年，第 37 页。

③ 贝琴涅戈人（печенег）为东南欧突厥语系古代民族之一。——译者

是野蛮人，便是错误的了。如果是对的；如果这些亚洲人还可以称之为野蛮人，那我们便应记住，在东欧平原同他们相对峙的是俄国的野人——猎人，是在经济和社会发展上更低的人。因此，俄国之被蒙古人征服，乃是蒙古人的经济优越性的简单明了的结果：我们已经知道，胜利是以武器的生产为前提，而武器的生产又以整个生产力为基础，以胜利者所拥有的物质资料为基础。

然而这一解释是同社会历史的事实不相符合的。

试回忆编年史家关于奥莉加同德雷夫利亚人谈判的叙述。她派人向科罗斯丁的居民说："你们待着干吗？全城都效忠于我，交纳贡赋，耕作自己的庄稼地，而你们却想用饥饿……"[1]能否假设，这种叙述是在狩猎一商业国家产生的呢？显然不是。它是在重视"耕作自己的庄稼地"机会的农民中产生的[2]。然而这样的叙述并不是什么例外。别尔戈罗德人于997年为贝琴涅戈人围困，情况极为危急，业已准备投降。但一位老人想出一条巧计。他劝他的同胞们"收些燕麦、小麦或糠"。在他们执行了他的劝告时，他命令妇女制作果子露，将它倒进木桶，并把桶放到井中。另外一口井里，放下了一桶蜜水。然后他请来贝琴涅戈人，对他们说，"为什么你们要自讨苦吃呢？你们难道比我们更能坚持下去吗？就令你们坚持十年，又能把我们怎样？我们有从土地上收获的粮食，如果你们不相信，那就请用自己的眼睛看看罢"。贝琴涅戈人相信别尔戈

① 《伊巴特抄本的大事记》，1871年版，第37页。

② 顺便说，现代人种学不知有"狩猎一商业"国家。同狩猎生活相适应的是以血统为基础的社会组织。现在，特别注意到北美人种学派在著名的摩尔根影响下产生的优秀著作，对此就很难怀疑了。

罗德人有“从土地上收获的粮食”，便撤兵解围了[①]。这样的故事，如编年史家通过别尔戈罗德的机智老人所鲜明表达，只有在“从土地上”收获粮食的民族中才能形成[②]。关于弗拉基米尔·莫诺马赫劝说斯维亚托波尔克人去攻击波洛韦次人的记述，也是同样值得注意的。“斯维亚托波尔克人的义勇队说：‘春天不是打仗的时候，我们不想加害农民，要让他们种庄稼。’弗拉基米尔却说：‘真奇怪啊，义勇队，谁给你马匹？谁来种地？你们怎么不看到，就是农民开始耕种，但波洛韦次人会来箭射农民，抢去耕马，到村里掳去妻小，夺走全部财产呢？’”等等。这样的理由造成的印象是：“斯维亚托波尔克人的义勇队，不能对他作出相反的答复。”[③]我们看到，他们很懂得，使农民能够安宁地耕种自己的土地，是何等有益。狩猎部落是不懂得这一点的，其简单的理由是，他们不从事耕作，而且他们中间也没有农民。

在这次大公会议前十年，被波洛韦次人围困的托尔克人曾派人告诉斯维亚托波尔克人：“粮食尚未送来，请借一些。”[④]当然，这一通知尚不足以证明那时托尔克人[⑤]自己业已变为农民。但借粮的请求充分令人信服地表明，他们交往的是一个主要住着农民的

---

① 《伊巴特抄本的大事记》，第88—89页。在这里不妨指出，狩猎民族是没有在设防的城市里躲避敌人的习惯的。

② 维亚迪奇人(历史上东斯拉夫人的一族。——校者)深居在捷斯纳河和奥卡河之间的深林里，他们是按“拉罗”和“梭哈”(按拉罗——Рало，梭哈——Соха，均古罗斯课税单位。——译者)向可萨人纳贡的(克柳切夫斯基：《俄国史教程》，第1卷，第67页)。这也是在狩猎生活中所未见的现象。

③ 《伊巴特大事记年表》，第183页。

④ 同上书，第154页。

⑤ 这是属于土耳其部落的一个小民族，在上述事件以前还是游牧民族。

地区的政治代表。值得注意的是，编年史家对波洛韦次人所造成的毁灭表示不满，在我们面前表现为农业部落的思想代表：他首先指出，伊斯梅洛夫的狡猾子孙烧毁了村庄和谷仓；在他的叙述里，烧毁教堂摆在烧毁村庄和谷仓之后[①]。

在那古远的年代里，俄国人民即以农产品为主要食物。米·格鲁舍夫斯基教授说[②]："在十一世纪的贝邱尔斯克修道院里，通常食用谷物（主要是黑麦）、植物油做的食品（煮豌豆和其他豆荚菜蔬），或粥，煮熟的和用植物油调制的蔬菜；在斋日、荤食日里吃干酪；在素食日里吃鱼，但鱼已是美味了。……面包被认为是比植物油做的食品更精致的食物，最后，最后一道菜，则有煮熟的蔬菜。"按照格鲁舍夫斯基教授的意见，这一寺庙的菜单给我们的印象，是当时最贫苦的人民阶层所用食物："面包、粥、煮菜（很可能就是青菜汤一类的东西）。当时一如现在；乃是居民的主要食物，虽然当时居民食用的肉比现时多。"[③]

此外，为了避免误会，必须补充说明，在基辅时期即已构成俄国人民主要职业的农业，远非过去和现在非洲和南北美洲野蛮部落在从事狩猎的同时所从事的那种原始翻地耕作。当时使用的农具——如犁和耙——表明以使用家畜（马或牛）为前提的更高的

① 《伊巴特大事记年表》，第155页。

② 《基辅罗斯》，第1卷，1911年，第326—327页。

③ 格鲁舍夫斯基：《基辅罗斯》，第1卷，圣彼得堡，第326—327页。又同上书，第327页。在同卷的另一地方，作者指出："关于已掌握的正常条件定居地区的斯拉夫人的资料，都表明斯拉夫人广泛发展的农业技术，这种农业技术给整个斯拉夫人的生活，留下了强烈的印记。"（第306—307页）这些资料都是九、十、十一世纪的。参阅同一作者的《乌克兰民族史概要》，第2版，第31—32页。

技术。

按照B. A.克尔图亚拉的说法，——他的著作虽有若干局部的错误，仍不失为真正优秀作品，——数千年来在俄国人民中居于主导地位的狩猎，在俄国人民的心理中造成一定的特性[①]。这是当然的，是造成了的。但在后来，农业却造成了更为显著的特性。在什么时候呢？在多神教时代，即在蒙古人到来以前很久的时代。这是很容易用事实来证明的，克尔图亚拉在他的优秀著作第一卷里便收集了大量这样的事实。

以所谓圣诞节祝歌为例。在克尔图亚拉的《俄国文学史教程》里，这种祝歌分为两类：第一类是保持着多神教概念痕迹的祝歌，第二类是研究基督教动因的祝歌。显然，第一类是更古老一些。克尔图亚拉关于第一类祝歌说了些什么呢？他说：

"在第一类圣诞节祝歌中，特别有意义的是那些带有农业性质的祝歌。在一首歌里，歌手请主人起立瞻仰上帝怎样挨户视察和准备耕犁及耕牛；接着又唱上帝备马，巡视打谷场，将割下的一捆一捆庄稼摆成三行，小麦摆成四行，并安排养蜂和酿酒。"[②]

毫无疑义，这是农人的心理。狩猎部落唱的是另外的歌。例如，澳洲人唱："袋鼠肥，我吃了它。"事情很明显，这首歌显然表现了猎户的心理。克尔图亚拉自己还说，准备农事的上帝形象，似乎是多神教的太阳神显影。但太阳神是什么呢？斯瓦洛戈[③]有子女，太阳神就是太阳（这神的另一名称为霍尔斯）；这是一个对于那

① 《俄国文学史教程》，第2卷，第68页。

② 同上书，第1卷，圣彼得堡，1906年，第105页。

③ 斯瓦洛戈(Сварог)为古代俄罗斯的铁匠护神，太阳神之父。——译者

部分主要从事畜牧业和农业的斯拉夫民族具有重大意义的神[①]。但是太阳神对于俄国的斯拉夫人又有什么意义呢？意义如下：《伊戈尔公爵军队的故事》——大家都知道，这是一件基督时期的文献，——称俄国人民为太阳神苗裔（“太阳神的子孙有力量愤然而起”等等）。因此，意义是很大的。然而这一情况也不是描写狩猎部落的心理的。同样值得注意的是，《伊戈尔公爵军队的故事》在抱怨公爵混战所造成的毁灭时写道：“那时在俄国的土地上很少听到庄稼人的呼喊，但时常听到乌鸦的聒噪，等等。”这两种情况都是克尔图亚拉自己指出的[②]。

其他的祝歌又怎样呢？试听同一学者的叙述。

“占卜人环桌而坐，他们将耳环抛在盆边……然后唱许多歌，这些歌因盆得名而称为盆下歌。第一首歌是歌唱面包与食盐。歌毕，将戒指、宝石戒指、面包、盐、小块煤投入盆内。接着唱以下的歌曲：‘谷物像天鹅绒般柔软起伏’，‘铁匠从作坊走出’”，等等。克尔图亚拉还说：“远古占卜的主要题目，大概是财富取决于太阳神，即农神的威力的发展。”[③]下面请看组歌：“春之歌。”其中一首请求春天“带来欢乐、伟大的恩惠、高高的亚麻、深根的作物、丰收的粮食”。另一首问春天是坐什么来的，“是坐在犁头还是坐在小耙上，是坐在小叉子上，坐在燕麦捆上，还是坐在黑麦穗上呢？”[④]

在合唱歌词中，克尔图亚拉认为最值得注意的是选妻、种黍的

① 《俄国文学史教程》，第 29 页。
② 同上书，第 591 页。
③ 同上书，第 107 页。
④ 同上书，第 109 页。

一首。“这首歌是少女和青年之间的对唱。女的唱她们如何种黍。男的答唱,他们将把黍践踏掉。”[①]类似的歌曲也时常在其他农业民族中听到。在马来亚半岛的某些部落中,有许多颇为复杂的歌舞,用动作和唱词描写种黍。这一切当然都很明显地表明那种不是意识决定存在,而是存在决定意识的思想。问题在于这种歌词中反映的生活,乃是农民的生活,而不是猎人的生活。不过,这里附带说明是有益的:合唱歌词所说黍是由少女播种的,而青年们则威胁要加以践踏。根据这一事实,我们可以假定,在俄国斯拉夫人的生活中,曾有这样一个时期,那时妇女从事农业,而男人则仍旧从事狩猎。这样的社会劳动分工,不久以前还存在于巴西中部的某些部落。这种部落的心理经常强烈表现狩猎生活的特点。

克尔图亚拉还谈到收获节。他说:“7月下半月是斯拉夫多神教徒的雷神节。对地肥有利的雷雨(通常在7月下半月特别多)和收割工作的开始,都是同雷神分不开的。”[②]

够了!现在只要补充一点,即按照克尔图亚拉的说法,有关经济事务的俄国谚语,“主要是反映农业劳动”[③]。综上所述,我们已可毫无疑义地说,正是农业劳动在俄国人民的心理上留下了最深刻的印记。这一点必须牢牢记住,因为下面我们还要研究,在俄国历史的基辅时期,俄国人民经济生活的主要推动力在哪里的问题。许多关于我国社会政治发展过程的错误见解,都同对这一问题的错误的解决有关。

---

① 《俄国文学史教程》,第110页。

② 同上。

③ 同上书,第152页。

IX

由此看来，历史的真理完全不在克尔图亚拉方面，而在索洛维约夫方面：同基辅时期的俄国居民相比，游牧部落是在经济发展上，因而也在一般文化发展上，处于较低水平的部落。克尔图亚拉——而且不止他一人——用不着因畜牧部落——鞑靼人征服了俄国农民而感到困惑。像装满比大气更轻气体的气球的上升不否定地心吸引力的理论一样，这一事实同唯物主义的历史观也是不相矛盾的。我们在这两种情况中所看到的反常现象，都只不过是一种臆想。

问题在于人类沿着文化道路上的运动，全然不是什么直线的运动。当然，某个部落（或国家）随着过渡到更高的经济发展水平，是要迈开比较大的前进步伐的。但并不是在一切方面都如此。正因为它总地说向前迈进了，所以它的生活的某些方面可能后退。试举一个明显的例子。如所周知，与从事畜牧业和原始农业的部落相比，狩猎部落在造型艺术方面有着大得多的爱好，并且主要是才能。同样，现在的资产阶级欧洲虽具有这样庞大的生产力，而在美学方面却远远不及古代世界。刚才指出的现象所引起的那些原因的研究，无论如何在这里也不属于我的任务。在这里只是说出下面一点就够了：这些原因也存在于新的技术成就及与此有关的生活方式的变革所引起的新条件之中[①]。但关于游牧部落，还应在这里再说几句话。

在已故尼·西贝尔所著《原始经济文化概论》一书（1883 年初

① 关于这个问题，详请参阅我论艺术的论文，载于《二十年》及《对我们批评者的批评》等文集（《全集》第XIV卷）。

版)中,对于产生蒙古世界帝国这个概念的经济和生活条件,曾作过饶有兴趣的分析。西贝尔在叙述一位英国作家的观点时说,游牧民族的生活方式本身使他们不爱和平。他说:“没有任何固定疆界的流浪民族,不会没有打仗的理由,因为他们经常侵入彼此的牧场的界内。这样便产生了突然爆发的战争。”[①]其次,他还指出,他们吃苦耐劳和在军队动员上的轻便敏捷。“他们的严酷与坚强,使他们能够忍受长期流浪的疲乏、贫困和衰弱。这种牧人的集体,是不需要任何军需的。他们的食品,如习于只是吃草的牛或马的肉,是随时都可在途中维持他们的生活的。……他们对生命的漠不关心,使他们毋须对病伤员预作任何关怀……他们的军事生活,包括长期的流浪和返还,以及对其他军队的彻底歼灭,同他们在和平时期的习惯,没有区别……胜利使他们兴奋……失败使他们的精神暂时平静,但在无边无际的荒原里,他们总有四通八达的退路,他们在这里至少能够不受文明民族的报复。”[②]这些话已在很大程度上向我们说明了游牧民族军事胜利的原因。但西贝尔的意思还不止于此。他根据同一英国作家的意见,断言游牧民族的毁灭性袭击,对于他们仿佛是一种必要,特别是在他们取得统治地位的时候。“当他的最初胜利将大批人吸引到他们的胜利旗帜之下的时候,要把这大批群众维持于静止状态,是不可能的。首先,他们的牧场很快就要消耗尽了;第二,他们的领袖只有用积极作战的办法,才能维持其在同一民族中的威望与崇高地位。广泛参加到他

① 《原始经济文化概论》,第2版,圣彼得堡,1899年,第39页。

② 同上书,第113页。

们军队中来的外国部队,是经常准备脱离强迫联合的。领袖的任何软弱无能的迹象,都会成为总崩溃的标志。"①

此外,还应补充如下。我们如果把十世纪或十一世纪俄国定居部落的武装同他们必须抵御其攻击的游牧部落的武装作一比较,我们便可看到,前者对后者的优势是微不足道的,甚至是大可怀疑的。同俄国步兵的剑相对峙的,是游牧骑兵的马刀。作为攻击或自卫的武器,马刀是否比不上剑呢?姑且假定,是。但事实是,俄国军人亦时常宁用马刀而不用剑。在十二世纪,根据《伊戈尔公爵军队的故事》来判断,马刀甚至已占优势。因为"用弯刀比用直剑更便于砍杀"②。当然,只有对于骑兵,马刀才更便利,而在当时的俄国部队里,骑兵已起很重要的作用,愈是往后,所起作用愈是重要。因此,从武装方面说,很难假定当时的(俄国)农民对游牧部落具有多少真正的优势。值得指出,即使俄国军人曾采用游牧部落的武器,那么,文明的罗马人亦曾不只一次从他们不得不与之作战的野蛮人那里采用过。总之,像在许多其他方面一样,文明与野蛮之间的距离,在这方面最初极小,只是逐渐地,但却经常愈来愈快地增加着③。

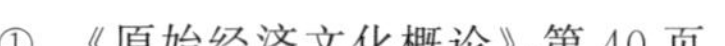

① 《原始经济文化概论》,第 40 页。

② 格鲁舍夫斯基:《基辅罗斯》,第 1 卷,第 339 页。

③ 一个很懂得当时军事学术的人尔热雷上尉——不知为什么在我国,人们称他为马尔热雷——说:"一百名鞑靼人经常可以驱逐二百名俄国人。"(《俄罗斯强国和莫斯科大公国的状况》,圣彼得堡,1830 年,第 55 页)从他往后的叙述中可以看出,马尔热雷所指的是俄国骑兵。鞑靼骑兵对俄国骑兵的这种优势怎样解释呢?难道是因为克里米亚在十六世纪末处于比莫斯科罗斯更高的经济发展水平?我不认为任何人敢于断言这一点的。

最后，——对这一点亦须多加注意，——向农业过渡所逐步造成的社会分工，是农民在军事方面的相对脆弱的一个来源。游牧民族的全体，或几乎全体成年男子，都是战士；而在农民中，从军则只是某一部分人的职业，例如，在基辅罗斯，只是公爵和他的侍卫的职业。固然，有时除公爵的侍卫之外，还召集非常后备军。但非常后备军的召集毕竟是一种例外的事情，而且也越来越少了[①]。弗拉季米尔·莫诺马赫很好地描写了平时的情况：农民种地，公爵率领侍卫防御敌人的侵袭。在这种情形之下，农民要战胜游牧人只有一个条件，即将农民联合成为一个巨大的政治联盟，期待于它的是把一定地域的农业人口分散于个别政治联盟的努力结合起来。这就是为什么所有基辅时期的俄国思想家都极为坚决和一致地声讨公爵内讧的缘故。“有见识的人”向斯维亚托波尔克说：“为什么你们要内讧呢？这下流的勾当将毁灭罗斯国土。应该讲和，现在就去对付他们（即波洛韦次人——著者），或者媾和，或者打仗。”（参阅《伊戈列夫公爵军队的故事》对公爵内战的有说服力的控诉）由于同一原因，后来俄国人民对于莫斯科的大公们——在俄国西半部对于立陶宛的大公们——的统一政策，都是极为同情的。值得注意的是，只是在罗斯东部最终地联合起来的时候，喀山和阿斯特拉罕才被攻克的。

所有这一切表明，不采取所谓“狩猎—商业国”的毫无根据的假设，我们也能够解释游牧民族对基辅罗斯的胜利。

现在我们再看畜牧—游牧部落在数百年中对居住在东欧平原

---

① 同时，非常后备军的装备远不及侍卫的装备。“普通的警卫有矛、刀、箭、斧；可能，这便是一个普通非侍卫兵——战士的装备。”（格鲁舍夫斯基：《基辅罗斯》，第1卷，第339页）

的农民的侵袭造成哪些后果。

第一，种种侵袭妨碍俄国居民推进到黑海海岸，甚至迫使他们退向北方和西北①。这种从海岸线的被迫退却，必然要延迟罗斯的经济发展。第二，游牧部落将罗斯人从黑海沿岸赶走之后，继续袭击他们的商船，妨碍他们同克里米亚和拜占庭的来往，因而给罗斯的经济发展造成新的障碍。第三，他们周期性地毁坏定居的俄国部落的地区，妨碍了他们的福利的增长。“对经常处于军事戒备状态的城市和村庄的不断袭击；袭击时大量俘虏被劫走，其有劳动能力者在克里米亚各港口被拍卖到外国去做奴隶，凡不适于劳动者则全部在发卖时被残酷地打死；整个村庄被毁灭；结果是居民逃亡，整个地区成为废墟。”——这就是历史学者对当时受到游牧部落侵袭地区的生活的描写②。不用说，这样的生活是不能促进财富的积累的。不错，当时俄国社会的上层仿佛拥有颇多的货币资金③。但是俄国社会的下层，不得不产生了许多不能进行独立经营的分子。这些分子陷入依附拥有货币资金者的地位。高利贷资本控制了当时很大一部分劳动居民④。但是高利贷资本的统治也极不利于国家生产力的发展，因为这种资本在极大多数情形下只

① 罗斯在八世纪控制了德聂伯河的出口，后来，它长期丧失了这条河的下游。

② 格鲁舍夫斯基：同前书，第 287 页。另参阅克柳切夫斯基的《俄国史教程》，第 1 卷，第 334 页。

③ 克柳切夫斯基：同前书，第 336—337 页。

④ “艰难的生活条件及商业和农业在土耳其人蹂躏下陷于崩溃，都使自由农和小规模的自由行业日益减少和无地雇农及奴隶数目日益增加。破产的农业经济，增加了达官显贵的地产，而这种地产的业主则陷入无限期的赎身劳动，一有机会，便被划入奴隶的范畴。信贷的条件是很苛刻的。百分之十五的利率被认为是‘基督的’优息。未偿清债务的债务人陷为赎身劳动者或奴隶。”（格鲁舍夫斯基：《乌克兰民族史概要》，第 121 页）

是满足于占有剩余产品，而毫不改变生产方式[①]。在十二世纪，德聂伯河一带显著的贫困化了。1159 年契尔尼戈夫市的公爵斯维亚托斯拉夫·奥尔戈维契曾给伊贾斯拉夫·达维多维契大公写了一封著名的复信："我占领了契尔尼戈夫市和其他 7 座城市，不过都是一片荒凉。在这些城市里住着养猎犬人和波洛韦次人。"克柳切夫斯基教授对斯维亚托斯拉夫·奥尔戈维契的这些话作了如下解释："在这些城市里只剩下公爵的家仆和投效罗斯的和平的波洛韦次人。"[②]然而在这种情形发生的时候，在西欧先进各国，——意大利、法国、弗兰德利牙[③]，——城市业已迅速发展和富裕起来了。[④]

① "这种形式的高利贷资本，实际上会占有直接生产者的全部剩余劳动，而不改变生产方式；……因而，在这里资本不是直接支配劳动，不是作为产业资本和劳动相对立。这种高利贷资本使这种生产方式陷入贫困的境地，不是发展生产力，而是使生产力萎缩，同时使这种悲惨的状态永久化，在这种悲惨的状态中，劳动的社会生产率不能像在资本主义生产中那样，靠牺牲劳动本身而发展。"（马克思：《资本论》，第 3 卷，俄译本，第 490—491 页。见《马克思恩格斯全集》，第 25 卷，人民出版社，1974 年，第 674 页）

② 《俄国史教程》，第 1 卷，第 348—349 页。"罗斯的贫困化在十二世纪中叶开始明显，从世纪末起，更为明显。"（《古代罗斯的大贵族杜马》，第 96 页）不过，必须指出，克柳切夫斯基教授以解冤（Гривна кун 旧时北高加索山民的风俗，花钱赎买以解除血亲冤仇。一个克里弗纳等于约重一磅的银锭。——校者）货币重量日益减轻为这种贫困化的一种证明，却是完全无说服力，甚至是奇谈。在西方，货币单位的重量也是日益减轻的。"in der Geschlichte aller modernen völker derselbe Geldname verblieb einem Sich stets Vermindernden metallgehalt."（马克思：《政治经济学批判》，柏林，1859 年，I，89）（"在所有现代民族的历史上，金属含量本身虽不断减轻，但仍采用同一个货币名称……"。见《马克思恩格斯全集》第 13 卷，中文版，第 10 页）

③ 弗兰德利牙（Фландрия）为弗来米民族居住地区，现分属北、荷、法领土。——译者

④ 城市及其周围地区的商品生产的发展使不自由的农业劳动衰落，——我们在意大利对此看得特别明显，——代替它的是自由佃农的劳动。因此，当不自由的农业劳动在基辅罗斯巩固和流行的时候，在先进的意大利共和国里，它却正在消失。

结果，以鞑靼人为代表的游牧部落完全阻止了西南罗斯的独立发展，使俄国历史生活的重心转移到东北，而这里的地理环境则是更少利于居民生产力的迅速发展的。

某一社会的生产力发展愈快，则其经济生命的脉搏跳得愈强，其主导的生产方式所特有的矛盾，也更尖锐。这种矛盾的尖锐化表现于阶级斗争的尖锐化。阶级斗争无论采取怎样的形式，是在任何划分为阶级的社会里都经常发生的。阶级斗争自身的尖锐化，使社会的内部历史具有克柳切夫斯基教授认为应在征服时期发生的那种战斗性质。阶级斗争还使社会性质具有“鲜明的轮廓”。而且不仅社会制度如此。一位深刻的埃维斯思想家说过：“争执是万物之父。”日益尖锐的阶级斗争使观念的过程深化，使其相互冲突更为频繁。因此，如果地理环境在沿德聂伯河一带对罗斯的经济发展发生不利的影响，则在基辅时期，俄国社会关系的某种不明确性及其社会思想的某种迟钝性会变得明显起来，便是意料中事了。

现在试就社会关系问题，进行研究。

历史学者对于当时一个主要公国的市民会议的作用，曾作如下描写：

“由于基辅公国当时处于非常危急的条件，其市民会议的活动也特别活跃，这是毫无疑义的。”然而“就在这里，市民会议也不曾具有任何明确的形式，固定明确的职能，而始终是一种非常的现象。……既没有一定的会期，没有会址，没有召集市民会议明确的发起人，也没有任何代表制的形式。”[①]凡属社会关系不发达，不感

① 格鲁舍夫斯基：《乌克兰民族史概要》，第111—112页。

到需要明确的法律标准的地方，情况历来都是如此。西欧的富有城市公社是很知道法律形式的价值的。但他们那里是在同封建主的斗争中认识这一价值的，而基辅罗斯的城市里却不曾进行这种斗争[①]。公爵同其侍从关系的特点也是不明确的。格鲁舍夫斯基教授继续写道："像市民会议一样，大贵族会议也未为自身制定任何明确的形式或专门的主管范围。公爵只是同身边的贵族、他愿意在会议上会见的贵族商量。因此，大贵族会议的人数是可多可少的。"[②]只有在侍从（"антрустион"）变为土地占有者的时候和地方，国王同他的顾问们的相互关系才变得较为明确。土地占有者企图扩大其对土地的权利——主要是想使这种权利成为世袭的权利——促使他们向国王提出一定的要求，这种要求表现为一定的法律标准。但侍从转变为土地占有者的过程完成速度的快慢，这种过程招致来那些政治结果，须视一国经济向前发展的情况而定。在经济向前发展迟缓的地方，这一过程便慢。例如，十一世纪的波兰在博列斯拉夫勇王（992—1025）以后已无侍从，代之而来的是"战士"（拉丁文为"Miles"）。他们从公爵那里获得土地，条件是服役，以及执行许多徭役（Stro'za，Podwody，Przesieka，等等）。这些"战士"逐渐将他们的土地变为世袭的土地，无论在对公爵或对其他居民阶层的关系上，都增加了自己的权利。[③] 但在基辅罗斯，

① 意大利城市的宪法具有很大明确性，甚至是过于复杂的，这种复杂性证明为迅速发展和标志分明的社会关系，寻求确切标准的不断的愿望。

② 格鲁舍夫斯基：《乌克兰民族史概要》，第 111 页，参阅克柳切夫斯基：《大贵族杜马》，第 53 页。

③ 参阅库特舍巴博士：《波兰社会国家制度史概要》，亚斯特列博夫译自波兰文，圣彼得堡，1907 年版，第 9—11 页。

侍从转变为在一定条件下占有土地的"战士"的过程，由于经济发展速度慢得多而被推迟①。侍从的生活主要靠公爵的贡赋和其他收入来维持。我们在这个时代里尚未看到封地办法——因服役而以土地作为赏赐——的迹象。侍从并不认为他是公爵的奴隶。他们牢牢地抓住自由迁移的权利不放。但是，不满的侍从离开一个公爵而投效另一公爵，正足以证明他们在国内尚无巩固的地位。在他们有了巩固地位的地方，如果对公爵发生不满，他们便不是离去，而是同公爵进行斗争了②。例如，在沃伦公国的情形可能便是如此。这里的贵族在十三世纪是举足轻重的。又如在加里西亚公国的情形，也可能是如此。但在加里西亚所以能够这样，是因为那里的情况有利于经济发展。这里几乎没有内战……这种情况对土

① 博列斯拉夫勇王是弗拉基米尔圣王的同代人。我们刚刚看到，波兰在博列斯拉夫勇王后，已无侍从，但在俄罗斯于弗拉基米尔死后，还长期盛行着在各种壮士颂歌里明显地表述的那种侍从生活。

② 克柳切夫斯基指出，当时的公国领有制的制度"养成了侍从的播迁习惯"后，说道："由于这种播迁，身居政府最高职位的侍从官员，不能长期在同一地区占据这种职位，并通过这种职位去某种范围内取得巩固的地方政治影响，更不能像在封建的欧洲和邻国波兰那样，把自己的职位变为世袭。"(《俄国史教程》，第1卷，第239页)这里把结果当作原因。在侍从自由播迁的情形下，如果他们要在公爵变换时留在这一地区，是没有任何障碍的。如果他们在那里取得了巩固的政治影响，则新来的公爵便不能撤销他们原有的职位，特别是这种职位业已成为世袭的时候。因此，整个问题在于为什么职位变为世袭的。对于这一问题，克柳切夫斯基教授毫不怀疑地答道："不难看到，大贵族的地产发展得很弱，它不是军职人员(Служилые люди)(军职人员在15—17世纪为俄国服役，并且照例因服役而占有土地的人员的总称。大部分军职人员是贵族地主，步兵、炮兵，一部分哥萨克人等也列为军职人员。——校者)的主要经济利益。侍从更重视其他收入来源，继续积极参加商业经营和从自己的公爵那里获取货币薪金。"(同上)现在一切都很明白。如果侍从的主要收入来源不依靠公爵的地产，那他们就不需要跟随着公爵从一个地方转到另一地方了。但由于主要的收入不是来自公爵，所以他们才能"养成播迁的习惯"。至于他们的商业经营，往后再说。

地的经济繁荣提供了发展可能，特别是有助于富裕、强大并紧密团结的贵族等级的形成。在十二世纪下半期，贵族感到他们已很强大，所以公开企图将公爵控制在自己的影响之下，而且为求达到自己的计划，不惜实行宫廷革命及其他激烈手段[①]。

十三世纪初，加里西亚大贵族同这些贵族请到加里西亚来的公爵伊戈列维奇等的斗争，达到非常尖锐的程度，以致公爵造成了反对大贵族的真正阴谋，杀死他们五百人，而大贵族又在匈牙利人的帮助下战胜公爵，绞死罗曼、斯维亚托斯拉夫和罗斯季斯拉夫。编年史家说，这是“为了报复”[②]。由此可见，格鲁舍夫斯基教授所说在加里西亚没有内战，是只能在一定条件下予以同意的：那里也有过内战，我们看到，那是尽人皆知的。但那不是公爵们为了争夺某部分领土、相互竞争而引起的战争——尽管这样的战争也曾发生。这是在比较顺利的经济基础上成长的各种政治力量的相互冲突所产生的战争。第一种战争只能造成国家的贫困，甚至使它变得野蛮；第二种战争则促进其社会政治的发展。罗斯虽然在基辅时期由于对其发展不利的地理条件已经落后于西欧，但就其内部关系的性质而言，毕竟比莫斯科时代更接近于西欧。而加里西亚是更易于接受西方影响的。在十四世纪，加里西亚的公爵使用了西式图章，他们的公文是用拉丁文写的[③]。值得注意的是，最后的一位加里西亚一沃伦公爵尤里，求助于有德国勋章的骑士团长，称

① 格鲁舍夫斯基：同前书，第98—99页。

② 《伊巴特抄本的大事记》，第486页。

③ 格鲁舍夫斯基：同前书，第131页。他还说到加里西亚建筑学和文学中的西方影响。

呼他的贵族为亲爱的忠诚贵族[①]。社会关系的类同，使他们易于学习西方所特有的政治概念和言辞。

X

我们已经看到，游牧民族数百年来的袭击，阻碍了罗斯定居居民生产力的发展；生产力发展的受阻又妨碍了罗斯掌握土地与政治生活特定准则者的有影响的阶级的产生过程。现在必须补充说明，这种袭击的经济后果削弱了大贵族的力量，因而促进了公爵权力的相对增加，同样的袭击必然还要从另一方面有助于公爵权力的增长。

恩格斯极为公正地指出，政治统治到处都是以执行社会职能为基础，而且政治统治只有在它执行了为社会所重视的职能时，才能保持长久[②]。公爵及其侍从执行了哪些社会职能呢？他们执行了保卫公国以抵御敌人侵袭的职能。按照克柳切夫斯基教授的说法，公爵是国土的军事守卫者。这完全不是说，他经常热心和成功地执行了这一职能和他不曾为自己的利益而牺牲国家的利益。并不是所有公爵都具有弗拉基米尔·莫诺马赫那样的才智与毅力。而且他们都遵守着一条规则：人总是把自己的利益放在前面[③]。但在居民的眼里，公爵首先是国家的军事守卫者，对于这种守卫者

① 克柳切夫斯基：《大贵族杜马》，第 59 页。

② 《反杜林论》，俄译本(雅科文科版)，第 149 页(参阅《马克思恩格斯全集》，中译本，第 20 卷，第 195 页)。

③ 在自己的利益需要的时候，公爵自己把游牧部落引到自己的国家，丝毫不因这些“令人嫌恶的人”曾屠杀和毁灭基督教徒而觉得难为情。

的需要愈大，则其重要性愈大，其权力亦愈增长。我们已经知道，游牧部落所作所为，使俄国愈加感到需要“军事守卫者”。看来，佩切涅格人[①]便曾迫使罗斯建造连绵不断的工事来抵御他们，保卫边界[②]。因此，正如格鲁舍夫斯基教授所指出，“公爵－侍从制度在其发展时期一般地强烈压制了国内的政治自治力量——公社，便毫不足怪了”[③]。不错，在诺夫戈罗德、普斯科夫及部分波洛茨克，市民会议迫使公爵居于次要的地位；但俄国政治生活的主要潮流，却是朝着完全相反的方向发展的，因此，比较自由的城市的自由，仍在公爵专制的打击之下归于衰落。[④]

克柳切夫斯基教授说：“同草原游牧部落——波洛韦次人和凶恶的鞑靼人的斗争，差不多自八世纪延续到十七世纪末，这是俄国人民的最痛苦的历史回忆，它特别深刻地铭记在他们的脑际，特别显著地表现在民间歌颂壮士的诗词中。同掠夺成性的亚洲草原部落千年敌对的接邻，——只是这一事实就足以掩盖俄国历史生活

① 佩切涅格人（печенеги）为东南欧突厥语系的古代民族之一。——译者

② 参阅克柳切夫斯基：《俄国史教程》，第 1 卷，第 193 页。

③ 《乌克兰民族史概要》，第 110 页。

④ 阿·谢·普希金完全同意俄国历史过程的全部特殊性的思想，在其对尼·波列伏伊的《俄罗斯民族史》一书的批判中说：“在俄国，不存在城市的解放。俄国边境的诺夫戈罗德和与之毗连的普斯科夫都是真正的共和国，而不是公社（Communes），它们距离大公国很远，其存在最初是由于阳奉阴违的驯服，后来则是由于相互敌视的公爵的衰弱。”（《全集》，莫罗卓夫主编，第 2 版，第 6 卷，第 47 页）这是一个非常重要的思想。俄国北部诸共和国的爱好和平的居民，不是那时由于自己的影响决定着俄国政治生活方向的那一地区——基辅、莫斯科——的内部发展的因素。相反，对于这一地区，他们是一种外部的力量，这一地区的居民是由于同这种外部力量的冲突才同公爵联合起来的。我们即将看到，对于其他爱好自由趋向的代表——哥萨克，也应这样说。

中的许多欧洲缺点。”[①]这个意见的正确性，也许超过克柳切夫斯基教授本人的预想。甚至那些“欧洲缺点”，初看来似乎同与游牧部落成千年的接邻没有直接关系，但如更仔细地加以研究，它也是俄国经济发展由于同游牧部落的斗争而受到阻碍的结果。这一点在问题涉及基辅历史时期时，是未必需要新的证明的。现在且看这一点是否也为晚近的事实所证明。

基辅罗斯的衰落象征，在十二世纪下半期已甚明显。鞑靼人的侵袭使它受到严重打击，长期未能恢复过来。从此，俄国生活的重心转移到东北部，到奥卡河流域及伏尔加河上游。诚然，在若干时期，除这一重心之外，还有其他重心。加里西亚公爵自称为“全罗斯君主”，企图掌握基辅所丧失的领导权。我们已经看到，加里西亚比任何其他俄国地区更多地受到西方影响，那里的贵族亦已形成为一个强大而有影响的阶级。事实上，如果加里西亚公爵们成为“全罗斯君主”，即俄国土地一大部分的“君主”，则俄国生活的重心便应仍在西南，而在俄国历史的下一时期，国家的发展应该在制度上很接近邻近的西方国家，如波兰和匈牙利。加里西亚的“全罗斯君主”亦应将其权力的愈来愈大的部分让给加里西亚的贵族。但是事实却非如此。加里西亚自身并入了波兰国，俄国生活的主要中心移到遥远的东北，这里的条件是很不利于贵族影响的巩固和增加的。

西南罗斯和东北罗斯之间的对立，在十二世纪中叶已颇强烈地表现出来。这一对立的第一个，而且显然最自然的原因，在于西

① 《俄国史教程》，第 1 卷（第 3 版），第 73 页。

南罗斯的居民是小俄罗斯人，而东北罗斯的居民则是大俄罗斯人。但在东北罗斯却居住着西南罗斯的移民①。如果基辅时期的南罗斯人是小俄罗斯人，则俄国民族的大俄罗斯支系的产生过程，便不过是南罗斯移民在欧洲大平原东北部的新生活条件影响下的改变过程。

罗斯这两部分之间的对立，还有另一解释——更为深刻得多的解释。克柳切夫斯基教授给我们提示这一解释："在十二世纪即已表现突出的南方人对北方人的恶感，看来在最初并无部落或地区的基础，而只有社会的基础：恶感是从南俄市民和侍从在对农民和奴隶脱离他们而逃往北方的恼恨心情中发展起来的；他们当然以相应的情感，报之于贵族及'定居'人，对南方人是这样，对自己的、林外人也是这样。"②

这一见解是很重要的。南北罗斯之间的对立还表现于姆斯季

① "必须仔细听听一些新的苏兹达尔城市的名称：佩累亚斯拉夫尔，兹维尼戈罗德，斯塔罗杜布，维施戈罗德，加里奇——这些都是南俄的地名，在记载南罗斯事件的旧基辅编年史中，几乎每页都提到。在基辅和加里西亚的公国里，就有好几个兹维尼戈罗德。基辅的一些小河勒贝吉和波采纳等河名，在梁赞、在克利亚兹马河上的弗拉基米尔、在下诺夫戈罗德，都可看到。基辅的伊尔彭河是德聂伯河的支流。弗拉基米尔县的克利亚兹马河的一个支流也叫伊尔彭。基辅这个名称亦未为苏兹达尔所忘记：位于基辅谷的基辅村，见于莫斯科县十六世纪的古老文书，基辅卡是奥卡河在卡卢加县的一个支流，基辅扎村位于土拉省阿列克辛附近。"（克柳切夫斯基：《俄国史教程》，第1卷，第357—358页）根据克柳切夫斯基的完全正确的见解，南俄地理名称之移用于遥远的苏兹达尔北方，是从基辅的南方移居到这里的移民作的。同一学者有不少根据说，北美合众国的城市可以排演旧大陆的美好的地理。但应补充说明，在美国最常见的是英国城市的名称，因为长期中，迁移到那里的主要是英国人。有时被称为"扬基"（"Yankee"）的民族，其产生过程，只不过是移居北美的那部分英国部落的某些特点的产生过程。

② 《俄国史教程》，第407—408页。

斯拉夫勇王与安德烈神王之间的对抗。如所周知,姆斯季斯拉夫为了报复安德烈所提出的一个威胁性的要求,曾命剃去来使的胡须和头发,加以侮辱和驱逐[1]。但他这样做并不是由于部落的仇恨,而是出于非常明确的政治原因。他命令转告安德烈:“我们一直是出于爱而承认你为父。但如你派人给我们带来这样的言辞,不是当作对公爵,而是当作对附庸和普通人的言辞,那就随你们的便罢,上帝将为我们判断曲直。”安德烈确乎是想鄙视南方的公爵,把他们当作附庸的。但不仅是鄙视南俄的公爵。他在罗斯托夫地方对自己的同胞和侄甥辈的态度并不更好些。此外,他对他父亲的“头面人物”,即有声势的达官显贵,也是极尽压迫之能事的。编年史家认为他想成为整个苏兹达尔地方的“独裁者”。这又是一种纯粹的政治意图。因此,克柳切夫斯基教授说,“以安德烈公爵为代表,大俄罗斯最初出现于历史舞台”[2],这是不完全确切的。问题不在于安德烈是大俄罗斯人,而在于东北部公爵政权所处的新条件,使它能够以南方公爵所没有的力量,显示其某些意图。

我们已经看到,对游牧部落的斗争,增加了作为俄国军事守卫者的公爵的权力,同时也阻滞了罗斯的经济发展,从而妨碍了在俄罗斯——除沃伦和加里西亚外——产生一个能够提出明确的政治要求并于必要时用实力来支持的有权势的贵族等级。从西南移居东北的俄国居民所处的那些条件,更加强化这些“俄国历史生活中的欧洲缺点”,促使俄国社会生活及制度逐渐接近伟大的东方专制

① 顺便指出:这表示大俄罗斯的留须习惯,虽然后来为小俄罗斯人所完全革除,但在当时却仍在南俄流行,所以大俄罗斯人仍旧保持了南俄的老习惯。

② 克柳切夫斯基:《俄国史教程》,第1卷,第403页。

国家的生活和制度。

XI

这到底是哪些条件呢？先从东北罗斯的经济说起。

按照大批现代学者所同意的克柳切夫斯基教授意见，对外贸易是基辅罗斯国民经济的主要动力，而东北罗斯却主要从事农业①。

试问基辅罗斯是用什么来进行贸易的呢？

基辅罗斯是用原料来进行贸易的。这种原料是怎样得来的呢？其来源又是怎样呢？“这都是公爵和他的侍从在冬巡时所征收的实物贡赋及森林手工业的产品：皮毛、蜂蜜、蜂蜡。除这些商品外，还有奴仆即侍从讨伐队的掳获物②”。这已足说明一切了。商业的必要性取决于一定经济条件下的公爵社会职能：“冬季，他实行统治，向人们征收贡赋；夏季，他将冬季征收所得进行贸易。”③这是否意味着贸易是俄国居民经济活动的主要动力呢？不是。这只是说，贸易给公爵及其侍从们提供生活资料而已。而且这些资料是通过森林手工业和狩猎的产品转化为商品而获得的。因此，克尔图亚拉才将当时的俄国称为“狩猎—商业”国家。但是，要使我们有权地这样称呼它，那就必须第一，使狩猎和森林手工业成为国民经济的主要部门；第二，使狩猎和森林手工业所提供的大部分产品转化为商品。然而当时这两种条件都不存在。

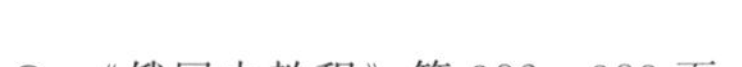

① 《俄国史教程》，第382—383页。

② 同上书，第184页。

③ 同上书，第185页。

关于第一个条件，我们已经看到，克尔图亚拉——也许更确切地应该说：所有在观点上夸大这个条件，然后加以吸收的作家——在宣布狩猎为基辅罗斯的主要国民经济活动时，犯了多么严重的错误。至于第二个条件，我们可以指出，一个将其年度劳动产品的大部分用于管理及自卫的社会，恐怕是不可能做到的。当然，公爵在“巡视”时是力图从人们那里夺去可以夺去的一切的。伊戈尔的范例表明，他们在这方面是毫不客气的；古代人将伊戈尔比为豺狼，不是没有根据的。但是，不管俄国的这些军事守卫者多么贪婪，他们所得到的只不过是人民用劳动创造的年度产品的一部分，而且不是最大的部分。这是可从公爵所得主要是森林手工业及狩猎的产品这一事实中看出的；然而，人民的主要职业是农业[①]，已如上述。我们可以再次回忆一下奥莉加和德列夫亮人的争执。她在劝说科罗斯田的居民投降时说：“你们的所有城市都已归我管辖了……人们都在种庄稼和耕地。”前已指出，她曾对农民发出呼吁。但当这些农民决定降服时，他们对她说：“你想向我们要什么呢？是要我们既给蜂蜜也给皮革吗？”[②]这就是说，当时的俄国部落由于主要从事农业，是用其**副业**的产品来交纳贡赋的。公爵们便是将这种产品运销国外的[③]。正如用以获取这些产品的部分国民劳

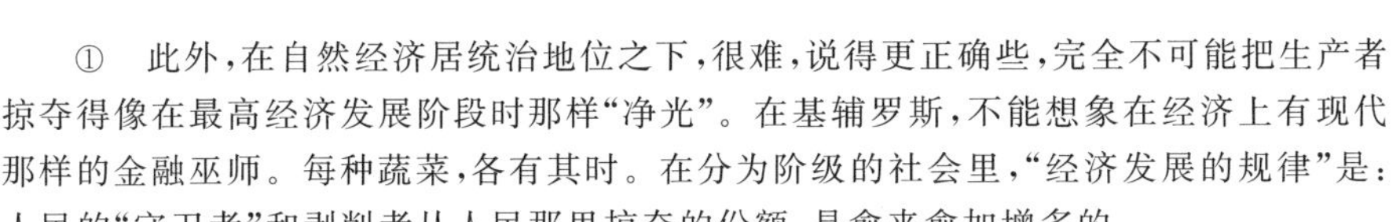

① 此外，在自然经济居统治地位之下，很难，说得更正确些，完全不可能把生产者掠夺得像在最高经济发展阶段时那样“净光”。在基辅罗斯，不能想象在经济上有现代那样的金融巫师。每种蔬菜，各有其时。在分为阶级的社会里，“经济发展的规律”是：人民的“守卫者”和剥削者从人民那里掠夺的份额，是愈来愈加增多的。

② 《伊巴特抄本的大事记》，第 37 页。

③ “基辅公爵及其侍从所得贡赋，供应了罗斯的对外贸易。”（克柳切夫斯基：《俄国史教程》，第 1 卷，第 186 页）

动不曾使狩猎成为俄国国民经济的主要动力一样，这些产品之转化为商品，也不曾使贸易成为俄国国民经济的主要动力。当然可以提问：为什么俄国的公爵只是征收皮革贡赋，而不征收粮食贡赋呢？答复是：公爵需要将他们所收集的贡赋出售或交换其他商品。出售的只能是市场所需要的东西。在“希腊人”那里，易于销售充作奢侈品的是皮货及其他狩猎及森林手工业产品；但希腊人是不大需要进口粮食的，当时巴尔干半岛的居民，像现在一样，主要从事农业[①]。总之，我国的学者似乎忘记了只有资本主义才使大众日用品成为世界贸易的项目，而在资本主义以前，在贸易中周转的，主要是奢侈品[②]。所以，当克柳切夫斯基说我国大多数古代大城市（拉多加、诺夫戈罗德、斯摩棱斯克、律贝契、基辅）是沿着俄国工业活动基地[③]——即沿着“由瓦良格人到希腊人”——连成一线时，则他将工业这一概念同商业概念混为一谈了，而这却是毫无充分根据的。沿这一线运出的，只是转化为商品的物品，并且在这些物品上所耗费的国民劳动，也不是大部分，而只是一小部分。运出的原料，是狩猎和森林手工业的产品。如果我们将沿这一线运出上述物品的贸易，同当时西方商业城市所进行的贸易比较，我们便

① 阿拉伯人征服埃及和叙利亚，从那里获得供应君士坦丁堡市场的粮食，甚至促进了巴尔干半岛的农业发展。（参阅皮埃尔·格莱尼埃：《拜占庭帝国及其社会政治演变》Pierre Grenier：《L'empire Byzantin, Son évolution Sociale et Politique》，第1卷，第160页）也许，说得更准确些是：阿拉伯人征服埃及和叙利亚不是促进了巴尔干半岛上的农业，而只是增加了半岛的物产向以前由埃及和叙利亚产品供应的市场的输出。

② 不过，我国学者关于资本主义的概念是颇为特殊的。克柳切夫斯基便将资本等同于“劳动手段”（参阅《古代罗斯的大贵族杜马》，第10页）。

③ 《大贵族杜马》，第22页。

可立即明确看出什么是“俄国历史生活中的欧洲缺点”：西欧大城市的“工业”完全不只是以狩猎和森林手工业的产品做交易，而是名副其实的工业，即最初是手工业，后来则是工场手工业。有了这种工业，在西方社会生活中便形成了一种新的、异常重要的因素①。

这里自然要发生一个问题。我国公爵及其“机动”侍从所进行的那种酷似抢劫的皮毛贸易，怎样能够产生大的城市中心呢？如果在我国历史学者的著作中没有大量资料，足以对这一问题作出与这些历史学者的意见完全相反的解答，则这个问题便是永远不得解决的。我们仍以他们当中已故最有天才的历史学者克柳切夫斯基教授为例。他告诉我们，沃尔霍夫河将诺夫戈罗德分为两部：右边称为商业区，左边称为索菲亚区。商业区由卜洛迪尼茨克（意译为木工段——译者）和斯拉芬斯克（斯拉夫人——译者）两段组成；索菲亚区则分为涅烈夫斯克、扎戈洛得斯克（意译为市郊——译者）及康察尔斯克（意译为陶工段——译者）等段。当然，这不是新闻，但这却重要。“康察尔斯克和卜洛迪尼茨克等段（即陶工和木工等段——译者）的名称，按照克柳切夫斯基的意见，指明了组成诺夫戈罗德各端古代市镇的手

① 威尔涅尔·棕巴特给掠夺性贸易下定义是一种卖者既不自己生产其产品，又不购买所售产品，而用暴力掠夺这种产品的贸易（见《现代资本主义》，第1卷，第163页）。不能不承认，基辅时期俄国公爵及其侍从所进行的贸易同这种掠夺性贸易是有许多共同点的。关于意大利中世纪城市的工业，罗马洛·第艾伊安诺的很有意义的著作：《中世纪末以前威尼斯丝绸工业及其组织》，斯图加特，1893（《Die Venetianische Seidenindustrie und ihre Organisation bis zum Ausgang des Mittelaltess》，Stuttgart，1893）提供了说明。

工业性质。十一世纪的基辅人用木工这个鄙视性外号来辱骂诺夫戈罗德人，不是偶然的。”[①]如果补充说明，康察尔斯克段亦称为“工人”段，那也是有益的。这一事实使我们可以假定，其他各段的名称：“涅烈夫斯克段”、“斯拉芬斯克段”以及“扎戈洛得斯克段”等都不排除其居民的手工业性质。例如，斯拉芬斯克就是因古代市镇斯拉芬并入诺夫戈罗德而得名。可能，这一市镇的居民也从事这样那样的手工业，尽管大概在程度上不如习称为康察尔斯克段的工人段，也不如习称为卜洛迪尼茨克段的那种村镇。无论如何，我们诧异地看到，基辅时期在东欧平原形成的“狩猎—商业”生活里，已经或多或少地推广了手工业活动。既然在那里推广了这种活动，则很显然，那里便不仅是以“蜂蜜和皮毛”为贸易，就是说，不仅以狩猎和森林手工业的产品，而且是以手工业劳动产品为贸易了。这种劳动的存在，已可在很大程度上说明大城市中心的存在。其次，这种劳动愈是发达，则能够限制公爵权力的社会力量也愈是增长了。事实上，我们也看到，正是在基辅时期的“商业”城市里，这种权力比任何地方都弱。最后，如果这些城市不仅是以“蜂蜜和皮毛”进行贸易，如果在这些城市制造了手工业劳动的产品，那就要问：这些产品销售何处呢？如果它们是运销国外，运销拜占庭或西方国家，那就是说，俄国的手工业者比拜占庭和西欧的手工业者更为先进。然而问题就在于输出国外的是“蜂蜜和皮毛”，即我们所知道的狩猎和森林手工业的产品，而从国外输入俄国的则是手工和工场手工

① 《俄国史教程》，第 2 卷，第 66 页。

业的产品①。这便是说，俄国手工业者比国外的手工业者落后。这就是当时俄国生活中最主要"欧洲缺点"之一。

但我们在这里感兴趣的是另一个问题。既然俄国手工业者的产品没有输出国外，那显然是在国内市场上销售了。自然经济居统治地位并没有排除俄国农业人口对"手工业村镇"的某些产品的需要。这样便在罗斯开阔了中等阶层的发展道路。不过，我在前面已经指出不利于这一发展的一种情况，即商业—手工业者汇集的城市中心，不是在那些对俄国政治发展进程具有领导作用的地区，而是在这些地区之外。因此，如普希金所明确看出，这种商业—手工业者不曾以一种足以直接影响公国霸主的社会政治制度的力量的姿态，出现于历史舞台。由于在这些公国的内部历史中没有起作用，商业—手工业者便不曾限制公爵及其侍从的权力。相反，他们甚至增加了公爵及女侍从的权力，因为他们同那些公国—霸主的斗争，增加了后者对军事力量的需要。这样，公国—霸主的社会政治制度，是在同西方相比，更不利于"第三等级"的影响之下形成的。莫斯科力量的加强，终于使大公们得以完全降服我

① 这一时期的人们便是这样理解的。编年史家记述了斯维亚托斯拉夫关于佩累亚斯拉夫尔人在多瑙河上占优势的下述议论："所有货物都汇集于此：从希腊运来贵重织物、黄金、酒及各种蔬菜(可能是南方果品。——著者)；从捷克和乌戈尔运来白银；而从罗斯运来的则是皮革和蜡、蜂蜜和奴仆。"(《伊巴特抄本大事记》，第 44 页)俄国输出的主要项目是奴隶、皮毛、蜡和蜂蜜——不仅运到拜占庭，而且运到俄国贸易所向的一切地方。"皮毛、蜡和蜂蜜是基辅国家所生产的最有价值的东西。"(格鲁舍夫斯基：《基辅罗斯》，第 1 卷，第 33 页)这后一情况使某些学者相信狩猎是基辅时期俄国"工业"的主要部门。但我要反复说，这一情况只是表明，在当时自然经济居统治地位下，人民劳动主要部门农业的产品，尚未进入，或很少进入商业流通，商业流通的主要项目是副业，如狩猎、养蜂业等等的产品。

国西北部的商业城市，限制了这些城市的商工业发展。当然，这并不排除农业人口对手工业劳动的某些产品的需要。但我们下面即将看到，很大一部分供应这种需要的生产者，却不得不生活和活动于完全新的社会政治环境之中。

XII

然而这新的环境是怎样形成的呢？从经济方面说，我国学者常说这是由于商业的衰退，而商业以前仿佛是俄国经济生活的主要动力。克柳切夫斯基说："在距离滨海市场太远的上伏尔加罗斯，对外贸易不能成为国民经济的动力。这就是为什么这里在十五—十六世纪只有为数比较不多的城市的缘故，而且就是在这些城市里，极大部分居民也都是从事粮食耕作的。"[1]对于天才历史学者的这一论断，仍要求批判的分析。他在另一地方，对德聂伯罗斯为一方面和上伏尔加罗斯为另一方面的公国经济的差别，作了如下判断："在那里，公国国库的主要资金是公爵的政府收入、贡赋、司法及其他收入。在十二世纪及十三世纪的史籍里，我们看到关于公爵宫廷领地的记载。……但在当时公爵迁动频繁的情况下，这些宫廷的不动产为数不大，不能成为公国经济的主要基础。公爵用以维持其宫廷及侍从的花费的，主要是他作为国家统治者和守卫者的所得，而不是作为私人所有者——主人的收入。当时的宫廷还不像后来在上伏尔加北部的封邑公国那样，成为强大的行政中心，在这些封邑公国里，宫廷经济管理机关与中央行政机关

① 《俄国史教程》，第1卷，第382—383页。

打成一片，即宫廷经济管理机关吞并了中央行政机关。”[①]

这里有下述情况值得注意。如果公爵用以维持其宫廷及侍从开支的，不是宫廷的不动产收入，而是他作为国家统治者及守卫者的收入；如果他以统治者的身份从居民那里拿到的，如我们所知主要是狩猎和森林手工业的产品，则由此可见，由于国家管理和抵御外侮这种重大社会政治职能所引起的支出，其主要部分也是靠狩猎及森林手工业的产品来弥补的。但自俄国政治生活重心转移到上伏尔加以后，执行这种职能的支出，却是靠农业来弥补的。这是进步还是退步呢？总之，这无疑是前进了一步。农业劳动的生产力是比狩猎劳动大得多的。以产品供应一定社会职能的国民劳动部门愈有成效，则在其他相等的条件下，自然是对人民愈加有利。然而必须指出，在向东北移民的情况下，远非一切其他条件仍旧相等。

从土壤说起。东北的土壤远不及西南肥沃。克柳切夫斯基教授说得很好，南俄人迁到东北，必须几代人“砍烧森林，犁地施肥，才能在上伏尔加的沙质黏土上创造出适合持久定居的农业的土壤”[②]。因此，新的地理条件，使现时成为公国经济主要基础的农业劳动比以前的生产效能少。而这种较少生产效能的农业劳动，必须供应以前由附属的次要的国民劳动部门支应的社会职能的支出。换言之，农民必须付出比以前更多的剩余劳动来供应国家的支出[③]。或者再

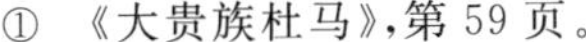

① 《大贵族杜马》，第 59 页。

② 同上书，第 98 页。

③ 不要以为基辅时期的公爵和公爵侍从是靠“皮革和蜂蜜”生活的。他们也吃粮食，而且根据民间歌谣判断，他们的胃口大，可能吃得不少。当然这种粮食都是由当时的农民供应的。

换句话说：新的地理条件迫使国家向农民提出比过去在南罗斯更繁重的要求。为求保证实现这种要求，国家必须扩大其对农村居民的直接权力的范围。伏尔加河流域的居民的历史，便是国家对其逐渐奴役的过程。

诚然，这一过程最初是几乎看不出来的[①]。在图兹、达尔罗斯，农民的地位一般说来，最初比基辅罗斯好些。克柳切夫斯基教授说："根据十五世纪的法律，可以看出，这里的农民债务人不但不因为离开私有者的土地时未偿清债务而变为奴隶，而且在离开以后，还可延期偿债，不付利息。对人工的需要以及在普遍骚动的情形下不可能用强迫的方法控制农民，无疑地促成了农民法律地位的这一有利改变。"[②]这是不足为怪的。我们已经看到，在鞑靼人入侵以前很久就已暴露的东北和西南罗斯之间的冲突，主要是经济原因引起的。南俄的贵族及在他们影响下的所有社会阶层，对于收容逃离他们的人工的地区的代表，是敌视的；同时这些逃亡的人工对于他们旧时住居过的地方，也绝无愉快的回忆。他们为什么要逃往东北呢？因为农民要"逃避恶人"，寻求安全。也许，主要还有另一原因。农民想在"新的地方"摆脱他们在故乡愈陷愈深的那种对上层阶级的奴隶依附。前已说及，他们最初确乎找到了这种独立性。

① 尽管封邑公国时代的公爵，便已在这方面采取了某些极为明确的措施，"在他们签订的条约里，经常看到规定相互间不得招收或收容对方负有纳税或文书义务的人丁。同样，公爵还阻止所属纳税人逃往贵族及修道院的领地。"（马·柳巴夫斯基教授：《农民被奴役的开始》，见《伟大的改革》，第1卷，第9页）

② 《大贵族杜马》，第307页。

顺便补充说：最初在西南罗斯的肥沃土壤上产生的阶级对立在东北所造成的经济情况，其第一个政治后果必然是公爵权力的加强。为了逃避贵族剥削而来到伏尔加河上游的农民，当然是不愿站到苏兹达尔、弗拉基米尔和莫斯科贵族一边来一同反对东北部的"专制统治者"的。相反，农民由于希望这些"专制统治者"支持其同大地主的斗争，遂不得不支持他们。"专制统治者"也很善于利用农民的这种希望，经常准备在首先有实际需要时恬不知耻地欺骗他们。

这种实际需要来得很快。农业劳动现在已成为"公国经济"的主要基础了。然而像当时罗斯的所有经济一样，这种经济也是自然经济。公爵们有的自行经营自己的土地，有的却将土地分给他们的军职人员。但将土地发给官员，意味着给他们以一定的、比较广泛的权利去支配居留在这种土地上的农民的劳动：因为官员不是自己耕种土地，而从这种土地所得收入，则保障了他们的生活，使他们能够为自己的"主子"服务[①]。对于居留在赏赐给官员的土地上的农民劳动的支配权的大小，对于有关双方都有巨大实际意义。官员企图把这个权力尽可能扩大，而农民则相反，力图把它尽可能缩小到最低限度。每一方面都向公爵提出诉愿。就公爵言，最有利的是把争论的问题这样解决：即为了保证自己对官员的完全政治控制，让后者对农民实行尽可能广泛的经济剥削。问题就是在这个意义上由东北罗斯的内部历史逐步解决的。农民对地主

① 不错，也有这样的军职人员，他们亲自耕种自己的土地。这样的官员，我们在立陶宛罗斯也曾看到。但他们在任何地方都是最低级的官员，而且后来都与农民融合了。这里所说的不是他们。

的农奴依附地位，便是这一由历史作出解决的法律表现。

但是不要说得太远了。最初，尚远远不曾实行农奴依附。最初，苏兹达尔的地主和官员都只能梦想——如果他们有远见的话——那一幸福的时代的到来，那时农民在伏尔加河上游也如像在德聂伯河一样，走投无路。这一幸福的时代等不多久就到来了。在奥卡河和伏尔加河之间的地带，从西南罗斯迁出的移民首先汇集于此，这里的居民愈来愈加稠密了，因为他们很难向东和向北移动了。有力地促进了当地经济进步的这一现象，也一样有力地巩固了地主和政府对农民的地位。“只要居民被迫密集在这一边区仍在继续，则劳动人民就不得不愈加埋头苦干，使地方政府和地主便于进行安置工作。”[①]但自十五世纪中叶，地主即已力争对农民的迁移，实行法律调节。甚至有口皆碑的著名的“尤里耶夫日”[②]便是对地主这一要求的答复。克柳切夫斯基教授指出，格尔贝尔斯坦关于农民六日劳役制的报道是夸大的，“但关于农民处境艰难的夸大本身，便证明俄国北部地主的过于自信，证明在十六世纪初由于特权，地主对农民的世袭权力业已达到多么巨大的范围。这一点也已为当时的俄国证件所证实。”[③]

然而“尤里耶夫日”只是限制了农民的迁移权，却未取消其迁移权。而且只要阻碍农民迁离奥卡河和伏尔加河之间地带的条件

---

① 克柳切夫斯基:《俄国史教程》，第308页。

② “尤里耶夫日”(юрьев день)在俄国旧历11月16日。在这一天前后的一星期内，农民得自某一地主转投另一地主，唯对地主的债务则须事先清偿。“尤里耶夫日”于十六世纪末取消，其时地主的地位已臻巩固，而毋须这一限制了。——译者

③ 克柳切夫斯基:《俄国史教程》，第308页。

继续存在，就没有取消这一权利的极端必要。这些阻碍，在十六世纪中叶完全消失了。这时，居民从两河之间的中部大批沿伏尔加河涌向东南，沿顿河涌向南方。不仅农村，而且整个城市也空旷无人。按照克柳切夫斯基教授的有力说法，莫斯科罗斯的农村经济变化过程，“可以说是一种几何级数的荒芜过程”。必须停止荒芜过程。所以在十六世纪中叶便有一些公文，规定市郊的乡区人口“可以无限期并免税回到地主的空地，市镇和村落，空旷农村，荒地和旧村落，寺院附近的农民原来住在哪里，就回到哪里去”。在1552年，即在发现据推测曾取消农民迁移自由的命令以前四十年，瓦格章程便作了这样的规定。在1564—1568年历次颁赐的斯特罗加诺夫特权文书里，禁止收容“劳动人口”，并规定应根据地方当局的要求，将这种人遣返原籍[①]。国家命令修道院附近的农民“回到旧居处的关厢与乡区”，是保卫国家本身的利益，但不要以为它忘记了地主的利益。我们从恩格尔曼的著作中获悉，“在普遍禁止农民迁移以前150年，著名的托洛伊茨科一谢尔基耶夫修道院，便获得了不放弃属于农民的特权。”[②]再谈农民被奴役的历史是无用了。为了避免误解，只要重说一遍：这个历史很长，是在彼得堡时期结束的。叶卡捷琳娜二世将农奴制推行到小俄罗斯，而保罗一世则将它推行到新俄罗斯，“以便在这些地方一劳永逸地建立秩

① M.季亚科诺夫：《十六—十七世纪莫斯科国农村居民史纲》，载《古代文献委员会研究年鉴》，第12辑，第6—7页。

② 恩格尔曼：《俄国农奴制史》，莫斯科，1900年，第55页。我们看到，笃信上帝的长老们并没有忘记其人间利益。

序，永远确立每一领主的所有权。”[①]

XIII

现在研究同一过程的另一方面。把农民固定在它上面的土地属于谁呢？

克柳切夫斯基教授断言，十六世纪的农民“就其对地主的关系而言，乃是他人土地——贵族、教会或官员土地上的自由流动佃农[②]。由于谁也不会承租自己私有土地，所以一般只能租佃他人的土地。然而问题不在这里。农民是否经常都做佃农呢？另一学者——柳巴夫斯基教授以为，“在东北罗斯的罗斯托夫——苏兹达尔区的中部”，他们在十四世纪即以佃农的身份出现。”[③]但这也不解决问题。未必可以假定，农民在这一地区开始出现时，便是耕种他人土地的。我们已经看到，他们从西南罗斯迁移到这里，逃避那里不利生活条件逼使他所处的奴役地位。在东北部，“农民”的出现先于比较大的地主的出现。果真如此，那我们便可以说，他们这里定居的土地只不过就那时他们也许称这种土地是“上帝的”土地的意义上说是“他人的”土地。但是“上帝的”土地，只要有必要和有可能，任何时候任何人都不会感到不好意思去占为己有的。因此，东北的农民先是耕种自己的“上帝的”土地，其后才不得不耕作别人的土地。由此可见，他们是随后才被剥夺了对自己土地的所有权的。农民的被剥夺是怎样发生的呢？

---

① 《俄国农奴制史》，第 179 页。

② 《俄国史教程》，第 2 卷，第 372 页。

③ 这篇论文载《伟大的改革》文集，第 1 卷，第 7 页。

其途径有二：第一，苏兹达尔罗斯的农民时常——尽管最初比基辅罗斯要少得多——陷于极为不利的条件，使他们无法进行独立的经营。这时，他不得不求助于他人。假如他们从比较大的地主那里获得了这种援助，他们便成为“他人土地的佃农”。第二，东北罗斯的封邑公国早就把农民所占有的土地视为他们的私产。在他们的公国里还有大量未被任何人占有的空地的时候，他们对农民土地的这种观点，还没有给农民以严重的实际后果。但人口的增加和军职人员及僧侣们对土地的掠夺，使地主实际上把居住在自己土地上的农民看作国有土地的“佃农”。莫斯科在统一东北罗斯后，也是按照同一方向行动的，愈来愈加彻底、愈来愈见行政权的残酷性。阿列克谢·米海伊洛维奇沙皇的法典，用极为明确的法律标准反映了早已由莫斯科国实践所巩固的东西。法典禁止老百姓和市郊劳动人民出卖或典押自己的土地。“凡将其土地出卖或典押的平民，一概按盗窃罪处以笞刑”。克柳切夫斯基教授说：“农民虽然耕种不属于任何人私产的官地，也不认为这种土地属于他们自己。关于这种土地，十六世纪的农民说：‘这是大公的土地，但由我领用’；‘这是上帝和国君的土地，但开垦由我，黑麦归我。’这样，普通农民都很明确地把土地所有权和使用权区分开了。”[①]这是一个合乎逻辑的结论。尚未研究的，只是大公的臣仆为使农民“明确”认识这一区别，曾经在农民的脊背上打断了多少笞杖问题。

彼得堡不仅没有放弃莫斯科的这个政策，而且把它发展到了极点。莫斯科企图使土地不免于“赋役”。这一点它是做到了。但这

① 《俄国史教程》，第 369 页。

并没有阻止莫斯科罗斯存在着大量“游民”，他们千方百计避免极为模棱两可地列入“赋役人口”名册，这个名册承担着国家义务和赋税的全部重担。彼得一世曾提出“不使一人漏网”的目标。由于1722年开办人头税的命令，这一目标是达到了。“正如叶菲缅科先生早就公正地指出：如果负担赋役的土地的真正所有者是国家而不是农民，到国家用分给每一丁口以土地的办法使每一丁口纳税，便是一个自然的结论了。”[①]彼得堡政府在整个十八世纪都力图使每一丁口交纳这种税。著名的1754年和1766年土地测量训令，可以说在农民和独户地主（即一度保卫过莫斯科“边界”、但逐渐与农民会合的低级军职人员）的土地上引起了一场革命。在一些地方，农民要求“不要夺去他们旧有的土地”；但是他们的要求没有得到任何结果。在一些地方，他们不只是请求，而是“成群结队，带着棍棒”，对“剥夺”他们的土地实行抵抗。但他们的抵抗被士兵的武装力量击败了，变民“受到残酷的笞刑处罚”。结果，土地还是按照彼得堡政府的意向重新分配[②]。我国社会思想史中出名的俄国人民生活的土

① 《国民生活研究》，第1辑，莫斯科，1884年，第362页。另参阅：凯斯勒尔：《俄国公有制的历史及批判》（Kpaisler：*Zur Geschichte und Kritik des Gemelndebesitzes in Russland*），第1卷，第106—107页，第III卷，第33页。

② 许多事例之一：“1774年6月14日，国家经济委员会命令由该会主管的沃龙涅什县，在左罗兹苏希村将按规定比例分配多余的土地，分给从阿波连斯克县迁来的150名农民，并规定分给这批农民的耕地和其他用地，全部从当地农民土地中拨出。”左罗兹苏希村的农民“成群结队举行集会……一个劲儿地高喊不许阿波连斯克农民迁入。为此……派出……班长西洛安·赫里朋诺夫，他于6月16日报告中……宣称：他到达时，左罗兹苏希村的经济农奴便带着棍棒开会，意图击毙班长赫里朋诺夫和业已到达的阿波连斯克农民，不许他们进村”。有关当局决定：“请求沃龙涅什省长老爷和正规部队长官来执行命令，对于重要违令者予以惩处，使其以后不敢再犯，对于领地的其他人等，处以笞刑，以示儆戒。”（В. И. 亚库什金：《十八及十九世纪俄国土地政策史概论》，附录，第101—106页）

地"基础",便是这样通过农民丧失土地的缓慢过程,通过农民权利的不断遭受残酷破坏而逐步形成的。关于这种"基础"的概念,通常都与我国农村公社的概念联系着。但国有农民之间的土地重分远远超出了个别公社的范围,最低限度在原则上是推行于全国的。亚库什金说:"在广泛的国家基础上提出农民的份地问题,归结起来是承认任何农民、任何属于农民范畴的人,对于份地都有不可剥夺的权利。如果发现任何称为农民的人没有得到'拨给他们的土地',那就应就此提出问题,进行查询,提出质问。份地成为官方农民的不可剥夺的权利,所以在一份上谕里,直接表示:'每一农丁都应有适当亩数的可耕地,牧场与森林。这是国家制度的规定。'"①

国家对农民的奴役,由土地重分制补充,而土地重分制又完成了国家对农民的奴役。我们已经看到,从西南逃到东北的农民,他们的命运虽然最初在那里获得某种改善,但他们逐渐地在那里完全丧失其土地的所有权和自由。我国声名狼藉的实行土地重分的农村公社,并不是表示土地属于农民团体,而是表示无论土地或农民都成为国家或地主的财产。除土地重分外,还有连坐法及身份证制度。根据1769年5月19日指令,在农民不交人头税时,便将村长和代表逮捕监禁,罚做苦工,"不给工钱",直到税款完全付清时止。扎布洛茨基-德西亚托夫斯基公正地称这一指令为残酷的指令,并且同样正确地说明了指令的生活意义:"指令取消了纳税人本身对纳税的责任,而实行了连坐法,

① 《十八及十九世纪俄国土地政策史概论》,第168—169页。关于我国"基础"的产生经过,详请参阅我以A.沃尔金笔名出版的书:《沃龙佐夫先生著作中民粹派的论证》,圣彼得堡,1896年,第101—121页(《全集》,第9卷)。

把农村自由公社转变为纳税单位，给纳税制度以经常勒索的意义。”①

总之，这在国家与其主要劳动力——农民之间的关系上，是农奴制的完全胜利。

然而事情并不就此了结。这一制度继续发展着，力图达到逻辑的终点。由于臭名远扬的国有财产部长帕·德·廖基谢夫伯爵的热心行政和所谓组织才干，这个制度达到了最大的发展。

“试想一想世界上一个最大的地主——奴隶主。这个奴隶主不是别人，而是国家本身；基谢廖夫伯爵是总管，国有财产部是他的世袭账房，而各地区的长官则是在各地活动的执行官员。掌嘴、监禁、殴打等惩罚以及‘祈祷金’的征收等而愈加残酷。”②

XIV

俄国农民的不自由生活同东方伟大专制国家农民的生活，有如两滴水一般相似。H. A. 布拉戈维申斯基错误地以为“除俄罗斯外，类似的情形在任何时候、任何地方都不曾有，也不可能有”。凡在农民受国家奴役的地方：在古埃及、迦勒底、中国、波斯和印度，完全相似的情形都曾存在。当然，这种关系不是在一切地方都发展到同样的程度。A. 布舍一列克列尔克说：“原则上，整个埃及

① 《基谢廖夫伯爵和他的时代》，圣彼得堡，1882 年，第 2 卷，第 30 页。然而根据以上所说，可以明显看出，在 1769 年指令前，国有农民公社，需要打个折扣，才能称为“自由的”公社。

② H. A. 布拉戈维申斯基：《四分权利》（*Четвертное право*），莫斯科，1899 年，第 134 页。

就是一个国家地产，那里住着农奴，为国王工作，靠留给他们的那部分收入维持生活。”[①]我们马上就可看到，在什么意义上布舍—列克列尔克觉得这一情况只是“在原则上”。但是现在已可恰当地指出，埃及农民土地所有权的被剥夺，比在迦勒底要彻底得多。在迦勒底，土地大都仍为血缘联合体的财产，时常有这样的情形，即当国王想随意处理属于某一血缘联合体的某一部分土地时，他便向他们购买[②]。在古埃及和莫斯科罗斯，国王完全不认为必须给被剥夺者以赔偿。在莫斯科国，最少自伊凡雷帝以来就是如此。至于中国，则如扎哈罗夫的著作所示，在那里大约在纪元前一千年便建立了如下制度：赋役农民居住在属于国家的土地上，这种土地部分地由农民直接为这个国家耕种；而所有的官员则都获得土地俸禄。按照埃利泽·列克柳的说法，中国一千多年的整个内部历史与土地占有史相符合，而土地占有史又归结为中国社会各阶级间争取土地的斗争。官员力图把拨给他们的使用土地变为世袭财产，而国家则依靠需要土地和渴望得到土地的农民群众，相当成功地对抗了这一企图。当中国政府为了国家的利益重获实际可能处理那些在颇长期间为官员所占有的土地时，实行了一次真正的“土地重分”，由于对情况不够了解，这仿佛是一次社会主义

---

① 《Histoire des Lagides》，Paris，1906，t. III，p. 179.（《吉达史》，巴黎，1906 年，第 3 卷，第 179 页）

② 参阅《La Propriété foncière en Chaldée d'après les Pierres-limites (Kandourrous) du Musèe du Louvre》，Par Edouard Cuq，Professeur à la facultè de droit de l'universitè de Parès，Paris，1907，p. 720，728。（《根据罗浮博物院所藏碑石来看迦勒底的地产》，巴黎大学法学院教授爱德华·库克著，1907 年，第 720、728 页）

革命[①]。但实际上，这种革命就其性质而言是同社会主义背道而驰的：社会主义意味着生产者支配生产资料，而在这里，生产者本身却是国家自己的私产，国家的会说话的生产工具（instrumentum vocale）。我们下面还将详细研究那种将东方专制制度的土地政策视同西欧社会主义的错误观念，在俄国社会思想史中起到多么有害的作用。

XV

当农民自身成为属于国家的生产手段的时候，对他就不能实行剥夺他的那部分财产和自由的处罚了，因为他既无财产，也无自由。因此，他只能用自己的脊背去补偿他的过失。我们在上面已经看到，土地重分制在我国又补充以身份证制度和连坐法。连坐法取消纳税人对国家的直接责任，其自然的补充便是"逼交税款"。国家向公社对国家负责的代表逼交，而公社则向纳税人逼交。这一制度在莫斯科时期便已确立。

亚·拉波一丹尼列夫斯基先生说："征收欠税，大都不只是征税而已，而且带有惩罚。惩罚的方式有二：或者是省长派属员来

① 埃利泽·列克柳幼稚地把纪元1069年发生的这种变革之一说成是"中国社会主义者"实现其理想的一次企图。列克柳教训式地说，"只要朝代一换，新政便被推翻，这一新政既少符合人民的心愿，也不符合显贵的意图；此外，它还产生了整个酷吏阶级，这些酷吏变为真正的地主"（《新地理》，第7卷，第77页。Nouvelle géographie，t. VII，p. 77）。这是不无某种幸灾乐祸之感的教训之词，是因为列克柳身为无政府主义者（真的是一个柏拉图式的无政府主义者）是不能容忍"国家社会主义者"的，而他却毫无根据地将中国实行1069年"土地重分"的宰相王安石，说成是这样的社会主义者。事实上，这种臆造的所谓国家社会主义在中国的迅速失败，不过是表示那些力图恢复其被剥夺的国有土地的官员的新的迅速的胜利罢了。

县，委托他征收欠交的税款，由纳税人付给旅费（有时加倍付给）及‘车马及伙食费’，或者将农民送到城市去见省长受罚，省长要他们出双倍旅费，有时还要没收他们的‘牲口’、店铺、作坊和工场，将他们无情毒打，以便使其他纳税人今后再也不想漏税，一天到晚要税，晚上将他们‘投进’监狱。”①

在这种关系的基础上，产生了一种特殊的习俗，其主要特点是，被国家奴役的农民有时在并非完全没有交税的物质可能时，也要逃税，宁愿让身体受折磨来抵税，而不愿以劳动、产品和金钱来付税。涅克拉索夫的“神圣俄国勇士”沙维里（《谁在罗斯生活得好》），便是这种习俗的典型代表。读者如需要再次证明相同的原因产生相同的结果，我可以指出魏金逊的著作《古埃及人的风俗习惯》，以资比较。这本著作的第二卷有富于教益的一章：“笞刑”，用棍棒施刑。这里的唯一差别是，古埃及人是用另一种木材——主要是用棕木来行刑的②。

索洛维耶夫说，俄国的历史是一部被开拓的国家的历史，这是完全正确的。然而问题不仅在于俄国是一个*被开拓*的国家。问题还在于第一，这种开拓——其实，索洛维约夫也指出了这一点——是在游牧部落的经常的和强大的侵袭之下实行的；第二，在东欧平原进行开拓的俄国部落，其经济乃是自然经济。北美合众国的历

---

① 拉波—丹尼列夫斯基：《自混乱时期到改革时代的莫斯科国直接税组织》，圣彼得堡，1890 年，第 341—342 页。

② 另请参阅马斯佩罗的很有趣味的小册子《论法老时代的埃及人书信体裁》（*Du genre èpistolaire Chez les Egyptiens de l'èpoque pharonique*，巴黎，1872 年）小册子描写了用棕棍打欠税人。通常都是黑人担任这种体刑的拷打手。

史也是一部被开拓的国家的历史。但那里的开拓是在完全不同的经济条件和完全不同的国际关系之下进行的。因此,它在那里也得出了完全不同的社会经济结果。

我已经提醒读者不要夸大商业在基辅时期经济中的作用。当时只有小部分国民劳动的年度产品转化为商品,而且就是这一小部分也主要地来自次要的副业,而不是来自农业。但自历史生活的重心移到奥卡河和伏尔加河之间的地带以后,商业——最少是对外贸易——所起的作用,就更小了。这时,国家管理和防卫支出,我们已经看到,主要是由农业,而不是由狩猎劳动来支给的。这一变化的原因在于新的地理条件。从苏兹达尔罗斯“向希腊”和西欧输送狩猎及林业产品是很困难的。至于向外族人(他们当中来自西南罗斯的移民已迁入新的地区)出售“皮毛和蜂蜡”,由于他们的皮毛、蜂蜡和蜂蜜最低限度不少于移民,也是完全不可能的。如果国家管理及自卫支出再不能用出售狩猎及林业产品的办法来筹给,如果社会生活的这些重要职能要几乎完全依靠农业来负担,如果如前所见,国家为求执行这些职能,不得不逐渐限制农民的自由,而且最后要完全奴化农民,如果农民这一逐渐丧失自由的过程为官员展开了剥削和压迫农民的愈来愈加广泛的可能,则另一方面,东北罗斯进行开拓的那些地理条件,对于农民抵抗压迫者和剥削者的力量的增长,便很不利了。

“在北方,移民很难在森林沼泽中找到可以比较安全和便利地方立足并建造农舍的干燥地点。这种干燥地点和四通八达的丘陵是在森林沼泽的海洋中罕见的小岛。在这种小岛上只可安置一两家、最多三家农户。这就是为什么几乎直到十七世纪末,由一两户农家组成的村落,是北俄罗斯移民分散居住的主要形式。"[①]完全可以理解,这种村落的抵抗力量是微不足道的。这种村落的居民为了防御外来的侵袭,——如防御那些在东北部也不让俄国农民安宁的游牧部落的侵袭,——唯有用尽力所能及的一切办法来加强中央政权,这个政权掌管国防及所属领土的扩张,领土愈大,则被吸收参加防务的人数愈多。事实上,我们看到,东北部的俄国农民都曾心甘情愿地促进公爵政权的加强和国家领土的扩张。莫斯科大公们所实行的著名"统一罗斯"措施所以能够顺利进行,就是因为"统一"政策获得了人民的热烈支持。但是当时东北部的俄国农民散居在森林深处和很小的村落,都无力反对由于他们的需要和他们的同情而巩固起来的中央政权的欲望和凌辱:两三户人家组成的村落对于莫斯科侵犯它们的自由,只能作消极的抵抗;其余的小村落同它们相距太远,不能在他们的患难时刻支援他们;甚至相反,可能帮助莫斯科镇压这些不驯服的村落的"盗行"。如果根据恩格斯的指示,从印度到俄国,任何地方的农村公社,都是专制制度的经济基础,则这一现象的最主要原因,在于自然经济的条件,这种条件排除了劳动的经济分工并将辽阔国家的农业人口分散为小的集团;正因为这些集团的经济和社会地位完全相同,所以它们彼此之间互无需求,因而也就互不关心[②]。当然,每一个东方

---

① 克柳切夫斯基:《俄国史教程》,第1卷,第383页。

② 此外,还应指出我们所熟知的游牧部落的影响,现在这个影响表现如下:"自鞑靼人统治时起,公爵都加强了对土地和其居民的统治,因为他们必须向可汗负责交纳应从土地及居民征课的税收。"(H.阿里斯托夫:《古代罗斯的工业》,圣彼得堡,1866年,第49页)

专制国家都各有其加强或削弱上述原因的作用的特殊条件。灌溉的需要应当看为东方专制国家极大加强这种作用的原因。“大批东方专制国家中的任何一国，都深知它首先是河流盆地灌溉事业中的人民代表，在那里没有灌溉是不可能务农的。”①但我们不要离题太远了，还是谈谈俄国。

XVI

我们知道：俄国农民的景况逐渐变得很像任何一个东方大专制国家的农民景况了。在这方面，俄国在整整几世纪中愈来愈加离开西欧而接近东方。但是由于农业俄国的整个社会政治结构，都是建立在农民的宽阔脊背上的，所以其官宦阶级的地位亦不能不具有很显著的东方色彩。

前面已经指出，国家首脑与官宦阶级之间的关系，只有在侍从转变为土地占有者的时候和地方，才变得比较明确。这一转化过程是伴随着土地占有者与君主之间的斗争的。土地占有者力图把自己土地变成世袭的土地，而君主则反对这一企图。在土地占有者显得比较强大的地方，他们便获得了封地的世袭权，在这一社会

---

① 《反杜林论》，第140页。（参阅人民出版社1971年版中译本，第177页）灌溉是大家都需要的，但哪一部分的居民都不考虑其他部分的需要。谁都只注意自己的利益。据马斯佩罗说：“因此，经常发生争吵和斗殴。为了迫使人们尊重弱者的权利，为了组织水源分配制度，最少应在国内建立后来实行的那种社会组织的原则：尼罗河给埃及提示了政治结构，正如它给埃及提示了自然结构。”（《东方古典国家人民古代史》，巴黎，1895年，第1卷，第70页。*Histoire ancienne des peuples de l'Orient classique*, Paris, 1895, tl, p. 70）

基础上，便盛行着政治“独立制度”[①]。波兰的情况便是如此，我在谈到基辅罗斯时业已提及。

波兰的官宦阶层在1373年即已变为力求保卫其对国王的独立性的特权阶层。科希策的特权文书使“军人”的全部地产都成为世袭的地产，规定按照封地的数量，每年给公爵交纳每份地两格罗什的地产税和给公爵服兵役。1422年的车尔文特权文书规定国王无权不经审判没收贵族的财产。1425年、1430年和1433年的特权文书规定除六种情形外，非经审判不得剥夺贵族的自由。1454年的尼斯萨瓦条例规定贵族不受国王官吏的审判，并使贵族参加立法。由于这些条例，任何有关贵族义务的措施，须由贵族事先讨论。最后，宪法——即所谓“Nihil Novi”(一仍旧例)宪法——宣布，非经国会同意，国王不得限制贵族个人的权利。自此以后，波兰的整个内部历史便是地主特权阶层实行无限制统治的国家的历史，留给国王的只不过是一个政治权力的幌子而已。

我们在东北罗斯所见，却非如此。这里的“军人”最初是封邑公爵的“自由臣仆”，最后都成为莫斯科大公们的“奴隶”。他们同农民一样，也都丧失了自由迁徙的权利。十六世纪中叶，官宦阶层已完全成为国家的奴隶，而且它的这种奴隶地位，——也许更甚于农奴，——使莫斯科罗斯的社会政治制度，同伟大东方专制国家极

① “这种确认一切所有权，一切职能，一切权力的授予，都是封建形态，都是世袭领地条件的思潮，终于占据上风。在卡佩王朝时代，封建君主在他的特许土地，在他的封地上所执行的旧有权力，只再剩下习惯规定的某些特权和某些权利，即：对遗产移转的同意形式，在某些特定情况下恢复采邑的有所争议的权利，某些物质利益；简单说，是所有权的影子。”(“法国制度手册，卡佩直系家族时期”，阿希尔·路歇著，巴黎，1892年，法文版，第154页)我再说一遍，法国是西欧封建制度的国家。

相仿佛。赫尔贝尔斯坦曾于1517年，即在瓦西里·伊万诺维奇王朝时，访问俄国，对于公爵权力的漫无限制，甚感惊异。

"公爵对僧俗权贵都有统治大权，而且任意自由地处置所有人的生命和财产。他的顾问，无一人敢于在任何问题上违抗他或持不同意见。他们都公开承认，公爵的意志就是上帝的意志，公爵所作所为都合乎上帝的意志。因为他们甚至称他为上帝的管家和御前侍臣，于是相信他是上帝意志的执行者。因此，公爵自己在人们为了某一囚犯或另一重大案件向他有所恳求时，总是回答说：只要上帝有命令，就予以释放。同样，谁要问及某一不明确或可疑的案件，他总是回答说：上帝和国王知道。不知道，是人民的如此粗野需要一个暴君，还是由于公爵的暴虐把人民变得如此粗野和残酷？"①

应该想到，如果譬如埃及第十二王朝某一法老的"臣奴"或官吏——法国的古埃及学者称为Scribe——的木乃伊复活了，游历了莫斯科，那他必然与西方的贵族赫尔贝尔斯坦相反，不会在这个国家的社会政治生活里发现很多自己感到怪异之处。他必然要断定，莫斯科人对最高政权的态度，同他那遥远的祖国的情形很相近，这种态度正是一个组织完美的国家所应有的。

在形成伟大东方专制国家的地方，也经历过封建制度阶段。但这些地方的土地占有者虽曾作过努力，却未能将封地转变为世

① 《莫斯科札记》，圣彼得堡，1866年，第28页。参阅弗莱彻所说："他们的统治方式很像土耳其，显然，他们是力图效法土耳其的……他们的统治纯粹是暴君式的：一切施政都是为了满足沙皇一人的利益，而且方式最为明目张胆，最为野蛮。"弗莱彻还指出，受奴役的不只是农民，还有贵族，这两个阶级的财产权完全没有保障。按照他的说法，"贵族和平民在对自己的财产关系上，只是些沙皇收入的保管员，因为他们所有的积蓄，迟早都要变为沙皇所有"。(《论俄国》等等，圣彼得堡，1906年，第33页及第33—34页)

袭私产。国王不仅在原则上保持了对土地的最高权利，而且在实践上也经常使用这一权利。例如，在迦勒底，根据《汉谟拉比法典》的规定，官员领到住宅及花园，耕地及耕牛。这种财产仿佛是他的领地，只要他仍在供职，就归他所有。这一法典的第三十条规定，土地占有人如旷职 3 年，则丧失这些土地；第三十五及三十六条宣布，这种土地不可剥夺；最后，第三十二及三十八条规定，法律执行绝无例外[①]。我们在这里看到一种与莫斯科相似的封建领地制，它在纪元前二千年就已完全形成了。

不久以前，波斯土地仍是国王的私产。Э. 洛里尼说："封建领主、私人，甚至宗教团体都只有使用权，自然的支配，而其所有权则经常取决于国王的意愿，国王可在任何时候予以取消。"[②]同样在莫斯科罗斯，官员的地产经常可被"没收归国王所有"。总之，那里的世袭领地越来越多地为封地所代替。世袭领地愈是为封地所代替，则官宦阶层对公爵的依附地位愈益增加；过去的自由人亦愈益转化为"奴隶"。现在已经完全明白，伊凡雷帝是用什么办法同贵族中的"叛逆"作斗争的。他的禁卫军不仅曾为他杀戮"叛逆"，而且给贵族的土地占有制以惨重的打击。"伊凡雷帝的政府在禁卫军中取消了封邑时代遗留下来的旧土地关系，遍地都一律代之以一种把土地占有同强迫服役结合起来的制度。"[③]土地占有同强迫

① 爱德华·库克：《迦勒底的地产》(*La Propriètè foncière en Chaldée*, par Edouard Cnqg)，第 72—78 页。

② 《波斯的现代经济》(*La Persia economica Contemporanea*)罗马，1900 年，第 217 页。

③ 谢·斐·普拉托诺夫：《十六—十七世纪莫斯科国混乱时期史纲》，第 3 版，圣彼得堡，1910 年，第 148 页。

服役的结合愈是紧密，则官员对最高政权的依附地位愈益牢固，而这最高政权本身也变得愈加完整。但封地制度并不是由雷帝想出来的。它在雷帝以前很久便已产生和巩固。他的祖父伊凡三世便很了解封地制度在国家经济中的巨大意义。1477 年 12 月，他的贵族便对诺夫戈罗德的使者说："大公命令我们告诉你们说，大诺夫戈罗德应割让我们一些州邑和村庄；因为非此则我们大公们便不能在诺夫戈罗德保住我们的国家。"次年一月四日，伊凡向诺夫戈罗德人提出明确要求，要将"大主教及寺院所属州邑一半及诺沃托尔格各州邑一半（无论为谁所有）"划归他的名下[①]。由此观之，则在十五世纪末期，分发为封地的土地已成为莫斯科政府执行其最重要国家职能——国家管理和国防的主要手段了。

伊凡三世极为重视他的封地总额，关心其增加，故不惜攘夺原属教会的土地。他对"犹太教徒"的宽容，乃至同情态度，就是由于"犹太教徒"是僧侣的敌人。修道院的被剥夺，可使大量不动产转为莫斯科政府所有。诱惑力量如此之大，以致在伊凡的宫廷里有一批强有力的人支持"犹太教徒"。教会地产归公是符合整个官宦阶级的利益的。但教会善于拒绝这一威胁它的危险。它不无根据地指出："许多不信教或渎神的皇帝，也不敢在他们的王国里侵犯神圣的教堂和神圣的地区，不敢动摇教会的不动产……甚至不向神圣教会课税，不仅在他们的国度里，而且在你们统治的俄罗斯也曾给教会以诰封。"这里提到"诰封"表明，为教会财产不可侵犯而

① 别利亚耶夫：《大诺夫戈罗德》，莫斯科，1864 年，第 608 和 609 页。另参阅索洛维约夫：《俄国史》，第 1 卷，第 1375 页。

娓娓动听的辩护者所说的“不信教和渎神的皇帝”，实际上是指鞑靼可汗。事实上，俄国东正教的教会一度与“不信教和渎神的”鞑靼可汗极为融洽。基里尔主教（基辅被毁后委派的第一任俄国主教）在可汗的首都设立东正教主教一职，并获得蒙哥一铁木耳颁赐的特权文书，永远维护僧侣的权利。僧侣被豁免了一切贡赋和义务；其土地及人员亦宣布为不可侵犯。凡诽谤东正教信仰，——尤其重要的是，凡侵犯僧侣所获特权者，都一概处以死刑。因此，公爵既无权责成僧侣负担义务，也不得侵犯他们的财产。所以，鞑靼人的入侵虽是人民的最大不幸，却给俄国的“神道信徒”带来了巨大利益。这些“神道的信徒”对于“不信教和渎神的皇帝”的好意，自然是极为珍视的。在游牧掠夺者的“渎神皇帝”和俄国定居人民的虔诚“神道信徒”之间的这种和谐，一度使俄国的僧侣权力几乎脱离政俗权力而独立[①]。像罗马教皇一度以法兰克人为靠山一样，我国的主教亦曾以鞑靼人为依靠。这里的唯一差别——而且是非常重要的差别，仅在于法兰克人的支持要比鞑靼人的支持可靠得多。伊凡三世时，莫斯科公国完全停止了对鞑靼人的屈服。这时，莫斯科的僧侣便只有倚靠其本身的力量了，而这种力量若与罗马天主教僧侣的力量相比，却是小得不可计量的。莫斯科君主权力的进一步增强，逐渐使“神道信徒”对君主处于屈从地位。“神道信徒”事实上也像官员一样，成为沙皇的“奴隶”。修道院的地产在十八世纪均被没收归公，——货币经济的发展对此起了促进作用，——所有重大教会案

① 参阅 B. 谢尔盖耶维奇：《俄国法学典籍》，第 2 卷，第 2 册，圣彼得堡，1896 年，第 617—618 页。

件最后都由总检察官裁处，而担任此职的每每是军人。这自为“神道信徒”所不乐意。但是他们忠于恰达也夫所说的从腐败拜占庭带来的传说达到这样的程度，即僧侣作为一个阶层，无论过去和现在都是敌视任何解放运动的。这一事实，使他们成为反动势力的一个最重要的支柱。他们总是向往东方，而谈不上任何欧化。

当然，我很知道，西方的最高政权也曾在绝大多数情形下制服封建主的离心倾向。路易十四完全有根据说“朕即国家”(《L’état cést moi》)。然而如果据此便否定俄国历史过程的相对的——但非不重要的特殊性，那也是极端错误的。法国皇帝虽然制服了封建贵族，却不曾限制他们的土地权，也不曾强迫他们服役[①]。因此，法国君主地位的提高并不意味着贵族等级受国家的奴役[②]。这种情况

① ……“人们不能把道义上的义务，即由来已久的拿起武器的惯例作为合法的权利来考察。贵族的绝大部分都服兵役，但不是没有例外的。而所有服兵役者，都豁免了人头税。他们被豁免人头税并不是因为他们服兵役，而是因为他们是贵族。这种特权不是对服兵役的补偿，而是一种天生的权利”。(G. 达维尼子爵：《黎塞留时代的法国贵族》，第40—41页)“我们不能认为，由来已久的从军习惯这一道义责任，是一项法定的义务。贵族们大批在军队服役，但是并不是没有例外，可是所有的人都毫无例外地免缴人头税。而他们所以免缴人头税，并不是因为他们服役，而是因为他们是贵族。特权并不是服役的酬报，而是出身的权利。”(《黎塞留时代的法国贵族》，达维尼子爵著，巴黎，法文版，第40—41页)

② 法国贵族常喜欢说，皇帝不过是第一贵族而已。“皇帝不只一次欣然说过：我们本没有超凡之处。这个最早的国邦更关心的是贵族。君主本人不理解，即使太阳王(这是法皇路易十四的别称。——译者)本人，也认为不能不犯错误地打倒一个贵族。”(见达维尼：同上书，第13页)“国王们曾多次装腔作势地宣称：我们并不是更有权势。这种别出心裁的类比，是贵族阶级心目中最念念不忘的。统治者并不忽视这一点；而太阳王(指路易十四。——译者注)本人并不会相信，不下令谴责自己，就能够鞭打一位贵族”。(达维尼，同上书，第13页)莫斯科的公爵和沙皇对于这个问题的看法不同，他们的官宦“奴隶”对这个问题看法也不同，——他们都不求在这方面突出自己。

的发生自然不是由于法王更多地尊重人的自由,或者哪怕只是贵族的自由。他们并不比莫斯科的大公或东方的专制君主更尊重自由。但他们是在其他社会政治条件之下进行活动的,因而所得结果也不同。法国的经济发展比俄国快得不可计量;其自然经济也比罗斯更快地为货币经济所代替;这便很早就使法王能够建立常备军。这种军队的开支,是靠法王的货币收入来维持的。菲利普四世已拥有不少雇佣军人;由于雇佣军人的出现,兵役的性质也随之而变:强迫服役变为志愿服役。换言之,服役人员为职业军人(Soldat par mètier)所代替①。法王依靠职业军人,逐渐消灭了封建主的旧有政治权利,但对于他们的土地权则仍不予侵犯。法国是谈不上将贵族土地转变为国有土地,成为国防体系的经济基础的。在这个国家的当时经济条件下,这样的转变简直是谁也不曾想到的。相反,莫斯科罗斯的经济条件却坚决要求这一转变。因此,我国世袭土地占有制同封地制相比,是大有逊色的。因此,我国官宦对公爵的态度也同法国贵族对法王的态度不很相同。因此,更正确地说,真正因此,莫斯科的大公给西方贵族赫尔贝尔斯坦造成一种印象,以为这位君主的权力之完整和广泛,超过了所有文明世界的所有君主。

① 参阅 A. 兰博:《法国文明史》(A. Rambaud: *Histoire de la Civilisation française*),第 1 卷,第 228 页。“按照法律,贵族只是在全民总动员时才应召参战。在路易十三时代,征召过两次。每一次征召造成的后果都是如此不幸和毫无意义,事态表明,不可能凭征召来建立国防军以捍卫祖国的未来。”G. 达弗乃尔:《黎塞留时代的法国贵族》,第 54 页。

XVII

俄国的历史是一个在自然经济条件下被拓殖的国家的历史。正如索洛维耶夫指出这点，拓殖意味着居民的职业单调化和经常迁移；我应补充指出，这二者都妨碍社会分工所造成的阶级差别的深化。这就是说，由于上述条件，俄国的内部历史不可能以各社会阶级的相互强烈斗争为特点。由于居民不断向“新的地区”迁移，最高阶级的政治力量的源泉——它对极大部分居民的经济统治——不可能很充沛，而且经常有枯竭的危险。只是由于西南罗斯的移民经常流向上伏尔加河流域而不可能继续向北部或东北部和东南部转移，因而造成大俄罗斯农业人口的相当密集的时候，只是在这不太长的时期内，最高阶级才能扩大并巩固其对贫苦居民的直接经济统治。只是这时，才在这里形成了规模颇大和颇有势力的贵族土地占有制。但当莫斯科国家的发展壮大清除了那些暂时停止拓殖的障碍以后，农民便又大批奔向“新的地区”，这时，土地占有者的经济统治又开始出现裂痕而动摇起来。如所周知，大规模的土地占有制这时经受了一场真正的危机。为了摆脱艰难处境，土地占有者势必力求将农民完全固定于土地。中央政权对此欣然同意：我们知道，中央政权本身便是最大的土地占有者，它本身由于农民迁移而感受的痛苦并不亚于贵族。但大地主愈是需要同中央政权联合以固定农民于土地，则他们对于大公的政治反对态度便势必变得愈加软弱。关于这一点，克柳切夫斯基非常精辟地指出过。

“农村的情况决定了贵族的政治情绪，为他们的政治活动提示了方向，降低了他们的某些利益的价值以提高另一些利益的价值，

例如，使他们将对待农村的思想摆在对待宫廷的思想前面，迫使他们从宫廷的关系中寻求支持，以保障对农村的关系，而不是相反：总之，土地占有者的忧虑和危难虽没有使贵族成为有经验的和审慎的农业主，却使他们成为胆小或冷淡的政治家。"①

根据克柳切夫斯基教授的意见，必须承认，十六世纪的农村是莫斯科国家的政治制度不曾成为贵族制度的主要原因之一。但当时的农村情况就是一个在自然经济条件下被拓殖的国家的情况。所以，这一重要原因本身便是这种拓殖的结果之一。

另一个同样重要、同样是拓殖结果的原因，便是在十六世纪下半期，在莫斯科政府面前展开的新的森林和草原地区，那里有大量由政府可以支配的自由土地。政府将这些土地分给官宦阶级的中下层，使这些阶层成为政府反对这同一阶级的最高贵族阶层、反对"世袭贵族"——大贵族的可靠支柱。在十六世纪下半期，世袭领地制在封地制面前节节后退，这一事实用政治语言来解释，便是说，一般贵族曾迫使大贵族大步退却，帮助国王无情地镇压"世袭贵族"的全部政治野心。法国的君主政权也不免同低级贵族联合。查理七世甚至寻求过这种联合。但是法国货币经济的发展很早便使国王能够建立一种不是由军职贵族，而是由非贵族出身的职业士兵组成的常备军，已如上述。非常值得注意的是，就是这查理七世（他的御前会议是由低级贵族和第三等级的代表组成的）为了在上述意义上改组军队，做了很多事。② 而在这个意义上改组军队，

① 《大贵族杜马》，第 313 页。

② 参阅维克托·杜鲁伊：《法国史》（*Histoire de France*），巴黎，1893 年，第 1 卷，第 545—546 页。

逐渐鼓励了法国的王权，使它在反对贵族的斗争中有越来越多的可能与其说像莫斯科的“专制君主”一样依靠中小贵族，不如说依靠第三等级。总之，同俄国封建制度相比，法国封建制度的主要特点之一，在于法国封建社会内部产生了比封地罗斯为数更多、更富有、更强大的第三等级。法国封建制度的这一特点，不能不影响于法国社会和法国王权进一步发展的过程。十六世纪的莫斯科缙绅会议的代表，几乎完全是军职人员的代表[①]；而法国第三等级于十四世纪下半期已在三级会议上起了显著作用；到了下一世纪，他们的代表更在这个会议反对贵族斗争中，自觉地给国王以非常重大的支持。[②] 根据这一情况，两国的代表会议对中央政权的态度，亦各不相同。克柳切夫斯基教授说：“十六世纪的缙绅会议，确切地说，是政府同其代理人的会议。”[③]毫不足怪，“代理人”在回答政府的问题时都表示：“愿为君主抛头颅，而且一切唯上帝和君主的意志是从。”[④]在十六世纪的莫斯科，人们都以为“人民不能有自己的意志，而一定要以代表人民的政权的意志为意志”[⑤]。然而在巴黎，在十四世纪下半期，首相德多曼——从某种意义上说，这也是

① 见克柳切夫斯基：《俄国史教程》，第 2 卷，第 488 页及下页。（缙绅会议是十五至十七世纪俄国统治阶层——大贵族、军职贵族、僧侣阶级、城市商人上层分子的代表大会，1549 年由伊凡四世召集第一次会议，后由彼得一世取消。——校者）

② 参阅毕科名著《三级会议史》（G. Picot：*Histoire des Etats Généraux*）。第一卷。（三级会议是法国 14—18 世纪等级制代表机关，由僧侣、贵族和城市代表组成。普通为了征税由国王召集。1614 年后因专制制度发展，停止召集 175 年。1789 年在资产阶级革命条件成熟下又召开了三级会议。——校者）

③ 《俄国史教程》，第 2 卷，第 486 页。

④ 参阅同上书，第 492 页。

⑤ 同上书，第 487 页。

最高政权的“代理人”——为了安抚骚动的市民，认为必须向他们说些好话，宣称“国王只能按照人民的意志实行统治，只有人民的力量使国王畏惧”①。

莫斯科国的官员难怪自称为大公的“奴隶”，然后又自称为沙皇的“奴隶”。像农民受国家的奴役一样，他们也受国家的奴役。这两个阶层都受压迫，这种压迫到了十六世纪末期愈来愈加沉重。压迫加重的原因仍是前面不只一次提及的那一情况，即俄国是一个在自然经济条件下进行开拓的国家。C. B. 罗日杰斯特文斯基完全正确地说：货币资金的缺乏是十六世纪官宦阶级经济地位的最主要特点。他还说：“这种缺乏的本身就是由于一方面国家社会经常发展和增长的需要与另一方面国民经济发展的微弱及死气沉沉之间的不相适应，就是由于自然经济压倒货币经济的优势，而新的情况却是需要货币经济的。”②

东方居民也受国家的奴役。但是抛开广阔的肥沃土地不说，东方专制国家也没有在文化发展上超过自己的邻邦。相反，每一个东方文明国家所有的邻邦，都主要是在文化上远远落后于它的野蛮人。的确，游牧的野蛮人常常迫使东方专制国家的农业居民大受折磨，甚至迫使其在相当长时期内屈服于他们的统治。例如，埃及便曾为“牧人”所征服；马涅方在谈到这些“牧人”时所用的言辞几乎同我国史籍对于蒙古人的叙述没有两样。但就是这个埃及没有成为被征服者以前，它在亚洲几乎没有文明的邻邦的。就这

① G. 毕科，同前书，第 1 卷，第 228 页。

② 《十六世纪莫斯科国家的官宦土地占有制》，圣彼得堡，1897 年，第 83 页。

点说，埃及要比莫斯科国幸运得多，莫斯科国不得不在自己的西部边境同比它文明得多的邻邦打交道。同这些邻邦斗争，要比俄国人民付出重大代价与游牧部落斗争，困难得不可计量。莫斯科在十六世纪虽然征服了喀山和阿斯特拉罕，但在同西方邻国的决定性冲突中，却遭到惨败。为了在同经济上远远超过自己的敌人的斗争中维持自身的生存，莫斯科不得不直接间接地将其很大一部分力量用于自卫，这与东方专制国家居民用于同一目的的力量相比，可能要大得多。

与东方专制国家的历史过程相比，这就是我国历史过程的一个极为值得注意的相对特点。将这一特点同我们在将莫斯科国的社会政治制度和西欧国家的制度进行比较时所指出的特点，加以对照，我们可以得出如下的结论：莫斯科国与西方国家的区别，在于它不仅奴役了最低的农民阶级，而且奴役了最高的官宦阶级；而它与在这方面很相仿佛的东方专制国家的区别，则在于它不得不对被奴役的居民，作更为沉重得多的压迫。

XVIII

只要仍旧流行着我国历史过程的绝对特殊性的信念，则东北罗斯城市居民的社会作用，便会被认为接近于零。亚·伊·赫尔岑的朋友和同志尼·普·奥格廖夫问道："我们要城市干什么？我国的城市只是政府的幻想，而实际上则既无意义，亦无力量。"[①]（当然，所有这些议论都默认自由城市诺夫戈罗德和普斯科夫为例

---

① 《钟》，第 51 期。

外。)这是一个很大的错误。甚至在“上伏尔加的亚黏土地带”,我国城市生活也从来不是完全微不足道的。现在已可认为无可争议的是:东北罗斯的城市并不是俄国特殊性理论家们所说的那种比较广阔的农村。这个罗斯也有城乡间的经济分工。H. Д. 切丘林说:“如果这里主要地不是质的差别,而是量的差别——就是说,如果我们在城市和乡村里看到居民都有着相同的权利和义务,而且一部分居民还从事相同的农业和手工业,因而只有村落的大小和居民职业发展程度的不同才使城市有别于乡村,——那么,无论如何,就是这种量的差别,在这里已是如此巨大,以致我们完全可以将城市情况的考察和乡村情况的研究,分别进行。”①

尽管居住在东北罗斯城市的手工业者像西欧中世纪城市的手工业者一样,也从事农业,但是应该想到,他们的主要收入来源是手工业劳动而不是农业劳动。切丘林曾将在俄国城市所见手工业的名称列了一张长表。我们在表里看到有三十四种是生产和加工食品的,三十二种是制造服装的,二十五种是从事建筑和制造家庭用具的,一百一十九种是各种其他手工业者如针工、梳栉工、剑工、刀工、弓箭工、石灰工、马车夫、蔬菜工、钟表匠、花匠、乐师、玻璃工、裁缝工、煤矿工人、灯匠等等②。切丘林还说:“在列为第二类手工业者的资料里,有很多皮靴匠……这使我们不由地想到当时有许多人穿皮靴。”(第 340 页)简言之,切丘林承认在十六世纪有很大一部分手工业从事日用品的生产,坚决驳斥了一种意见,以为

① 《莫斯科国的城市》,圣彼得堡,1889 年,第 309—310 页。

② 同上书,第 339 页,注释。

“当时的罗斯还不能制造最粗劣的布匹，一般说来，当时几乎没有手工业活动”[1]。我们在他的很有意义的著作中看到了一项对我们更为重要的指示，即当时在城市里看到了许多——按照他的说法，甚至是非常多——书籍[2]。尽管这些书的内容，看来都是宗教的，但在城市里有大量的书，毕竟表明在莫斯科罗斯，像在所有地方一样，城市生活已在居民之中引起比较多样化的和迫切的精神需要。

总之，就在这一方面，也绝没有完全的特殊性的，不过，很重要的相对特殊性，却是有的。

所有前述阻碍俄国居民生产力发展的各式各样原因，都削弱了城市在东北罗斯历史生活中的意义。C. B. 罗日杰斯特文斯基所说的“国民经济的惰性”，势必带来城市居民的政治惰性。普希金是对的。我国的城市与西欧的城市公社不能相提并论。十六世纪初，在莫斯科附近的各城市里，曾出现相当活跃和多样化的手工业活动，但到了该世纪末，这些城市却很荒凉了。切丘林说：“这种城市荒芜过程的日益加剧”，可从这样的事实中看出：即根据该世纪中叶的有关记述（见于税册者。——著者），比较最不荒凉的是谢尔普霍夫，而根据该世纪末的有关记述，则荒凉得最厉害的是科洛姆纳和莫扎伊斯克；也可从两种记述中关于莫扎伊斯克的资料中看出；最后，还可从莫扎伊斯克税册中关于哪家哪户是在哪时荒废的指示中看出。“按照同一学者的说法，莫斯科各城市的荒凉，

① 《莫斯科国的城市》，第 316 页。

② 同上书，第 311—312 页。

可从居民在边境城市的结集中得到证明，因为来自中央地区的移民大都奔向这些城市。”①

莫斯科附近各城市愈是荒凉，则其在莫斯科国的社会生活中的重要性，愈是降低。俄国的历史是一个开拓过程拖延了数百年的国家的历史。俄国的开拓是在自然经济的条件下进行的。城市的发展，表示经济分工的进展和商品生产的成就，破坏了这些条件的单调性。但是，我们刚刚看到，这种开拓在十六世纪造成莫斯科附近各城市的荒凉，这就是说，它阻碍了货币经济的发展，从而保持，甚至增加了国民经济生活的“惰性”。为了限制中央地区城市的荒凉过程，莫斯科政府采用了它借助取缔“农村”荒凉时的同样措施：把城关居民也像农民一样固定于原来的居住地区。城市居民也像“国王的孤儿”——农民和“国王的奴隶”——官员一样，处于不自由的地位②。奴隶制推行到莫斯科国社会生活的一切方

① 《莫斯科国的城市》，第173—175页。

② “根据法典规定的含义，市镇是商工业赋役公社。因此，凡不属于市镇公社的个人，依法禁止在市镇进行商业活动。法典第十九章第九款规定：凡不属于市镇的经营商业的农民，必须切实保证‘此后不得经营店铺和酒馆，不得承包盐和烟的买卖，至于他们的商店和作坊，则卖给负担赋役的人们’……负担赋役的商工市镇公社是根据市镇定居原则结合起来的……市镇定居原则强制市镇纳税人固定于一定公社，无权再转到其他市镇……十八世纪的帝俄从莫斯科国继承了这种公社。在整个十八世纪，直到叶卡捷琳娜二世发布市政条例时止，市镇虽然经过从彼得大帝到叶卡捷琳娜二世的各次改造，仍然一直是旧式商工业纳税人的公社。”（基哲维特尔：《十八世纪的俄国市镇公社》，莫斯科，1903年，第1—4页）政府怎样力图建立一座墙将农民和市镇居民分隔开，可从下一事实中看出，即政府对市镇居民无休假证而与农村妇女结婚者，以及市镇少女嫁给农民者，于十七世纪中叶以死刑相威胁（参阅A.拉波—丹尼列夫斯基的著作：《莫斯科国直接税课的组织》，第172页注）。拉波—丹尼列夫斯基指出，惩罚的严厉性表明，这一禁令常被违犯。此语信然。但这种严厉性也表明，政府多么坚决地同自由迁移进行斗争。

面。莫斯科国内的“买卖人”境况，比享有自由经济生活利益的诺夫戈罗德和普斯科夫商人的境况，更少从事经济活动，这是无须证明的。但是力量不在我国自由城市共和国方面。莫斯科的“专制君主”，将自己的铁腕加于这些共和国，对它们的居民的性格发生怎样的影响，可从赫尔贝尔斯坦的下述评论中窥见一斑。关于诺夫戈罗德，赫尔贝尔斯坦写道：“这里的人民过去是非常有教养(humanissima)和诚实的，但现在由于无疑地沾染了莫斯科的恶习，却变得极为堕落，这种恶习都是来到这里的莫斯科人带来的。”[①]关于普斯科夫人，他写道：“普斯科夫人的有教养和温良风尚，已为几乎在一切方面都更恶劣的莫斯科风气所代替。因为，以前普斯科夫人在商业交易中表现得极为诚实、纯正和朴实，所以他们的商品不谎报价格，也不花言巧语以欺骗顾客。”[②]东方制度的胜利，决定了东方风气的传播。不这样是不可能的。

西方城市居民是由农村移民补充的。但在罗斯，随着莫斯科制度的发展和巩固，依靠农村来发展城市是越来越困难了，其简单的原因是：将农民束缚于土地——无论是地主或国有的土地都一样——的锁链，变得越来越牢固、越来越紧密了。居民的被奴役，是进一步发展商品生产的非常大的障碍。但是这一障碍不能完全停止商品生产的发展。居民对于某些手工业劳动产品的需要，是不能用对居民实行奴隶压迫的办法来满足或取消的。强烈延缓莫斯科国城市增长及城市手工业发展的不利条件，引起了乡村手工

① 《莫斯科札记》，第115页。

② 同上书，第116页。

业的推广。因此，农奴制俄国的经济生活具有特殊的性质，其不合常情，是那些侈谈俄国城市人口的比例不大、以为这就是“俄国非西方”的最好证明，这就是俄国人似乎不懂也不愿从事工业劳动而只是从事农业的最好证明等等的作家们所不曾看到的。A. 科尔萨克1861年根据1856年的统计数字，证明在工业最发达的省份，其城市人口的百分比，较之整个俄国的平均数还要小：奥勒尔省城市人口为9.77%，哈尔科夫省为10.72%，基辅省为10.86%，道利达省为18.38%，而赫尔松省甚至达21.35%；但雅罗斯拉夫尔省城市人口不曾超过8.2%，莫斯科省（莫斯科县除外）为6.37%，弗拉基米尔省为5.87%。[①] 因此，如果我国城市就其经济意义而言类似农村，——俄国特殊论者就是这样说的，——则我国中部各省的农村便由于从事工业活动而起到了城市的经济作用[②]。这是什么意思呢？这只能是这样的意思：

历史发展的不利条件，自基辅时期开始，便激烈地迟滞了俄国人民所拥有的生产力的发展。但是生产力虽然发展得慢，却仍是发展的，在德聂伯河附近如此，其后在伏尔加河上游的亚黏土地带也是如此。在生产力发展的条件下，工业劳动与农业劳动的分离过程是无可避免的。无论基辅罗斯或莫斯科罗斯，都有过这一过程。但决定莫斯科国居民被奴役的情况，又使这一过程虽不完全

① 《论西欧和俄国的一般工业形式和家庭生产（手工业及家庭工业生产）的意义》，莫斯科，1861年，第210—211页。

② 关于这个问题的更详细指示，见我批评B. 沃龙佐夫先生一书的第215—241页（《全集》，第9卷，第229—251页）。克柳切夫斯基教授指出领地土地所有制“破坏了俄国城市及城市工业的发展”。（《俄国史》，第2卷，第302—303页）

停止，却是很受阻滞。工业活动不曾集中于城市，而是分散在农村人口之中。这一情况的直接结果是技术进步的延缓。尽人皆知，我国手工业者是使用最原始的工具来劳动的。从经济方面说，手工业的扩张，意味着由于经济进步而到处产生的各种矛盾深入农村；然而我国经济发展完全特殊论者的希望，却是建立在所谓俄国没有这种矛盾的基础上的。由于在上述条件下，我国经济进步很慢，所以因这种进步而在农村经济生活中产生的矛盾也长期保持在萌芽的状态。生产者虽将很大一部分时间用于工业劳动，却仍然是农民。尽管他本人也时常购买与他相类似的生产者的劳动力，但他仍是完全处于高利贷资本的控制下；富农—收购商，便是这种资本在农村的代表。高利贷资本残酷地剥削生产者，但并不改善生产方式。因此，它对于被国家牢牢地束缚在伏尔加河上游亚黏土地带的生产者的工业劳动的统治，遂成为技术和经济进步的新障碍。同时，农村中的生活，使生产者不能联合自己的力量去同剥削者进行斗争（大城市中心的生活却是很能促进这种联合的），也使他们的意识发展非常困难。时常从工业劳动中获得其年度收入很大一部分的生产者，继续保持着农民的一切迷信和一切政治成见。他们的思想落后，对于将农奴制的桎梏加在他们身上的社会政治制度极为有利，就更不用说了。思想的落后，保证了这种制度的巩固。

XIX

在继续写下去以前，对于我们所了解的莫斯科制度作一总结，会是有益的。同样有益的是，用一位学者的话来作这个总结，这位学者关于古代罗斯的封建制度的著作,曾对斯拉夫派的我国绝对特殊性理论,给予最有力的打击。

“莫斯科时代的俄国社会制度的根本原则是个人完全服从国家的利益。莫斯科罗斯的国外环境,它为生存而同东西两方邻邦的坚决斗争,需要人民力量的极度紧张。关于每一臣民的首要义务是竭尽全力以服务国家,牺牲自己以捍卫俄国国土和维护东正教的基督信仰,这种意识,在社会上业已发展。有军职的人必须终身担任军职,不惜生命同诺盖人[①]即德国人作决死的战斗。”城乡农民必须捐献财产以帮助战士。居民一切阶级必须坚持职守或赋役,使“每人对于本身的农奴规章和沙皇命令,都能坚持不懈,毫不动摇”[②]。

个人对国家利益的完全服从,并非出于俄罗斯“民族精神”的某些特性。这种服从是定居在伏尔加河上游、逐渐统一于莫斯科的俄国人民为了自身的历史生存而不得不进行斗争的条件不得已的结果。这种结果一经产生,便成为严重迟滞大俄罗斯继续其经济和文化进步的原因。不仅如此。这一结果还使统一俄国国家的历史性工作发生困难。莫斯科早已致力于这一工作,而且一般说来,这一工作在十六世纪三十年代末就已进展迅速。

莫斯科国在统一俄国国土的时候,与立陶宛冲突。立陶宛也在统一罗斯,而且在加里西亚丧失独立以后,统一得很顺利,所以

① 诺盖人(Ногайцы)为土耳其语系的一个民族。——译者

② 帕甫洛夫—西尔万斯基:《国王的军职人员,被奴役和被抵押的人们》,第2版,1909年,第223页。

俄国居民——虽然不是大俄罗斯居民——很快便在立陶宛占了多数[①]。M. K. 柳巴夫斯基教授说:“西俄土地之统一于立陶宛的周围,实质上是恢复了基辅时代被破坏的政治统一,是找到了已被丧失的政治中心。”[②]按照柳巴夫斯基教授的意见,唯一的差别仅在于这个中心现在不在德聂伯河,而在维里亚河上。不过,——根据他的叙述可以很明显地看出,——差别不仅在此。在基辅时期,统一俄国国土的企图,完全是依靠俄国人民的力量。这一企图以失败告终,主要是由于游牧部落的进逼。此后产生了两个重心:一个在伏尔加河上游,另一个则先在加里西亚,后在“维里亚河上”。“维里亚河上”的重心与伏尔加河上游的重心的差别,在于它不仅是统一了俄国的力量。这些力量在这里是同立陶宛的力量相结合了;而如所周知,发动统一的,乃是立陶宛的力量。两个不同部落的力量的结合,它们之间是免不了冲突的,这种冲突尤其在十六世纪末立陶宛与波兰合并后更为频繁。立陶宛的贵族依靠波兰的支持,为了自己的利益不无成就地削弱了白俄罗斯和小俄罗斯族贵族在国家中的作用。莫斯科利用这种冲突以牺牲立陶宛而加强自己。伊凡三世同立陶宛大公卡济米尔和亚历山大斗争的惊人胜利,便是由于西俄贵族对莫斯科的向往。这种向往在伊凡三世的儿子时,仍在继续。但是值得指出,在1514年,斯摩棱斯克的贵族

① 立陶宛的公爵们认为他们是基辅罗斯全部土地的合法继承者。奥勒格尔德对普鲁士的骑士说:“Omnis Russia ad Letwinos devet simpliciter pertinere.”。(全罗斯为立陶宛无限服务)(M. 格鲁舍夫斯基教授:《乌克兰人民史概要》,第155页,注解)

② 《立陶宛俄罗斯国史纲——包括卢布林统一时期》(*Очерк истории литовско-русского государства до люблинской унии включи-тельно*),莫斯科,1910年,第33页。

却倒向立陶宛王。同样值得指出，当时莫斯科所受到的最严重失败，便是立陶宛军队在东正教的西俄公爵君士坦丁·奥斯特罗日斯基指挥下造成的。卡拉姆金对此深有感触地说："在第二天，君士坦丁便欢庆其击败同一信仰的同胞们的胜利，用俄语为歼灭俄国人而赞美上帝。"君士坦丁为歼灭与他同信仰的俄国人而欢欣鼓舞，也正如这个公爵同莫斯科斗争的顽强坚定表明，那时已有许多西俄的贵族认为立陶宛的制度比莫斯科好。如果我们想到正是在这一时期，莫斯科的军职人员愈来愈加成为大公的无权奴隶，而立陶宛罗斯国的军人等级却获得一个又一个自由，则这种情形便毫不足怪了。莫斯科一方面和立陶宛另一方面的军职阶级在社会政治地位上的巨大差别，要算在十六世纪下半期表现得怕是最为明显了，其时在莫斯科，伊凡雷帝因实行皇帝直辖地区制而粉碎了大贵族土地占有制，终于将军职人员变为沙皇的奴隶；而在立陶宛，则1566年的别列斯特茨议会却授予贵族以无条件地支配自己的财产的权利。И. И. 拉波卓越地描写了宣布这一权利的历史意义。他说："这一权利是臣民，土地所有者(这种土地的最高所有者是大公)转变为自由人民——转变为自己的土地、自己的定居处所的所有者的标志。根据法律，立陶宛的小贵族已从大公个人的臣民转变为国家及其元首国王的臣民。"[①]同时，小贵族对国家元首大公的关系，决定于这样一个事实，即选举国王的权利，任其政治权利中居于首要地位。当然，西部罗斯的小贵族不能不看到他们

① 《从签订卢布林统一条约到斯特凡·巴托里逝世时期(1569—1586)的立陶宛大公国》，圣彼得堡，1901年，第1卷，第518页。我们看到，根据长期盛行的古老波兰—立陶宛习惯，拉波在这段引文中所用"人民"一词，是指小贵族等级。

在立陶宛地位的巨大利益。

问题完全不在于某一莫斯科大公或沙皇好行暴政：可以认为这是一种单纯的偶然性。问题在于在当时的莫斯科制度下，公职人员即令遇到一位本人并不爱行暴政的国王（如后来的那位“最温和的”阿列克谢·米海伊洛维奇），也不能不成为奴隶。这一情况也使立陶宛罗斯的最高阶级疏远莫斯科。埋怨这个阶级波兰化的研究者忘记了一点：早在他们波兰化之前，他们便已从往时倾向莫斯科而变为厌恶莫斯科了。十六世纪只有少数西俄小贵族代表掌握波兰文。在斯特凡·巴托里王朝编制的第三立陶宛条例，像第二条例一样，要求地方自治会议的书吏“用俄文”写“一切证件、抄本和命令”。拉波指出，“波兰文和波兰习俗，可以说只是在十七世纪下半期和末叶，才为立陶宛小贵族所接受，这在该世纪末的coae-quatio jurium中也已有所反映[①]。”西俄的小贵族一方面不理睬莫斯科，同时也弃绝了东正教。他们开始热衷于宗教改革。不难理解，他们的这种热衷反映了他们对“宝贵的自由”的爱好：对于他们，一如对于波兰小贵族，加尔文教成为他们同僧侣斗争的一种手段[②]。

简括地说：在莫斯科占优势的社会政治制度，断送了同一种族的立陶宛罗斯最高等级对莫斯科的任何同情，因而驱使这一等级

① 见拉波前书，第227页，又参阅第81页和第231页。

② 参阅拉波前书，第232页。下述事例表明对加尔文教的热衷达到何种程度：“诺夫戈罗德信仰希腊教的600小贵族人家中，只有不到16家不热衷于宗教改革。”（拉波：见前书，第235页）我想指出，这种对加尔文教的热衷，准备了加尔文教对东正教的未来胜利。

投入小贵族自由的典型国家——波兰的怀抱。在立陶宛罗斯居民的最低等级中，对莫斯科的同种族和同信仰的人们的同情，保持得较为长久得多。他们的这种同情从反对波兰化和天主教化的西俄小贵族的斗争中得到支持。但是他们的这种同情在同莫斯科行政当局，即同著名的“莫斯科官僚作风”的代表们接触时，受到严峻的考验。当十七世纪与波兰争夺小俄罗斯的战争开始时，“白俄罗斯人自己号召大俄罗斯人，同他们交好，背叛了波兰人，但他们一旦领略了莫斯科政府的压力以后，便感到束手无策，而开始逐步再倾向于波兰”[①]。白俄罗斯人与大俄罗斯人的关系到处趋于尖锐，以至例如，莫吉廖夫人甚至打死了莫斯科的卫戍部队。这便向我们解释了为什么在白俄罗斯进行的战争最初获得了如此辉煌的胜利，而后来却遭到失败，为什么如多夫纳尔—扎波尔斯基先生所指出，大俄罗斯与白俄罗斯的联合在阿列克谢·米海伊洛维奇朝代不可能实行[②]。

我们在小俄罗斯也看到完全一样的情况。哥萨克的军人最初欣然“听从”莫斯科沙皇的指挥，后来在尝到莫斯科制度的滋味后，又开始转向波兰。因此，俄国遂长期丧失了德聂伯河右岸的乌克兰地区。

彼得改革给俄国以物质力量，这种力量是莫斯科的统一俄国政策所必需的。彼得堡差不多做到了莫斯科所未能做到的事情。它统一了加里琴纳和乌戈尔罗斯以外的全部俄国土地。但西俄居

① 米·维·多夫纳尔—扎波尔斯基：《学术著作和论文》，基辅，1909年，第1卷，第335页。

② 同上书，第336页。

民的波兰化部分，则仍旧保持，也许甚至加强了他们对波兰的同情。他们不参加彼得堡时期罗斯的任何精神生活，但颇为积极地企图恢复，或者最少是梦想恢复“波兰国”。他们的情绪有时是很革命的，但他们并不参加俄国“社会”的文学或政治运动，而俄国“社会”自彼得改革以来，特别是在十八世纪末，却是变得更能接受西欧影响了。这一情况自不能不降低彼得时期俄国文化运动的速度。结果便是如此。

彼得堡政府在兼并了西俄土地以后，不但因此增强了抵抗可能的外来敌人的力量。此外，它在同逐渐开始反对俄国的全面农奴制的思想活动的斗争中，也巩固了自己的地位。当时这种反对派分子成长的基地仅限于俄国的一部分，因为其他部分的精神生活需要，不是俄国式的，而是波兰式的。俄国出现了比在自己发展的其他条件下，相对地更加贫乏的文化力量和反对派力量。因此，彼得堡所差不多完成的俄国统一，改变了俄国社会力量的对比，不过不是有利于进步，而是有利于停滞。这种不利于进步的社会力量对比的改变，似乎是对大俄罗斯本身一部分所犯的错误而加于整个俄国人民的历史惩罚：是对东方专制国家所特有的社会政治制度在莫斯科的长期统治的惩罚。当然，这种情形只是存在于俄国文化生活的重心仍旧保持在最高社会等级范围之内时期，因为只有这个等级才倾向于西俄，倾向于波兰。但俄国的文化在很长的期间，仍然差不多完全是大贵族的文化。

我们往下在研究俄国社会思想的各种不同流派时，将看到它的最优秀代表经历了多少艰难困苦，才认识到这种不利于进步的俄国社会力量对比。因此，我认为，在这里指出无疑地巩固了这一

力量对比的不利性质，但同时被我国社会发展史家完全忽视了的一种情况，不是没有必要的。

此外，西俄人民中最有教养人士的波兰化，是在俄国使波俄关系问题大为复杂化的事实。当然，顺便说说由于我们将来应当谈谈这个问题——十二月党人已不得不注意这个问题——所以不能不对产生波兰化这一事实的社会政治原因，加以分析。在说明以上各点之后，很显然，我们没有任何理由将这一事实的责任推诿到波兰人身上。

XX

我希望以上所述已充分向读者表明，对索洛维约夫所说事变过程在我国和一切地方都经常受制于自然条件的思想，应该在什么程度上承认为正确。事实上，俄国历史过程的相对特殊性是由俄国人民不得不在其中生活与活动的地理环境的相对特殊性来解释。地理环境的影响是非常大的。然而地理环境的影响所以非常大，是因为自然条件的相对特殊性决定了俄国经济发展过程的相对特殊性，因而出现了同样特殊的莫斯科国社会政治制度的相对特殊性。同时索洛维约夫对于莫斯科社会政治生活的相对特殊性是没有充分估计的。他在描写俄罗斯部落同亚洲游牧部落的斗争时说过："从十三世纪四十年代到十四世纪末，以蒙古人为代表的亚洲人占了优势；而自十四世纪末以后，则以俄罗斯为代表的欧洲占了优势。"[①]但是我们看到，定居的俄罗斯欧洲在有可能战胜游

① 《俄国史》，第1卷，第10页。

牧的亚洲时，它本身的社会政治关系，酷似在亚洲专制国家居统治地位的社会政治关系。因此，欧洲所以战胜了“亚洲人”，只因为它本身变成了亚洲。实际上，索洛维约夫在这里所说的那种对“亚洲人”的胜利，在东方历史中不是没有先例的。那里的农业人口只要能将自己的力量在专制大国中联合起来，便要比游牧部落强大得多。在这里，俄国历史过程的特点——这次是有利于进步的特点，——在于定居的俄罗斯欧洲在变得非常类似定居的亚洲以后，其社会发展虽很迟缓，但是一贯转向西欧方面。至于亚洲各国，则实际上只是从十九世纪中叶以后，才开始以日本为代表，向我们提供了类似的转向欧化的范例。

但是索洛维约夫不只是研究了游牧部落对俄国历史中各种事变过程的影响。他还顺便提出了另一同样值得注意的问题。他写道：

“国家的自然界，除同游牧部落的斗争外，还为国家决定了另一斗争：即当一个国家既不同另一国家接壤，又不同海洋衔接，而是毗连着辽阔和自由自在生活的草原时，则在那些由于各种原因不愿留在社会或不得不离开社会的人们面前，便展开了一条走出这个国家的道路和一种称心如意的未来——草原中的自由不羁的生活。因此，俄国南部的草原、沿着大河流域，很早就住着哥萨克的人群，他们一方面是国家反对游牧掠夺者的边防警卫；另一方面由于他们只是口头上承认对国家的依附而时常与国家发生冲突，所以他们每每对于国家比游牧寇群更为危险。这样，俄国由于自己的地理情况，在其国家机体尚未巩固、尚未将草原变为文明的庇护所之前，自不能不同游牧的亚洲民族和哥萨克们进行斗争[①]。”

无可争论：只是由于这里指出的地理环境的特点，才可能产生哥萨克。索洛维约夫说哥萨克对于俄国有时比游牧寇群更为危险，这也是对的。但这些指示尚不曾把哥萨克好汉在俄国社会发展史中的作用问题说透彻。由于这个问题曾经引起我国民粹派的极大注意，所以我们不得不将已故历史学者的未尽之意说完。

按照他的说法，哥萨克是由那些各种不同原因不愿留在社会和不得不离开社会的人们组成的。但在这各种不同的原因之中，很容易看出的一个最重要的原因是：下层阶级的艰难处境、有时简直是不能忍受的处境；而哥萨克便主要是由这个阶级组成的。我们已经看到，国家中心地带的日益荒芜，迫使莫斯科政府把农民和关厢居民固定在他们的居住地。当一个人在农奴制枷锁下的生活变得不能忍受时，他面临的只有一条出路：逃亡。由于莫斯科政府搜捕逃亡者，而且在给他们以应有惩罚后，仍旧将他们枷锁起来，所以他们必须躲到“一个搜捕不到的地方”，易言之，躲到莫斯科国国境以外。于是“俄国南部草原的大河流域”挽救了他们。莫斯科国下层阶级身上承受的压迫愈是增加，则促使逃亡的力量愈是增大；而在几条哥萨克河——即顿河和雅伊克河，伏尔加河和捷列克河沿岸的居民也愈来愈多。这些地方的居民益众，则在莫斯科意图将这些居民置于它的“控制”之下时，这些居民对莫斯科的抵抗亦愈强烈。不仅如此，精明强干、机警灵活，必要时也善于战斗的哥萨克，有时转取攻势。这时他们确乎对莫斯科变得比“游牧寇

① 《俄国史》，第1卷，第10—11页。

群”更为危险；不过，这“游牧寇群”却往往在反对莫斯科的斗争中成为他们的同盟者。他们在混乱时代曾给莫斯科造成不少麻烦，在阿列克谢·米海伊洛夫朝代好好“统治了莫斯科一下”（斯·拉津），后来又在叶卡捷琳娜三世朝代真正使彼得堡大吃一惊（叶·普加乔夫）。他们的力量在于被奴役的人民的不满。农民和城市工商业者都将他们看成人民痛苦的复仇者。索洛维约夫本人在描写拉津派的运动时，就人民对这个运动的态度作如下说明：“平民在听到这批贼党逼近城市后，群起围攻军政长官和衙门官吏，将哥萨克放进城里，拥戴哥萨克的领袖以代替军政长官，实行哥萨克制度。”①这就是说，哥萨克甚至当他们反对俄罗斯国家时，也不能与俄国的国外敌人相提并论。哥萨克所仇视的主要是人民的压迫者。由于这一原因，民歌也称颂哥萨克为“勇士，善良的青年好汉”；也是由于同一原因，后来我国的民粹派把哥萨克的运动大加理想化。民粹派的理论家认为拉津、布拉温和普加乔夫体现了人民的抗议和人民的革命意向。但是他们又错误了。哥萨克为了人民受压迫而对莫斯科的官僚实行了残酷的复仇。然而他们反对官僚，最好也只能破坏当时存在的社会政治秩序。他们不能用新的秩序来代替它。

为用新的秩序来代替旧秩序，他们必须带来新的生产方式，而在他们所创造的自由自在的草原生活里，却是连新生产方式的影子也没有的。从前被哥萨克破坏的社会政治秩序，是由社会政治需要所产生，随着居民相信对那种社会政治需要不可能仍然不满

① 《俄国史》，第3卷，第314页。

时，这一秩序又会逐渐恢复起来。可以满怀信心地说，只要哥萨克继续居于人民之上，他们便必然要恢复被他们破坏的秩序。不妨一提格尔莫根主教所叙述的“贼党传单”的内容，这些传单是博洛特尼科夫所属哥萨克在混乱时期向居民中被奴役的阶级散发的。按照他的说法，这些传单鼓动这一阶级去干“凶杀和掠夺等一切坏事”。这些坏事的目的是什么呢？主教说，传单的作者“命令大贵族的奴隶杀死自己的大贵族，并将大贵族的妻子、封地和领地判给他们；命令侍从小丑和无名盗贼打死一切客商，并掠夺其财产；号召盗贼加入他们的队伍，并给他们以大贵族、长官、侍臣、助祭等职位”[①]。很容易理解，如果不恢复强迫的农业劳动——农民的不满便主要是由这种劳动引起的——是不能够以领地和封地赏赐给起义的贵族奴隶的。很可能，格尔莫根在转述“贼党传单”的内容时不大注意言辞的准确性。但他准确地掌握了传单的一般精神，却是无可置疑的。为了证明，可以一提小俄罗斯的哥萨克，他们的命运与大俄罗斯哥萨克的唯一差别，在于他们取得了后者从来不曾取得的东西：取得了局部的胜利。“谁是哥萨克，他便应有哥萨克的自由；谁是种地的农民，他便应照旧向沙皇陛下尽义务。”——赫梅利尼茨基在1654年向莫斯科政府提出条约条文中，便是这样说的。而“哥萨克兄弟”的使者则向莫斯科政府求得一份地产证书，“并请求在证书里特别写明他对地产现有农民或以后新迁入的农民具有无限权力”[②]。结果产生了一种同在古代世界一度发生过

① 谢·斐·普拉托诺夫：《混乱时代史纲》，第305页。

② 格鲁舍夫斯基：《乌克兰人民史概要》，第281页。

的颇相仿佛的情况。众所周知，在某些古代城市国家里，起义奴隶战胜了其旧时主人。但旧时的奴隶在成为胜利者后，自己却使用奴隶劳动，而把自己变为奴隶主。格鲁舍夫斯基教授说，小俄罗斯的哥萨克"把自己看为最高的特权等级。他们虽曾反对波兰的小贵族制度，但在他们的观念里，社会关系的形成只能采取等级国家，首先是波兰式的等级国家的模式，因为他们便是在这种制度内成长的"[①]。然而不是意识决定存在，而是存在决定意识。为求在哥萨克的观念里，社会关系不按等级国家的模式而形成，必须具有完全是另外一种生产方式。但在那时，完全没有这一必要的条件。因此，——用同一格鲁舍夫斯基的话说，——"从赫梅利尼茨基到最后一个乌克兰煽动家彼得里克（十七世纪末），一般乌克兰的知识界，特别是哥萨克部队长，都不能设想一个社会制度能够没有等级特权，没有臣民和主人；伤害他们的情感的只是因为这主人是波兰人、是异族人和信仰不同的人，只是因为想做老爷的是些劣种人和无功受禄的人"[②]。不过，小俄罗斯哥萨克要比大罗斯哥萨克文明得多，因为那时在经济方面，西部俄罗斯是更发达些。注意到这一切，我们便又看到这种情形是很自然的。例如，1611 年前来拯救莫斯科的莫斯科人向那些早就服务于莫斯科国的哥萨克建议："赏赐封地和金钱，为城市服务。"[③]这一提议丝毫没有使大俄罗斯的哥萨克感到惊异，因为在他们的头脑里，为国家服务是同小俄罗斯哥萨克队长头脑中所谓农民必然服从官宦阶级的思想联系着

① 《乌克兰人民史概要》，第 280 页。

② 同上书，第 280—281 页。

③ 谢·斐·普拉托诺夫：《混乱时期史纲》，第 481 页，比照第 483 页。

的。但正因此必须承认，无论哪一次大规模哥萨克起义使国家机体受到多么大的震动，但在这种起义里，革命的东西总是很少的。我不是说完全没有。哥萨克使被压迫阶级起来反对国家，因而唤起了他们的觉悟，使他们更有反对压迫者的准备与能力。因此，哥萨克在恢复被他们破坏的社会政治制度的过程中，不得不在一定程度上考虑到人民群众，并对他们作若干让步。无怪乎赫梅利尼茨基的使者于回到乌克兰后，暂时将在莫斯科时发给他们的证书保密，因为证书使他们的农民沦为奴隶[①]。但无论那里的情况怎样，哥萨克在胜利的时候也断然不能实行实质性的改革，其显著的原因便是他们的运动完全不曾准备新生产方式的胜利。

如果我们将哥萨克的起义同城市公社和先进西欧各国的第三等级的解放运动作一比较，我们便可看出俄国历史的一个新的——又是一个很大的——“欧洲缺点”。西方各国的城市公社和第三等级在同封建制度和封建关系残余的斗争中恰恰是作出了哥萨克所不能作的历史性事业：他们准备了新的生产方式、新的生产关系的胜利，因而也就准备了新的社会政治制度的胜利。在这个意义上，他们对国家进行的解放斗争——与哥萨克的斗争不同——乃是革命的。

我国历史中这一“欧洲缺点”的解释，仍然在于俄国的历史是一个在自然经济条件下进行开拓的国家的历史。在西方的先进国家，不满的人们离开农村便结集在城市，因为他们再也无处可逃了。在城市里产生了新的经济关系，货币经济亦以城市为中心而

① 格鲁舍夫斯基：《乌克兰人民史概要》，第281页。

推行于国内。我们的不满分子却逃往草原，那里的经济生活必然更远远落后于莫斯科国的中央地带。因此，西方这些分子是无可代替的进步分子，而我国哥萨克则是一种防止旧制度爆炸的阀门。哥萨克的抗争在历史上是无结果的，而且归根到底，他们也都变为压迫人民群众的工具；尽管他们以往来自人民群众，人民群众颂扬他们是“善良的青年好汉”，喜爱他们的勇敢行为，把这种行为当作他们本身的抗议的表现……谢·斐·普拉托诺夫教授发现了一份写于1613年12月22日的关于顿河哥萨克的记述，其时米哈伊尔·费奥多罗维奇虽已选出，但混乱时期尚远未结束。这份记述写道：“他们事事都听命于沙皇陛下，决心反对任何国王的仇人”。[①] 当然，记述是过于渲染了的。顿河哥萨克好汉自己后来不只一次地成为“国王的仇人。”但如前述，他们的社会抗议在历史上都无结果。至于他们对国家的服务，则归根到底把他们变成反动势力，反对人民的真正解放运动的最方便工具。因此，说到底，历史完全证明记述的正确。

西欧没有任何类似哥萨克的运动。甚至奥国的边防军，就其产生和社会意义而言，也同哥萨克完全不同。因此，西欧人直到现在都对哥萨克没有一个比较正确的概念。但在世界其他各大洲，则各有其自己的哥萨克。

像苏里南的逃亡黑人(他们给荷兰人造成很大的危险)一样，桑给巴尔的逃亡奴隶曾在伊翁坡山和沿海山脉的兴巴里亚部分之间，形成一种类似利比里亚那样的地区。他们袭击那些从蒙巴萨

① 《混乱时期史纲》，第601页，附注252。

直接到乌宗巴拉的车队，顺利地抵抗摩赞纽翁比（伏阿吉果部落的一个分支）的袭击，摩赞纽翁比的苏丹把他们视为自己的臣民。“根据阿拉伯人的传说，在呼洛安附近，还有一个类似的小共和国……旅行家提到住在这里的逃亡者的暴行和残酷时，无不谈虎色变”[①]。

非洲和南美洲（苏里南）的逃亡者，就是反对白人奴隶主和黑人“专制魔王”的黑人哥萨克。但他们的抗争，在促进社会关系进步的意义上是同俄国出身的白人哥萨克一样没有结果的。

XXI

我们已经看到，国家对俄国居民所有各阶层的奴役，是“国民经济的惰性”的结果。“国民经济的惰性”又是由许多原因引起的，这里再来讨论原因是完全多余的。这种奴役一经产生，其本身便成为延缓俄国经济发展的原因。但它没有，也不能停止经济的发展。货币经济在国内发展缓慢，却是一往直前的。以前俄国国民经济的自然性质甚至使从事商业的市镇居民，也要用粮食交纳其应付的捐税。十七世纪下半期，“商业”的发展使这种支付方式对他们看来深感困难。1673 年命令向市镇居民征收货币以代替所谓军粮[②]。货币经济的这些成就为后来的彼得改革创造了经济基础。根据克柳切夫斯基的卓越见解，彼得改革的纲领，“在这位改革家的活动开始以前便已全部准备就绪”，而且在某些方面，“还超

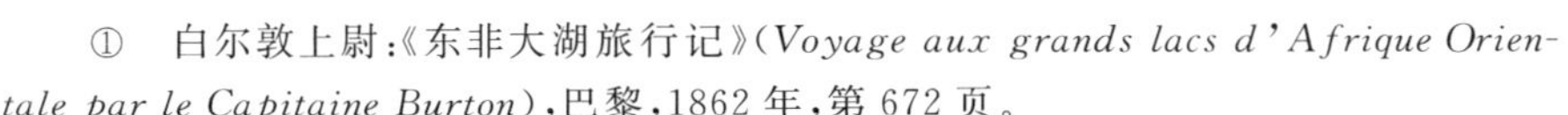

① 白尔敦上尉：《东非大湖旅行记》（*Voyage aux grands lacs d'Afrique Orientale par le Capitaine Burton*），巴黎，1862 年，第 672 页。

② 拉波－丹尼列夫斯基：《莫斯科国的直接税课的组织》，第 169 页。

过了他所做的。”[①]例如，十七世纪莫斯科政府已开始改造其军队，愈来愈多地用“外国列队”的部队来补充旧式的贵族骑兵。随着这种部队数目的增加，——当时业已增加颇快，——政府用于军队的货币支出也增加了。在彼得时，甚至停止了封地的赏赐，因为在他的朝代里，服役的基本报酬已是货币薪给，而不是封地。在彼得及其后的一些朝代里，官员虽亦常获得土地及有居民的地产，但赏赐封地已不像以前那样是为了保障服役，而是作为对服役的特殊奖赏，不是有条件的领有，而是像以前因功受奖的世袭领地那样，成为受赐者的私产[②]。

同斯拉夫派所说相反，彼得改革活动，一点也没有违反俄国历史生活的总潮流。但他的朝代是一个在社会发展过程中完全必然的时代，在这样的时代里，逐渐积累起来的量变转化为质变。这种转化经常经过突变来完成，而由于缺乏了解或思考，这种突变又仿佛来得突然，也就是仿佛完全缺乏应有的有机准备。由于这种视觉错误，所以对于这个时代的主要活动家，群起攻击，说他们忽视了以前的社会发展过程。“彼得首要改革事业”（克柳切夫斯基的用语），即军队的改革，早就由“外国列强”部队的增多作了准备。然而这件事情在彼得时也是通过突变来完成的，因为军队组织的逐渐改变使量可能和应该转化为质。彼得通过军队改革所做的，就是法王在彼得很久以前在法国做过的事情。完全同法国一样，我国的军队改革给最高阶级对土地的态度以新的意义。以前的意

① 《俄国史教程》，第 3 卷，第 473 页。

② 帕甫洛夫一西尔万斯基：《国王的军职人员》，第 235 页。

义是土地占有制使最高阶级能够服军役。现在这个阶级因为服军役而获得的,已不是土地报酬,而是货币"薪给"了。这个阶级必须或者不再领有土地,或者在某种新的基础上领有土地。不再领有土地对它是很不利的,所以它利用其最高阶级的地位,避免了这一不利的结果,对于最高阶级的利益,便是独断专横的专制政府也不能不予尊重。此外,由于主要的官员继续从这个阶级选出来的,它的经济破产是不符合国家的利益的。所以在这里,彼得改革也只完成了前此俄国社会发展过程所准备的事业。在十七世纪,封地已逐渐与世袭领地相融合。彼得制定的 1714 年长子继承法,将封地和世袭领地平等对待,统称为不动产,因而完成了这一融合。长子继承法不合俄国大贵族的心意,他们在安娜·伊凡诺夫娜女皇时便将其取消。但在这宣布取消长子继承法的命令里,规定"以后无论封地或世袭领地都称为不动产、世袭领地"。对于这一收获,俄国大贵族是无论如何不愿放弃的。值得指出,这一收获恰恰是由大贵族不顾枢密院议员的策划而支持其掌握专制君主权力的安娜女皇批准的。也是这位女皇于 1736 年 12 月 31 日发布命令,限制大贵族的强制服役期限为二十五年,此外,还给父亲以保留一个儿子在家管理家务的权利。这是俄国官员阶级解放的开始,他们当时被称为小贵族的。1763 年的命令使大贵族欣喜欲狂,他们当中凡服役期满者,大都申请退职,因此政府不得不对命令作限制性的解释。但这只是停止了解放的过程,而且也停止得不久。这一限制性解释后为伊丽莎白所撤销,而彼得三世的 1762 年 2 月 18 日上谕更给"全部俄国高贵的贵族以自由"。23 年后,叶卡捷琳娜二世批准了这种自由:"她的赏赐特权证书给大贵族以等级内部自

治及通过其代表向枢密院和最高当局陈报其见解的权利。”除开这一切，还有大贵族极为称心的决定：“对贵族不得使用体罚”，以及“贵族除自己平等的人外不受审判”。大贵族爱戴叶卡捷琳娜老大娘，不是偶然的：老大娘使大贵族的解放达到圆满的结果。至于真正的政治权利，大贵族是不曾梦想的，而且我们往后便可看到，他们也不可能梦想。

俄国的社会政治生活仿佛是一栋二层楼的建筑物，其下层居民的被奴役是用上层居民的被奴役来辩解的：农民和城市工商业者的被奴役是为了使大贵族有为国家负担奴役的经济可能。但是掌握着执行最主要社会职能的阶级，必定要利用这一情况，以便第一，增加其对下层阶级的权力；第二，便利其社会职能的执行。俄国贵族便是这样做的。他们逐渐增加了他们对农民的权利，也逐渐解放了他们自己。由于国家的军事力量掌握在他们手里，他们更易于做到这一点。

彼得在改造军队时，主要是依靠贵族来补充军官职位的。但他希望被派为军官的贵族都熟悉“当兵的基本知识”。1714 和 1719 年的命令要求：“凡未在近卫军中当兵的贵族或其他人等，不得录用为军官。”[①]因此，我国最初的近卫军部队都是由担任过一切低级军职的贵族出身的列兵组成的。但由于同一原因，彼得堡的“专制君主”就完全依赖这种穿军装的贵族。彼得喜欢贵族近卫军，称颂近卫军贵族为土耳其帝国的精兵，按照自己的观点，他是完全正确的：“自彼得一世死后到叶卡捷琳娜登基以来先后替换

① 帕甫洛夫—西尔万斯基：《国王的军职人员》，第 240 页。

的几乎所有政府，都是近卫军包办的。由于近卫军的介入，在 37 年中发生了 516 次宫廷政变。彼得堡的近卫军军营是参政院和最高枢密院的对手和莫斯科缙绅会议的受话器。”[①]还可说得更利害些：在若干时期内，彼得堡的专制君主事实上（de facto）是受近卫军军官的佩剑与士兵的刺刀的节制的。但这种节制不可能是巩固的。只要将近卫军的刺刀交给农民，便可在事实上完整地恢复君主专制。当时俄国的阶级关系使它断然不能成为像波兰那样的贵族共和国，而必然仍旧是一个绝对君主专制的国家。

彼得的同代人伊凡·波索什科夫，农民出身，表达一般农民的信念，在所著《论贫富》一书中说：“地主不是农民的永久领有者，因此他们对农民不甚爱惜，农民的直接领有者是全俄罗斯的君主，而地主的领有权则只是暂时的。”波索什科夫主张由沙皇下令规定“使农民成为直接的农民，而不是最低级的农民；因为农民的财富是沙皇的财富”[②]。在彼得的时候，即在贵族的强制服役还没有取消的时候，农民便是这样想的。他们把这种服役看为对他们暂时受地主奴役的唯一辩解。当贵族已被解放，农民便决定，现在该轮到他们解放了，因为现在他们的暂时被迫劳动已无任何意义了。自由主义的叶卡捷琳娜不得不劝导他们放弃这种想法。她在即位以后，立即宣布，她决意“保持地主的地产和领地不受侵扰，使农民对地主维持应有的服从”。然而这并未能促使农民醒悟，他们仍旧期待自由，所以几乎每一新国王都不得不重申，取消农奴制并未列

① 克柳切夫斯基：《俄国史教程》，第 4 卷，第 352 页。

② 《论贫富》，A. A. 基哲维特尔作序，莫斯科，1911 年，第 78—79 页。

入他的施政纲领。农民将这种重申归咎于地主。他们深知地主是要用一切方法反对，而且不能不反对农民解放的。他们愈是渴望解放，便愈是仇恨地主。然而他们对地主的这种仇恨，却巩固了彼得堡的君主专制。贵族们任何明显地或形式地限制君主权力的企图，都会为下层阶级的一致反抗所迅速和残酷地粉碎。在政治上完全不开展的农民，他们当中虽然经常到处爆发了反对地主的“暴动”，但他们总是把对美好未来的全部希望寄托在他们所假定的俄国国王的善意上。如所周知，普加乔夫便认为必须冒充彼得三世。农民觉得，专制君主的权力愈是完整，则实现这种希望愈有可能。因此，农民对于那些他们怀疑有反对沙皇意图的人，自然要视同人民的最凶恶敌人。农民的这种情绪，在十九世纪、在平民知识分子举行的各种反对派运动和革命斗争中，不只一次表露出来。我们以下便可看到，这种情绪对某些革命纲领和某些革命斗争策略的命运，发生决定性的影响。民粹派之为“民意派”所接替，其主要原因之一，便是由于人民对那些企图同他们接近，但是不同意他们的主要政治信仰的平民知识分子，抱着不信任的态度。

XXII

地主很懂得，农民不问政治是有其政治意义的。地主不能不感到，君主专制在同他们作斗争时有一个他们最害怕的同盟者——农民。就凭这一个理由，他们已不可能愿望对中央政权加以正式的限制。另一方面，他们自己也需要同专制君主结成联盟，以便控制其经常心怀不满，而且看来经常准备反攻的“受过洗礼的财产"[①]。这使他们更不愿提出任何明确的政治要求。在近卫军的刺刀从贵族手中转到农民手中之后,贵族等级只能用一种力量——即消极抵抗的力量,以及像 1801 年 3 月 11 日以惨剧告终的那种纯属军官阴谋,来抵制专制君主的意志。贵族消极抵抗的力量有时是很大的,其在我国内部发展史中的意义,远远超过一般的想象。就像尼古拉那样顽强,自信和死抱住不放的君主政权的代表,也不得不对这一力量有所顾忌[②]。但消极抵抗的力量是一种很保守的力量,而像 1801 年 3 月 11 日惨剧[③]那样的事件,则对当局的个别代表是很危险的,但对整个政治制度,其危险性尚不及十八世纪"御前连"[④]的业绩。

这样看来,我国君主制度的巩固并不像波戈金及所谓斯拉夫派所说的那样,是由于在我国没有阶级斗争,而恰恰是由于阶级斗争的存在。但俄国历史过程的一个值得注意的特点是以下的事

① 即农民。——译者

② 参阅叶·维塔尔列的很有意思的小品文《尼古拉一世皇帝与贵族(1842—1847)》(载 1911 年 10 月 17 日《言论》)。作者根据未发表的法国公使的报告,叙述俄国贵族对于尼古拉一世企图对地主的农奴制略加限制,怎样进行非常坚决和有效的反抗。皮列公使在一篇报告(1842 年 4 月 8/20 日)中向基佐部长写道:"尼古拉在他所没有预料的困难面前,在贵族由于看到财富和旧日权利被侵犯而发生的不满面前,是让步了,虽然他对此不愿承认。"

③ 1801 年 3 月 11 日,俄皇保罗一世因实行中央集权、限制贵族特权以及于 1800 年与英断交(当时英国为俄国农产品主要市场),引起贵族及地主的不满,深夜在米海伊洛夫宫被刺。这里所说 1801 年 3 月 11 日惨剧,即系指此。

④ "御前连"——普列奥布拉任斯基团掷弹兵连,参加了 1741 年拥戴伊丽莎白即女皇位的政变,因而成为女皇的御前卫队。全连奖以封地,非贵族晋升为世袭贵族。该连于彼得三世 1762 年时废除。(见《苏联大百科全书》,第 2 版,лейб-кампания 条)。——校者

实：我国阶级斗争时常停留于潜伏的状态，在很长的时期中不但不曾动摇我国已存的政治秩序，而是相反，异常地巩固了这一秩序。

其次，封地土地占有制长期成为贵族完整服役的经济必要条件。俄国君主"最驯服奴隶"本人也好，他们自己的奴隶——农民也好都明确认识到这一点。但是随着货币经济的发展，情况发生了实质性的变化。军队改革了，货币薪给代替了土地赏赐。这也是人民所不曾忽视的。在人民的眼光里，贵族土地占有制已无意义。如果农奴相信，在地主的强制服役废除以后，应该跟着实行农奴自身的解放，那么，他们观念中的解放，就不外是获得土地的解放。在不感到土地"狭窄"的地方，农民可能毫不反对将一部分土地留给地主。但在已感"狭窄"的地方，他们就毫不怀疑应该实行"土地平分"，就是说，应将一切地主土地没收归公，在农民中平均分配土地。现在农民视贵族土地占有制已无任何存在的理由。此外，他们完全不能理解，涉及满足国家某种需要时对他们是这样的不大客气，而为什么政府对地主却客气。农民的土地需要愈增，其对"土地平分"的希望愈急。他们没有等到最高当局发布分地的号召，便自己干起来了。1902—1905 年的土地风潮，便是这样开始的。

通常都说，这种风潮是由于革命宣传的影响。但革命宣传对农民的影响从来就不大，因此，它远远不能解释这种风潮的一切场合。这里的问题并不在于革命宣传，而在于数百年来俄罗斯国家土地政策所造成的农民心理状态。当农民要求没收地主的土地时，甚至当他们自己实行没收地主土地时，他们也没有表现为革命者，而是相反地表现为最坚定的保守者：他们保护了俄国整个社会政治制度所赖以长期存在的土地基础。地主由于反对"土地平分"

而起来反对这一基础，因此，在农民的眼光里，他们是最危险的叛乱分子。这一情况的自然结果是，我国农民一方面提出像土地重分这样急进的经济要求，同时却对政治的急进主义完全格格不入。甚至在农民业已丧失其旧的政治信仰、不作无限制的君主权力的拥护者的地方，他们对政治也是漠不关心的。他们的眼界只限于土地重分问题。因此出现了这样的情况：那些真正“国家孤儿”（农民——译者）穿军装的子弟虽在农村捣毁了“贵族的巢穴”，瓜分了地主的土地，而在大的城市中心，他们却枪杀了工人和“知识分子”。固然，下列情况也时常发生：即在大村落召集的群众大会上，农民通过了要求召开立宪会议的决议。但就这种大会的绝大多数参加者说，“立宪会议”一语并未同任何明确的政治概念联系起来。这些由思想完全不同的人们写成的决议所以获得参加大会的农民的赞同，并不是因为它们包括了立宪会议的要求，而是因为除这一农民所不理解和没有兴趣的要求之外，在决议里还包含了一条农民完全理解和最重视的重分土地要求。在混乱时代，喀山的东正教居民因为要保卫莫斯科国和“圣母教堂”反对“哥萨克人和立陶宛人”，为此目的而与“山地和草地鞑靼人以及草地的切列米斯人”就这一问题达成协议。我想，鞑靼人和可能不很重视基督教的“草地切列米斯人”，对于“圣母教堂”会搞成什么样子，当然是毫无所谓的。但是无论鞑靼人或“草地的切列米斯人”都显然同感混乱时期的混乱之苦，所以愿同那些准备恢复秩序，同时也记起“圣母教堂”的人们共同行动。在鞑靼人和切列米斯人表示同情的文书里，感动他们的并不是关于“圣母教堂”的条文，而只是关于必须恢复秩序的部分。同样，在群众大会所通过的决议里，触动大多数农民

的，完全不是那些要求召开立宪会议的语句，而只是那些谈到"土地"的地方。农民急切打听关于第一和第二国家杜马活动的消息。但这些消息使他们感到兴趣的，也只是适用于同样"小块土地"方面。至于人民代表制问题的政治方面，仍旧是他们所完全不能理解的。他们不懂得这个问题的本质：他们不将自己看为国家杜马力量的来源，却将杜马看为一种将给人民以力量的机关，农民需要这种力量同反对"土地平分"的敌人斗争。因此，农民对于人民能够，而且应该保护自己的代表同反动势力斗争，连想都未想过。

在我国旧社会同东方专制国家极相仿佛的政治生活的基础上形成的这种俄国农民心理，解答了不久前我国某一期刊所说的"其始也风起云涌、其终也惨然失败的运动的世界之谜"[①]，简单地说，解答了为什么1905—1906年的革命爆发，比我国革命派和保守派在最初所感觉到的要弱小得多。这次爆发是两种性质完全不同的力量汇合的结果。一种力量是十五世纪末开始的俄国欧化过程所造成的；另一种力量则是我国旧的东方生活所产生的。一种力量即令在避免采取任何暴力行为时本质上也是革命；另一种力量即令在表现为最激烈的暴力时也保持了保守的特性。在某一时期内，第一种力量得到第二种力量的支持，从而给1905—1906年的爆发以波澜壮阔的外观。但第二种力量很快便无力再给第一种力量以支持了，这时开始明白，这一爆发事实上并不如人们在最初所想象的那么壮观。保守力量不再支持革命力量，因而异常地巩固了旧制度维护者的阵地，促进了旧制度的恢复。这就是"运动其始

① 《言论》，第127期，1912年5月11日。

也风起云涌”、其终也——如果已终了的话——“惨然失败”的原因。1905—1906年的爆发是俄国欧化的结果。而爆发的“失败”则是由于欧化的过程远远不曾改造全部俄国。“失败”的后果将随着这一过程的进一步发展而减弱。

现在仍须再次一提：俄国的历史是一个被开拓的国家的历史。农民由于丧失了在俄国实行“土地重分”的希望，大批奔向我国亚洲领地。政府由于害怕移民会使地主失去廉价的劳动力，长期加以阻止；但这次却广开移民的安全阀门。政府希望移民将使农民中的不安分子离开欧洲俄罗斯。未来将显示政府的这种打算是否正确；如果正确，又正确到什么程度。现在所有的人都明显看到一点：在近几年里，奔向亚洲俄罗斯的移民是迅速地减少了。例如，据“新闻局”公布，1909年去我国亚洲领地的农民和移民为707,400人，1910年为353,000人，而在1911年则为226,000人。这样看来，安全阀门的作用迅速地大为缩小了。另一方面，亚洲俄罗斯人口的增加，扩大了帝国国内市场的容量，从而促进了帝国工业的发展，也就是加快了帝国先进地区的欧化过程，因此，反动派取得新胜利的机会是减少了。

XXIII

我们知道，东北罗斯社会政治制度同东方专制国家制度的接近，归根到底，是由于延缓其生产力增长、从而造成其经济“惰性”的情况。但是这一在生活方面与亚洲各国极相类似的国家，却不仅要从抵御亚洲人侵袭中保持生存。西方与欧洲接邻；十六世纪以后，它同欧洲各国的每次冲突都使它痛感欧洲文明的优越性。无论是否愿意，它都得想想要从欧洲学点东西。同时，我们已经看到，这种学习是从最感需要的东西开始，即从学习西欧的军事艺术开始的。十七世纪末，按照外国方式编制的部队已在人数上大大超过封建领地的贵族骑兵。的确，这按照外国方式编制的部队起初是比贵族后备军要略胜一筹的。但当时也可明显看出，为了改造军队，需要很多的金钱；而为了筹得这笔钱，必须向西方的异教徒，向“拉丁人”和“路德教徒”学习他们利用其本国自然财富的本领。在阿列克谢·米海伊洛维奇时，便已采取许多措施来增加国家的生产力。但这些措施尚不足以对国民经济的发展发生比较重大的影响。至于居民的认识和习惯，则在米海伊洛维奇时，只有少数人接受欧化；而且对于这些人，克柳切夫斯基对于拉季谢夫和奥尔金—纳晓金的下述评语也是差不多完全可以适用的：“他们不是将西方的方式和科学知识用来反对祖国的旧事物，而是用来保护从旧事物本身、从恶劣的政府和教会领导人在人民群众中养成的狭隘和死板认识、从使群众僵化的守旧习惯中产生的旧事物生存的基础。”①值得注意的是，受过外国教师教育的奥尔金—纳晓金的儿子沃因，在当时的莫斯科住不下去，因为莫斯科使他“恶心死了”，于是他逃到外国去，最初跑去见波兰国王，后来又跑到法国②。虽然在费多尔·阿列克谢耶维奇和女皇索菲娅时，宫廷业已开始学习“波兰礼节”，但俄国的真正欧化，只是从彼得才开始

① 《俄国史教程》，第3卷，第455页。

② 见索洛维约夫：《俄国史》，第3卷，第67页。有趣的是，“最沉默的”阿列克谢·米海伊洛维奇也对小纳晓金的逃走深感不快，他想把他从外国弄回来，如果不行，也要“在那里消灭他”。同时，他提出要采取极为慎重小心的办法使老纳晓金能够接受他的出走的儿子“业已死亡”的消息。（见索洛维约夫：同上书，第69页）

的。这就是为什么彼得改革的意义的问题成为我国政论界的根本问题的原因。这个问题实际上就是俄国应向哪个方向发展：向东方还是向西方发展的问题。

人们以为彼得说过："我们在几十年内需要欧洲，然后同它背道而驰。"很难确定，他是否真地说过这样的话。比较可靠的是他不曾说过。但这些话还是有其深刻的历史意义的。无论彼得多么醉心西欧文明，但在其改革活动中，他是，而且只能是一个局部的西方派。这正可以解释在比较深刻欧化的上层阶级和人民之间的脱节，这种脱节是彼得改革的结果，而后来斯拉夫派所痛心疾首的也是这种脱节。

既然使俄国生活接近东方专制国家生活的主要特点，是所有人民各阶级完全被国家奴役，则无可置辩，彼得改革不可能，且亦不注意使农民欧化。相反，我们业已看到，彼得堡时期国家和地主对农民的奴役，达到极端的逻辑结论。在从彼得到基谢廖夫将军的漫长岁月里，俄国农民的境遇愈来愈加接近于东方专制国家的下层被奴役阶级的境遇。强迫农民为地主和国家的劳动，越来越加沉重。彼得时农民的处境便已极为恶化。米柳科夫先生根据1678和1710年的人口普查，将俄国纳税人口总数加以比较时说，在此期间，这种人口没有像预期地那样增加，而是减少了五分之一。上述历史家补充说："但是必须记住，这一结果还是实际减少额和自然增长额的所谓结式，而自然增长额必然多少掩盖和隐蔽了实际减少额。"[1]俄国纳税人为彼得改革付出的便是这种沉重的

① 《十八世纪最初25年的国家经济和彼得大帝的改革》，圣彼得堡，1892年，第268—269页。

代价！米柳科夫先生不无天真地指出："除了最后几年受重商主义影响采取的一些有利于城市阶级的措施外，彼得并不算是一个社会改革家。"[①]这是很容易同意的：那是什么样的社会改革啊！社会改革注意改善下层阶级的处境，而彼得却完全没有做到。他对劳动人民的经济政策仍旧忠实于莫斯科国的传统，从来没想到任何"社会改革"。如果莫斯科在打纳税人时是用长鞭，则以彼得为代表的彼得堡便是用蝎尾鞭。毫不奇怪，1700年民间便流行一种传说，说末日到了，以彼得为代表的反基督徒做了皇帝了。简言之，从这方面说，是任何欧化都谈不上的。

还应补充说，在彼得改革的时候，西欧各先进国家的农奴制最后残余都迅速地消失了。这样，我们在这里似乎看到两种相互平行，但方向相反的过程：当农奴制在西方消失的时候，它在我国却达到最高峰。这就更加扩大了俄国农民处境同西方农民处境的差别。

如果我们看看对待贵族，其情况便不是如此。彼得虽不曾采取任何措施来解除对他们的强迫服役，但他实行的军队改革，却使贵族能够争取到使封地等同世袭领地，从而为他们的"自由"奠定了经济基础。在其后的几个朝代里，部分地由于这一军队改革，贵族更是获得了在当时条件下所需要的全部"自由"。随着贵族接近于"自由"了，他们对国家的作用，便与东方专制国家官宦阶级的作

① 根据谢·斐·普拉托诺夫教授的意见，彼得的经济政策对于他那个时代在西方创造了某种重商主义保护制度的思想，作出了贡献。(《俄国史讲义》，第6版，第488—489页)彼得在这里对旧莫斯科是作了最大的贡献的，而在其他事情上，他是同旧莫斯科作了残酷斗争的。

用不再相同，而与西方君主专制国家的上层等级的作用比较相似了。因此，“贵族”等级的社会地位是朝着一个方向——即朝着西方的方向变化的，而与此同时，“下等人”的社会地位，却继续朝着相反的方向——即朝着东方变化。我们在这里又看到两种平行的过程，这两种过程又是向相反的方向发展的。这便是在人民和比较开明的社会之间的上述脱节的最深刻社会原因。其实，类似的脱节现象在西方各国，如在法国也曾存在。我们可以从法国百科全书派的生活里举出若干事例，这些事例明确地表明，十八世纪的法国启蒙思想家只要被农民看出是贵族，便很难同农民接触。这种相互了解的困难，是阶级或等级对立的必然结果。但它在任何地方都没有达到像俄国这样严重的程度。彼得改革使上层等级接近西方，而使下层等级离开它，因而增加了后者对一切来自欧洲的事物的不信任。这种对外国人的不信任更因对剥削者的不信任而倍增。甚至在某种西欧思想可能首先有利于被压迫等级的时候，——当这种思想本身是西方被压迫者与压迫者解放斗争的结果的时候——俄国农民只要看到宣传这种思想的是穿着德式服装的人们，便会以为这是贵族的“圈套”。俄国的先进人物为此受过很多痛苦。这是一个很大的不幸，然而还不是最大的不幸。最大的不幸是另外一种。

当俄国社会思想的欧化代表不仅想到人民下层阶级的困难处境，而且想到他们过去的历史遭遇和其未来发展的希望时，他们非常自然地根据他们从西方学得的社会学说的观点，对这些极为重要的问题开始判断。但西方学说是在西欧社会关系的基础上产生的。而俄国农民的处境也正如它的历史过去一样，更像东方，而不像西方。因此，无论是二者那种处境或是历史的过去，都很难根据西方社会学说的观点进行分析。根据这种学说的观点,两者都充满了极为意想不到的矛盾。例如,赫尔岑对于"(俄国——著者)大部分居民权利的被剥夺,自鲍利斯·戈东诺夫到现在有增无减这一极为荒谬的事实",深感震惊。事实上,类似的事实也许在意大利、法国、英国以及大多数日耳曼国家的历史中,确实是"荒谬的"。但如注意到东北俄罗斯在特定历史条件下的经济发展史,则我国这一事实乃是完全自然的,甚至是无可避免的。如果抱定西方的社会学说,那就更难对俄国向先进人类理想方面的未来发展,制成任何比较可行的方案。这种困难曾引起称为 П. Я. 恰达耶夫第一封《哲学书简》的高贵的失望呐喊。由于这种困难,在我国出现了自斯拉夫派到民粹派以及包括主观主义在内的所谓俄国进步的"特殊性"理论。最后,这种困难还使几十年内只有在一个条件之下,即在两脚都站在历史唯心主义基础上的条件下,才能摆脱这种"特殊性"。我国的社会"存在"(特别是在涉及下层阶级的处境及历史命运方面)与西方社会存在的不同,只有在我国先进思想家同意不是存在决定意识,而是意识决定存在的条件下,才不致使他们感到困惑。谁要像十八世纪法国启蒙思想家那样认为,归根到底,理性总是正确的(la raison finit toujours par avoir raison),他便只要相信西方某一先进学说的**合理性**,即可坚信这一学说的未来胜利。但是谁要说理性的"合理性"是根据社会条件而改变的,并且某一"合理性"形式——即某一先进学说——的胜利,经常以社会条件的一定结合为前提,那他便由于当时俄国的实际而不得不承认,就会在其本国完全适当的西方先进学说,在俄国,也是"荒谬的"。我们可看到,别林斯基在其著名的"与现实妥协"时代,也得出同一结

论。然而这一结论是先进的俄国人们所不能忍受的。我们还可看到，在真理面前勇敢无畏的别林斯基本人只能在很短的时期内安于这种结论。然而别林斯基为了放弃这一结论必须转到主观历史唯心论的观点。主观历史唯心论是有助于社会空想主义的发展的。我们也确信，俄国社会思想的最先进和最有天才的代表，几十年中尽管作过种种努力，却都未能在其社会纲领中脱出乌托邦的范围。

人民同先进知识分子的脱节，极大地阻碍了人民本身的解放斗争，使那些力图帮助他们的人扮演着“聪明的废物”的可怜角色。斯拉夫派说，欧化的俄国“社会”，仿佛是生活在野蛮人中的欧洲殖民地。这是完全正确的。但只有一种社会现象，即野蛮人的**欧化**，才能使这些被抛弃在俄国野蛮人中的外国殖民地的艰难情况，得到改善。别的办法是不可能有的，其简单的原因是：与斯拉夫派的见解相反，在莫斯科罗斯的社会生活里，没有——而且无从获得——那种能够创造堪与西欧文化匹敌的特殊文化的“基础”。莫斯科社会生活的基础，归根到底，还是国家对居民一切阶级的奴役，而奴隶制是完全不利于文化的发展的。固然，有些东方专制国家——古埃及或古迦勒底——也使一切人民力量受国家的奴役，但它们比十七世纪的莫斯科罗斯要文明一些[①]。没有根据认为，十七世纪末，莫斯科罗斯业已达到其本身“基础”的比较独特结果

① 不过，关于迦勒底，必须作如下的附带说明。当卡西迪时代的迦勒底皇帝将其某一“黎民地区”土地“划归己有”时，如前已述，他曾给予报酬。（库克《迦勒底的地产》Cug，*La propriètè foneière en chaledèe*，第720页）而莫斯科的“专制君主”在这种情形下却是不给任何人以任何报酬的。这就是说，与前述时代的迦勒底相比，莫斯科对其《孤儿》的奴役是要彻底得多了。

的那种文明的极限。假定莫斯科罗斯在最后差不多可以比得上古埃及和古迦勒底[①]的被奴役,但由于生产力发展迟缓而出现的居民的被奴役,又从它方面阻碍生产力的发展,因而也阻碍文明的发展。西欧从来没有像东方各国和莫斯科罗斯那样完整的奴隶制,所以它创造了大得不可比拟的生产力和昌盛得多的文明。与这种文明相比,东方各国的特殊文明可能是显得过于薄弱了。在十七世纪末和十八世纪和十九世纪,——不是公元前,而是公元后——必须学习西欧文化,不然就向衰落与瓦解后退。俄国真是侥幸,它学习西欧文明的过程,不能只限于它的官员等级的欧化。

XXIV

彼得不仅巩固了对农民的奴役。甚至他所引用的大量各式各样西方技术,与其说是导致了我国社会关系的欧化,毋宁说是按照旧莫斯科的精神对这种关系作了更彻底的改造。由于希望推动本国生产力的发展,他采用了莫斯科罗斯所广泛使用的手段:对适合特定目的的各居民阶级实行了奴隶劳动和强制服役。莫斯科国有为官方服役的手工业者,即为了满足国家需要而强制从事某种手工业的市镇居民。从彼得时起,在我国出现了服役的工厂主的制造厂主[②]。在西方

① 由于文明发展的自然条件较为不利,俄国是很难完全比得上这两个国家的。

② 彼得断言:"尽管这是好事和必要的事,却是新事,而我们的人是非强迫不做这种事的。"因此,他命令实业局对工厂"不仅提出建议,而且实行强迫"。回顾过去,他在1723年说:他的"一切都是强迫作成的"。(克柳切夫斯基:《俄国史教程》,第4卷,第143—144页)由于这种"强迫"(这是莫斯科生活所有"基础"中的一个最突出的"基础"),克柳切夫斯基完全有根据说:在彼得统治下,"俄国完全取得了十七世纪莫斯科立法所力图赋予它的那种特性"。(同上书,第281页)

各先进国家，工厂—制造厂生产的推广意味着雇佣劳动制度的推广。彼得在俄国建立工厂和制造厂时，却将近郊的农民派到工厂和制造厂中去，这样就创造了一种新型的奴隶状态。我国历史过程的这一相对特点——从西方学来的新生产在我国的土壤上为亚细亚的环境所包围这一事实——既为我国经济落后所造成，又阻碍了俄国经济的进一步发展。此外，这一特点还阻碍了从事新生产的这部分居民的欧化。关于被派到工厂和制造厂去工作的农民是不用说了，就是商人，他们过去在某种制度上总算是一个特权等级了，而在生活方式和理解上他们也长期固守着旧的事物。商人不相信来自西方的新事物，因为他们不爱西方，感觉自己同西欧的竞争者相比是弱者，西欧的竞争者不仅在财富上，而且异常重要的是在法律地位上，都比他们优越。伊·季·索什科波夫一般说来，是很赞成彼得改革的，是他对外国人的评价，却总是包含着敌意的。试想，像他这样的商人在同外国商人办事或竞争的时候，手脚都被我国衙门的“官僚作风”束缚住了，那就可知他不能不认识自己的弱点，认识自己的弱点，就不能不引起他们对海外来客的愤恨呢。在城市资产阶级的最下层、在完全无权的“市镇工商业者”如手工业者中，积怨尤深：因为官宦阶级的欧化使他们失去了顾客，顾客都尽可能去找外国的行家。如果富商长期保持了在奥斯特罗夫斯基喜剧中获得不朽反映的习惯，那么城市资产阶级的最下层，便是晚近在我国非常不恰当地被称为“黑帮”的各种观念的良好发展土壤。商业和手工业等级对西方新事物的恶感加剧，还因为已经比较欧化的俄国高尚的小贵族利用其在国家的统治地位当然不利于“留着大胡子的人们”。因此，商人与大贵族间的完全自然的

对立，造成了俄国欧化的又一障碍。在十九世纪中叶以前，俄国新文化具有非常鲜明的大贵族特征。虽然如此，欧化的过程迄未停止。这一过程逐渐超出了最高等级的狭窄范围，而且必然要超出它。从西欧学来的新生产发展了，由于亚细亚的环境发展得很迟缓，但毕竟是发展了。新的生产愈是发展，则亚细亚环境必须铲除，也愈益明显。在统治等级深受农奴制传说的教育的国家里，要做到这一点无论有多么困难，但是经济发展的动力，终归克服了农奴制，利益和传说的惰性。我说过，十九世纪四十年代的大贵族对于尼古拉一世略事限制农奴制的企图，作了胜利的消极抵抗。但与此同时，在大贵族中间也出现了一些农业主，他们同解放的“空想”完全格格不入，凭生活的经验和简单的算术计算，对农奴劳动的不利，深信不疑。大臣彼得罗夫斯基1854年在向尼古拉提出的报告中说：“现在‘有教养’的地主完全不担心给人们以自由会使他们的财产受到损失。”按照这位大臣的说法，“地主自己开始懂得，农民使他们受累，最好是改变这种彼此不利的关系。”同时，彼得罗夫斯基对于引起地主观点这一改变的原因，毫不掩饰。他指出了地价的日益高涨，以及在萨拉托夫、唐波夫、平扎、沃龙涅什和某些其他省实行农业雇佣劳动制的成功经验①。国民经济工商部门里的农奴“关系”，变得更为“彼此不利”。必须抛弃旧莫斯科罗斯所遗传下来的“不自由”。但正如彼得罗夫斯基所指出，甚至“有教养的贵族也担心这种变革的后果。凡是了解人民及其思想和倾向的

① 见 B. И. 谢梅夫斯基：《俄国的农民问题》，第2卷，第135、136及138页。

明理的人，都应对此担心”[1]。如果不是克里米亚的灾难，像恩格斯所说的那样表明：“俄国即使从纯粹的军事观点看来，也需要铁路和大工业”，则贵族的这种恐惧还会更长久地阻止农奴制的废除。尽管我国上层官僚浸透了大贵族的精神，然而形势的确定不移的逻辑，迫使他们着手进行农民改革。亚历山大二世政府实行的所谓解放农民的措施，受到亚洲很强烈的批评。这些措施的无可怀疑的特点，被认为是它的功绩，似乎这种农民连同土地被解放，有西方历史上没有先例之称。我想对于这一臆想的功绩，用我在另一著作中对它所作解释，再加说明。“世界上最大地主兼奴隶主（国家）断然不能与以下思想妥协！业已打算按照自己意图支配的被解放农民，立即以数百万计的无产者的姿态，出现在它的面前。就这方面说，它的利益是同其他奴隶主的利益相左的。这正可解释当时的地主和‘彼得堡官僚’之间的摩擦，而某些好心人却直到现在还将这种摩擦说成是由于当时某些官僚阶层的爱民”[2]，按照世界上最大地主兼奴隶主的意见，要解放农民，就得在他们对地主的依附地位消灭之后，使他们完全依附于国家。世界上最大的地主—奴隶主就是这样做的。他所“解放”的农民仍旧在国家面前完全无权，而国家所关心的则是保持莫斯科和彼得堡奴隶制所遗传下来的旧的农民土地所有制形式：在农村公社里重分土地。这种农民“解放”的亚细亚性质，不利于俄国更进一步的工业发展，更不利于农民。我国的“农民改革”，没有给农民以商品生产社会

① 《俄国的农民问题》，第 138 页。

② 见我的论文《论农民解放》（《现代世界》，1911 年，第 2 期）。

的生产者以必需的、哪怕是部分的公民权利，但却迫使他们比以前更频繁地在商品市场上部分地以其简单农产品的出卖者身份出现，部分地以其自身劳动力的出卖者身份出现。在这种条件下进行的市场交易对他们多么不利，是可以理解的。“被解放的”农民贫困化了，他们的贫困化阻碍了工业品所需要的国内市场的扩大，这便是俄国资本主义迅速发展的极大障碍。但资本主义不管怎样克服了这种障碍，资本主义毕竟是前进了，俄国的欧化也毕竟同资本主义一道前进了。如果彼得通过改革“打开了通向欧洲之窗”，则现在是给欧洲影响广开大门的时候了。

欧洲影响通过大门渗透到前此所不能达到的那部分居民之中，最初渗入商工业阶级，后来又渗入农民之中——渗入的程度视新的生产关系对农民生活的旧经济基础的瓦解程度而定。在商工阶级之中早已开始，但长期没有产生显著社会政治结果的两个新阶级的划分——即资产阶级和无产阶级的划分，取得了颇为迅速的进展。这种划分进展愈快，俄国的欧化程度也越大。伊·谢·阿克萨科夫[①]说，只有“陷人民于满目荒凉”的发展才能使人民接受西欧的先进思想。资本主义生产方式完成了这一在斯拉夫派政论家看来完全不可能的奇迹：它使俄国很大一部分人民“陷入满目荒凉”之境。号称“国民的精神”并未能抵挡资本主义的冲击。俄国生产者在陷于无产者的地位时，虽在大多数情形下在公文上仍然算是农民，却开始逐步走上了西欧工人远远走在前面的道路：同

① 阿克萨科夫(1823—1886)——斯拉夫派著名活动家，曾揭露沙皇滥用职权的现象，坚持出版自由，废除贵族特权等温和自由主义纲领。他虽对政府有所批评，但始终是君主制程的拥护者。——校者

资本主义作斗争的道路。这一斗争在他们身上迅速发展了罗斯前所未闻的情绪和意图。同时由于警察式的国家竭力维护资本的利益，所以俄国无产者一个又一个地迅速失去了从农村带来的那种由来已久的农民政治成见。的确，资本主义的发展经常驱使一批又一批新的“平凡乡下佬”参加无产阶级的队伍；因此阻碍俄国工人阶级政治觉悟的提高。不久以前，甚至在工人阶级的最轰轰烈烈的运动里——例如，在 1905 年 1 月 9 日的运动里，——都可看到农村的这一消极的心理影响。不能闭着眼睛不看工人阶级的落后阶层有时参加了摧残犹太人和先进知识分子的暴行。但是资本主义的发展虽未能立即使无产阶级的落后阶层“陷入满目荒凉”，而总的说，这个阶级已在政治意义上迅速发展起来，成为两种力量之一，这两种力量的结合引起了 1905—1906 年革命的爆发：这就是说，工人阶级已迅速发展成革命力量。参加这次革命的另一力量，我说过就是农民的力量，按照俄罗斯国家土地政策的旧传统争取“土地平分”，这种传统是农民分得土地的根据。当时这两种力量只要一致行动，那么革命就会取得胜利。然而这两种力量在本质上是不同的，它们不能长期一致行动：俄国农民亚洲的运动，只能在短期内同俄国工人欧洲的运动相符合。当这两种力量不再一致行动的时候，反动势力便开始胜利了，就是说，捍卫自己的“不动产”的贵族便开始胜利了。整个的问题就在这里。

贵族反革命由于以往的经济发展过程使农民太不够欧化而取得了胜利，他们的最初一项改革便是从立法上消灭土地公社。贵族以为在消灭土地公社后，便毁掉了旧的土地传统，因为农民就是以这种传统的名义确认他们有权剥夺地主的。当然，他们是迟早都会毁掉这种传统的。但是与此同时，他们也将毁掉农民的一切旧世界观，完全破坏多少世纪以来我国旧政治秩序所凭借的经济基础。这未必符合贵族的利益，但可能完全符合无产阶级的利益，因为无产阶级的前进运动，在过去和现在，都受到旧式农民的政治惰性的阻碍。无论如何，贵族反革命的这一步骤，仍是我国社会经济关系趋向欧化的一个步骤，尽管我国人民为此所付代价，当然要比在其他政治条件下所付出者，多得不可计量①。

XXV

俄国一部分劳动人民“陷于满目荒凉”之境地后，资本主义破天荒对从西方渗入俄国的先进倾向，保证了巩固的社会支持。只有从这时起，先进倾向的思想代表才不再是“聪明的废物”和“多余的人”。只有从这时起，他们从西方学来的理想，才在俄国获得了实行的机会。

我已说过，彼得改革后，从西方渗入俄国的新文化，长期具有贵族的特征。这种情况在这一文化的最好成果——文学——上表现得特别明显。尽管差不多在初期，农民便给文学贡献了像罗蒙诺索夫这样的优秀活动家，但在长时期内，我国文学家都主要来自贵族。在绘画中，情况不完全如此，但绘画也是长期为贵族的审美

① 本段付排后，获读洛西茨基的非常认真小册子《公社的瓦解》（圣彼得堡，1912年），甚盼读者注意这位尊敬的统计学家的最后结论：“不管关于公社的新立法的政治倾向和缺点，以及其实施方法如何，这一立法是符合广大农民群众的利益的，它曾被广泛采用，且具有重大意义。土地立界，特别是分配及摊分办法的推行，标志着农村从封建结构趋向资本主义关系的运动。但这个立法没有解决农民缺少土地和无权问题。解决这两个问题的斗争，还在前面。”（第 44 页）

需要服务，而且主要的是考虑贵族的爱好的。然而贵族的保守部分，是没有欣赏文学和艺术的素养的。此外，他们对文学很少实际的需要（为了制作人像，无论如何，绘画是需要的），因为这部分贵族的主要等级需要，通过上层官僚和近卫军营的“直接行动”（action directe），已获充分满足。至于贵族的先进部分，则是在西方第三等级反对世俗和宗教贵族的解放斗争业已发生时，才开始在俄国文学中表现其意图的。这对于先进贵族的意图的性质，不能没有影响。青年的贵族思想家，虽在某些方面仍旧是彻头彻尾的“大老爷”，但对贵族等级自私的极为粗暴表现，却持否定态度。例如，在十八世纪，他们便已猛烈攻击滥用农奴制，他们当中的一些人甚至谈到完全废除农奴制。不仅如此。出身贵族的先进人物有时还提出社会政治要求，实现这些要求意味着完全废除贵族等级的特权，并在经济生活及政治上为资产阶级的广泛发展铺平道路。只要回忆一下十二月党人就够了[①]。在十九世纪三十年代，若干贵族出身的思想家，如亚·伊·赫尔岑、尼·普·奥加廖夫和他们的小组，甚至转到劳动群众的观点上去了，因为这种观点是当时的空想社会主义所特有的。不用说，这种趋向是不能吸引贵族等级的。欧化贵族思想的这一线光明，历时愈久便愈是变得暗淡，先进的欧化贵族亦愈是痛感自己的实际软弱无能。赫尔岑在日记中写道：“我们的情况是没有出路的，因为它是不真实的，因为历史的逻辑指明，我们不为人民所需要，我们的事业是一种绝望的折磨。”

① 罗斯托普钦的俏皮话是人所共知的。他说，我国贵族对自己提出的政治任务，是“皮靴匠”在法国对自己提出的政治任务。

无论在文学和艺术里，贵族的领导权在十九世中叶已为平民知识分子的领导权所代替。当然，平民知识分子是我国“第三等级”的组成部分，但他们属于这个等级的民主派。这个等级在经济上有权势的部分，对于我国文学和艺术的发展，长期没有发挥直接的影响。由于前述原因，他们最初是不接受欧化的，而当这一原因逐渐消失时，我国资产阶级长期没有感到在报刊上发表他们的要求的必要，而只限于同政府进行直接交易，不断向政府要求对“祖国的工业”实行“津贴”、“担保”和保护。顺便指出，同极端的西欧历史过程相比，资产阶级的这种行为是我国历史过程的另一相对特点：西欧的资产阶级发挥了大得多的革命作用。

当文学、艺术和社会思想的贵族时期为我国平民知识分子时期所代替的时候，嘲笑不久以前的“多余的人”，已属司空见惯了。先进的平民知识分子坚信，他们不会扮演这一可悲的角色。然而尽管他们数量多于先进贵族，但作为社会力量，他们却是微不足道的。在以无产阶级为代表的新战士出现于历史舞台之前，“保守派”是可以轻而易举地镇压他们的全部实际斗争企图的。由于这种新的战士的出现，情况就改变了。第一，现在要来争论俄国应否走西欧的发展道路，那是很可笑的：很明显，俄国不仅应该走，而且已经在走，因为资本主义正在成为俄国的主导生产方式。第二，已很明显，“我们”并不像赫尔岑一度绝望地慨叹过的那样“不为人民所需要”，而且俄国的经济欧化一定伴随着俄国的政治欧化。这便在俄国平民知识界面前展开了极为广阔和值得庆幸的前景，使他们在某些时候也认为自己决心完全站在无产阶级的观点上了。所有稍为先进的人们，都宣称自己是马克思主义者。

但除无产阶级外，毕竟在俄国历史舞台上还有资产阶级，他们的最发达的阶层当时业已充分欧化。资产阶级在各式各样津贴、担保和保护的气氛下所受的历史教育，没有养成他们的战斗性格。但他们不是没有对政治不满的，所以他们也逐步地感到需要一种与他们的反对派情绪相适合的精神武器。已在几十年中领导我国思想运动的这个平民知识界的代表，遂着手准备这种武器，从事于我国先进资产阶级的思想欧化。在他们当中，几乎在普遍爱好马克思之后立即产生了一种新的爱好："批评"马克思的爱好。

这种批评在我国乃是一种使代表觉悟的西欧无产阶级意向的社会学说适应俄国先进资产阶级思想需要的企图。这样的企图只有在西方的资产阶级社会学说业已暴露其破产时，才能出现。有这种企图的人所提出的任务，在理论上是荒谬的，因而是不可能解决的。而由于这种任务解决不了，所以"对马克思的批判"很快就变成一种简单的"批判"，而简单的"批判"归结于旧的资产阶级学说旧调重弹和改编罢了。现在从事这种旧调重弹的，每每是那些不久以前还完全真诚地自命为马克思主义者的作家。

因此，在俄国社会思想史的贵族时期和平民知识分子时期之后，跟着一个新的、直到现在仍在继续的时期，在这个时期里，任何一个社会阶级或阶层的思想领导权，已远非过去那样显著了。现在没有主导的思想流派。现在思想力量主要分属两个极端：一端是无产阶级，另一端是资产阶级。此外，还有一些旧学派的理论家，他们珍惜其对旧的国民经济生活"基础"的信仰，而不愿与之决裂。但是随着俄国欧化的进展，这些旧"遗教"代表者的理论阵地，变得越来越动摇，而这些代表者本人，亦愈来愈加显得失望。他们的末日快到了。我国社会思想往后的整个历史决定于无产阶级与资产阶级之间的相互阶级关系。当然，在这种关系的发展过程中，欧洲“东部平原”仍将有其相对特点，这种相对特点亦将引起精神发展的相对特点。现在猜测这两种特点都无用了。但是指出那些可能成为考察对象的问题，却是不无补益的。

我们已经看到，当俄国的社会存在不能根据西方社会政治学说的观点求得理解时，历史唯心主义便成为不愿同“丑恶的俄国现实”妥协的俄国自由思想者的唯一可能的避难所了。当资本主义的成就已陷俄国人民于“满目荒凉”到一定程度、不便再说我国社会发展的独特道路时，历史唯心主义的行市便一落千丈。这时，对历史唯物主义便发生了极为强烈的需要，因为只有历史唯物主义才能既对西欧，又对俄国的社会存在作出满意的分析。但是，历史唯物主义的观点，是无产阶级理论家的观点。据根历史唯物主义分析俄国社会存在所得结论，是我国欧化资产阶级思想家所不能接受的。因此，只有在反对民粹派和主观主义的完全陈腐理论的斗争继续进行时，历史唯物主义才在我国享有广泛声誉。这些理论一被推翻，便立即开始了“对马克思的批判”，这种批判意味着从历史唯物主义倒退到在新的基础上或多或少地经过改造的历史唯心主义。这种倒退是在攻击当时称为哲学唯物主义的立场和实际上构成唯物史观的认识论基础的掩饰之下进行的。在十九世纪最后几年，我国欧化了的资产阶级的思想家便已宣布哲学唯物主义为完全僵死的学说。值得注意的是在这一点上，甚至某些属于无产阶级阵营的作家也相信他们的意见；更为值得注意的是这些相信资产阶级思想家胡言乱语的无产阶级思想家，在策略问题上却

表现为不可救药的乌托邦主义者。

无论彼得是否说过俄国将来会“同欧洲背道而驰”，但现时俄国已完全没有这样做的可能，却是显而易见的。由于现在甚至最典型的东方国家也在转向西方，这一点就更为显而易见了。在这些东方国家之中，有些国家似乎在转向西方的过程中有超过俄国的可能。中国已变为共和国了，而俄国却尚未建立议会制度。这是由于在我国历史过程中存在着对我们极为不利的相对特点：俄国的警察国家在利用欧洲技术的几乎一切成就以反对维新派方面，是够欧化的，然而我国维新派则只是在不久以前才开始凭借人民群众，正如我们所见，人民群众也只有一部分——无产阶级部分，才是欧化的。由于与亚洲相比过于欧化和与欧洲相比不够欧化，俄国正在付出代价。

现在，我们可以进而对于上述俄国社会存在的相对特点如何影响于俄国社会意识的发展过程，详细加以研究了。

第二部分　彼得前的罗斯社会思想运动

第一章　宗教当局和世俗当局斗争影响下的社会思想运动

黑格尔说：矛盾导致前进（der widerspruch ist das Fortleitende）。这一深刻的原理，为整个文明世界的社会思想史再好不过地证明了。各社会阶级的相互斗争愈是尖锐，则社会思想的向前发展愈是迅速。但是由于社会阶级相互斗争在任何特定的国家，归根到底取决于这个国家的经济发展过程，所以任何阻碍经济发展过程的情况，也都阻碍社会思想的运动。

现在，我们对于阻碍俄国经济发展，造成国家长期奴役所有社会力量的各种情况，都已了解。鉴于这些情况，可以先验地（a prior）说，同处于更有利的经济发展条件之下的西欧国家相比，罗斯的社会思想运动必然进展得很慢。除这种先验的结论之外，还可以说，俄国人的社会观点由于落后于西欧人的社会观点，便要与东方专制国家居民的观点的相接近，其接近的权度，视俄国的——实质上是莫斯科的——社会关系可能取得的东方性质而定。

人所共知，中世纪欧洲社会思想发展的第一个强有力的推动，是世俗当局和教会当局的相互斗争。斗争愈是尖锐，敌对双方愈是无所顾惜，则争论过程本身提出的政治问题便愈是微妙。我说政治问题，因为实质上，争论双方的神学立场是一致的。要使这种神学立场又能成为争论的问题，则西欧的社会发展必须迈出许多新的前进步伐，必须在历史舞台上出现新的、更进步的社会力量。然而就是在例如格里戈里七世和亨利四世冲突期间所发表的那些言论，也是某种富于教益的，或者——如果您宁愿这样说——引人入胜的。尽人皆知，格里戈里七世在将这位皇帝逐出教会后，宣布他已失去皇位。这曾引起一个问题：他有权这样做吗？这个问题自然要使争论的双方研究一个新的、更深刻的问题——关于最高政治权力的本质问题。皇帝的拥护者宣布，皇帝的权力是上帝规定的。而教皇的拥护者则完全用不同的眼光看待这一问题。他们说，国王的权力来自人民，并且是为了人民的利益的。因此，国王应该明智，笃信上帝和为人公正。人民给国王以权力，不是为了使自己服从暴君，而是为了有一个反对暴政的保卫者。因此，如果国王变成暴君，他自己便破坏了把他同人民联系起来的契约，这时，人民就没有服从他的义务。由此可见，在十一世纪[①]，西欧的政论家便主张君民契约论，这个理论后来在第三等级的解放运动中曾起极大作用。应该指出，我们常常从教皇拥护者中看到一些颇为辛辣的议论。其中一人是这样说的：试想，某人雇工养猪，而这雇工不但不执行他的职责，反而害死了交他看管的猪群，这雇主该怎

① 亨利四世皇帝于1076年被教皇格里戈里七世革出教会。

么办？当然，他要辱骂和驱逐这个不尽职的雇工。既然对于一个不称职的牧猪人，可以驱逐；那么，对于一个滥用权力的统治者，更可以驱逐了。人的尊严比猪的身价高多少倍，人民驱逐暴君的权利就比雇主驱逐牧猪人的权利大多少倍。举出这个例子的机智作者，还善于寻求反对意见，反对所谓君权神授之说。他说，提出这种理由的圣徒本人，便是宁死而不愿服从昏君的。一般说来，对君权应该给予最大尊敬。但应该尊敬的不是个人，而是王位。既然这人失去了王位，他便失去受到任何特殊尊敬的权利①。

站在这种观点上，可以为人民反对昏君的最坚决行为辩护。教会的拥护者时常反复提出耶稣的话："我带来的不是和平，而是剑。"他们当中的一些人——当然只是一些极端分子——甚至责成信徒去杀死暴君，他们认为暴政的特征便是君主破坏人民的权利。十二世纪的一位主教沙特尔写道："真正的君主保卫法律和人民的自由，暴君则践踏法律并将人民变为自己的奴隶。前者是神的形象，后者是柳齐弗②的化身。对前者应爱，对后者应杀。"路德维希·古姆普洛维奇说，宣传这种观点的主教（约翰·索利斯贝里斯基）为"行动宣传"论的第一个代表，也许是不无根据的③。

教皇权力的拥护者不仅提出君民契约论。他们研究历史，看到君主常常不经过任何契约而抓取权力。他们据此得出极不利于君主的结论。1081 年，教皇格里戈里七世 1081 年给米茨主教的

① 卡尔·米尔卜特博士：《格里戈里七世时代的政论》（*Die Publizistik im Zeitalter Gregors VII*），莱比锡，1891 年，第 227—228 页。

② 柳齐弗是基督教神话中魔王。——译者

③ 见他的著作《国家学说史》（*Geschichte der staatstheorien*），年鉴，1905 年，第 98 页。

信写道："谁不知道，世俗君主得到权力应归功于上帝的敌人，他们受魔鬼的指使，想用傲慢、掠夺、背叛、出卖性的屠杀以及其他一切罪行来统治与他平等的人们"，如果约翰·索利斯贝里斯基是"行动宣传"论的第一个代表[①]，那么，教皇格里戈里七世也许可称为对无政府主义"反国家体制"论的最早贡献者之一了。

当时的西欧政论家——无论是拥护教皇的，还是拥护皇帝的——几乎都属于僧侣。当时，对这类理论问题有兴趣的读者，也几乎都属于僧侣[②]。但冲突很剧烈，所以因冲突而引起的思想著作（最少是其中一部分），不能不流传到其他等级中去，何况好斗的教会又非常欢喜诉诸人民。由此可见，世俗权力与宗教权力的冲突便促进了居民的政治教育。

在西方引起我刚刚指出的社会思想著作的矛盾，也存在于俄国。俄国的教会当局亦与世俗当局发生冲突；但在俄国，这一冲突从未达到极为尖锐的程度。因此，我国的教会拥护者从未得出像西欧那样极端的结论，尽管——现在就须指出，——他们的思想有时开始向同一方向发展。

在我国历史的基辅时期，俄国教会的首脑——总主教，对公爵的世俗政权是独立的。他是由君士坦丁堡的大主教选派的，如果对大主教的傀儡有何不满，世俗当局应该向他提出。卡普捷列夫教授公正地指出，当时"俄国的精神统治者，在许多方面都比相互

① 基督教中的第一个代表。在古代世界里，"行动宣传"论最少在某些地方是相当流行的。加尔莫第和亚里斯托吉顿的纪念碑巍然屹立在雅典的一个广场上，可为证明。

② 关于这种问题的论文都是用拉丁文写的。而拉丁文当时几乎只有僧侣等级才懂。参阅米尔卜特（Mirbt），书见前，第121—130页。

分裂和仇视的世俗统治者更为强大、更有权势”①。这一力量对比，在莫斯科公爵政权巩固以后，才开始在相反的意义上改变。莫斯科的公爵开始干预总主教的派遣问题。这自然不能为君士坦丁堡的大主教或俄国的僧侣所乐意。维护君士坦丁堡大主教的权力，几乎成为俄国僧侣保卫其对世俗当局的独立性的最主要手段。“监选官和主教”要求新任教会人员必须遵守下列重大义务：“我们像最初一样，除从君士坦丁堡派来的总主教外，不接受别的总主教。”但是君士坦丁堡大主教的权力比罗马教皇的权力要小得多。第一，在东正教的东方，除君士坦丁堡的大主教外，还有其他大主教，他们不愿支持他同莫斯科的大公们冲突。例如，十五世纪六十年代莫斯科与君士坦丁堡决裂时，耶路撒冷的大主教就完全站在莫斯科公爵一边②。第二，君士坦丁堡大主教同意佛罗伦萨的教会联合，极大地破坏了他在莫斯科的威信。最后，君士坦丁堡大主教本人依附拜占庭的皇帝。因此，他对俄国教会的控制，便等于莫斯科大公对拜占庭世俗当局的依附。这种依附地位是不符合莫斯科公爵的利益的；所以毫不奇怪，他们力图摆脱它。土耳其人占据君士坦丁堡后，这个问题自然根本谈不到了。这时，问题的提法是简单得多了：这时，世俗当局和教会当局的争论变为莫斯科大公同莫斯科僧侣的争论。在理论上，莫斯科的僧侣主张：“一个是教会

---

① И. Ф. 卡普捷列夫教授：《尼空大主教和沙皇阿列克谢·米海伊洛维奇》，第II卷，第52页。我在前面已经指出，鞑靼人的压迫有助于僧侣权力的巩固。

② М. А. 季亚科诺夫：《古代罗斯教会与国家关系史》，《圣彼得堡大学历史学会论文集》，第3卷，第84页。

的、圣徒的权力；一个是沙皇的、人间的权力。”[①]但这一理论极不明确，对它可作极为不同的解释。既然完全承认“圣徒”的权力同“人间的”权力完全不同，那就要问：两者究竟以何者为高呢？在西方，社会力量的对比，长期对这一问题作有利于“圣徒”权力的解决；在罗斯，——本来还是在莫斯科国——社会发展的过程，相反地，对这个问题作出了有利于人间权力，——最初有利于大公权力，后来有利于沙皇权力——的解决。

在一切社会力量都受国家奴役的地方，教会权力是不能对世俗权力保持独立的。而且我们看到，教会权力自身也愿将世俗权力摆到望尘莫及的高度。著名的约瑟夫·沃洛茨基在其《教育家》一书中断言：沙皇“按其本质有如常人，而论权力则有如最高的神”[②]。这是关于沙皇的纯粹东方观点。据马斯佩罗说，古埃及法老高于所有周围的人达到这样的程度，以致发生一个问题：应该把他看作人，还是看作神？“事实上，他的臣民都把他看作神，称他为慈祥的神，伟大的神。”[③]当然，这里也有差别。莫斯科的世俗权力的首脑，就其“本质”而言，仍然被认为是人。此外，他不像埃及法老那样在教堂“任职”。但作为统治者，他却像法老那样被神化。这一点在这里是主要的[④]。

---

① 见 M. A. 季亚科诺夫：《古代俄罗斯政教关系史》，第 88 页。

② M. A. 季亚科诺夫：《莫斯科君主的权力》，《十六世纪末以前的古代罗斯政治思想史纲》，1889 年，第 99 页。

③ 马司皮罗：《古典东方人民的古代史》（Maspero：*Histoire ancienne des peuples de l'orient classique*），巴黎，1895 年，第 1 卷，第 258 页。对照第 263 页。

④ 这里还可指出，东方对君主的神化不是像埃及那样完整。据马司皮罗说，迦勒底王在这方面要比与他们同时代的法老谦逊得多。“他们满足于本国臣民和神之间的中间地位。”（同上书，第 703 页）只要作些必要的改变（mutatis mutandis），莫斯科的君主也愿取得这种在神与臣民之间的中间地位。

M. A. 季亚科诺夫早就说过，我国教会当局对世俗当局的服从，主要是由于教会当局对国家的经济依赖[①]。教会是莫斯科罗斯的最大地主。但是我们知道，俄国的大地产并不像我们在欧洲所看到的那样具有独立性。不仅如此，我们已经知道，我国的最高当局对于大地产严加控制。教会在这一点上不是例外。世俗当局野心勃勃，在伊凡三世时考虑过寺庙能否领有土地问题，就是，剥夺教会土地问题。这一问题引起的争论，是彼得前的罗斯社会思想史中最突出的插曲之一。

读者记得，按照主教之一沙特尔的意见，真正的君主捍卫法律和人民的自由，而暴君则践踏法律和奴役自己的人民。这位主教根据真正君主与暴君的这一差别，得出结论说，基督教徒只应服从前者，而对后者则应用一切办法抵抗，虽杀死暴君，亦所不辞。对俄国作家具有巨大影响的拜占庭教会作家，也善于区别明主与昏君。但这种区别却没有使他们得出沙特尔那样的结论。在从斯维亚托斯拉夫的《选集》里，收入辛乃特提出的问题："难道任何一个沙皇和公爵都是上帝派的吗？"这个问题用下面的意思解答："他们是值得尊敬的沙皇和公爵，是由上帝派来的。但他们又是不值得尊敬的，因为他们反对人的尊严；那些不值得尊敬的沙皇和公爵是由于上帝要降灾于人，由于上帝的意愿而派来的……要理解，要相信，为了惩罚我们不守法，才使我们受制于这种折磨者。"[②]如果折磨者是由于我们不守法而由上帝派来的，那就很明显，我们不应反

① 《莫斯科君主的权力》，第 114 页。

② 季亚科诺夫：《古俄罗斯的社会和国家制度概论》，圣彼得堡，1908 年，第 400 页。季亚科诺夫所指的是 1073 年的《选集》。

对他们，而应反对我们自己，反对我们自身的罪恶动机；就是说，要用忏悔、斋戒和祈祷来报答压迫。这是拜占庭的观点的极端发展，再不能比这更温顺了。在对统治者采取这种温顺态度的条件下，自无发展社会思想的余地，而只能发展神道了。然而无条件的温顺是没有的。俄国宗教统治者的温顺也不是无条件的[①]。在教会财产收归国有问题发生时，莫斯科的僧侣便对世俗政权采取反对态度了。这时，僧侣的理论家也不能限于谈论斋戒和祈祷了。《论神圣教会自由》一文的不知名作者，对政教当局的相互义务，作如下划分："教会的牧师应为其暂时的主人祈祷，而主人则应保护其牧师及教会（Sic！是这样的！）的财产。"一般地说，暂时的主人应服从宗教的权力，而不应违背自己牧师的戒条。牧师方面则应保护教会的权利，"勇敢果断，甚至直到流血"、即冒生命危险，亦在所不惜[②]。这已远非辛乃特的解答那样温顺了。

在诺夫戈罗德，如所周知，僧侣两次被迫将其很大一部分土地让给莫斯科大公伊凡三世，在"东正教仪式"里写了如下咒语："所有长官和得罪神圣教堂和寺院的人们，所有剥夺原属教堂和寺院的村庄和葡萄园、迄仍不停此种创举的人们，都应受到诅咒。"这种

---

① 就在拜占庭，温顺也不是这样的。反圣象崇拜运动的历史表明，在有可能时，拜占庭的僧侣们也对世俗当局表示颇为积极的抵抗。但一般说来，在拜占庭，宗教当局是很服从世俗当局的。这一事实对于那些同基督教一道从拜占庭传到我国的社会理论，曾有深刻的影响。

② B. 日马金：《丹尼尔总主教》，第 94 页，注②。引自季亚科诺夫：《莫斯科君主的权力》，第 127 页。

咒语显然在其他教区亦曾反复重申，最少在十七世纪时是如此。①

特别值得注意的是，关于教会财产问题的争论使俄国教会作家引证拉丁文资料，并从这种资料中抄用了两剑——即物的剑和精神的剑——的理论。这一理论在《驳斥那些反对拯救自身灵魂、敢于侵犯公共教堂动产和不动产、轻视上帝和教会戒条、叫骂信仰东正教的沙皇和大公及宣誓服从的法律规定、侮辱上帝戒律的人们》一文中，得到发挥。按照该文作者的意见，教堂的牧师要首先使用精神的剑，“就令自己流血”，就令把敌人革出教门，也应如此。但他们不应就此甘休。如果“违抗者行为不改，意图抗扼，不受处分，不向勇敢的牧师低头，那时挥臂使用物的剑，便能遏止敌人的力量”。作者提出宗教当局对世俗当局的一般态度作为证明。世俗权力低于宗教权力，后者对于前者的侵犯，不应让步，“因为根据圣徒的教导，它应比人更服从上帝。对于人，尘世的统治者能够消灭其肉体，但对灵魂却不能”②。

甚至情愿将世俗权力的最高代表神化的约瑟夫·沃洛茨基，也不得不赶忙对他的学说有关沙皇部分，如季亚科诺夫所说，作一

① 在莫斯科的印刷业图书馆里，有一份手抄的追荐亡魂名册，1642 年在罗斯托夫根据这个名册进行东正教仪式。在名册“对得罪神圣教堂和寺院的人们”的咒语旁边，为大助祭写了批注：“应该非常大声地宣读。”（A. 帕甫洛夫：《俄国教会土地收归国有史纲》，敖德萨，1871 年，第 1 卷，第 51 页）

② 季亚科诺夫：同上书，第 127 页。参阅他所写的《古代罗斯社会和国家制度概论》，第 417 页。不过，必须指出，根据某些学者的意见，《驳斥……》一文的作者是西部罗斯人。这个意见的证明是他对天主教经典的熟悉。但据 A. 帕甫洛夫说，在莫斯科国——在诺夫戈罗德——也有些懂得拉丁文和天主教神学的人。帕甫洛夫倾向于一种假设，认为《驳斥……》一文确是在诺夫戈罗德写的。（参阅前书，第 62—63 页注）

革命的修正，因为在沙皇身上充满了恶劣的情操和罪恶，狡猾与谎言，傲慢与凶暴，对上帝的不信仰和诽谤。这样的沙皇，——笃信上帝的约瑟夫教导说，——不仅不是神，甚至不是“神的仆役，而是魔鬼；不是沙皇，而是折磨者”。约瑟夫主张对这种沙皇不要服从：“不要听从这种沙皇或公爵的命令，对于由此引起的不幸，狡猾行为，乃至折磨和死亡，予以憎恶。”①当然，这样的修正只能在附有重大保留的条件下，才能承认是革命的。我们的作者只是提到对“折磨者”的消极抵抗。他对于不值得尊敬的君主，从未说过一句在西方由格里戈里七世和他的门徒所热烈传播的那种积极抵抗的话。但无论怎样，这种消极抵抗，再不仅是斋戒，也不只是祈祷了。我们看到，我国的教会也不是无条件拥护对世俗当局服从的。它的理论家只是在认为服从符合其等级的利益时，才宣传服从的。而当来自世俗当局的危险危及其等级的利益时，他们便用抵抗——尽管是消极抵抗——的宣传，来代替服从的宣传。我国一位教会史学家谈到1503年的高级宗教会议——这次会上提出了寺院领地问题——时指出：“也许，大公期待和指望高级僧侣会出卖僧侣，那他就完全错误了。高级僧侣是从这些僧侣中来的，他们将后者的利益铭记于心，就像是自己的利益一样。”②这位教会史家说：“会议的成员有勇气坚决果断地保护寺院的财产。”他们引述

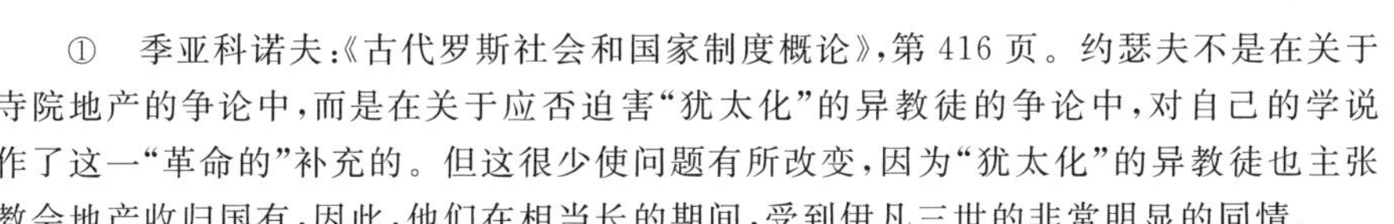

①　季亚科诺夫：《古代罗斯社会和国家制度概论》，第416页。约瑟夫不是在关于寺院地产的争论中，而是在关于应否迫害“犹太化”的异教徒的争论中，对自己的学说作了这一“革命的”补充的。但这很少使问题有所改变，因为“犹太化”的异教徒也主张教会地产收归国有，因此，他们在相当长的期间，受到伊凡三世的非常明显的同情。

②　戈卢宾斯基：《俄国教会史》，莫斯科，1909年，第II卷上册，第689页。

犹太人还以房屋和田地赠送给上帝，"犹太的教士领有城市和乡村，这种城市和乡村不能出卖或转让，而是归他们永远占有"。此外，他们还从拜占庭和俄国历史上举出大批类似的先例。不仅如此，他们甚至认为必须指出在多神教的埃及，祭司都有自己的土地，法老亦不得侵犯[①]。总之，神父们将他们的全部历史知识和逻辑的力量都施展出来了。这一对他们再重要不过的争论，使他们的思想朝着罗马天主教僧侣们早就向往的那个方向发展。同样的原因总是产生着同样的结果。如果这一政教冲突在我国也像在西欧的类似冲突那样尖锐，那就可以完全肯定地说，我国宗教作家也不会害怕作出西欧宗教理论家所作出的那些极端的结论。在我国宗教作家中，也会像在西欧一样，有其自己的积极抵抗的热情宣传家，甚至有其自己的"孟纳尔霍马赫"[②]。约瑟夫·沃洛茨基本人也不难表演"孟纳尔霍马赫"式理论家的角色是可能的。但是，当时没有——而且在前述莫斯科的条件下也不可能有——这样的充分社会原因。

关于寺院地产的争论，虽然使莫斯科宗教政论家的思想朝着西欧反君主专制派思想很早就勇敢趋赴的方向发展，但很快便以和解妥协告终。伊凡三世放弃了寺院地产国有的主张，甚至同意对东正教僧侣界所仇恨的"犹太化分子"进行残酷的迫害；而对这些人，他不久还给以坚决的支持。这种情况又使宗教作家的思想停止向反对派的方向发展。现在对于季亚科诺夫所说的约瑟夫·沃洛茨基学说的革命补充，已无任何需要了，所以约瑟夫本人对此也已淡忘了。

---

① 戈卢宾斯基：同上书，第 64 页的注。

② 孟纳尔霍马赫（Монархомах）是 16—17 世纪西欧反君主专制派（作家）。——译者

M. A. 季亚科诺夫指出，约瑟夫·沃洛茨基和他的学生在伊凡三世让步之后，还力图“将神甫的威信凌驾于国家政权威信之上”，因为他不相信国家政权是巩固的[①]。但如果世俗当局决定没收寺院的财产，那约瑟夫就会想起他的革命的补充，主要的是，就会给这种补充加进一些真正革命的内容，这是无可怀疑的。然而莫斯科的公爵们已不再重复他们的企图了，最低限度，已避免公开干这种事了。僧侣已大力促进公爵们政权的巩固和扩充了，再要反对僧侣，对公爵们是不利的。同时，不要以为宗教当局在维护了自己的不动产之后，还会对世俗当局闹独立性。相反，教会保持自己财产，长期以来成为进一步加强“神”权依赖政权的原因。害怕丧失这些财产，使“神”权越来越让步。甚至在教会组织的最重大问题上，教会也是服从国家的。卡普捷列夫教授指出一个真正异常有意义的事实，即根据文件资料，在费多尔·伊凡诺维奇想到要在我国设立总主教职称时，他“在同他的信仰基督的皇后伊林娜考虑后”，就商于大贵族；大贵族同意他的想法，他便派鲍里斯·戈东诺夫与安梯奥希的大主教约金姆谈判。卡普捷列夫说：“任何教会人士，特别是整个主教会议参与这一教会事务，他却是连想都未想到。显然，吸收教会当局参加讨论在我国建立总主教职称问题，那时认为完全是多余的。”[②]

因此，不难想到，总主教在莫斯科国的社会生活中能有什么作用。总主教是根据世俗当局的设想设立的，他只能在服从这个当局时，才

---

① 《莫斯科君主的权力》，第 129 页。

② 《总主教尼空和沙皇阿列克谢·米海伊洛维奇》，第 2 卷，第 57 页。不过，卡普捷列夫教授可能会注意到，更早以前，首先发起反对佛罗伦萨联合的不是宗教当局，而是世俗当局。

有影响和力量。尼空总主教的命运很有说服力地表明了这一点。

根据卡普捷列夫教授的说法，这个臭名远扬的总主教的几位同代人曾提出一种猜想，说他“被剥夺总主教的职位，实际上并不是由于教会或任何宗教问题，而是由于他不择手段取得的土地和世袭领地问题。所以，按照他们的看法，尼空的贪婪手法有造成总主教领地进一步过分增加的危险。就是由于这一原故，所以必须使他离开总主教的座位。”[①]卡普捷列夫教授认为，尼空的同代人对他的案件的这一看法，实际上是有严格根据的。

问题在于伊凡三世在寺院地产问题上所作的让步，并不像初看时那样重大。的确，土地是留在僧侣的手里；但莫斯科政府采取了一切力所能及的办法，使土地的处理服从政府的控制。如所周知，差不多所有高级僧侣的管理机关都不是由教会人士，而是由世俗人士如高级僧侣事务大臣、宫廷官吏和秘书等掌握的，甚至教会本身的案件也时常送交他们审理。于是莫斯科政府便设法使这些人服从自己的权力。按照“审批百项决议的宗教会议”（Тогланый собор）的决定，高级僧侣不经沙皇批准不得任免所属世俗官吏。卡普捷列夫教授说：“这样，通过高级僧侣事务大臣，宫廷官吏和秘书，所有高级僧侣的教区管理机关和僧侣管理机关，都必须受世俗当局的极为严格的控制。”[②]不言而喻，这使僧侣感到恼怒。我们在尼空以前，就看到一些大主教“对沙皇的最高政权倨傲不恭”。诺夫戈罗德总主教基普里安便是这类大主教之一。他在尼空以前任

① 《总主教尼空和沙皇阿列克谢·米海伊洛维奇》，第 167 页。

② 同上书，第 73 页。

诺夫戈罗德总主教十六年，可谓尼空的“直接前任”。政府对于“基普里安的谎言和不妥当言论”，极为不满[1]。这些言论直接涉及前述对大主教极为不利的政府控制。尼空总主教也反对这一控制。

基普里安抱怨说：“沙皇命令举行宗教会议，便举行会议；命令选举和委派谁为高级僧侣，人们就选举和委派谁；命令审判谁、议论谁，就审判谁、议论谁、开除谁。在教区里，总主教地产中的一切，都尽可能拿去用于沙皇陛下的花费。命令所到之处，予取予求。根据沙皇的命令，没收总主教教区、高级僧侣和主教、诚实的大寺院等等的地产，征调人丁入伍，夺走粮食和金钱，征收苛重贡赋，所有基督教徒都增加了两倍、三倍以上的贡赋负担，他们可以使用的东西已寥寥无几了。”[2]

矛盾导致前进。尼空完全不愿想到人民的利益。但是，既然同压迫僧侣的世俗当局斗争，他便想起了这些利益。他断言，因沙皇的谎言和暴力而痛哭流涕的，不只是“慈母般的神圣伟大的公共教堂”，而且是整个东正教的人民。“谁要是说出真话，沙皇便可因一言而割其舌、断其手足，永远将其关进监狱；他忘记末日，仿佛他是不死的，不顾未来的上帝审判。”在给君士坦丁堡总主教的文书里，尼空用如下强烈的措辞形容沙皇的活动：“整个基督教徒都增加了两倍、三倍以上的贡赋负担，他们可以使用的东西已寥寥无几了。”在给沙皇本人的信里，尼空更是极尽挖苦讽刺之能事。他写道：“你向所有的人宣传节制。不知道，现在谁不节制。许多地方穷到粮食

① 卡普捷列夫：同前书，第214页。

② 同上书，第193页。

都没有，节制到死止，连吃的都没有了：苦海无边，谁曾受到宽恕！然而自你即位以来，大家都遭受非法的征调：贫穷无力的人们，瞎子、跛子，寡妇、尼姑都要交纳沉重的贡赋，受到人为的不便，——到处悲泣和哀啼、呻吟和叹息，在这种日子里谁也不开心。”[①]

尼空的所有这些怨言和责备，都是完全有根有据的。“最沉默的”沙皇对他的“祈祷者”多么不客气，可从下述沙瓦·斯托洛雪夫斯基寺院的司库主任尼基塔的既可悲又可笑的插曲中窥见一斑。这位可敬的教士把酒喝得酩酊大醉，举动不很礼貌。于是，阿列克谢·米海洛维奇命令将他关押在修道士的单间里，并在单间的门旁派了几名弓箭兵站岗，以示慎重。尼基塔对此感到委屈，给人写信说沙皇侮辱了他。写信的事情传到阿列克谢·米海洛维奇的耳里，他便给可怜的尼基塔写了一封严厉的信，在信中暴跳如雷地说：“你这讨好恶魔的家伙，给你的朋友们写信，说什么弓箭兵去你那里站岗使你受到敌视的侮辱！弓箭兵给你，畜牲站岗是很好的！比你好、比你忠贞的**大主教**，在他们那里也**根据我的揭示派了弓箭兵站岗，因为这些大主教也像你这该死的东西一样行事**。”关于这一问题，卡普捷列夫教授完全正确地指出：“很显然，阿列克谢·米海洛维奇像办例行公事那样，命令拘押大主教，如果这大主教也像沙瓦的司库主任尼基塔一样，行为失礼。”[②]阿列克谢·米海伊洛维奇不仅将拘押酒醉的主教当作例行公事，据尼空说：“至于单间禁闭室里的全部衣物，根据伟大的国王的命令，由大贵族阿列克

---

① 《总主教尼空和沙皇阿列克谢·米海伊洛维奇》，第 196 页。

② 同上书，第 74 页。

谢·尼基季奇·特鲁别茨科伊公爵带人全部逐一检查登记，其中较贵重的东西，则拿走，归国王自己所有。”这完全符合莫斯科和一般东方专制国家的精神：凡属臣民，无论其社会地位有多么高，只能在符合人间上帝——国王的心意时，才能领有他自己的“衣物”。

刚强的尼空，对于教会的从属地位深感不满，提出了教皇据以同世俗当局进行斗争的理论。他说：“天上的、即宗教的权力，比人间的、暂时的权力要大得多”，因此，“沙皇小于总主教。”①按照他的意见，“沙皇不应以神圣的皇帝的身份，不应用法庭命令我们，不应通过各种教规来裁判和约束我们”②。可是，如果罗马教皇能够提出真正的——而且比较很大的——社会力量来证明这一理论的正确，那么尼空都只能引述圣徒和神圣的精神来强调这一理论。这未免太不够了。然而争论既已产生，便应有个结束；世俗当局力争根据自己利益来解决这一争论，就他自己的观点说，是完全正确的。

卡普捷列夫教授说得非常好：“不要以为，沙皇不愿恢复尼空的总主教职位只是由于尼空的敌人的诡计和阴谋，只是由于大贵族和一般受过他的侮辱的人士对他的仇恨。实际上，尼空的垮台和终于受谴责的原因，更为刻刻：这就是他的那些关于沙皇和神职的相对尊严的观点，他在被革除总主教职位以后，还公然非常激烈地发表了这些观点。不管尼空的教会改革活动怎样，也不管某些人对他怎样同情和仇视，尼空的终于受谴责乃是直接的国家需要，最高国家政权的利益要求这样做。”③

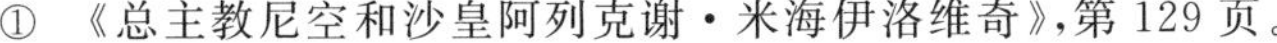

① 《总主教尼空和沙皇阿列克谢·米海伊洛维奇》，第 129 页。

② 同上书，第 130 页。

③ 同上书，第 206—207 页。

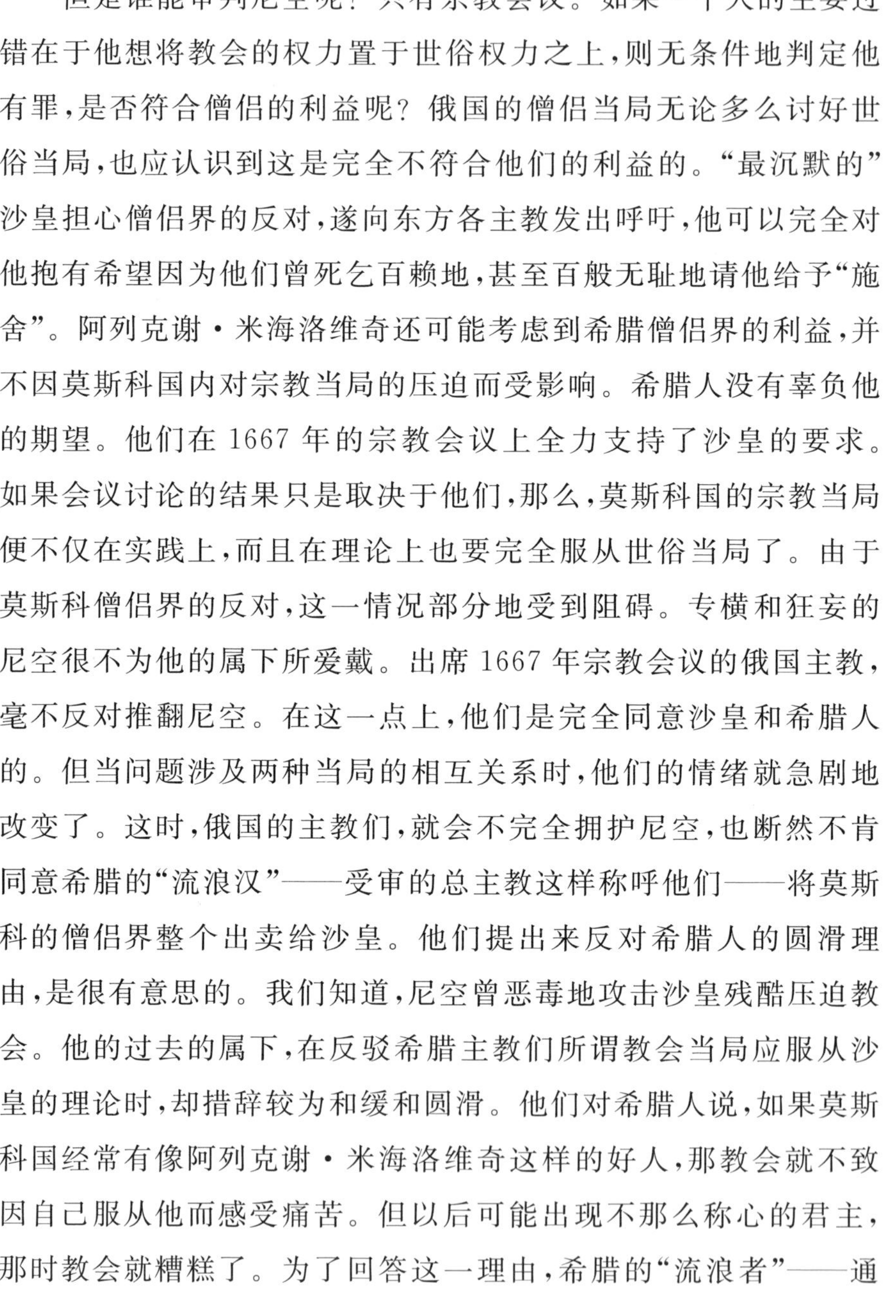

但是谁能审判尼空呢？只有宗教会议。如果一个人的主要过错在于他想将教会的权力置于世俗权力之上，则无条件地判定他有罪，是否符合僧侣的利益呢？俄国的僧侣当局无论多么讨好世俗当局，也应认识到这是完全不符合他们的利益的。“最沉默的”沙皇担心僧侣界的反对，遂向东方各主教发出呼吁，他可以完全对他抱有希望因为他们曾死乞百赖地，甚至百般无耻地请他给予“施舍”。阿列克谢·米海洛维奇还可能考虑到希腊僧侣界的利益，并不因莫斯科国内对宗教当局的压迫而受影响。希腊人没有辜负他的期望。他们在1667年的宗教会议上全力支持了沙皇的要求。如果会议讨论的结果只是取决于他们，那么，莫斯科国的宗教当局便不仅在实践上，而且在理论上也要完全服从世俗当局了。由于莫斯科僧侣界的反对，这一情况部分地受到阻碍。专横和狂妄的尼空很不为他的属下所爱戴。出席1667年宗教会议的俄国主教，毫不反对推翻尼空。在这一点上，他们是完全同意沙皇和希腊人的。但当问题涉及两种当局的相互关系时，他们的情绪就急剧地改变了。这时，俄国的主教们，就会不完全拥护尼空，也断然不肯同意希腊的“流浪汉”——受审的总主教这样称呼他们——将莫斯科的僧侣界整个出卖给沙皇。他们提出来反对希腊人的圆滑理由，是很有意思的。我们知道，尼空曾恶毒地攻击沙皇残酷压迫教会。他的过去的属下，在反驳希腊主教们所谓教会当局应服从沙皇的理论时，却措辞较为和缓和圆滑。他们对希腊人说，如果莫斯科国经常有像阿列克谢·米海洛维奇这样的好人，那教会就不致因自己服从他而感受痛苦。但以后可能出现不那么称心的君主，那时教会就糟糕了。为了回答这一理由，希腊的“流浪者”——通过最狡猾的派西·李加里德的发言——虚伪地表示，他们深信像阿列克谢·米海洛维奇这样的好沙皇不会有坏后代，因此，教会当局应该服从世俗当局的理论，永远不会给俄国教会带来危害①。当然，这种虚伪而荒诞的乐观理由，不能使俄国主教们安心。但是，他们没有力量，他们在宗教会议上的处境是很困难的。所以，当希腊人同意妥协，承认“两个光源”说时，他们可能感到如释重负吧！正如在自然界有两个光源，其一仅在白天发光，另一则只在夜间发光；同样，在一国之内，也应有两个权力：一个掌管宗教事务，另一个掌管世俗事务。任何一个当局都不得干涉属于另一当局的事务。实在说，这个理论由于极端不明确，是什么问题也不能解决的②。但是对于弱的一方，把争论的问题保留下来不加解决，总比对它作出有利于强大敌人的断然解决，要有利得多。此外，莫斯科

① 卡普捷列夫教授在他的有趣著作的第2卷里，可以说对潘西·李加里德作了一个全面的评价。原来，这位教会的巨星不仅是一个经纪人和骗子(见第2卷，第269，271，272，273页)，而且是一个“天主教徒”，他一度被开除教籍，甚至受到耶路撒冷总主教的诅咒。深谋远虑的阿列克谢·米海伊洛维奇坚决请求撤销开除潘西·李加里德教籍和对他的诅咒，恢复他的主教权利。不出所料，他的请求完全成功了。为了宽恕潘西·李加里德，莫斯科付给耶路撒冷总主教一千多卢布，这在当时是一笔巨款(同卷，第509，511，517页)。同书同卷第517页，对评价李加里德也有很大意义。

② 罗马天主教的僧侣理论家也主张“两个光源”说。但他们的理论，无疑地具有更适合逻辑要求的完全不同意义。在自然界两个光源中，有一个光源的光来自另一个。哪一个当局应起月亮的作用呢？是世俗当局还是宗教当局呢？整个问题就在这里。西欧僧侣界的中世纪理论家勇敢地接触了这个问题，而且毫不动摇地对这个问题作了有利于宗教当局的解决。然而东方僧侣界的理论家，他们虽然参加了1667年的莫斯科宗教会议，也提出了两个光源说，却不敢涉及这个理论的实质。他们在逻辑上对这个理论作了不正确的解释，所以他们才能利用它来进行妥协。任何社会理论无论在什么地方都不能从自身和利用自身的内在力量来发展：任何地方、任何时候、任何特定的社会理论的发展，都决定于社会力量的对比。

政府由于在后方受到它所完全同意的尼空教会“革新”所造成的分裂威胁，也不得不在实践方面作某些让步。例如，取消了——尽管不是在宗教会议以后很快就取消的——尼空所仇视的寺院法令，这个法令使教会在处理其财产和事务上受到很大约束。但这一实际的让步也没有重大的意义，因为属于寺院法令管辖的事务，有很大一部分已转入大宫殿法令的管辖范围内。

世俗当局仍然念念不忘它与尼空总主教的冲突。阿列克谢·米海洛维奇未能做到的事情，却由彼得·阿列克谢维奇做到了。尽人皆知，他完全取消了俄国总主教的称号。由于东正教事务管理局的设置，在我国再也谈不上有世俗与宗教当局之间的冲突了。自那时起，想作理论探讨的教会主教，便只能证明“君主意志合于真理了”。他们很少对于这种真理有所怀疑。即令有所怀疑，他们也宁可作明智的缄默[①]。至于自那时起，谁也从来不打算——像善于挖苦的尼空过去所作的那样——警告世俗当局说，人民已被他们陷于不断的饥馑，劝告人民实行斋戒已完全没有必要等等，那

① 大家知道，“皇室代理总主教”斯捷特凡·亚沃尔斯基不同意彼得改革，有时甚至在布道时发出某些越轨言论，反对改革。但著名的“异教徒”特韦里季诺夫案件表明，彼得多么轻而易举地制服了他。亚沃尔斯基在这个案件上的表现，不符合沙皇的意旨。彼得大怒，吓得要死的代理总主教说了下面的话，请求宽恕：“最伟大的沙皇，最仁慈的皇帝啊！现在是伟大的复活节的星期五，十字架上的基督正在发出伟大的召唤：我们在上天的父啊，请放了他们吧！——我愿自己以基督为榜样，为此向沙皇陛下，如同向我们共同的父那样，伏地号泣：父啊！请宽恕。在那里基督说，他们不知道他们所干的是什么事。我也不知道啊！如果再犯，我就无颜再活在皇帝陛下之前了。如果错在无知，那我的过错是可以宽恕的，因为圣徒保罗也说：多多感谢上帝，对教会要严查，但这事是出于无知，已予宽恕！”（见吉洪拉沃夫：《十七世纪和十八世纪的俄国文学》，莫斯科，1898年，第II卷，第275页。）不能说得更卑屈了。这样的卑屈言辞，恐怕“腐败的拜占庭”的教会主教也不曾说过的。

就更不用说了。我在本书的往后叙述里，可能不再论及俄国宗教当局对世俗当局的态度问题，因为它对俄国社会思想的后来发展，已几乎不能提供任何资料了。

第二章　一般贵族和大贵族斗争影响下的社会思想运动

如果世俗和宗教当局之间的斗争是中世纪欧洲社会思想发展的第一个大推动,则第二个更大和更无比有成效的推动便是第三等级的解放运动。这一运动的社会政治影响是这样巨大,甚至欧洲大陆各先进国家的君主专制制度的发展,也只能算是它的一个插曲。作为一例,可以指出法国:法国以前是一个典型的封建国家。法国国王同封建主的斗争时所依靠的是第三等级;因为削弱地主贵族的权力以加强君主的权力,对于第三等级是有利的。我在前面已经指出(见本卷绪论),由于莫斯科罗斯的经济落后而产生的俄国历史过程的一个相对的,但并非不重要的特点,就是俄国的君主在同大地主的斗争中,与其说是依靠城市居民,不如说是依靠小官宦等级,这个等级后来称为贵族等级。果如所料,这一特点也反映在我国社会思想史中。法国维护王权的最优秀政论家是第三等级的思想家。被称为孟德斯鸠的先行者的著名波丹,便是属于这一等级。而在彼得前的罗斯,莫斯科专制制度的最优秀理论家,却是一个坚决站在小官宦等级观点上的人物:沙皇的"奴隶伊凡·谢麦诺夫之子佩列斯韦托夫"[①]。他是波丹的同

① 伊凡·谢明诺维奇·佩列斯韦托夫是十六世纪中叶俄罗斯政论家,小贵族阶层的思想家。他在两次上伊凡四世的请愿书中和政治性小册子中批评了大贵族当权和横暴。主张依赖小贵族的中央集权专制政权。——校者

时代人，年纪比波丹大一些。И. С. 佩列斯韦托夫出生于立陶宛，很早以前就有许多各式各样的幸福追求者，从那里来到莫斯科[①]。我们假定，他在莫斯科很不走运：他虽然获得了大地产，但他的地产很快就荒芜了。然而这个倒霉的人却写了一些著作，内容包含着对内对外政策的整个纲领，与伊凡雷帝的最主要计划——一部分主要是后来产生的——极相吻合。

在来到莫斯科前，我们的政论家不得不遍游不少地方。他在摩尔达维亚、匈牙利、波希米亚服务。但是值得注意的是，他在自己的著作中不是呼吁面向西方，而是面向东方。他的理想是"土耳其皇帝穆罕默德一苏丹"，并相信这个皇帝是一个"博览土耳其书籍的聪明哲学家"，后来又读了希腊的书，因而"他的巨大智慧愈益增加"[②]。

佩列斯韦托夫对"达官显贵"深为憎恨。他反复地说，他们是国家一切祸害的根源。为了证明这一论点，我们的政论家甚至特别写了一部《君士坦丁皇帝逸闻》。《逸闻》的主角是君士坦丁·伊凡诺维奇皇帝，就是在他的朝代里，"从土耳其皇帝穆罕默德手里夺回了萨尔格勒"[③]。君士坦丁有"天使的力量"，他是天生的战士，他的剑是"天下无敌的"。但是达官显贵"制服"了他，他们对他发生了最有害的影响，他们的谎言给萨尔格勒带来了神的不可抑

---

① 他于十六世纪三十年代末来到莫斯科（见 В. Ф. 勒日加的著作《十六世纪的政论家佩列斯韦托夫》，莫斯科，1908 年，第 13 页）。

② 见前注勒日加的著作，第 71 页。在这一著作的附录里，自第 59 页起，刊载了佩列斯韦托夫的著作。

③ 萨尔格勒是"帝城"之意，俄国昔时对君士坦丁的称号。——译者

制的愤怒。以下便是这些狂妄的达官显贵的行为。

“他(君士坦丁——著者)3 岁丧父(伊凡皇帝),幼年即皇帝位。其时在君士坦丁城和整个希腊王国,都以基督教信仰为合法。达官显贵在皇帝未成年时便控制了他的王国,把它弄得凋敝不堪。他们根据谎言作不公正的审判。他们相互间不怀好意,在王国里你争我夺,像蛇一般嘶嘶咬叫。他们不正当地敛聚钱财,成为巨富。基督教徒受到他们不公正审判的折磨,血泪交流。他们既从有罪方面,又从无罪方面收受贿赂,钱库里充满了诈欺得来的金银宝石。”①

实际上,君士坦丁十一世则是在 20 岁时丧父,44 岁即皇帝位的;在他的朝代里,君士坦丁堡为土耳其人所占。所以,佩列斯韦托夫的《逸闻》是违反历史真实的。我们现在不能断定佩列斯韦托夫是否知道君士坦丁的真实情况。但我们完全可以断定,他是由于受了某种影响才在他的故事里歪曲——是有意还是由于不知情,在这里丝毫没有关系——历史的真实。为此,只要一提伊凡四世是在出生后 3 岁丧父的,然后将他的下述埋怨之词和刚刚从佩列斯韦托夫关于君士坦丁《逸闻》中摘录的那些话,作一番对照,就可说明一切了。伊凡四世说:

“同样,由于上帝安排的命运,我们的母亲、笃信上帝的皇后叶琳娜,离世仙游,我同已故的兄弟格奥尔吉离开父母而成为孤儿。我们不能希望从任何地方得到什么,只有寄希望于圣母的恩典,祷告所有的神,希望得到父母的祝福。我 8 岁时,治下的臣民都希望

① 列日加:《十六世纪的政论家佩列斯韦托夫》,莫斯科,1908 年,第 70 页。

改善他们的处境，国无统领，贵族不做任何好事，只是贪求财富与光荣，相互倾轧不休”，等等等等[①]。

这里有一个惊人的巧合：佩列斯韦托夫的《逸闻》写于伊凡和库尔布斯基[②]的争论开始之前[③]，却完全预料到伊凡雷帝的埋怨之词。这就是说，佩列斯韦托夫将他在仇恨大贵族的十六世纪莫斯科官宦等级中听到的有关伊凡四世童年的一切，都记在十五世纪初期的拜占庭“达官显贵”的账上。这便使我们有充分的理由设想，这些官宦等级的情绪也在佩列斯韦托夫的其他故事和揭发性作品中，有所反映。

根据他的说法，拜占庭的“达官显贵”，掠夺人民，拥有巨额财富，他们在想到将来幼主成年，并显示其非凡的作战才能时，无不心怀恐惧。为了不失“本身的安宁”，他们遂“发出郑重的誓言，代表上帝”写了一些书，证明信仰基督的君主只能进行防御性战争，而不能进行进攻性的战争。君士坦丁读了这些书，放弃了原有的好战计谋(《于是驯服了》)。但是当他“驯服了”时，带着水陆雄师来到萨尔格勒(帝城)的穆罕默德一苏丹，便轻而易举地击败了他。

佩列斯韦托夫将其《逸闻》的主题思想表述如下：“富者从来不想好战，他们只想温顺和谦和。皇帝在国内表现温顺谦和者，其国

---

① H. 乌斯特里亚洛夫：《库尔布斯基* 公爵逸闻》，第 3 版，圣彼得堡，1868 年，第 158 页。

② 库尔布斯基，安德勒·米海洛维奇(1528—1583)，公爵，大贵族。参加过“重臣拉达”。1564 年叛变祖国逃往立陶宛，反动封建贵族思想家，与伊凡四世通信争论，维护大封建主特权。著有《莫斯科大公史》。——校者

③ 勒日加以为，佩列斯韦托夫关于君士坦丁皇帝的逸闻，是在 1546 或 1547 年写的。(书见前，第 19 页)

必穷困衰落，其荣誉必将下降。皇帝在国内严厉和英明者，其国必将扩张，其声名也将光荣地远播到所有国家。希腊人由于自己的邪说而"驯服了"君士坦丁皇帝，所以他们丧失了国家。"[①]

君士坦丁由于相信"达官显贵"，所以垮台了，而且毁灭了自己的国家。他的征服者穆罕默德一苏丹则善于坚强地控制土耳其的"达官显贵"。穆罕默德一苏丹没有在任何城市给任何一个"达官显贵"以总督职位，使他们"不敢根据谎言进行审判"。对于他派到各城市的法官，他常常予以极为严厉的处罚。皇帝时常巡查法官，看看他们怎样审判。人们向皇帝报告他们的恶行说，他们在审判时受贿。沙皇并不治罪，而只是命令重责这些法官，并说：他们倘敢再犯，就对他们治罪。皇帝命令剥去他们的皮，塞进纸块，在审判时钉进铁钉，并在皮上写道：不这样雷厉风行，便不能在国内贯彻真理。皇帝应在本国实行真理，对于所爱，只要有罪，也绝不姑息。国家如不雷厉风行，便如皇帝的坐骑没有缰绳[②]。佩列斯韦托夫完全赞同他的故事主角的这种残忍。他说，他的穆罕默德"在其国内建立了公正的法庭，消灭了谎言"[③]。按照他的意见，"为了使人们无论怎样也不软弱和不激怒上帝"，残忍是必要的。佩列斯韦托夫的这一所谓残忍有利于全国幸福的意见，是在伊凡四世成为对大贵族的雷霆之前很久，便已发表的。由此可见，他的恐怖最少在某种程度上是符合他的时代的精神的，也就是说，是符合那时莫斯科国的某部分居民，而且有势力的居民的需要的。

① 《库尔布斯基公爵逸闻》，第 70—71 页。

② 《莫斯科大公史》，第 72 页。

③ 同上书，第 73 页。

穆罕默德－苏丹将这种“皇帝的威严雷霆”推行于军队。但这并不妨碍他去爱护他的战士：“他增加了对军队的关心，使他的整个军队笑逐颜开。”[①]战士因负担繁重的军役而受到皇帝的密切关怀。他对战士说：“弟兄们，不要为服役而悲伤，我们没有军队，便不能存在于世上。尽管皇帝很少疏忽和温和，但如果他的朝代衰落了，便会有别的皇帝来取得统治。普天之下，神圣的天使，上天的力量，都要求一刻也不要放下手中武器，要保卫和防护亚当的人类，任何时候都不要丧失军队的神力。”[②]据佩列斯韦托夫说：穆罕默德组织了四万名“擅长火器射击”的“精兵”。这是“很明智的”。他和全国需要这四万名精兵。“为此，必须使他们靠拢自己，使国内不出现敌人，不发生叛乱。这要求皇帝不犯狂妄的过错，致使显贵增加和傲慢起来，也想成为皇帝；而这是他们永远达不到的，他们会由于自己的罪过而灭亡，国家是不能没有皇帝的。为此，皇帝要谨慎小心，精兵则应是忠于皇帝的人，他们忠诚地为皇帝服役，支取皇帝发给的薪饷”[③]。但最重要的是，穆罕默德－苏丹在补充土耳其这一禁卫军的队伍时，所考虑的不是军职人员的出身，而是他们本人的素质。佩列斯韦托夫以为在这方面，土耳其君主提过一些颇为值得注意的见解。仿佛穆罕默德说过：“弟兄们，我们都是亚当的子孙，谁对我忠诚服务而反对敌人，他便是我的最优秀的人。”[④]这种见解自不可能为莫斯科的大贵族所乐闻，

① 《莫斯科大公史》，第 74 页。
② 同上。
③ 同上。
④ 同上书，第 75 页。

在他们的眼光里，官级的计较，是极为重要的；但在莫斯科官宦等级的非贵族部分中，这一见解却引起了很同情的反应。当伊凡雷帝在莫斯科创办他的俄国"禁卫军"时，他也不是根据他们的世袭门第，而是根据他们是否称职来对"亚当的子孙"作出评价的。但佩列斯韦托夫不仅是一个没有世袭联系的官员；我们知道，他是一个立陶宛人。可能，因为这一缘故，他在他的政治小说中，不曾忘记添写几句穆罕默德一苏丹如何关怀外籍军职人员的言论。"在当今皇帝那里，土耳其的奥尔瑙特—巴夏[①]，便是一名奥尔尼亚乌特国的俘虏，他能坚强地抵抗敌人，打垮团队；科洛曼—巴夏也是一名科洛曼国的俘虏，他善于效忠皇帝，反对敌人，大智大勇，所以光荣晋升。至于他们是谁的子弟，则毫无所知。沙皇为了奖赏他们的智慧，给他们加官晋爵，希望其他类似他们的人，也能为皇帝尽忠。"[②]

我还要指出俄国这一部十六世纪非常有意义的政治小说的另一值得注意的特点。小说的威严与残忍的主角，乃是奴隶制的坚决敌人。他认为人只能是上帝的奴隶。他"命令将所有的册籍，包括全部正文和签呈，都送到他的面前，予以烧毁。他给俘虏规定服务期限，工作 7 年，有力气者 9 年。如有人高价购去，历时 9 年仍予扣留者，只要俘虏对他提出申诉，这人便要在这个国家被消灭，被处死刑"[③]。佩列斯韦托夫在这里表现为一个奴隶解放派。这样的要求发自十六世纪的莫斯科"军人"口中，可能显得奇怪。因此，不妨一提在本书绪论中业已指出的莫斯科国经济发展的某些特点。

① 巴夏(Паша，亦译作帕夏)为土耳其高级军政长官称号。——译者

② 《莫斯科大公史》，第 75 页。

③ 同上。

这个国家的军职人员很需要人工来耕种他们的土地。农民离开世袭领地和大地产，这便等于领主和地主的破产。因此，无论领主和地主都一样需要阻止农民离去。同样，他们也都想将那些尚未丧失迁徙自由的农民吸收到他们自己的土地上去工作。但是富有的领主，比穷地主更能给迁到他们土地上的农民以更多的优待。所以农民更愿抛弃地主的土地而去到他们那里。完全可以理解，地主对于这种迁移是不能置之不理的。他们的地产荒芜，使他们不仅对于所属农民，——对于这些农民他们使用一切办法、包括强制办法，力图扣留——而且对于大地产的领主，都极为愤怒。约在十六世纪中叶，由于农民大批离开莫斯科国的中央地带而逃往逐渐向农民开放的南部和东南边区，事情就变得更为复杂和恶化了。这时，中央地带便遭受了经济危机，有很重要的政治后果。农民由中央地带迁往边区，归根到底不仅对小地主，而且对大世袭领主，也都破坏了他们的生财之道。由于变穷了，世袭大贵族丧失了他们在莫斯科社会的旧日权势，而且如在本书绪论中所指出，他们在同最高当局的冲突中，也变得不如以前坚决；而最高当局则是不断设法使所有社会力量屈服于自己的。十六世纪中叶的经济危机极大地便利和加快了莫斯科君主专制制度的最终胜利。这不仅是由于他削弱了大贵族的社会影响，从而减少了他们对国王的抵抗。这还因为地主由于农民自中央地带迁往边区而遭受破产，遂愈益成为中央政权的驯服工具，因为只有中央政权才能给他们以援助。他们的这种情绪一般反映在佩列斯韦托夫的政论上，特别在他的有关奴隶制的论述中。经济危机使小地主和大世袭领主争取农民劳动力的相互竞争，极为尖锐。但是，像过去一样，现在大领主也

是不难战胜小地主的。在大规模的世袭领地里，现在为了阻止农民迁离，已开始使他们变为奴隶。而且奴役的规模，显然是颇为广泛的[①]。这一现象没有逃过佩列斯韦托夫的洞察。作为一个勇于彻底思考的人，佩列斯韦托夫想出一种反对推行奴隶制的根本办法：这就是完全消灭奴隶制。既然想出了这一根本办法，他便按照自己的习惯，愿意引证拜占庭的历史以证明这种办法的正确："在君士坦丁皇帝时，最好的人都为达官显贵所奴役而无自由"，因此，也都丧失了任何勇敢精神。他们"经不住坚强的对敌战斗，在战斗中逃跑，吓得整团投降外国皇帝，他们受了诱惑"[②]。据佩列斯韦托夫说，这一情况也促使穆罕默德一苏丹解放他们。当他给了他们自由的时候，"这些在国王的达官显贵那里做过奴隶的人，都成为他们的勇敢的、最好的人"[③]。佩列斯韦托夫所指出的个人勇敢精神和自由状况的这种因果关系，可说是莫斯科罗斯社会思想史中一个最有意义的事实了。但是，我们马上就可看到，在佩列斯韦托夫的思想里，自由概念的范围该有多么狭窄。

穆罕默德一苏丹在指出被他从奴隶状态中解放出来的人们在

① 阿弗拉米·帕利岑原来在所写《逸闻》里对这一现象作了描写。固然，他的描写是关于费多尔·伊凡诺维奇朝代的，但他认为奴隶制主要是鲍利斯·戈东诺夫和他的支持者的过错。然而我们可以有把握地说：这一现象在伊凡四世时便已开始，所有的地主只要有办法，无不力图奴役劳动力。帕利岑写道："鲍利斯·戈东诺夫和其他许多重臣显贵，不仅他们的氏族，而且许多同他们相类似的人们，也都使许多人成为奴隶，为他们服务，白白地在他们家里不仅做手工或从事精巧的技艺，而且在他们的地产、村庄和葡萄园里工作……。"（见《混乱时代俄国古代文物》，古代文献研究委员会出版的《俄国历史丛书》，第13卷，第482—483页）。

② 勒日加：见前书，第75页。

③ 同上书，第77页。

战争中表现极为英勇以后说:"我所实行的是上帝的意志,上帝乐意我们的部队由勇敢的青年来补充。"[①]他一般地时常引证上帝,而且极为笃信上帝;如果他不转而信仰基督教,其唯一原因在于他的"穆罕默德后裔"的反对。但是,佩列斯韦托夫虽然竭力渲染他的故事的主角如何笃信上帝,却从来没有放弃他的纯粹世俗观点。他认为"真正的信仰"是一回事,而"真理"则是另一回事。他的穆罕默德故事在结尾时,——通过一个"拉丁人"的言论,仿佛这"拉丁人"同希腊人争论过拜占庭溃败的原因问题——表示希望俄国人将土耳其的真理加到真诚的基督教信仰中去:"如果土耳其的真理加上基督教的信仰,那么,天使便会同他们谈话了。"[②]在别的一些地方,他表示得更露骨,毫不掩饰地说:真理比信仰更重要。他的故事里的沃洛省长(摩尔达维亚公)彼得向沙皇伊凡·华西里耶维奇提出的第一请愿书中说:"如无真理,便什么都没有了。"佩列斯韦托夫是以这位彼得的名义揭发当时的俄国制度的,这位彼得在同一请愿书中又说:"不信上帝的异族人,也都认识到上帝的力量,土耳其皇帝穆罕默德—苏丹攻克萨尔格勒(帝城),在他的整个国家里管理公正的法庭,为上帝所喜爱,博得了上帝的欢心,所以上帝帮助他占领了许多国家。"[③]最后,在请愿书的其后几行里,这位沃洛斯基的省长断然宣称:"上帝所爱的不是信仰,而是真理。"[④]这是约瑟夫·沃洛茨基一类宗教作家未必同意的。

① 勒日加:《十六世纪的政论家佩列斯韦托夫》,第 77 页。

② 同上书,第 78 页。

③ 同上书,第 66 页。

④ 同上。

我们的作者在他的一些其他著作里所维护的真理，他笔下的沃洛茨基省长所捍卫的真理，也就是我们在《穆罕默德一苏丹逸闻》一书中所看到的那种真理。佩列斯韦托夫在所有各处都表现为大贵族的死敌。我们在他的著作中读到："沃洛茨基的省长关于俄国是这样说的：俄国沙皇的重臣显贵自己发财懒惰，而国家则日益穷困；他们上任时花团锦簇，人拥马欢，却被称为沙皇的臣仆，然而他们并不坚持基督信仰，亦不凶悍死战以反对敌人，从而对上帝和国王都在撒谎。"①沙皇有很多重臣显贵，但他们对沙皇和国家都无补益。他们过于富有，所以不能好好服务。这位省长继续说："他们人数很多，但他们既然没有好心，而且贪生怕死，所以他们不愿为基督的信仰而死，而且希望他们永远不死。富人不想战争，而只想安逸。虽然勇士也发了财，但这些人却是懒惰透顶了。"②

佩列斯韦托夫攻击"达官显贵"相信异教，甚至相信妖术。他觉得有些"达官显贵"所以能够接近沙皇，并非由于战功，亦非由于特殊"才智"，仿佛使人怀疑主要是在妖术和异教方面。人们说他们是聪明的哲学家："这就是说他们是巫师和异教徒。他们剥夺了沙皇的幸福和才智，在沙皇的心里燃起异教和妖术的邪火，而瓦解了军队"③。

根据佩列斯韦托夫的意见，对于这种人应该加以无情的处置。他笔下的沃洛省长说："这种人应该烧死和使他们凶死，以免祸害

---

① 勒日加：《十六世纪的政论家佩列斯韦托夫》，第 62 页。

② 同上。

③ 同上书，第 65 页。

再滋生。”[①]为了教训俄国沙皇，他又引述拜占庭的历史：“但妖术笼罩了信仰正教的君士坦丁皇帝，敌意抓住他不放，消灭了他的作战才智，抑制了他的英雄气概，皇帝战斗的宝剑放下了，他开始了放荡的生活。谁也不能以皇帝的地产生活，谁也不能伸首出户，一步也不能逃避达官显贵的侮辱和灾难：整个国家都受制于他的达官显贵，人们为了维持生活而给他们扬名。人们等待英明皇帝的出现，然而没有等到。”[②]

整个俄国也将受制于达官显贵，如果沙皇伊凡不关心及时预防这一危险。在《穆罕默德一苏丹逸闻》里，佩列斯韦托夫就提到土耳其皇帝“命令全国一切收入交纳国库，对于他的达官显贵，无论在任何城市里都不给任何人以总督之权，使他们不得实行不公正的审判，不得乘便将公款纳入私囊”[③]。从当时俄国制度的观点看，这种关于穆罕默德一苏丹所行利国措施的好意报道，等于建议取消莫斯科居民所憎恨的“食邑”制度。这种制度使大贵族得以在供养他们的地区，滥用职权，巧取豪夺。必须指出，莫斯科政府很快便采取了断然措施，取消“食邑”制度。当然，改革不是按照佩列斯韦托夫的精神进行的。他是一个彻底的中央集权派，主张派任地区行政首长的沙皇官吏，应支领一定的货币薪俸。但实际上在十六世纪五十年代，出任地区行政首长的，不是沙皇的官吏，而是受宠的村长、受宠的头面人物和地方法官。这样的制度比佩列斯韦托夫所建议的彻底官僚主义中央集权制，开支较小。一般地说，

① 勒日加：《十六世纪的政论家佩列斯韦托夫》，第 65 页。

② 同上书，第 67 页。

③ 同上书，第 72 页。

在我们的政论家的所有实际主张中，有一个似乎尚未被学者们指出的特点。这位天才的人物虽然极为明显地表达了当时大贵族的意向，却对当时莫斯科国居民生活和活动的那些经济条件，似无明确了解：他过分夸大了他们所拥有的货币手段。为了证明切实保证“军人”生活的必要，他显然以为莫斯科国能够用货币薪给来偿付他们的服务，然而事实上，它只能主要地用土地来偿付。这就是为什么佩列斯韦托夫的计划，在经济方面比政治方面更要抽象得多的缘故。应该想到，他的计划的这一缺点是由于佩列斯韦托夫为一个出生在外国的人。他一生大都居住在波兰和波希米亚这样一些货币手段比莫斯科充裕得多的国家，当然不了解他的新国王所能支配的经济手段。

异教徒和巫师使沙皇失去了幸福和智慧，在他们所犯一切罪过中，对国家最危险的是他们“压制了军队”。“沙皇是由于有了军队才强大和光荣的。”[①]因此沙皇应从自己的国库中拿出钱来取得战士的“欢心”。如果他遵守这一规则，则财源就会不断，国家就永远不会穷。佩列斯韦托夫再三重复他的主张：必须不根据战士的出身，而只根据他们个人的功绩，对他们进行奖赏和迁升。对于不惜牺牲生命同沙皇的敌人作战的“军人”，沙皇必须“使其靠近自己，完全信任他们，听取他们的一切申诉，像父亲对待自己的子女一般爱护他们，对他们慷慨解囊”[②]。这种田园诗的意境，伊凡雷帝后来在其同禁卫军关系中按照他的粗暴方式实现了。

① 勒日加：《十六世纪的政论家佩列斯韦托夫》，第65页。

② 同上书，第63页。

前已述及，佩列斯韦托夫不仅注意莫斯科国对内政策，而且注意对外政策。我们已经知道，掠夺成性的游牧部落的侵袭，对于俄国定居农民的生活起了多么大的破坏作用。佩列斯韦托夫对于这一作用是完全明了的。

他以为摩尔达维亚公关于莫斯科沙皇反对游牧部落斗争的任务，提出如下意见：

“这个国王只要统领两万佩带大大够用的火箭的青年勇士就行了，战士驻扎在乌克兰的土地上，面向敌人克里米亚沙皇的堡垒从国库支取年薪；他们对活在战场上与敌人——克里米亚沙皇作战的生活习以为常。这2万人将胜过10万人，而乌克兰将永远富有而不致因抵御敌人陷于穷困。这样强大的（莫斯科）沙皇是能够为所欲为的。”①

佩列斯韦托夫对于莫斯科同喀山国的关系同样注意、莫斯科国王的忠实同情者“沃洛省长”，在他的故事里是这样说的：“我从到过喀山国的许多军人那里听说，这喀山国与边区相比，好处甚多。”②这个地方一定要去征服。这位沃洛省长又说：“我们非常奇怪，这样一个小国，一个非常合乎心意的小国，虽处于这样强大的沙皇的肘腋之下，却不友好，而沙皇反要对它长期容忍，忍受他们带来的忧伤。即令这样的小国讨好我们，与我们交好，我们也不应因为这种讨好而容忍。”③保持这种意见的，不只沃洛省长一人。如果相信佩列斯韦托夫的话，则在立陶宛，就有些“拉丁哲学家和

①　勒日加：《十六世纪的政论家佩列斯韦托夫》，第63页。

②　同上书，第68页。

③　同上。

博士”预言伊凡·华西里维奇沙皇将战胜喀山国,“派出他的英明战士去攻占它,而且为它举行洗礼”①。同样聪明的而有学问的人以为,沙皇的首都应迁往下诺夫戈罗德②。

佩列斯韦托夫在将沙皇的崇拜者沃洛省长的意见报告沙皇时,又提到奴隶的解放问题。按照他的说法,奴隶制是恶魔想出来的。恶魔在亚当被逐出天堂后诱惑了他,夺去了他的“证件”。上帝怜悯亚当,用他对“自由的爱好”赎了他的罪过,由地狱中折磨了他,撕毁了他的“证件”。现在那些要别人毕生为其工作的人们,都是讨好恶魔,毁灭了自己的灵魂。佩列斯韦托夫在引述这一神学论据——当时的最高论据——时,再次提出我们前已知悉的社会心理学论点,并用同一神学论据来证明这个论点正确:“哪个地方实行奴隶制,那里就发生一切恶行:抢劫,掠夺,侮辱,都会发生,整个国家就会衰落,上帝震怒,恶魔高兴。”③这里已可明显看出,对大贵族压迫的恐惧,促使佩列斯韦托夫要求奴隶的解放④。

“哪个地方实行奴隶制,那里就发生一切恶行”,这是一个完全

① 勒日加,同前书,第 68 页。

② 同上书,第 78—79 页。

③ 同上书,第 67 页。

④ 这就是为什么不能无条件地接受勒日加先生的意见的缘故,他以为佩列斯韦托夫反对奴隶制,使我们不得不假定他同产生当时的异教徒的环境有联系。勒日加先生指出,在 1553—1554 年宗教会议上受到审判的马特维·巴什金,同佩列斯韦托夫一样,认为奴隶制不符合基督教义的精神。然而问题在于佩列斯韦托夫提出反对奴隶制,不仅是以神学考虑为依据。他从国家利益的观点进行考虑。在他对奴隶制影响的批评中,首先听到的是奴役劳动居民的大贵族的敌人。而由于大贵族的敌人,在当时的官宦等级里除佩列斯韦托夫外,还有很多,所以,可以假定,对大贵族强暴的恐惧使某些其他下属人士相信,解放奴隶是有好处的。例如,尽人皆知,西尔韦斯特尔牧师便解放了他的全部奴隶。

正确的思想。这一完全正确的思想最少已为伊凡·华西里维奇雷帝的一名——然而很可能不止一名——军职人员所熟知。指出这一点是很重要的。同样重要的是，指出这一思想只不过促使佩列斯韦托夫要求消灭奴隶制度。奴隶制只是人奴役人的许多形式之一。但是佩列斯韦托夫没有问问自己，是否人奴役人以及莫斯科国的"一切恶行"，都将因奴隶制的消灭而消失呢？如果他问过，那他除消灭奴隶制的要求外，也只会提出一个要求：这就是要求限制大贵族的力量和权势。他认为实现这一要求的最好办法，是发展沙皇专制制度。他连想也不想，沙皇的专制制度本身便可能成为全国被奴役和国内一切恶行的根源。我们在他的著作里，从未丝毫看到适当限制最高权力的任何表示。从这方面说，他比他的同代人，即前述法国人波丹，是大有逊色的。

波丹也是一个坚定不移的保皇派。但他希望君主服从"自然法则"，保障所属臣民的"天赋自由"[①]。他将君主政权分为三类。他说："所有君主制都或为世袭君主制，或为国王制，或为暴君制。"(Toute Monarchie est Seigneuriale，ou royale，ou tirannique，第272页)在国王制的君主国，国家元首尊重其臣民的天赋自由。而这种天赋自由表现于臣民有处理其财产的自由(财产的所有权，Propriété des biens)，世袭君主制的特征，按照波丹的说法，在于臣民既没有人身自由，也没有处理财产的自由。波丹以为世袭君主制是第一个君主制(即政体的第一种形式。——著者)。不要将

① 波丹：《共和国六论》(*Les six livres de la Republique*)，巴黎，1580年，第11卷，第273页。

世袭君主制同暴君制混为一谈。践踏本国法律者为暴君，而世袭君主则可能是一个完全守法的君主。波丹指出，古代波斯便是世袭君主制的一例，那里的一切都为国王所有，一切居民都是国王的奴隶。时过境迁，臣民对国王的奴隶依附逐渐减轻，所以最后，这个君主政体只在名义上是世袭的。然而就是现在，有些地方还实际存在。它存在于亚洲，埃塞俄比亚，甚至存在于欧洲：在土耳其，鞑靼和莫斯科。波丹没有忽视的一个事实是，莫斯科沙皇的臣民，都自称为沙皇的奴隶（他写为 les chlopes，并解释说，即奴隶）[①]。根据波丹的意见，在世袭君主制的国家里，国王所以被神化，就是因为他在那里既是人的主宰，又是财产的主人。世袭君主制国家的居民由于是本国国王的奴隶，都要受奴隶般的惩罚。波斯在阿塔克舍尔克斯皇帝以前，对于罪犯，甚至对于身居高位的罪犯，都习惯用肉刑。阿塔克舍尔克斯第一次决定惩罚罪犯时，要像以前一样剥去他们的衣服，但受鞭打的不是他们，而只是他们的衣服。同样根据他的命令，不再拔犯人的头发，而只是拔去他们帽上的茸毛[②]。波丹认为，这证明时过境迁，波斯的君主制度事实上已不再是世袭君主制了。由此看来，他认为对臣民施以肉刑是世袭君主制的主要外部特征；而臣民对君主的奴隶依附则是造成这一特征的原因，这种依附的表现便是臣民无权自由地安排自己和处理自己的财产。这个观点比那种流行的老生常谈是深刻得多了。按照老生常谈，则东方专制国家甚至对身居高位的人们实行肉刑，——

---

① 《共和国六论》，第 274 页。

② 同上书，第 276 页。

试一回忆旧莫斯科及其鞭刑、笞刑以及连根拔除胡须等等，——是由于缺乏“文化”。波丹知道，甚至在最文明的国家（希腊、罗马），主人也对其奴隶施以肉刑；而在文明落后很多的国家里，其自由居民却不能想象他们的国王会这样对待他们。波丹懂得，问题不在于缺少“文化”，因为文化本身也只能是一定社会关系的结果；而在于这些社会关系，其本质便是所有社会力量都受以国王为代表的国家的奴役。同样，他显然很知道，世袭君主国的臣民所以把他们的国王神化，并不是因为他们的不文明，而是由于他们的奴隶地位，由于这种地位，国王对于他们是神，是一切幸福的来源。[①] 他尽管出于理论上的需要，认为必须提醒读者：世袭君主是一回事，而暴君又是一回事；但他本人却是一个坚决的“国王制”拥护者，因为“国王制”给居民以人身和处理财产的“天赋自由”。这是完全可以理解的。在国家学说上，波丹是处于一定发展阶段的第三等级的思想家。这个发展阶段的特点，首先在于这个等级在反对封建主的解放斗争中，尚不完全相信其本身的力量，因而支持了国王取

① 克柳切夫斯基教授说，将两种不相协调的属性：沙皇和世袭大地主，结合在“最高当局一人之身”，乃是一个“反常现象”。（《俄国史教程》，第 3 卷，第 16 页）波丹更有根据地认为这两种特性的协调，更确切地说，它们的完全符合，就东方专制国家而言，乃是完全正常的。克柳切夫斯基说：“人们不把国家理解为由最高当局管理的人民联合，而理解为国王的经济体；居住在国王世袭领土上的各居民阶级，都按其经济来源的重要性参加这个经济体。因此，人民的幸福、国家的宗旨都服从土地主人王朝的利益，而且法律本身也具有经济命令的性质，这种命令发自莫斯科河畔的克里姆林庄园，它规定所属当局、主要是地区当局的活动，但更多的是规定居民履行各种义务的程序。”（同上书，第 16 页）我们在所有东方专制国家里所看到的正是这种情形。如果这是“反常现象”，那就应该说，在东方专制国家里，这种“反常现象”在数百年，乃至数千年里，已成“规范”。

得专制权力的野心。这种专制权力可帮助资产阶级铲除其历史道路上的封建障碍。因此，资产阶级同这种权力妥协，甚至把它理想化了。但是资产阶级同它的妥协，乃至把它理想化，只是在它帮助资产阶级向前发展的限度之内，用波丹的话说，就是在它不改变其为国王专制，不侵犯公民的个人权利和公民的“真正私有主”(Vrais propriétaires)的权利的限度之内。如果君主也想象东方君主那样对待其臣民的财产和臣民自身，则专制权力对于法国第三等级便是一种不堪忍受的桎梏了。这样的君主，波丹是一定要把它算作暴君的。

不是社会意识决定社会存在，而是社会存在决定社会意识。十六世纪的莫斯科政论家是完全不能理解当时法国先进政论家所制定的社会政治概念的。波丹完全正确地将“莫斯科”列为世袭的君主国。莫斯科的社会力量越来越加受国家的奴役，国家元首自然把这种力量视同奴隶。这一点波丹是注意到的。在这种社会发展方向之下，由于这样或那样的原因而维护沙皇专制制度的政论家，甚至不能想象会有这样的“自然法则”，能够在公民或经济生活中规定某种界限。我们知道，佩列斯韦托夫不仅了解自由这个概念，而且明确地看出了许多社会罪恶同奴隶制的因果关系。然而在其实际计划里，他并未超出取消奴隶制要求的范围。“自由”是一个形式的概念，其内容在每一特定时间都决定于特定的具体的——归根到底，经济的——条件。根据佩列斯韦托夫的观点，解放国内的居民，便是消灭(“撕碎”)卖身契。他不能像波丹那样，为莫斯科国的居民要求“真正私有主”的权利。他是这样一部分官宦等级的思想家，他们的命运同封建土地占有制的命运最密切地联系在一起。而纯粹的封建土地占有制则是将“真正私有主”的权利交给国王的；它给予地主的，只是因服役而暂时使用土地的权利。像不久以前国有财产部分配我国土地于其部门所属农民一样，国王在地主之间为了酬劳他们服完军役而分配以土地。1556 年伊凡四世注意到“有些达官显贵和军人占有了许多土地，而服役情况很差，他们的服役同国王的赏赐和领地不相配称”。因此，他命令——他的上谕保存在编年史里——实行平均分配：“在封地里实行土地清丈，应得多少就给多少，余额分给贫困户。”①这是一次在地主之间实行的真正“土地平分”。如果地主享有“真正私有主”的权利，这是不可能实行的。然而在莫斯科国的当时经济情况下，这样的土地重分则为利于“军役”所必需，而且对于地主本身也是有益的。这就是为什么地主阶级的理论家佩列斯韦托夫不能听任这种重分违反“自然法则”的缘故，正如第三等级的理论家波丹也会作此主张一样。不仅如此。佩列斯韦托夫定会感到这样的土地重分，——以及将土地的“真正私有主”的一切权利转移给国王，——是保障军人，即使军人获得实际自由的必要条件。我在上面业已指出，他可能由于在一些社会及经济发展与莫斯科大不相同的国家居留了多年，不很了解莫斯科经济生活的特点。但是，他既然保持着莫斯科官宦等级前述部分的观点，便必然领会到这种特点所造成的关于君主权力的特性的全部概念。他的自由要求没有超过取消奴隶制的范围。当他想为其政治理想寻求一个典范的时候，他的目光自然不是向西方看，而是向东方看，向波丹公正地称之为

① 季亚科诺夫：《古代罗斯的社会和国家制度概论》，第 269—270 页。

世袭君主制和以居民对国王的奴隶依附为特征的国家看。

在波丹的著作里，有一段引自普卢塔尔霍夫所写《费米斯托克洛传记》的很有教益的摘录。波斯宫廷的一名皇帝卫队长阿塔班，在传记中对费米斯托克洛说：“你们希腊人最为珍视自由和平等。而在我们看来，在我国大量法律中，则以规定我们必须尊敬我国皇帝，崇拜他像崇拜上帝一样那条为最好。”莫斯科国的居民也认为必须不仅由于恐惧，而且出自良心，对自己的国王尊敬和崇拜，作为尘世的上帝。同样的原因总会产生同样的结果。由于历史的发展将莫斯科国王的权力范围扩大到东方“世袭君主制”的相应权力所特有的那样广度，莫斯科的社会思想也就越加具有东方的气质了。我们往下就可看到，莫斯科人在混乱时代同波兰人谈话中所发表的见解，同很久以前阿塔班同费米斯托克洛谈话中所发表的见解，是完全一样的。

第三章　大贵族和僧侣斗争影响下的社会思想运动

在我们面前，佩列斯韦托夫是这样一部分莫斯科官宦等级的理论家，他们急切地需要扩大沙皇对于所属臣民的财产（自然首先是不动产、地产）的支配权。佩列斯韦托夫丝毫不愿想到给沙皇权力设定范围的任何“自然法则”，这是完全可以理解的。但有一个问题：那些领有较大世袭领地的官宦等级的最高部分，由于有利于“军人”的“土地重分”而可能蒙受和实际上很快就已蒙受重大损失，对于这一“自然法则”，是否也未想到呢？对于这一问题，只能作肯定的答复：是的，他们想到了这种法则。然而值得指出，就是这最高部分也从未想到要利用明确规定的法则标准来限制沙皇的权力。他们与其说是提出要求，不如说是作过建议，而且他们的建议也没有涉及国家**制度**，而只是涉及国家**管理**。从这方面说，有一本叫做《瓦拉穆的术士圣谢尔吉伊和圣赫尔曼的谈话》的著作，是颇堪玩味的。这本书的创作可能是在十六世纪五十年代下半期[①]。

---

① 见《古文献委员会研究年鉴》（1885—1887），圣彼得堡，1895，第 10 辑，第2 部分，第 19 页。

圣谢尔吉伊和圣赫尔曼坚决主张“父老兄弟”即修道士都要完全服从沙皇，这本书便是用他们的名义写的。他们说：

“恳求你们，心爱的父老和亲爱的弟兄们，你们要服从信仰正教的沙皇和大公，要关心俄国的大公，要在一切事情上依从他们，要为他们祈祷就像为你们自己祈祷一样。我们将由于这种祈祷而得到宽恕。祝我们的君主一切幸福，为了他们应该像为了我们的东正教信仰那样，牺牲自己的生命，抛却自己的头颅。可是，我们为了这种对上帝的善行，是不会损失一根毫毛的。”[①]我们马上便可看到，为什么《谈话》的作者要上述两位圣徒向父老兄弟们、即修道士们发出号召，为什么他认为必须要求他们完全服从。那时我们便可相信，这一要求的产生是由于我们已经知道的一种社会生活矛盾。现在应当指出，《谈话》的作者谈到沙皇权力时，是把它描绘为应该是无限制的。“上帝将整个最高权力赋予举行过登极涂油仪式的沙皇和上帝所选择的公爵。上帝赋予俄国公爵和沙皇以统治所有人的最高权力。”[②]对于沙皇权力范围的这种规定，就是佩列斯韦托夫本人，甚至费米斯托克洛的对谈者波斯官员阿塔班也很难有所补充了。同这种沙皇权力无限论完全符合，《谈话》的作者深信，沙皇对于笃信宗教问题亦有给予最高关怀的责任。他主张“沙皇和大公应对各寺院和全国各地都发出朝廷温良的威慑，不剃胡须，也不对他们的最高地位有任何危害；任何地方的任何人都必须完整不苟地画十字，全年实行斋戒祈祷；无论男女，凡年龄

① 《古文献委员会研究年鉴》，第10辑，第2部分，第2页。

② 同上书，第2—3页。

达十二岁者，都要向主和神父说出自己的心事。全世界的信徒和军队都应拥护沙皇，但不是一切人都对最高的沙皇负责。”[①]沙皇还应关怀宗教书籍的修改[②]。《谈话》的作者断然反对一种意见，——这种意见显然也是在十六世纪的莫斯科国产生的——似乎上帝是“随心所欲”或“独断独行”地创造了人。“如果上帝是‘独断独行’地创造了这个世界上的人，那他就不会设置沙皇和大公以及其他权力，也不会使人群各自分离。”[③]像佩列斯韦托夫一样，《谈话》的作者认为沙皇的威慑是必要的。如果没有沙皇的威慑，则人们不会斋戒，不会忏悔，也不会尊敬神父[④]。但是，佩列斯韦托夫力图使沙皇的威慑主要用来对付“达官显贵”，而《谈话》的作者则认为沙皇必须经常同“达官显贵”、同佩列斯韦托夫所憎恨的这些人磋商。他笔下的圣谢尔吉伊和圣赫尔曼直截了当地说：“沙皇应与大贵族及亲近的宠臣切实磋商一切。”由此可见，《谈话》的作者就令本人不是“达官显贵”，也是完全站在他们的观点上的。作为当时的一个尘世中人，他绝不会否认“军人”的重要意义。但是他知道并且记得，他们的行为每每不完全是“爱基督的”，因此他认为必须用圣徒的名义对他们宣读这样的训示：“异教徒在战争中勇于杀人、劫掠、淫乱，将他们的勇气用于一切肮脏的恶行，并因此受到夸奖。但忠诚的信徒在战争中应该在行为上效法沙皇，坚定不移地反对基督十字的敌人；对于同信仰的人们和在他们家里，应

① 《古文献委员会研究年鉴》，第10辑，第2部分，第24—25页。
② 同上书，第27页。
③ 同上书，第25页。
④ 同上书，第25页。

态度谦和，慨慷宽容，不殴打、更不折磨，不从事劫掠，不侮辱妇女，不危害修女、寡妇，以及其他孤儿和一切东正教的基督徒。看到他们流泪和哀叹，所有的军人都应悚然恐惧，不作恶。”[①]

《谈话》的作者长篇累牍地证明一切权力都属于沙皇和他所委派的官吏。他也是拥护“世袭君主专制”的。但他劝告沙皇珍惜国家的支付能力。“沙皇应该在征收任何收入时要手下留情，做事要宽大为怀，不要发怒，也不要听信流言。”[②]《谈话》的作者虽然对专制君主极为尊重，但迫使瓦拉穆的术士们对沙皇在国家管理上的疏失以及沙皇的“简单化”（也就是……思想迟钝），表示担心。根据术士们的意见，这种疏失和简单化主要表现于沙皇不再听从其天然顾问们（即大贵族）的意见，而接受了出家的僧侣们的影响，这种僧侣便利用其影响敛聚财富。“然而沙皇不应单纯，而应与顾问们磋商一切事务。……沙皇无意间愚蠢地阻止僧侣拯救灵魂多到不可胜数，使他们受到无穷的巨大灾难，从而向沙皇提出无所谓的荒谬的请求。”[③]没有这种简单化毛病的沙皇，则是通过他的军政长官，而不是通过僧侣来管理国家的。“如果世界上还有僧侣当权，而不是沙皇的军政长官当权，那上帝是不会宽恕的。”[④]《谈话》里的瓦拉穆术士们对僧侣进行了最猛烈的揭发。圣徒们逃出尘世，不求财富；“而我们看来，罪恶多端的该死僧侣，则向仁慈的沙皇和天主说尽谎话，貌似伟大，名为僧侣，却是没有僧侣德行，坏事

① 《古文献委员会研究年鉴》，第10辑，第2部分，第21—22页。

② 同上书，第21页。

③ 同上书，第10页。

④ 同上书，第23页。

做尽而不做好事的僧侣。”[1]贪婪使僧侣倡导“新的异端”，这就是他们错误地以为他们也可领有地产。“这绝对是僧侣的灭亡。由于这种坏事，基督徒中的狡猾恶魔，以僧侣的外貌，利用沙皇的简单化和大公们给予的薪俸，阻止僧侣去拯救自己的灵魂，使他们受到无穷的巨大灾难；因为，这种权力是由上帝给予沙皇、大公和尘世的当政者的，而不是给予僧侣的。”[2]《谈话》将僧侣说成是能够干出一切狡猾的勾当和卑鄙行为的人们。他们为了达到自己的目的，胆敢故意曲解圣书。“而沙皇却不管，也不注意许多僧侣中的书生根据恶魔的诽谤性的险恶意图，从圣书中寻章摘句，删除真正的圣书旨意，代之以对己有利的叙述，然后提交宗教会议求证，似乎这就是圣书和圣徒之作。”[3]这个地方证明，“圣书”论点不那么容易吓倒《谈话》的作者。为了取得完全的效果，他却用“最近以来”的情况吓唬读者说：“最近以来，僧侣们用谎言迷惑沙皇、大公以及其他当权者，向所有亲近者预告说，犹大出卖耶稣，所有以往的长老学者都将被钉在十字架上。最近以来僧侣学者也想用自己的谎言迷惑，开始盗窃沙皇和大公。沙皇未注意及此，听信他们所说的谎言。”[4]我们已经知道，在彼得以前的罗斯，“最近以来”的论点是神学论点中最有影响的一种。毫不奇怪，我们的作者要用这一论点来反对他最痛恨的“长老们”了。

然而读者如果以为《瓦拉穆术士的谈话》的作者在描写“最近

---

① 《古文献委员会研究年鉴》，第10辑，第2部分，第20页。

② 同上书，第21页。

③ 同上书，第11页。

④ 同上书，第26页。

以来”的情景时只是根据他的幻想，那可就大错特错了。他用以描绘这一情景的资料，是从实际生活的观察中得来的。例如，作者说，“最近以来”由于僧侣的罪恶和沙皇的简单化，曾发生如下情况：

“人们开始无端自扰，以为灾难临头，有的地方由于僧侣的罪恶而开始发生频繁的饥荒和瘟疫，许多地震和洪水，内乱和战争；世上开始各种各样的城市毁灭和纷乱，伟大的王国内将人心惶惶、惊骇万分，乡村荒芜，十室九空，居民减少，土地虽然辽阔，而人口越来越少，剩下的居民在这辽阔的土地上竟无以为生。”①

上述莫斯科国中央地带的荒芜造成一种情况，即尽管莫斯科土地是“更辽阔了”，然而由于人工愈来愈少，居民的生产力愈来愈弱，所以“剩下的居民”在这辽阔的土地上比以前更贫困得多。对于这一情况，《谈话》的作者并未忽视，而且在他所描写的“最近以来”的景况里，大加渲染。这一景况的其他同样突出特点使我们设想，这个时代的具有洞察力的莫斯科人就已预见到混乱时代的到来。《谈话》中预言城市毁灭、内乱和战争也未必是一种辞藻的修饰。同样，我们的作者的上述言论恐怕也不是由于他喜欢修辞的缘故：“沙皇不能把握自己皇家的分寸，每每安于皇家自身的简单化，迁就僧侣的罪过和尘世的纵欲。”②如所周知，英人弗莱彻于费多尔·伊凡诺维奇朝代访问莫斯科国后，便预言混乱时代的到来。完全可以设想，他是根据同他接触的莫斯科人听到的事实作出这

① 《古文献委员会研究年鉴》，第10辑，第2部分，第9页。

② 同上。

一预言的。而《瓦拉穆术士谈话》的作者所描写的“最近以来”的景况却使人想起，关于“内乱”的比较自觉的预期，在伊凡四世朝代便已产生。这一点尤其值得注意，因为《瓦拉穆术士谈话》的作者还不能预见这一朝代的结束。

这样，在无疑出身于世俗环境的人士的指使下，瓦拉穆的术士在《谈话》里草拟了一个完整的纲领，其内容可以概述如下：

1. 国家的无限权力属于沙皇。

2. 沙皇管理国家，与大贵族协商，但不受僧侣“这些未埋葬的死人”的影响。

3. 沙皇珍惜国家的支付能力，约束军人，不许他们压迫和平居民。

4. 寺院不得再占有已有居民的土地。

我们看到，这一纲领有利于“达官显贵”，但不利于僧侣。它无论在经济方面或政治方面都是反对僧侣的。它对我在本卷第一章关于莫斯科罗斯政教当局的相互斗争的论述，是一个补充。

莫斯科国王需要土地；他需要很多土地。为了增加土地，以伊凡三世为代表的莫斯科政府便已提出僧侣地产国有化问题。与此同时，莫斯科政府还逐渐地，但却一贯地缩小了世袭领地的土地占有者权力。政府在这方面的理想是将世袭领地完全变为封地。为了实行这一转变，伊凡三世的侄儿伊凡雷帝大显身手，利用他制定的皇帝直辖部分国土制度实施了佩列斯韦托夫的纲领，纲领中的“和”（《И》），即是纲领全部内容——涉及沙皇对其臣民财产无限制的关系所依存之点。据 C. Ф. 普拉托诺夫教授说，“皇帝直辖部分国土制度摧毁了旧时存在的贵族土地占有形式。通过对土地实行强制的经常交换，这个制度在一切必要的地方消灭了有封邑的世袭贵族同其世袭领地的旧联系，并将雷帝认为可疑的世袭贵族疏散到国家各区、主要是疏散到边境地区，使他们在那里变为普通的有公职的地主”[①]。当这位立陶宛人的纲领获得实现，并由这位“天生的”莫斯科国王根据莫斯科经济条件作出相应补充的时候，当官宦阶级财产关系方面的真正革命完成的时候，大贵族的政治作用——按照这位普拉托诺夫教授的意见——就永远消灭了。但暂时革命还只是在准备之中，暂时生活还只是在为佩列斯韦托夫的未来纲领陆陆续续地创造具体的基础，暂时世袭大贵族的政治作用还未被坚定不移地消灭，所以莫斯科的官宦“世袭贵族”，便力图维护其自身的生存，阻止日益逼近的威胁，把这种威胁转向其他方面。但他们是讲求实践的人，而不是理论家。他们很了解莫斯科国的经济状况。他们深知，实际上在当时条件下，增加土地总额是国家的最迫切需要。因此，他们欣然响应“伏尔加河中下流左岸的长老们”，即为数不多但很有影响的一部分僧侣的宣传，这部分僧侣站在宗教禁欲主义的观点上，认为寺院不应领有人。稠密的地产。大量辽阔寺院地产的国有化，可在很大程度上增加国家的土地总额，从而可将转变世俗世袭领地为封地的危险，延期发生。这一事实是对维护大贵族利益的政论家用瓦拉穆术士名义写出这一纲领的整个经济方面的充分说明。

至于这一纲领的政治方面，这里必须注意下述情况。莫斯科政府在没收寺院世袭领地问题上遭到僧侣等级的坚决抵抗，实行

---

① 《混乱时期史纲》，第 147 页。

妥协，仍将这种领地留给“未埋葬的死人”掌管，而政府则限于对寺院土地进行监督以后，僧侣当局差不多在尼空总主教时期之前，长期放弃了反对情绪，而扮演了莫斯科专制君主的积极支持者的角色。寺院领地的拥护者约瑟夫·沃洛茨基及其门徒“奥西夫派”[①]，不久前还是世俗当局措施的批评者，现在却一变而为专制制度的满怀信心宣传家。在这方面，他们同那些力图依靠沙皇的无限权力来反对大贵族的小贵族思想家们，可谓殊途同归了。毫无限制的沙皇权力为实行上述土地革命所必需，这种土地革命是有利于小贵族而不利于大贵族的。在有关这一革命的问题上，“奥西夫派”完全站在沙皇和贵族方面。正如大贵族丝毫不反对寺院地产国有化，僧侣中的“奥西夫派”——即僧侣等级的最大部分，而且只有这一部分才具有比较重大的实际作用——也完全不反对沙皇政权对世袭贵族的强硬态度。因此，大贵族对“奥西夫派”及对国王的影响抱着恐惧的态度，便毫不足怪了。莫斯科的大公和沙皇按照自己人间的上帝必须维护对天上的上帝的纯洁信仰的地位，必须同有权势的宗教人士的接触，当然要比他们同低级官宦等级的接触频繁得多。佩列斯韦托夫在其给沙皇的第二次请愿书中写道：“我去国十一年，未能一见陛下。”[②]然而任何莫斯科的修士大司祭或主教“要见沙皇”，却是容易得多了，至于宫廷中的神父就更不用说了。而且不仅莫斯科的僧侣们如此。我不妨在这里提前

① “奥西夫派”——十五世纪末十六世纪中叶俄罗斯国家内一个宗教政治派别，在俄罗斯中央集权国家进一步巩固的过程中，他们支持了大公国的政权。奥西夫派这个名称是因为他们为宗教政治家约瑟夫·沃洛茨基的门徒而起的。——校者

② 勒日加：《十六世纪的政论家佩列斯韦托夫》，1908 年，第 79 页。

一述库尔布斯基公爵关于伊凡四世与僧侣华西安·托波尔科夫在远离莫斯科的基里洛—白洛哲尔寺院会晤的叙述。伊凡四世问华西安："怎样才能统治得好，而且得到强大精干的人为我服务呢？"这位长老"按照旧时代的惯常尖刻语调"机智地答道："如果要做一个专制君主，那就不要在身边任用任何强过自己的顾问人员，因为自己要胜过一切人，才能确保统治，而把一切都掌握在自己的手里。如果把最有智慧的人摆在身边，那就会不得不听信他们的意见。"[①]库尔布斯基相信，这种"恶魔的三段论法"（他这样称呼华西安·托波尔科夫的答复）深合沙皇的心意，对沙皇的国内政策产生了巨大影响。因此，两位瓦拉穆术士为什么要广泛谈论"简单化"的沙皇和"未埋葬的僵尸"磋商国是对国家怎样危害，便是完全可以理解的了。"未埋葬的僵尸"——当然是指"奥西夫派"——对沙皇的影响，根本破坏了名门大贵族对沙皇的影响。因此，《瓦拉穆术士谈话》一书的作者对于同僧侣们会商国是的沙皇，提出了"最近以来"的威胁，便不是没有原因的了。

我希望这毋须作进一步的解释。但关于我们所研究的《谈话》，还要指出一点。圣谢尔吉伊和圣赫尔曼注意到寺院劳动者、即农民的困苦状况："现在，我们该死……领有乡村及农民，统治他们，对他们凶恶和残忍，说尽谎话。"[②]这两位瓦拉穆的术士提到，僧侣应爱护所有劳动者和预备修道士以及其他东正教信徒，然而他们事实上却残酷地剥削所属农民。劳动者"为我们僧侣整天无

① 《库尔布斯基公爵的逸闻》，第 37—38 页。

② 《古文献委员会研究年鉴》，第 10 辑，第 2 部分，第 17 页。

事不做，用他们的自愿和强迫劳动来养活我们，对我们唯命是从。然而我们该死，却受恶魔的指使，凌辱这些上帝选定的人们，仿佛他们是信奉异教的外国人和其他卑鄙的人们。啊！我们狂妄无知！……使他们受到可怕的遵守宗教法规的裁判"等等[①]。作为俄国社会思想史中的一个事实，圣谢尔吉伊和圣赫尔曼的这一热烈宣言表明，《谈话》的作者完全站在大贵族的观点上，对于寺院农民的悲惨状况，是既感觉到了，而且进行了谴责的。像我们现在所要说的一样，他完全明白占有世袭领地的寺院僧侣，是靠剥削农民而生活的。他并且毫无顾忌地说出了这一点。矛盾导致进步。在分为阶级——或分为等级，这在一定场合都是一样——的社会里，阶级斗争使人们看到，如果没有阶级斗争，他们就不会看到的真理。当然，处于特权地位的人们在看到这些真理时，他们的理解是颇为片面的。瓦拉穆的术士们为寺院农民的悲惨状况而痛心疾首。然而他们忘记问问自己，在大贵族的世袭领地里农民是怎样生活的。我们知道，这种情况的发生，是由于《谈话》的作者所维护的是大贵族的利益。多年以后，英国的勋爵亦曾责备英国工厂主对工业无产阶级的残酷剥削。可是好心的勋爵也忘记问问自己："在我们自有的地产里工人是怎样生活的?"工厂主代他们提出了这一问题。他们辛勤地进行了全面调查研究，充分证明英国农村工人的状况，一点也不比工业无产阶级好些。据我所知，维护寺院地产的"阿西弗良派"没有想到给十六世纪的莫斯科大贵族尽这番义务，这是很可惜的！

---

① 《古文献委员会研究年鉴》，第 10 辑，第 2 部分，第 17—18 页。

《瓦拉穆术士谈话》的某些抄本里附有一件很有意义的文件。这个文件的标题为《根据瓦拉穆的圣徒谢尔吉伊和赫尔曼修道院长对统治大诺夫戈罗德的公爵及军政长官和同他们一道的诺夫戈罗德人的诽谤的幻想而作成的同一谈话的另一传述》。实际上，这一文件并不是“同一谈话”的另一传述，而显然是出于另一作者的手笔。但这一事实更使它具有意义。

根据《另一传述》的作者的意见，俄国的一些热爱基督的沙皇需要加强其军队与地方军政长官和在各方面扩充其国家。但这一事业不是靠最高政权一方面的力量所能完成的。要完成这一事业，必须结合所有的社会力量。

“最神圣的总主教东正教的笃信上帝的教皇（？——佩平[①]），总主教和所有大主教及主教、圣修士大司祭和院长，一切神职僧侣都祝祷沙皇和莫斯科的俄国大公爵召集信仰一致的全基督教徒总会。”为了召开这样的会议，沙皇必须“用基督般的谦虚智慧从城市和县区不分贵贱愚智选出一批人”，而且逐年存记在心。换言之，作者要求召开全俄缙绅会议，并使城市及县区代表真正广泛参加。这一本身非常明确的要求所以使已故 A. H. 佩平感到奇怪和不明确，其唯一原因便是《另一传说》的作者在建议召开这样会议的时候，主张沙皇应就斋戒及忏悔等事“征询”会议的意见：“好吧，让沙皇本人在任何时候都向他们征询关于整个俗世的斋戒和忏悔以及

① 亚历山大·尼古拉耶维奇·佩平（1833—1904）俄罗斯文学史家，科学院院士，资产阶级文化历史学派的代表人物。著有《俄罗斯文学史》四卷（1898—1899）及有关别林斯基（1876）、萨尔蒂科夫－谢德林（1899）、涅克拉索夫（1902—1903）的著作。——校者

俗世的任何事情罢。”[①]A. H. 佩平指出，“结果，全基督教徒总会便是为了监督斋戒和忏悔以及其他俗世事情是否得到遵守了。”[②]可是，这有什么可奇怪的呢？我们已经知道，根据十六世纪莫斯科政论家们的见解，——所有政论家，无分党派，——沙皇是国内的最高宗教维护者。我希望读者没有忘记，俄国的总主教制度最初是由谁设法建立和怎样建立起来的。当沙皇费多尔·伊凡诺维奇——他的善良的宗教意愿是无可怀疑的，尽人皆知，他的父皇讥笑他为僧堂执事，——想要建立总主教制度时，他首先同他皇后和大贵族磋商，只是在确实取得他们的同意后，才向僧侣们提出，僧侣们便只有执行沙皇同皇后及大贵族的既定计划了。在这种情况下，《另一传说》的作者当然要认为世俗政权是最关心斋戒和忏悔的了。其次，我们还看到，甚至佩列斯韦托夫尽管认为真理重于信仰，也是将宗教论点摆在他的主张的最前列的。这就是为什么《另一传说》的作者完全自然地主张“全基督教徒总会”应首先注意宗教信仰问题的缘故。这同莫斯科人的习惯和思想方式是再适合不过了。另一方面，当时很少流传，第一，不仅沙皇而且人民的代表也关心维护宗教信仰的观点；第二，沙皇必须“在任何时候”都要就“世俗的任何事情”同这些人民的代表磋商的观点。这种观点是《另一传说》的一个非常值得注意的特点，无论其作者说得多么紊乱——无怪乎佩平说他语法不通——但这种观点毕竟是当时我国政论界一个卓越现象。

① 佩平：《俄国文学史》，第 2 卷，第 29 及 30 页。

② 同上书，第 157 页。

佩平不敢满怀信心地说:《瓦拉穆术士的谈话》的作者是大贵族派的自觉拥护者。他说:“他在提出公爵和大贵族是沙皇在统治上的自然顾问时,可能只是重复了关于沙皇政体的传统观念,而他的主要之点则是不让僧侣这种“未埋葬的僵尸”干预国家的管理。”[①]这当然是可能的。但佩平自己指出:《谈话》的作者不是僧侣,而是“俗人”,是一个深受当时关于寺院财产问题、关于教会干预国政问题、关于大贵族影响衰落问题的种种讨论的触动的“俗人”。[②] 而俗人是要想俗事的。即使允许《谈话》的作者特别担心“未埋葬的僵尸”对国政的干预,那也不能怀疑《谈话》的作者对大贵族的野心的自觉支持,前已说过,“奥西夫派”的僧侣可能利用其对世俗的政权的影响,强烈地危害大贵族的利益。

① 《俄国文学史》,第 2 卷,第 157 页。

② 同上书,第 151—152 页。

第四章　沙皇与大贵族斗争影响下的社会思想运动

在谈到莫斯科国王同大贵族的斗争时，必须立即作一重要声明，即在这一斗争中，大贵族所采取的是防御性的，而不是进攻性的策略。我们所知道的莫斯科国经济发展的特点，使大贵族不但不能从国王那里取得新的特权，而且连旧的特权也无力保持。莫斯科的大贵族没有提出明确的政治要求。在伊凡四世童年时期，政权实际上落在大贵族巨室手中。但是他们不曾利用这一政权来加强自己的政治地位，而是用它来进行相互斗争和相互争夺。伊凡四世成年以后，大贵族虽已感觉到他的专权独断的倾向，也不曾想到要对最高权力加以法律限制。他们满以为只要通过国王的顾问对国王施加个人的影响从实际上限制他的权力，就可万事大吉了。而且就从这方面说，他们也没有表现出贵族的独特性。十六世纪莫斯科大贵族的刚强和有才华的思想家安德烈・米海洛维奇・库尔布斯基，在所著《莫斯科大公史》一书中，对于伊凡四世在其根据“重臣拉达”（Езбранная Рада）的指示管理国家的时期大加赞赏。然而这种拉达（会议）不只是由大贵族组成的。库尔布斯基本人虽参加，但参加会议的还有大主教马卡里、神甫西尔韦斯特尔，小贵族阿列克谢・阿达舍夫。我们从《瓦拉穆术士的谈话》中

已经知道，大贵族对于僧侣们干预国政，是深具戒心的。我们又知道，十六世纪名门大贵族的许多切身利益，是同小贵族的同样切身利益直接对立的。然而库尔布斯基是丝毫不反对神甫西尔韦斯特尔和小贵族阿达舍夫参加会议的。完全相反，他对他们给予沙皇的影响的良好效果，还感到非美好言辞所能表达。在谈到西尔韦斯特尔和阿达舍夫所引荐的参加国家管理的那些顾问时，他同样没有表现为大贵族影响的特殊拥护者。在他的眼光里，最重要的是：这些顾问应是"有理性的完人，……在军事和国家事务上，最为熟练，是善良和勇敢的人。"他承认国家的一切管理都取决于"重臣拉达"，但他在对拉达活动的评价中，却特别提出拉达愿对任何表现热忱和才干的公职人员加以赏赐。他写道："谁在战斗中英勇杀敌，双手沾满敌人鲜血的，他便应受到赏赐——动产和不动产的赏赐，其才能特高者，并应予以升迁。"[①]赏赐只能根据功绩。关于受赏者的门第，则一语也未提及。对此，佩列斯韦托夫也会大加赞赏的。不仅如此，伊凡在给库尔布斯基的信中谈到阿达舍夫，说"经验丰富的阿达舍夫是你的长官"等等。[②] 有时他也称神甫西尔韦斯特尔为"长官"。库尔布斯基在回信里对此从未反驳。这使我们设想，在"重臣拉达"里真正发挥主导作用的，不是属于大贵族方面的人们。综观所有这些情况，如果我们把这一拉达看为完全处于大贵族影响之下的机关，那会是一个很大的错误。不然，拉达在国家管理方面发挥统治作用的时期，乃是大贵族、僧侣和小贵族妥协

① 《库尔布斯基公爵逸闻》(以下简称《逸闻》)，第 10 页。

② 同上书，第 162 页。

的时期[1]。这种妥协有利于大贵族，因为它最少可以推迟僧侣及小贵族同早就憎恶大贵族的沙皇结成反对大贵族的进攻性联合。另一方面，僧侣和贵族等级的有思想的代表，也可能认为他们同大贵族代表的联合有利于开导伊凡，伊凡那时不仅在对大贵族野蛮和粗暴[2]。就令将现时难以解决的问题，即“重臣拉达”如何取得对青年沙皇的影响问题搁置不提，那似乎也不能不承认这种影响在若干时期之内是几乎没有界限的。这是我们无论从库尔布斯基的《莫斯科大公史》或从伊凡的信里，都可看到的。伊凡雷帝在写给库尔布斯基的第一封信里说，在进军喀山的时候，他“像俘虏一般困在船上，带着极少数人穿过这无神的异教国土”。[3] 此外，伊凡说他甚至在衣着睡眠一类小事上，也无自由。总之，“一切都不由己，而只能按照他们的意愿行事。我们仿佛成为刚刚出世的婴儿。”[4]如果这位性情古怪和放荡不羁的沙皇几年之内服从这种制

① B. A. 克尔图亚拉认为神甫西尔韦斯特尔是商工阶级的居民、“商业区居民”的代表，其根据是：他很富有，并与俄国及外国商人保持活跃的商业往来（《教程》，第 2 卷，第 1 篇，第 626 页）。但富有的神职人员虽进行巨额商品交易，却并不经常都是站在商工阶级的观点上的，尽管他当然不会忽视这个阶级的利益。不过，就令克尔图亚拉的观点是正确的，这种观点也只能是对我的意见的一个新的论证：我认为“重臣拉达”并不是一个纯粹处于大贵族影响之下的机关；按照克尔图亚拉的意见，大主教马卡里是在“重臣拉达”里代表僧侣等级的。

② 他对前来控告他们的军政长官屠龙泰公爵的那些控诉人的接待，是尽人皆知的。他狂怒地向他们“发火”，然后开始无缘无故的折磨他们。库尔布斯基说，伊凡“是开始使哑人流血的第一人，将他们抛下悬崖，……他在十五岁时便开始擅打人，将一对对少年儿童集合在自己周围，同他们骑马走街串巷，殴打抢劫所有的男女，使他们到处逃跑（《逸闻》，第 6 页）。开导这样的勇士，使其走上正轨，对于全国所有居民，无分职位或贫富，都是要事”。

③ 《逸闻》，第 165 页。

④ 同上书，第 164 页。

度确属事实，那我们也许是看到了催眠术影响的一种有趣情况罢！但这种影响逐渐削弱了。他所实行的那种有益妥协，为莫斯科社会的相互阶级斗争的新激化所代替了。根据库尔布斯基关于伊凡会见瓦西安·托波尔科夫的情况的叙述，则这一妥协是被“奥西夫派”的僧侣阴谋破坏的。由于我们所知道的当时历史条件，这一妥协本来就不可能巩固。莫斯科国家所以愈来愈加变为东方式的世袭君主专制国家，并不是由于某一国王、或某一国王的某一世俗或宗教顾问愿意如此。相反，国王及其顾问所以愿意把莫斯科国家转变为世袭君主专制的国家，即将君主的权力不仅加之于个人，而且加之于个人的所有财产，乃因这一政策是由国家经济发展的历史条件决定的。大贵族、小贵族及僧侣的妥协不能取消这些条件。同样，这一妥协也不能使世袭领地之转变为封地——这同大贵族的利益是极相矛盾的——不再仅有利于小贵族。环境——佩列斯韦托夫在其著作中反映了这种环境的情绪——即使妥协成立的时候，也当然会继续存在。环境的趋势是迟早要表现出来的。当伊凡摆脱了“重臣拉达”的催眠术影响时，他恰好就是按着佩列斯韦托夫在其著作中所指出的方向发展的。他完全领会了佩列斯韦托夫的纲领，只不过他利用他的禁卫军的“战士”完成了前述土地改革，在这方面表现了佩列斯韦托夫在描写其残酷然而英明的穆罕默德苏丹的形象时所完全不曾梦想到的残忍和刚愎自用，对这个纲领补充了具体得多的内容。妥协破裂后，沙皇以小贵族和“奥西夫派”僧侣为凭借，成为进攻的一方，而大贵族则只有防守。这就是为什么大贵族的政论家库尔布斯基在与伊凡雷帝的论争中，从来没有放弃其防守立场的缘故。然而由于莫斯科国过去的历史因社会分化而削弱，不仅没有制定出规定各个阶级的权利的法律标准，而且没有在任何阶级之中引起建立这种标准的自觉意图，所以库尔布斯基主要不是从政治方面，而是从道德方面提出他的论点，并且引证《圣经》加以强调。他没有提出立宪的要求；他的眼光——像《瓦拉穆术士的谈话》作者的眼光一样——没有越出国家管理制度的范围。

他写给伊凡的第一封信——这封信由托尔斯泰伯爵很艺术地改编为诗《瓦西里·希巴诺夫》——差不多只是包含着对沙皇虐待大贵族的怨言。“为什么沙皇将以色列的强者打死？为什么将上帝派来的长官处以各式各样的死罪？为什么使他们的尊贵和神圣的血洒在神圣教堂和大主教的庆祝仪式上？为什么用他们的苦难的血染红教堂的门槛？啊，沙皇！他们对你何罪？为什么你要对基督的庇护者恼怒？难道这极为自豪的国家不是你的辅臣使其败坏，而他们的勇敢豪迈则曾为我们的祖先作过贡献？日耳曼的极为坚固的城市难道不是他们用上帝所赐予的智慧勤奋建造起来的？全民都要毁灭我们，这是否穷人对我们的报复呢？”[1]失宠公爵的防守立场多么脆弱，可从这样的事实中看出：即他只能用阴间的报复来威胁残酷的沙皇。“或者沙皇以为他是不死的？或者他是受了虚幻的邪道的迷惑，仿佛他不会站在大公无私的法庭的面前，不会站在据实审判的神明耶稣的面前受审？尤其是极为自负的折磨者，会像人们所说的那样毫不踌躇地虐待他们？……他是我的坐在智慧天使宝座上的耶稣，具有最高的统治力量，他是你我之间的裁判者。”[2]在

① 《逸闻》，第 132 页。

② 同上。

波兰和立陶宛的巨富对他们的国王很不满意的时候，他们用来威胁他的是“铁腕”，而不是阴间的法庭审判。但他们的社会地位是同莫斯科的大贵族完全不同的。

库尔布斯基感觉到，对名门世袭大贵族的迫害是有其经济基础的。他在其所著《莫斯科大公史》中，谈到伊凡对普罗佐罗夫斯基和乌沙特罗公爵的迫害时补充说：“因为他们领有大量世袭领地，可能（大概——著者）因此杀害了他们。”[①]在所著伊凡《大量书函简评》里，库尔布斯基指责沙皇从大贵族那里抢夺了他的父亲和祖父所未及抢夺的一切，抢夺了全部“动产和不动产”[②]。

库尔布斯基在责备伊凡剥夺大贵族“财产”的同时，还提醒伊凡说，他所摧残和掠夺的“世袭贵族”，同他属于同一氏族，都是“大弗拉基米尔氏族”的后裔[③]。这一提示表明，库尔布斯基同伊凡的争论不仅是官员同他们的国王的争论。在一定的程度上，这一争论也是同一“大弗拉基米尔氏族”的两个支系的争论。换言之，以库尔布斯基为代表而发言的，不仅是心怀不满的“达官显贵”，而且是——也许更多地是？——雅罗斯拉夫尔诸公爵中受到某一强大的莫斯科公爵的凌辱的后裔之一[④]。这就是说，同他一样的“世袭贵族”的企图，因为在很大程度上决定于对大贵族家族同“大弗拉基米尔氏族”联系的回忆，而不是决定于他们当时在国家中的地位，所以仍旧是

① 《逸闻》，第 85 页。

② 同上书，第 192 页。

③ 同上。

④ 对伊凡的第二封信的复信里，库尔布斯基用愤慨的语言说：“这就是您的好久以来残忍嗜血的氏族。”（《逸闻》，第 203 页）我们在这里看到的宁可说是发源于一个共同根系的两个世袭贵族旁支的冲突，而不是贵族同最高当局的冲突。

具有两面性的。这种不明确的特性，正可以解释声名狼藉的莫斯科门第制度的两面性和矛盾性[①]。最后，不难看出，上述意图的两面性，是由于一些历史条件妨碍强大而有声势的地主贵族在莫斯科的产生和巩固。当“贵族”只是以他属于国王所自产生的那一氏族为凭借而保持其重要性的时候，那他还不是真正的贵族。立陶宛的“地主—拉达”将其“自由”建立在经过长期斗争而获得的政治权利的基础上。在立陶宛，——如同在波兰和其他西欧国家一样，——政治权利概念的形成，完全不决定于某一贵族家庭同国王氏族的血缘关系的远近。因此，在立陶宛以及西欧国家，没有莫斯科的门第制度。

佩平认为必须替库尔布斯基维护出国的权利和建议的权利辩解，库尔布斯基受到人们指责[②]。前已指出，库尔布斯基本来没有提出明确的政治要求，也没有坚持明确的政治概念。但在他看来，出国并不是伊凡眼中的那样坏事，这却是很显然的。伊凡认为出国是背叛。他在写给库尔布斯基的一封信中说，这是“背叛”。但库尔布斯基显然明确地记得，就在不久以前，出国的权利还为自己的莫斯科君主们所承认[③]。同时，立陶宛大公国的很大一部分领

① 莫斯科的名门世袭大贵族相互间为“门第”而争论时，都引证“家谱”，而“家谱”又使他们想起同皇室的氏族联系。

② 《俄国文学史》，第 2 卷，第 171 页。

③ 这是为公爵们所正式承认的军职人员的少数权利之一。这一权利最后一次在华西里·伊凡诺维奇同其胞弟尤里·伊凡诺维奇所签订的 1531 年条约里也得到承认（季亚科诺夫：《古代罗斯的社会和国家制度概论》，第 255 页）。然而不幸的是，这一权利是在公爵之间的条约里，而不是在国王同军职人员之间的条约里得到承认的。莫斯科的官宦等级尚不够签订这样的条约。因此，在莫斯科一些国王的实践里，早已对那些使用过这一权利，后来又重新落到他们手中的军职人员，加以惩罚。（出国的权利，是指离开本国到外国任职的权利。——译者）

土，虽是受信天主教的国王的管辖，却仍然是罗斯。库尔布斯基在对伊凡第二封信的回答中说："沙皇佩列科普斯基派遣王子像我们一样祈祷，他们来到这部分俄罗斯领土，虽然这些领土属于你的管辖。"[①]信中最后一句表明，在库尔布斯基的概念里，俄国的疆界是完全同莫斯科国的疆界不同的。值得注意的是，库尔布斯基不顾他的新国王、即波兰皇帝和立陶宛公爵的命令，拒绝同"佩列科普斯基沙皇"一道去反对莫斯科人[②]。然而如果他在立陶宛的旗帜之下同莫斯科国"作战"，那也只是由于立陶宛罗斯很早以来习于反对莫斯科罗斯，正如莫斯科罗斯很早以来习于进攻立陶宛罗斯一样。

库尔布斯基关于出国权利的观点，在他对伊凡第二封信的复信里，谈得很完整："我早就对你的大吹大擂的来信做了回复，但未能寄出。把那些按照本国习惯不受称赞的人们关闭在俄国之内，像在地狱的要塞里一样被夺去人的天然自由，谁要是离开你的国家而根据先知者的指示去到别的国家，据伊苏斯·西拉霍夫说：你便称他为叛逆；如果越出边界，你便用各种方法加以杀戮（如同这里像你一样的酷吏所做的一样）。"[③]显然，库尔布斯基认为，破坏出国的权利乃是莫斯科沙皇的暴君喜好的一种表现。

在从出国问题转而研究建议问题时，必须指出库尔布斯基在给伊凡的各次通信里并未涉及后一问题，但在所著《莫斯科大公史》一书中却提过。他在书中写道："至于沙皇，在国内虽然受到尊

---

① 《逸闻》，第 202 页。

② 同上。

③ 同上书，第 204 页。

敬，但他并未从上帝那里取得才能。他必须不仅从顾问那里，而且必须从全体人民那里求取善良和有益的建议：因为精神的禀赋不是来自外表上的富有和国家的力量，而是来自心灵的公正；因为上帝所看到的不是权势和骄傲，而是心灵的公正；他是将才智给予那些尽可能包藏善良意愿的人们的。”[①]我们在这里又看不到关于国家制度部分的明确要求，但是又看到关于国家管理的非常明确的指示。由于库尔布斯基从历史上引述伊凡三世，说他由于“从谏如流”，而且有一种“未得大量深刻谏言、绝不轻举妄动”的习惯，遂使自己的国家从鞑靼人的压迫下解放出来，提高了国家的地位，扩充了国家的疆界等等[②]，这一指示的分量就更重大了。但是伊凡三世——顺便说一句，也是相当专横的——只是同大贵族杜马商量，而同“全体人民”却并不商量的。因此，库尔布斯基把问题提得更广泛一些，而且用伊凡雷帝的祖先的实践来解决这一问题。他一方面承认“全体人民”是沙皇的最好顾问，同时又要人们记起《另一传述》主张由沙皇召集“全国会议”。的确，他说得不完全明确。而且他所说的“全体人民”，也许可以解释为召集“全国缙绅会议”；如果说得更狭隘些，就是吸收个别的优秀人民代表参加沙皇的“拉达”。但库尔布斯基毕竟不仅如佩平所说，希望“诚实和有经验的人们参加国家管理”。他还希望沙皇同参加国家管理的诚实和有经验的人们协商。而这却不是一码事。

如果库尔布斯基的观点使我们想起《另一传述》，则伊凡雷帝

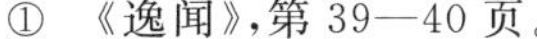

① 《逸闻》，第39—40页。

② 同上书，第40页。

的各次复信便屡次使我们想到《瓦拉穆术士的谈话》了。伊凡雷帝在给库尔布斯基的第一封复信中说："或者我们谈谈是这样接受圣徒的教训吗？那很好！拯救自己的灵魂是一回事，而关怀许多人的灵魂和肉体是另一回事：因为个人实行严格斋戒是一回事，而在共同生活中共同斋戒又是另一回事，神权是一回事，而沙皇的统治又是另一回事。"[①]我们知道，《瓦拉穆术士的谈话》的作者同样广泛地证明了沙皇的统治是一回事，而神权又是另一回事[②]。这不妨碍伊凡四世的论点同佩列斯韦托夫的论点极相类似。像佩列斯韦托夫一样，他也引述君士坦丁堡的衰落，是沙皇听命于他的顾问而造成的悲惨结局的一个鲜明例证。他写道："请你看看和想想，建立在不同的原则和权力之上的统治，会成为什么样的统治，因为在那里，沙皇听命于教区，这造成了多么可怕的毁灭呀！你是否劝我走向这样的毁灭呢？是否为了笃信宗教而不去建设国家，不惩办恶人而遭受异族的摧残呢？"[③]由此看来，伊凡雷帝的论点，似乎是贵族等级的思想代表用以反对"达官显贵"统治的论点同大贵族的思想代表用以反对僧侣干涉的论点的综合。这是同当时的实际情况相符合的。最高当局是善于利用各种不同社会力量的相互斗争来谋取自己的利益的。

在我国出版物中颇为流行一种观点，以为伊凡雷帝是一位天

---

① 《逸闻》，第153页。

② 我在前面说过："神权是一回事，而世俗的权力又是另一回事"这一公式，是极端有伸缩性的。专横独断的伊凡引用这一公式，可为最好证明：他把他的世俗权力扩展到了极度，残酷地惩办了哪怕只是略为表现独立倾向的神职人员。

③ 《逸闻》，第153页。

才的政论家，特别是一个善辩者。但是哪怕只要耐心读过他给库尔布斯基的第一封回信，便不难承认失宠的大贵族对这位“莫斯科大公大量书简”的嘲笑的正确。库尔布斯基对于他的敌人博引《圣经》的恶毒评语，有根有据，是写得非常出色的。“尤其是你博引《圣经》词句，而狂暴残忍，都在字里行间，仿佛学术精湛，信手拈来，寥寥数语而以丰富智慧结束。然而引用书目浩繁，格言满纸，信简成堆！”①事实上，伊凡雷帝在对待引文上，是笨拙愚钝到可笑地步的。库尔布斯基毒辣地指出伊凡引用圣书是妄诞谎言，不是缺乏根据的。“时而谈到床具和女人的棉背心，时而实在是一些数不清的狂乱村妇的无稽之谈。”②最后，库尔布斯基对于伊凡的信笺的总评语，虽然尖刻，但很正确。他说，书简写得“非常野蛮，不但学者和文学家，就是普通人和孺子也会感到可笑和惊奇的；特别是流传到外国，那里有些人不但在文法与修辞，而且在辩证法和哲学学说上是能人。”③

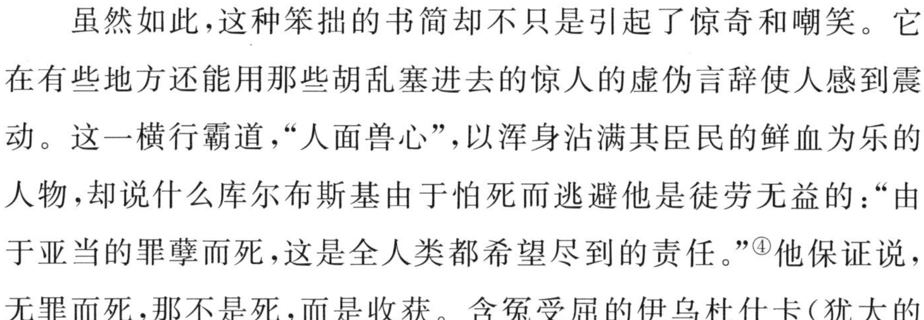
虽然如此，这种笨拙的书简却不只是引起了惊奇和嘲笑。它在有些地方还能用那些胡乱塞进去的惊人的虚伪言辞使人感到震动。这一横行霸道，“人面兽心”，以浑身沾满其臣民的鲜血为乐的人物，却说什么库尔布斯基由于怕死而逃避他是徒劳无益的：“由于亚当的罪孽而死，这是全人类都希望尽到的责任。”④他保证说，无罪而死，那不是死，而是收获。含冤受屈的伊乌杜什卡（犹大的

① 《逸闻》，第191页。
② 同上。
③ 同上。
④ 同上书，第180—181页。

小名)继续说:“如果我真是正确的和信仰上帝的,那么,固执的大主教,为什么要我受罪,要我结束生命呢?但如果是为了一时的光荣,为了贪得财富,为了现世的快乐,便践踏整个精神上的基督信仰和法律,那就有如种子落在石头上,毫无所得。”[①]这里除了口是心非,还有缺乏逻辑,因为伊凡正是把应该证明的事情作为已被证明的前提,即把公职人员从一个君主那里投奔另一君主当作死罪的。

不过,伊凡也感觉到,把死当作“全人类都希望尽到的责任”,是他的一个拙劣的辩解。他理解,对于他残酷地屠杀他的臣民这一共知的事实,是不能蒙混过去的。他对于库尔布斯基说这种鲜血使神明震怒,感到不安。所以他开始使人相信,作乱的大贵族也使他流血,使穷人流血,使受他们压迫的国王流血。按照他的说法,大贵族使他流血比国王使大贵族流血为罪更大。他感叹地说:“特别是我们为你们而流的血,你们自己使人流的血,更使神明震怒啊!”[②]但那是什么血呢?大贵族是在什么时候使人流血呢?请您听着!“不是因为受伤,甚至不是一滴滴的血,而是许多受到你们重压的牛马的血汗和劳动!由于你们的凶残和压迫,他们不是流血,而是泪流如注,从心里呻吟哭诉;我为此腰痛病(иречреслие)都发作了。”[③]这时,读者的惊吓恐怖心情,要再次为惊奇和笑声所代替了!鳄鱼的眼泪是任何人也感动不了的。何况非常明显,这种“腰痛病”是可从这一狂暴任性的暴君的某些习惯

① 《逸闻》,第 139 页。

② 同上书,第 185 页。

③ 同上书,第 185—186 页。

中得到充分解释的。

至于伊凡指责库尔布斯基及其同伙杀害阿娜斯塔西皇后，但提不出任何证据，那就更不用说了。读者只好设想，这位掌握最高权力的善辩者，又一次重弹了“狂若村妇的无稽之谈”，或者这是出于他的捏造而已[①]。

我们知道，库尔布斯基在他写给沙皇的信里，没有提出明确的政治要求。相反，伊凡在写给库尔布斯基的回信里却极为坚决地维护了完全明确的政治观点。他表现为君主专制政权（在这个词组的东方意义上）的彻底理论家。他要求他的臣民对他完全和绝对服从。在他眼光里，臣民是奴隶，而且只是奴隶。他认为他可以“随心所欲地对他们实行杀戮或给以赏赐”[②]。关于他对他们的态度，他认为他只对上帝负责。他质问库尔布斯基：“谁能审判我？或者你能在末日审判那一天为我的灵魂答辩？”[③]他忘记了或者不愿了解罗斯公爵政权的历史，以为君主专制政体创始于圣弗拉基

① 库尔布斯基对于这种指责，既然涉及他个人，就提出异议说：“如果我有许多罪恶并且不体面，那么这二者都产生于贵族双亲，产生于斯摩棱斯克大公费多尔·罗斯季斯拉维奇家族，由俄罗斯编年史家而来的，仿佛你的皇家尊贵高位，世袭贵族对那一女俘不习惯于把自己儿女身体和自己弟兄的鲜血受酷刑，而某些人很久以来就有种习惯，仿佛尤里伊·莫斯科夫斯基第一个，而以后还有其他人胆敢到神圣大公米海·特韦尔斯基帐落，还有记忆犹新的，乌格利兹和雅罗斯拉维奇和其他同一血统所干的事，他们的全族是怎样被赦罪和耗损的……听来真是沉重，可怕！……从母亲乳头上摘下来，关闭到阴暗的监狱里，许多年折磨而死，而他的怡然自得的孙子，永远受上帝赏识！你的那个皇后，对我，残废的人，是亲近的女亲属，因为你认为证件上所写的亲属就是国内的亲属。”（《库尔布斯基逸闻》，第 202—203 页）库尔布斯基再度断言，自己的出身于皇家同根是为何最亲近的人。

② “我可以自由地赏赐我的奴隶，也可以自由地杀戮他们。”第 156 页。

③ 同上书，第 147 页。

米尔。“君主专制政体按照上帝的意旨，创始于弗拉基米尔大公，他用神的洗礼教化了整个俄国。伟大沙皇弗拉基米尔·莫诺马赫从希腊人那里为教父取得了无上光荣，勇敢的伟大国王亚历山大·涅夫斯基战胜了不信神的德国人，值得称颂的伟大国王德米特里在顿河那边赢得了对阿拉伯人的伟大胜利，然后到了我的仇恨谎言的祖父伟大国王伊凡以及我的业已仙逝的父亲伟大国王华西里，再就到了我这谦虚的俄国王权掌握者。”[①]伊凡以君主专制权力的法定代表人的身份，极端轻视受到限制的君主。按照他的意见，所有这种君主“并未统领他们的国家，他们的工作人员怎样指使，他们便怎样统治”。[②] 甚至波丹的“皇帝专制制度”，也当然引起他的轻视。他深信他的大贵族们吃的都是他的“面包”[③]。根据他的坚定信念，国家和国内个别居民所有的一切，都是国王的私产。如果波丹阅读了他的书简，定将以他为他的“世袭君主制”的最好说明了。

伊凡雷帝的历史意义在于他凭借其近卫军，完成了莫斯科国家向东方式的君主制度的转变。而他写给库尔布斯基的书简的意义则在于这些信件包含着“世袭君主制”的思想。有些历史学者认为，伊凡在其与库尔布斯基的争论里表现为革新者，而他的失宠的敌人则是一个守旧派，这是完全正确的。整个问题在于，伊凡四世到底对于莫斯科国家的理论和实践有些什么新的贡献？对于这个问题只能有一个答案：他所实行的新政，意味着使一切足以阻碍莫

① 《逸闻》，第 136—137 页。另参阅第 141 页。

② 同上书，第 141 页。

③ 同上书，第 154 页。

斯科国居民无论在人身或财产方面都彻底转变为国王的完全无权的奴隶的东西，全部归于消灭。这就是为什么库尔布斯基虽然无疑地是一个保守派，却在他所写的书简里表现为比较具有自由思想的人，从而引起读者对他的同情的缘故。他断然不能提出关于政治权利（哪怕只是国内最高阶级的政治权利，而不是全体居民的政治权利）的比较严密的理论，而与伊凡关于沙皇权力无限的彻底理论相对立。这样的理论是不可能在当时莫斯科社会关系的贫乏土壤上成长起来的。但他没有奴隶情绪。以他为代表，莫斯科的大贵族不肯将其人类尊严投掷于国王的脚下。

因此，他的保守主义比伊凡四世的维新更能讨人欢喜。

第五章　混乱时代[1]的社会思想运动

波兰小贵族萨穆伊尔·马斯克维奇说："我们的人在同俄国佬谈话时赞扬自己的自由，劝他们同波兰人民联合起来，也取得自由。但俄国人答道：你们珍重你们的自由，我们却珍重我们的不自由。你们那儿不是自由，而是为所欲为：强者掠夺弱者，可以剥夺弱者的财产和生命。按照你们的法律去寻求公正的裁判是很费时间的，案件一拖就是几年。有的人甚至一无所获。与此相反，我们这里就是最显要的大贵族也无权凌辱最低微的普通老百姓：沙皇只要接到控告，便立即组织法庭，进行处理。如果国王的行为不公正，而他的权力却是：像上帝那样秉公惩罚或宽恕。我们与其忍受自己同胞的凌辱，不如忍受沙皇的凌辱，因为他是全世界的统治者。"[2]

据普卢塔尔赫证明，马斯克维奇的对读者的见解，同阿塔班在与费米斯托克尔谈话时所发表的见解，是完全一样的。如果相信马斯克维奇的谈话，则他们所以宁愿要莫斯科的不自由，而不要波

---

① "混乱时代"指波洛特尼科夫所领导的农民战争时期以及十七世纪初叶俄罗斯人民反抗波兰和瑞典干涉者的斗争时期。——校者

② 马斯克维奇的札记，见《当代人关于德米特里僭称王的传说》，圣彼得堡，1834年，第5卷，第68页。

兰—立陶宛的自由，其最主要的考虑是莫斯科较易得到公正的裁判：据“俄国佬”说，似乎沙皇只要接到控告，便立即组织法庭处理。不知道，马斯克维奇对此如何解答。但是现在我们充分了解莫斯科国的内部关系，所以懂得这种考虑是多么不符合实际。在大多数情况下，莫斯科的法庭审判和处理都是由小职员承办的，这种人被人们很正确地称为“芝麻绿豆官”。莫斯科国的居民时常抱怨说，莫斯科官僚使他们身受的痛苦，比鞑靼人和土耳其人给他们的痛苦还要厉害。至于沙皇法庭本身，则在马斯克维奇所引证的莫斯科人关于它的评语里，恭顺的语调要比信任的语调明显得多：就令沙皇的行为不公正，而他的权力却是像上帝那样秉公惩处或宽恕。不能不承认，在伊凡雷帝以后，在这种评语里，信任的语调就比恭顺的语调更不恰当了。然而我们看到，莫斯科人甚至对伊凡四世朝代的那些他们当然看到的非常显著的无限制王权的不利方面，也都抱着妥协的态度。马斯克维奇说：“俄罗斯人确实相信，世界上没有一个国王堪与他们的沙皇相提并论，人们到处都称他们的沙皇是：公正的太阳，照耀着俄国。”[①]当然，阿塔班也同样坚决相信，世界上没有一个国王堪与波斯的皇帝相提并论。相同的社会情况，带来相同的政治观点。

当莫斯科人说波兰—立陶宛的自由有如为所欲为的时候，他们距离真理是很远的。库尔布斯基在逃脱沙皇的专横霸道以后，后来在立陶宛曾因仿效当地小贵族的“别妨碍我”，而遭受许多不幸。然而为所欲为的波兰—立陶宛小贵族，最少能够尊重“骑士”

① 《马斯克维奇的札记》，第5卷，第68页。

的尊严，——我不说他们尊重人的尊严，因为他们是不把奴隶的尊严放在眼里的。当库尔布斯基迁居立陶宛时，以前他虽主要地以他出身于弗拉基米尔民族为骄傲，这时却显然自豪地意识到自己的"骑士"尊严。在他写给伊凡的信里，可以看到一些他在逃出莫斯科前未必知道的思想。库尔布斯基驳斥了指他为叛逆的攻击，责备伊凡雷帝把俄国封闭得"像地狱里的要塞"一样，剥夺"人类的自由本性"。可以完全肯定地说，这"人类的自由本性"一语，——即使按照贵族的方式、极端狭隘地去理解——也是这位逃亡的公爵在新社会环境之下致力于新思考的结果。我们看到，佩列斯韦托夫在指出自由的道德优点时，要求解放奴隶。因此，自由这一概念，莫斯科的人们并非完全不知道[①]。但是我们同样看到，佩列斯韦托夫的自由概念是多么狭隘，以及他对任何政治自由是考虑得多么少。他的纲领在逻辑上造成了对库尔布斯基所提出的那种属于"人类本性"的权利（就其骑士的形式而言）的忽视。伊凡雷帝在实现这个纲领后，仍旧可以有根有据地将所有臣民都看作他的奴隶，深信在对待他们的态度上，他只是对上帝负责。然而莫斯科国的全体居民愈是受到国家（以国王为代表）的奴役，国家机器对他们的压迫愈大，他们便愈加自然地力求改善他们的艰难地位。《瓦拉穆术士的谈话》的作者业已看到，在莫斯科国不是一切都很顺利，他担心内讧开始和王位动摇的时日即将到来。混乱时代证实了他的所有这些担忧。于是，产生了一个问题：混乱时代对莫斯科

① 也许人们要提醒我，佩列斯韦托夫是一位立陶宛的移民。但是他的著作具有极为深刻的莫斯科制度的特征，所以我们可以不用他的立陶宛出身来解释他关于自由对道德的影响的思想。

人的政治概念产生什么影响呢？

克柳切夫斯基教授说：雷帝在位时，业已产生对莫斯科制度的不满。“沙皇的专横、无辜的杀戮，罢官及财产被没收，不但在各上层阶级，而且在人民群众中引起了怨言和‘对沙皇的仇恨’，在社会上出现了依法保障生命及财产，使其不受当局擅自处理的既含混又缺乏自信的要求。”[①]根据同一学者的说法，混乱时代的事变，“给一些新概念的运动以第一个最痛苦的推动，这些新概念是在过去的朝代里建立的国家制度所缺乏的。”[②]但这新概念的运动有些什么结果呢？马斯克维奇所报道的莫斯科人关于他们的不自由优于波兰—立陶宛的自由的意见表明，在混乱高涨时[③]，大俄罗斯的居民在臣民对最高当局的态度问题上仍然保持着在雷帝朝代末期形成的观点。克柳切夫斯基所引述的所有那些事实，尽管加强了他的意见，却与其说是证明了混乱时代社会思想的运动，还不如说是证明了这时期社会思想的停滞。我们进而论述这些事实。

克柳切夫斯基以为，瓦西里·舒斯基的登基是我国政治史上的一个时代，因为这个新沙皇限制了自己的权力，并将这一旨意用专门的文告通知全国各地居民，宣誓遵守。但克柳切夫斯基自己承认，舒斯基的这一信誓旦旦的文告的内容，是有很大的片面性的。他说：“舒斯基根据这一文告而承担的全部责任，仅仅是要保护臣民的人身及财产安全，使其不受上面的摧残，但是没有直接涉及国家制度的一般基础，没有改变和更明确地规定沙皇及国家机

① 《俄国史教程》，第3卷，第86页。

② 同上书，第17页。

③ 《马斯克维奇札记》中关于这种意见的报道，是在1611年写的。

关的相互关系、职权和意义。”[①]这是再正确没有了。舒斯基的信誓旦旦的文告的实质,在于他约许“所有东正教的农民”(即基督教徒。——著者),对他们实行公正的审判,不凌辱他们,无论是谁若无罪过,也不受罢官处罚。至于政治制度的改变,则文告无一语道及。舒斯基在发给大贝尔米的文告里,一方面通报他已即位,同时许诺“像俄皇的伟大祖先那样统治莫斯科国”[②]。这就是说,“按照这位新沙皇的意见,莫斯科国的政治制度必须保持丝毫不变”。固然,舒斯基是许诺将“同自己的大贵族一道”审判他的臣民。但如克柳切夫斯基教授所正确指出,这一限制只是约束了沙皇对个别人的态度;而且在莫斯科,大贵族参加沙皇的法庭,并不是一件创举。这又有什么算得上政治概念的运动呢?

克柳切夫斯基教授又说:舒斯基的文告还有一段幕后的故事。新沙皇宣布即位后,立即前往出席圣母升天节会议,在会上声明:“我向全国发誓,不经过会议,我绝不对任何人有何举动,不做任何坏事。”这一声明使大贵族非常不高兴。但舒斯基所以作这一声明,不是没有意图的。“他在向全国保证不经过会议绝不处罚任何人的时候,是想摆脱大贵族的监护,成为人间皇帝,而由一个不习惯办这种事的机关来限制他的权力,也就是想摆脱对他的权力的任何真正限制[③]。假定事情确是如此,同时注意到在十六世纪的

① 《马斯克维奇札记》,第 43 页。

② 《混乱时期史纲》,A. H. 雅科夫列夫编,克洛奇科夫出版,莫斯科,1909 年,第 17 页。

③ 克柳切夫斯基:《俄国史教程》,第 3 卷,第 44 页。另请参阅《古代罗斯的大贵族杜马》,第 366—367 页。

地方缙绅会议上，主要的参加者是军职人员，那我们便应承认，在圣母升天节会议上发生的事情，只不过表明新沙皇企图依靠官宦等级的下层部分来削弱他所憎恶的大贵族的野心而已。伊凡雷帝和鲍利斯·戈东诺夫都很成功地作过这种试图，它只是使专制君主的权力愈益扩大。此外，在文告里再也没有谈到会议，而只是谈到大贵族参加沙皇的法庭，这是很奇怪的。克柳切夫斯基对于这一怪事的解释是：新沙皇的文告是大贵族与新沙皇妥协的结果。”根据事前的默契，沙皇已将其在一切立法、行政和审判事务上的权力分给大贵族。大贵族既已保住自己的杜马以反对缙绅会议，便不坚持公布其迫使沙皇作出的全部让步。就他们说，将他们如何使沙皇输得精光的情况公布整个社会，甚至是很不明智的[①]。这仿佛就是新沙皇的文告所以指出大贵族杜马只是新沙皇的全权辅佐机关的原因。这是过于细微了。我觉得普拉托诺夫教授的下述观点要可信得多：他认为舒斯基皇帝的文告，完全不是什么限制权力的文告，而是新政府的一篇胜利宣言，一篇用新政府首脑的誓言勉强进行克制的宣言。当舒斯基许诺像过去的沙皇那样统治莫斯科国时，他所指的是在沙皇直辖地实行以前，即雷帝实行剥夺名门大贵族土地，屠戮贵族，罢黜整批大贵族家族以前存在过的旧制度。以舒斯基为代表，旧贵族重新在国内占据首要地位。“旧贵族利用他们的沙皇在文告中的言辞，郑重宣布否认刚刚生效的制度，并许诺实行‘真实的裁判’对攻击以前各届政府的‘一切暴政’和不公正予以

① 《俄国史教程》，第 44—45 页。参看《大贵族杜马》，第 367 页。

撤销”[①]。在这种情形之下，沙皇舒斯基的文告只是约许在国家管理事务上实行《瓦拉穆术士的谈话》的作者追求的理想。在文告里是任何运动概念都看不出的。因此。舒斯基的登基，不能说是我国政治历史的新时代。

克柳切夫斯基认为，由于约许对臣民实行“真实的裁判”，舒斯基否认了沙皇的特权，即伊凡四世所说的“我们对于自己的奴隶有赏赐和处死的自由”的特权。他仿佛是从奴隶主转变为对臣民依法进行统治的守法沙皇了[②]。果真如此，到华西里·舒斯基的登基便真正是我国政治史的一个新时代了。然而事情并非如此。莫斯科的沙皇就在后来也仍旧是奴隶们的皇帝。奥列阿里在米哈伊尔·费奥多罗维奇及阿列克谢·米海伊洛维奇朝代访问莫斯科，他说俄国的国家制度是：“君主统治与暴君”（“Monarchia dominica et despotica”），并对此定义解释如下：“国王，即沙皇或大公，继承王位，一人管理整个国家，他的所有臣民，自贵族王公以至普通百姓，自市民以至农民，都是他的奴仆和奴隶。他像主人对待仆役那样对待他们。”[③]这恰好就是赫尔贝尔斯坦和弗莱彻关于莫斯科国王对其臣民的态度说法。的确奥列阿里认为俄国政府是一个实行暴政的政府[④]

---

① C. Φ. 普拉托诺夫：《混乱时期史纲》，第 3 版，第 286—287 页。关于沙皇在教堂里许诺不通过缙绅会议不做任何举动的报道，普拉托诺夫教授说是一种误解：编年史家完全误解了沙皇的言论，所记与文告原文不符（见同书，第 286 页）。

② 《俄国史教程》，第 46 页。按照克柳切夫斯基的意见，舒斯基的文告按其内容还放弃了雷帝的祖先所说的“我中意谁，便叫谁做王公”的特权。但是这些话是就王位继承问题而发的。然而舒伊斯基的文告却并未涉及这一问题。

③ 《到莫斯科、并经莫斯科和波斯返国游记》，圣彼得堡，1906 年，第 223 页。

④ 同上书，第 223 页。

应该同意，莫斯科的君主可能是暴君，而且过去就有过一些暴君——的确，他们不是暴君又是什么呢！但是波丹已非常公正地指出：东方的世袭君主制度——莫斯科国便是这种世袭君主制国家——可能距离暴君制度很远，但完全保存其主要特征：即臣民不仅无权处理其自身，而且无权处理其财产。世袭君主制所以在莫斯科建立起来，不是因为莫斯科君主偏爱暴政，而是因为它是大俄罗斯的历史，尤其是经济发展条件的自然政治结果。当然，居民的无权，使暴政的倾向非常易于发生。随着旧朝代的结束，争夺莫斯科王位的人们都认为公开放弃暴君派头对己有利。然而他们即使愿意，也不能改变莫斯科国的内部关系。他们就会意识到以"自然法则"为基础的政体的优点，也不可能将这个国家从世袭君主制改变为国王制（在这里再用一下波丹的名词）。但在当时的条件下，他们不可能产生这种意识。马斯克维奇的对话者关于莫斯科的不自由的利益的见解表明，莫斯科人是很能适应世袭君主制的内部条件的。的确在图申诺的代表同西吉兹蒙德国王就选举弗拉基拉夫王子即莫斯科王位的问题缔结的条约里，已经看出了对于莫斯科的不自由的某种不同态度。根据克柳切夫斯基的意见，在这个条约里，已表现出以前在我国很少看到的人身自由观念。然而根据同一历史学家的意见，就在这里，这一观念也不过表示一切人都应依法审判，非经审判不得对任何人加以处罚而已。在这种形式下，这一观念仍然不是反对世袭君主制，而只是反对暴君制度。克柳切夫斯基承认，图申诺的使者在规定等级权利时，很少表现自由思想和公正态度。他说："条约责成根据功绩而维护和扩大僧侣界、杜马议员和官吏、首都及城市贵族和大贵族子弟，以及部分商

人等的权利和优越地位。但对于‘庄稼汉、农民’，国王仍不允许他们自罗斯迁到立陶宛，或从立陶宛迁到罗斯，也不允许在各级俄罗斯人之间、即在土地所有者之间转移。奴隶仍旧处于对主人的旧时依附地位，国王绝不给予自由。”①这是可以理解的：对于奴隶和“农民庄稼汉”，波兰—立陶宛的贵族也是既未表现公正，也未表示自由思想的。条约就是这样规定的：“奴隶和农奴”必须像过去那样“为大贵族和地主”服务。这就是说，地主也像大贵族一样不愿改善奴隶的地位：我们刚刚看到，对于“农民庄稼汉”，规定了一个双边条约：他们不得自罗斯迁往立陶宛，也不得从立陶宛迁往罗斯②。最能说明当时莫斯科关系的，是条约中关于僧侣界和军职人员的条款。对于僧侣，条约允许其财产不受侵犯。“所有以前莫斯科公爵的财产，大贵族及各种人等的财产，教会以及整个寺院的财产，都予以维护，对它们不加任何侵犯”，等等③。这是僧侣们的一个老要求。在朝代更替的时候，实现这一要求当然比较容易。对于军职人员，条约允许国王将予以礼遇和爱护。但礼遇和爱护并不就是承认某些明确的政治权利。西吉兹蒙德代表他的儿子允许保存军职人员的旧有优越地位：“至于薪水，货币租赋、封地和故乡，凡属前此所有者，往后也有；国王的仁慈，爱护和慷慨将对每人

---

① 《俄国史教程》，第 3 卷，第 50 页。

② 关于禁止农民迁徙问题，我们在普拉托诺夫教授的著作里看到下述重要意见：“这一条还不足以证明莫斯科在 1610 年已经消灭了农民的迁徙。这一要求只能表示谈判双方消灭迁徙的愿望，而不是表明一个已成的事实。”（《俄国史讲义》，第 6 版，第 258 页。）

③ 《混乱时代史纲》，第 47 页。

论功行赏。"[①]这不能不使莫斯科的军职人员高兴。但这没有为他们造成任何新的特权。不错,条约约许"对高级人物不得无辜贬压,对低级人物实行论功提升。"但这一许诺难道不就是普拉托诺夫教授所指出的:它不曾给"莫斯科贵族氏族"以任何等级的优待和特权,而且还说要对军职人员按照本人功绩予以提升!显然,这后一让步是同任何贵族特权的赏赐没有任何共同之处的。相反,这一让步表明"出身贫贱的"军职人员要完成其在雷帝时代开始及在戈东诺夫时代继续着的意图。普拉托诺夫教授说:"从二月条约的这些条款里,可以感觉到皇帝直辖区和戈东诺夫体制的精神,以及与日常生活中新事物相结合的政府措施的新气象。"[②]但是在这种政府措施的新气象里,是没有政治自由的地位的。此外,皇帝直辖区精神是完全不利于自由的。

毫无疑义,2 月 4 日条约,对沙皇的权力作出某种限制。例如,条约规定,新国王只能在取得大贵族和"全国"的同意时,才能改变法律和审判习惯。这是一个重大的限制。然而就在这里也无论如何不能同意普拉托诺夫教授的意见,以为这一限制的"目的不是要改造以前的政治制度,而是相反,要保存和巩固'久远以来的好习惯',使其不受那些不习惯于莫斯科关系的当局的可能破坏"[③]。当若干年后,一个俄国出身的人当选为沙皇时,对他的不信任减少了,因而对于限制他的权力问题,如果一般地注意,也不怎样注意了。据克柳切夫斯基教授确认,在 1613 年的会议上,人

① 《混乱时期史纲》,第 48 页。

② 同上书,第 403 页。

③ 《俄国史讲义》,第 6 版,第 259 页。

民中一些有识之士是宁愿复古的[①]。

无论如何，莫斯科人在混乱时代同波兰—立陶宛贵族的不断来往，对他们不是没有影响的。在1610年2月4日（14日）条约的一项经济性质重于政治性质的要求里，波兰—立陶宛的影响表现得最为明显。这个条约第11条规定，“那些故乡及领地，任何人都不得将其夺去：死者若无后裔，则为其亲属所有。”[②]事实上，这一要求的实现是可能成为莫斯科国历史的一个重要时代的。它最低限度可以保护居民最高阶层的财产权，因而可以创造一种社会基础，即这些阶层的政治权利在适当情况下所能依靠的唯一基础。波丹会说，这一要求的实现，可使莫斯科的君主制度从世袭君主制转变为皇帝专制制。可是这一要求并未实现。混乱时代使名门大贵族受到致命的打击，因为他们比所有其他阶级都更愿保持其“故乡及领地”的不受侵犯的。领有封地贵族暂时还能同任意处理臣民土地的世袭君主制相处得很好。他们显然由于这一缘故，对1610年2月4日条约的这一条款，并不重视。

在同一条款里，有些段落是很有意义的和重要的新事：“为了求学，莫斯科的任何人都可以自由地到其他信奉基督教的国家去，但伊斯兰教及异教国家除外。国王不得没收他的故乡及领地。”[③]但值得注意的是，当莫斯科的大贵族在舒斯基退位以后同西吉兹蒙德联合时，这一要求在同西吉兹蒙德签订的条约里却消失了。关于这一情况，克柳切夫斯基教授指出：“当权的贵族与中等官宦

① 《俄国史教程》，第3卷，第85页。

② 同上书，第48页。

③ 《混乱时期史纲》，第18—19页。

阶级相比，与其亲近的执行机关相比，已处于更低的认识水平。"[1]他还可以说：当最高的社会阶级或阶层被社会地位比他们低的人们赶上的时候，则后者距离战胜"最高贵族"之期已不远了。莫斯科的贵族将2月4日条约中关于对非贵族出身的人们论功提升，以及关于"对从外国归来的莫斯科王公及大贵族氏族子弟不得压抑和贬黜"等条文，均于删除，真是徒劳无功啊！"王公氏族"已被莫斯科世袭专制的发展过程铁定地推到次要地位上去了。在混乱时期之后，普通贵族已断然成为统治等级了，——当然，假如在世袭君主制下能有这样的等级，因为在世袭君主制下，贵族也是国王的奴隶！

① 《俄国史教程》，第3卷，第52页。

第六章　混乱时代后的莫斯科罗斯社会生活和社会情绪

I

我在前一章所指出的现象，用事物的客观力量很好地说明。

莫斯科人在恢复其被混乱时代所破坏的生活秩序时，不能随心所欲地以这样或那样的性质加于他们的相互经济关系。这种关系在东北罗斯——也如在任何时候和任何地方一样——是由生产力的状况来决定的。至于生产力的状况，则混乱时代不是把它变好了，而只是把它变得更坏。可耕地的面积缩小了，农民贫困化了。农民支撑着整个社会政治大厦，农民贫困化自然带来了官宦阶级的贫困化，并延缓商工业活动的发展。如果我们考虑到当时西欧各国生产力迅速的增长，那么我们便必然要得出结论：在混乱时代以后，若与西方比较，莫斯科罗斯是比以前更加落后得多的国家。不仅这样，十七世纪的莫斯科罗斯在经济方面极大地落后于西欧邻国，却同这些邻国进行了长期的战争[①]。因此，它不得不将

① “国家的外交政策，迫使人民的力量越来越陷于紧张状态。只要简括地举出新朝代最初三个沙皇所进行的各次战争，便可看出这种紧张状态的程度……如果计算一下所有这些战争的延续期间，便可看出，在不过七十年中（1613—1682），便有三十年是战争年代，有时还同时同几个敌国作战。”（克柳切夫斯基：《俄国史教程》，第3卷，第161页。）

其资金和力量的越来越大部分，用来支持自卫机关[①]。在一个仍然进行拓殖的国家里，这必然要使所有人民阶层，特别是劳动群众更加受到奴役，直接或间接地为国家服务。换言之，社会必然要按照混乱时代以前的方向发展。这种发展的速度在经常增长，其结果也愈来愈加显著。到十七世纪末，负担赋役的群众在各类业主之间的分布情况如下：

商人及耕种官地的农户	92,000	10.4%
教会、高级僧正及寺院	118,000	13.3%
皇室	83,000	9.3%
大贵族	88,000	10.0%
贵族	507,000	57.0%
	888,000	100.0%

克柳切夫斯基在列出这一表式时指出，在城市及乡村负担赋役的群众中，只有十分之一（10.4%）保持了当时的自由（更正确些说，就是直接受国家的奴役），而差不多十分之九的负担赋役的群众，都处于对教堂、宫廷和军人的奴隶依附地位。这位历史学者又说："期待这样形成的国家机体能在政治、经济、社会和道德方面合乎愿望的发展，是不公正的。"[②]

关于发展的合乎愿望问题姑且不谈，我只想指出，由于国家机体仍然按照以前的方向"发展"，在这种机体里是不可能产生什么

① 克柳切夫斯基说："战争终于耗尽了国库。我们在尽可能将同类的军队作出比较时，便看到从1631年起，由国库负担的武装力量，差不多增加到两倍半（在半个世纪内）。"（同上书，第275及278页。）

② 《俄国史教程》，第3卷，第299及300页。

新的政治趋向和观点的。学者们有时谈到混乱时代的教育意义。不能不同意的，是这种意义不是不重要的。混乱迫使莫斯科人发挥首创精神。然而他们的这种被逼出来的首创精神，却最明显地表现于恢复和巩固“世袭君主制”，而这种君主制的最主要特点则是在十六世纪下半叶就确定了的。同样，混乱把莫斯科国的人们变为比以前更加要求严格的人。史学家把十七世纪称为人民骚动的时代，这不是偶然的。但是我们往后便又看到，——而且这是不言而喻的，——十七世纪的人民骚动的性质是同进行骚动的人民群众所反对的社会政治关系的性质完全符合的。骚动的过程虽然时常很尖锐，但这个过程却不曾产生新的政治认识。社会意识只有在社会存在发生变革的地方，才会改变。

II

关于米哈伊尔当选为国王时曾否使他发表限制权力的诏书，直到现在还是一个争论未决的问题。更正确不过地说发表过。十七世纪的莫斯科人都相信这个诏书的存在。科托希欣——他所写的关于俄国的书，我们很快就要详加研究，——说：“像在伊凡·华西列维奇沙皇以后获选登基的历代沙皇一样，他们都须发表一篇诏书，表示他们不残忍和不作伪，不经过审判或无罪不杀任何人，对任何事情不与大贵族和杜马议员共同商量便不去设想，不通报他们便不秘密地和公开地做任何事情。”[①]这是很明确的。同样明

① 科托希欣：《论阿列克谢·米海伊洛维奇统治时期的俄罗斯》，圣彼得堡，1884年，第141—142页。

确的是科托希欣的下述记载:“但现在的沙皇(即阿列克谢·米海伊洛维奇——著者)却于即位后不发表任何诏书,而这种诏书以前的沙皇是都发表过的;人们也不去问他,因为都把他看作一个比别的沙皇沉默得多的人。”由此可见,最少十七世纪的某些莫斯科人相信,米海伊尔沙皇曾发表限制权力的“诏书”,而阿列克谢沙皇则没有重申“诏书”。某些外国作家的证词,也与此完全符合。不过不完全明白的是,新的沙皇到底承担了哪些限制权力的义务。固然,科托希欣在这个问题上也作过完全明确的指示。按照他的说法,承担的义务便是:沙皇约许不残忍,不经过审判不处死任何人,以及在一切事情上同大贵族和杜马议员磋商。但在这里,科托希欣的记载引起了某些怀疑。Л. Н. 米柳科夫说:“在选新沙皇时,情况怎样呢?大贵族是软弱无力的,他们不可能以任何义务加于沙皇:他们自己同哥萨克人一样,成为……‘全国’的仇恨对象,而当时缙绅会议上自己军队代表及自己的代表则是无所不能的。”①如果大贵族软弱无力,他们怎能迫使新沙皇限制其权力呢?更可能的是:“全国”以军队或一般地以其代表们为代表,发表了限制权力的诏书。但当时不可理解,为什么对沙皇权力的限制不是有利于他们自己——即不是有利于“俄国的全体官员”,——而只是有利于大贵族及杜马议员呢?因此,不得不假定,科托希欣说得不正确,按照限制权力的诏书的真正意义,新获选的沙皇必须同“全国”的代表,例如,同缙绅会议磋商。但这里又产生了新的困难:按照这后一假定,为什么米海伊尔对“全国”承担的责任,如克柳切夫斯

① 《俄国文化史概论》,第3卷,第1辑,第86页。

基所说，在正式的文件里看不出来呢？为什么当时不以为应使沙皇阿列克谢发表这一限制权力的诏书呢？难道只是因为人们认为他是一个“沉默的”人吗？姑且假定，事实上只是由于这一缘故。但那就必须说明，是谁决定、谁有权来决定，由于阿列克谢“沉默”，所以不必要他发表这一诏书呢？似乎能够作出决定的只有缙绅会议，因为根据我们最后的假定，限制权力的责任是沙皇向这个会议提出的。然而我们没有看到任何指示足以证明缙绅会议曾作出这一决定。因此，克柳切夫斯基设想，限制米哈伊尔权力的诏书，是在缙绅选举会议幕后进行的宫廷秘密交易的结果。大贵族巨室在公开的政治舞台上是软弱无力的，但他们善于搞各种可能的阴谋，他们能够在米哈伊尔的道路上设置重重障碍。“而且就米哈伊尔的拥护者说，这种偶然或不干不净地获得的政权，只不过是他们随时都可咬碎的一块骨头。双方的共同利益，要求他们防止过去不幸遭遇的重演，当时沙皇或用他的名义横行一时的人，曾把大贵族当作奴隶一样处置。”[①]交易是为了防止大贵族再受沙皇的横暴摧残。因此，它是秘密的。这种协议不便向缙绅会议公开，因为“全国”可能由于这种协议，把沙皇看为他们早已仇恨的大贵族的工具。克柳切夫斯基说，米哈伊尔朝最初几年，完全证实了他的假设。“那时人们都看到和传说着当政的人们如何胡作非为，他们‘鄙视’国王不得不对其近臣的行为，不闻不问。”[②]此外，还可补充一则足以证明克柳切夫斯基的假设的报道：据说，Ф. И. 舍列梅捷

① 克柳切夫斯基：《俄国史教程》，第3卷，第96—97页。

② 《俄国史教程》，第3卷，第97页。

夫曾写信到波兰告诉戈利岑公爵，“据说米沙（米哈伊尔小名）·罗曼诺夫年轻，尚不懂事，我们可以操纵他。”对于这种“可以操纵的”王位候选人，是不难使其承担有利于大贵族的责任的。然而由于这种责任是秘密的，所以要在“全国”面前为它辩护，那就不仅困难，而且简直不可能。但是在一个衰微的国家里从事恢复旧国家制度的艰难事业，向“全国”发出呼吁是绝对必要的。在米哈伊尔朝代，“全国”的代表时常举行会议。正是他们才使最高当局有可能将那种利用幕后阴谋从他那里拿到的限制权力的诏书的意义，一笔勾销。在不大受“操纵”的斐拉列特·尼基季奇从波兰回国后，最高当局立即使用了这种可能。由于限制权力的诏书的意义实际上已被勾销，所以阿列克谢没有予以重申，那就毫不足怪了。

III

然而前来出席会议的“全国”代表，如果有充分理由憎恶大贵族的寡头政治，那他们是不能不相信自己的。为什么他们不想取得限制权力的诏书，以谋取“全民多数”的利益呢？如果他们是由于某种瞬息间的原因而忽略了在1613年初取得这一诏书的机会，那他们为什么后来也从未设法改正这一错误呢？答案在于前述莫斯科社会制度的发展过程。在确定不移的经济必然性以越来越快的速度导致国内一切力量的间接或直接奴役的地方，就是最温和的**政治**自由思想，也是不能产生的。

1613年的选举会议，实质上是一次立宪会议。但是，正如克柳切夫斯基所说，这一立宪会议在选出沙皇以后变为筹备委员会，其任务是采取各种预备性措施，以待正式政府的成立。筹备委员会的这一作用使这次会议处于对最高当局的从属地位。由于这一作用，它后来只不过是扮演着一个“请愿者”的角色。除了请愿之外，它从来没有前进一步。克柳切夫斯基指出：做人民意志的代表者是一回事，而做人民的诉愿和愿望的代言人则是另一回事。这是容易同意的。但是必须记住缙绅会议进行活动的具体条件。1619 年召集了“善良有识”的当选人士参加会议，他们的任务就是要将各地的需要通报中央政府。这些“善良有识”的代表的首要工作，是采取措施使逃亡者回到原处。这就是说，在莫斯科集会的俄国当选人士承认，恢复过去劳动群众所遭受的那种不自由，是国家的最迫切需要，而这种不自由的压迫，乃是莫斯科罗斯在混乱时期经历的种种骚动的最深刻原因。但是随着这种不自由的恢复和扩大，随着陷于这样那样形式的奴隶从属地位的居民数目的增加，地方代表们的社会基础也缩小了。农奴是不派代表出席会议的。因此，在会议上发挥主要影响的，是以剥削被奴役的农村居民劳动为生的阶级，即贵族。而贵族亦处于对中央政府的完全从属地位，因为在当时的条件下，他们只有利用中央政府的帮助，才能使那些用自己的劳动好歹养活他们的农奴们服从。由此看来，农民的社会不自由，决定了贵族的政治不自由。关于这一点，同一克柳切夫斯基卓越地指出：“统治着的地主阶级，他们由于特权而脱离了其余的社会，他们全神贯注于农奴占有制的垃圾，因享受白给的劳动而变得软弱无力，他们对国家利益的感觉钝化了，对社会活动的毅力也衰退了。贵族的庄园压迫农村，又不与城外的工商业区来往，自然不能制服首都的官府，使缙绅会议具有国家思想和意志的独立传导者的意义。”①

不要以为一般贵族对于他们的地位已经心满意足了。他们是很穷的②。他们本身也为国家做奴隶服务，他们从主要由于他们的努力并为了他们的利益而建立和支撑起来的制度方面，也吃了不少苦头。在 1642 年为讨论是否接受顿河哥萨克夺自土耳其的亚速夫一地而召开的会议上，许多县的贵族代表沉痛地抱怨说："我们由于莫斯科的官僚贻误、由于谎言和不公正裁判而受到的祸害，更有甚于土耳其和克里米亚的回教徒。”③但是这一等级愈穷，他们愈是强烈地感觉到和更深刻地意识到他们对中央政府的从属地位，因为这个政府赏给他们的只是“一些零碎的小块土地”。他们愈是深刻地意识到这一种从属地位，他们便愈少反对派的倾向，愈加除了官员的**奴隶地位**这个纯粹东方的概念之外，再也不能发展其他政治概念。十六世纪的缙绅会议，官宦阶级的代表是应召参加了。这些会议是政府同其本身的官员的会议。混乱时代的事变所造成的社会政治需要，把这种由“所有官员”代表组成的缙绅会议推上了历史舞台。在十七世纪的会议上，莫斯科政府是同所有用自己的努力把政府恢复起来的“地方”协商的。但是愈来愈多的莫斯科国居民，因陷于各式各样领主的农奴依附地位，不再向会议派出他们的代表，所以官宦阶级选出的代表，便在会议的集会上

① 《俄国史教程》，第 3 卷，第 244 页。

② “县级贵族的封地一般很小，而且人烟极为稀少。”在某些南部的县里，“许多贵族完全无地，而是一些只有庄园而没有农民和光棍……还有连庄园也没有的空地。……有些贵族抛弃了他们的世袭领地和封地，参加哥萨克，到大贵族家里卖身为奴，或到寺院里去做职员。”（克柳切夫斯基同书，第 111 页）

③ 索洛维约夫：《俄国史》，第 2 卷，第 1256—1258 页。

发挥了越来越大的主导作用。只是这一情况就足以把十七世纪的会议逐渐转变为政府同其本身官员的会议，也就是把它恢复到十六世纪的旧形式上去。既然它回到了旧的形式，莫斯科政府便可轻而易举地用别种会议来代替它了。莫斯科政府开始召集来自个别居民各阶层的"专家"会议，按照政府的意见，这些人是更愿解决在某种个别情况下应予研讨的问题的。莫斯科罗斯人民代表制的中央机关，就这样奄奄一息，寿终正寝了。在十七世纪下半期，直到费多尔沙皇死前，会议没有召开。克柳切夫斯基认为，缙绅会议的观念虽然在统治阶层和特权阶层中业已逐渐熄灭，但在商工业人士中却仍在保持着，他们还怀着公民责任感。他想起莫斯科商界人士如何提示政府，由于使用铜币失败所引起的危机，必须召集缙绅会议。但他迅即补充说，莫斯科的"小客人和小小商人(他们这样自称!)人微言轻，不足以使社会关系趋于平衡。这一负担着非常沉重的国家赋役的阶层的代表，在会议上是面对着军职人员的大多数、面对着大贵族官僚的政府的。"[①]显然，他们的声音——并不高亢和坚决的声音，是不能改善莫斯科罗斯的人民代表的命运的。莫斯科的"小客人和小小商人"在1662年恭请召开的缙绅会议，就这样没有召集。

IV

我想以上所述，足以充分说明那些决定政府当局和人民代表之间的关系的经济和社会条件，因而也足以充分说明十七世纪莫

① 《俄国史》，第2卷，第367页。

斯科国政治思想的发展过程。我国的一些学者都想把俄国的缙绅会议同西欧各国的人民代表制相提并论。但是他们的比拟并不都是正确的。例如，按照克柳切夫斯基的意见，我国“人民代表制的产生并不是为了限制政权，而是为了获得和巩固政权：这就是它与西欧代表制的区别。”①但是在哪一个西欧国家里，人民代表制的产生是为了限制国王的权力呢？任何地方，人民代表制的产生都是为了协助国王来管理国家的。在协助的过程中，它便巩固了国王政权。这一观点应用于第三等级的代表制，尤为正确。法国菲利普(外号漂亮的)在召集三级代表会议时所以邀请第三等级的代表，完全不是为了要同他们分权。他是想在同邦尼法奇八世教皇的斗争中求得他们的支持。1302 年的三级代表会议——这按时间是法国的第一次缙绅会议——表示希望国王维护其国家的“最高自由”，不承认(在世俗权力方面)除上帝之外还有任何比他更高的主宰。对国王表示这样的愿望，无疑地意味着有助于他的权力的巩固。三级会议后来遂成为巩固国王权力的工具。它是第三等级同世俗当局和教会当局斗争的舞台。然而如所周知，这一斗争创造了君主专制制度，使法国国王终于有可能不召集三级代表议会，并在非常长的时期中(1614—1789)利用了这种可能。从自己方面说，这些国王所以召集人民代表，每每只有一个目的：向他们的忠实臣民进行勒索(traire de l’argent)。克柳切夫斯基说，缙绅会议并不是政治力量，而是政府的工具。在某种意义上，此语也完全适用于法国的三级会议。同样可以说，法国三级会议同克柳切

① 《俄国史》，第 2 卷，第 272 页。

夫斯基所说的俄国缙绅会议一样，只有用请愿的形式提出立法措施，而最高行政当局对于所提问题，则保有决定之权[①]。这里的类同之处是无可争辩的。但历史环境的差别，使法国的等级人民代表制对法王的态度，同莫斯科国缙绅会议对沙皇的态度，极为不同，虽然法国的等级代表会议也是法王的非常重要工具，有力地促进了法王最高权力的巩固与扩大。我已经不只一次指出，莫斯科的沙皇在同大贵族的斗争中，主要依靠领有封地的贵族，而法国国王在同封建主的斗争中的主要支持，则来自第三等级。这个等级在最初的作用是很小的。这可从以下事实中得到充分证明：即他们的代表只能在国王面前跪着说话，而最高等级的代表则可以站着说。但是随着经济的发展、第三等级在法国社会生活中的作用迅速增加了。而随着在社会生活中作用的增加，他们的政治自觉也发展了。他们的代表过去谦虚地把自己看作“微末小人”，现在却愈来愈加感到他们是人了。这时，在问题涉及国王同封建主的斗争时，他们仍旧支持国王。但是他们一方面在这一斗争中甘为国王的“工具”，同时在国家管理方面当问题涉及全民利益时，他们又力图给国王的权力设置一定的界限（“限制”这一权力）。因此，法国三级会议席上时常听到一些为出席莫斯科国缙绅会议的“善良有识之士”所不能想象的演说。

---

① 当英国议会用法案来代替请愿时，法国三级会议的代表却继续呈递其请愿书，给政府以不理睬各种法令的权利。俄国的情况，亦复如此。俄国沙皇或杜马直接颁布的新法律和国家的“总裁决”，可以成年累月地不生效。（马克西姆·科瓦列夫斯基：《俄罗斯的政治制度》，巴黎，1903 年，第 98 页）

试举一例：

在 1484 年三级会议 2 月 28 日庄严的大会上，卢昂的代表马塞伦在表示国王应注意减轻法国人民的捐税重担后，认为必补充声明："国王这样做，并不是给他的人民以恩赐，而只是履行公正的职责：如说恩赐，那是滥用词句。"只有人，才知道这种语言，而"微末的小人"，其说法又当不同。马塞伦在继续他的演说时大声疾呼："在君主专制下，人民仍是其财产的最高主人，在人民全体都反对时，是不能剥夺他们的财产的。人民是自由的：他们不是奴隶，而是国王治下的臣民。"[①]我们在这里又一次看到我们所熟知的波丹关于奴隶和臣民的差别的见解。奴隶只有在其主人的同意下才能支配其财产，而臣民则仍然是他所领有的一切的最高所有者，不得他们的同意，国王是不能没收他们的财产的。参加缙绅会议的，是莫斯科国国王的奴隶，而在三级会议上发言的，则是法国国王的臣民。

在马塞伦发表上述演说的会议的前夕，第三等级的代表同企图促使他们让步的国王顾问们举行了会商。他们对这些顾问说："任何人在看到人民的代表受人民的委托，从事人民的事业并发誓给予支持以后，用全力捍卫这一事业的时候，都不应感到奇怪或愤怒。"他们声明，他们首先把自己看作人民的受委托人[②]，"假如他们抛弃了人民的事业，压制住自身良心的呼喊，那他们就不得不负可怕的责任。"[③]这又是人的语言，而不是"微末小人"的语言。当时法国统

① G. 毕科：《三级会议史》，第 2 版，第 1 卷，第 378—379 页。

② 同一马塞伦在其拉丁文的三级代表会议日记里用的是"人民代诉人"（"Procuratores populi"）一词。

③ G. 毕科：《三级会议史》，第 377 页。

治阶层的代表之一被这种高贵的语言激怒了，大声叫唤说，他是懂得恶棍的，“不要对这种人闪现自由的方式，他们需要的是压迫。”第三等级的代表向国王的顾问们所发表的结束语，是极为值得一提的：“在国王惠然接待我们的那天，我们的演说家将痛快淋漓地用理性的武器打败我们的敌人，使所有的人都明白，国王不得违背三级会议的一致意见而侵犯其臣民的财产。”读者不应忘记，我在这里所摘录的，是十五世纪而不是十八世纪末的法国代表的演说。

V

此外，读者应该记住，在法国，不仅第三等级的代表善于用人的语言来说话。法国的封建主也从来不愿扮演奴隶的角色。假如“最信奉基督教”的法国国王在同他们的斗争中曾依靠第三等级，那么，他们在同国王的斗争中也企图——在这种企图不要求他们放弃其特权的地方——预先取得第三等级的同情。作为一例，可以指出他们在路易十一世时领导参加公共福利同盟（Ligue du Bien Publique）。路易十一世说，“如果我们同意增加他们的养老金，准许他们像过去那样压迫他们的仆从，那他们就不会想到公共的福利。”[①]姑且假定，路易十一世对于封建主的爱民思想是了解得相当精辟入微的，但无论封建主脑子里的公共福利思想是怎样产生的，然而重要的是，他们有时确实想到这点。在图尔举行的同一三级会议（1484 年），布尔冈贵族的代表菲利普·波（Seigneur de la Roche 拉罗谢的领主）这样说过：“按诸历史，有主权的人民

① G. 毕科，见前书，第 1 卷，第 331 页，注释。

(le peuple souverain)用自己的选举来立国王,而且他们要选举才德超过他人的人做国王。事实上,人民是为了自身的利益而选择主人(Maitre)的。所以要授主人以大权,不是为了使他们牺牲人民以致富,而是为了使国家富裕和改善人民的地位。如果他们有时倒行逆施,那他们的行为便同暴君一样,便同那些不保护自己的羊群、却如恶狼一般吃掉它们的牧人没有差别。……谁不知道而且谁不在反复申说,国事就是人民的事?既然这样,那人民又怎能不关怀国事呢?低贱的谄媚之徒怎能以专制之权授予只是通过人民而存在的主人呢?人民有管理自己事务的双重权利:因为他们是这种事务的主人,又因为说到底他们经常是坏政府的牺牲品。"

我在摘录这段话时,禁不住再次问问自己,应否提醒读者,我所摘录的这篇演说不是在法国大革命时发表的,而是发表于大革命前三百多年,而在演说里却极大地表现了政治要求的严格性和人民尊严的自觉性。当然,类同并不是等同。菲利普·波所以认为必须提出人民的主权,实质上是因为查理八世年事尚幼,最高权力已落入摄政委员会手中,关于这个委员会的人选发生了争论:血缘的亲王们企图在委员会里取得主导作用;而菲利普·波和在这一问题上与他志同道合的代表们,却想使该委员会通过会议选入该委员会的人士服从三级代表会议的影响。在成年的国王的朝代里,人民自主(Самодержсавие)之说,也许不是那么坚决的。一位贵族代表作出的人民定义,也是很有特色的:"我称之为人民的,不仅是低等级的人们,而是居住在国内的所有等级的人们。"在大革命时期,人民一词是指除特权者外(moins les privilégiés)的居民总和。菲利普·波当然要反对这样的定义。这是完全可以理解的。但是值得注意的是——也许对于那些记得莫斯科的政治关系的人们，这甚至是值得奇怪的，——在十五世纪末，竟然有一位法国贵族的代表，能够在三级会议发表演说，——尽管是由于特殊的情况，——热烈和智慧地维护人民自主的原则，对十八世纪和十九世纪的政治著作起了这样巨大作用。

下述情况同样值得注意。菲利普·波指出，在法国没有任何一种法律规定（在国王年幼时）国事的管理，应该属于全体血缘亲王或其中某一亲王。波说："因此，这一切都应明确规定，并毫不动摇地付诸实施。我们这样做，是为了不留任何不明确的东西。我们不将国家的幸福置于少数人的专横独断之下；因为谁能向我们保证国王将永远是善良和公正的呢？在这种情形之下以及在任何情况之下，必须作出硬性的规则并确定行为的规范。"[①]如果相信科托希欣的话，则莫斯科人虽然对阿列克谢·米海伊洛维奇王朝极尽"勒索"之能事，却不曾认为必须对年轻沙皇的"沉默"习惯，作出"硬性的规则并确定行为的规范"。

菲利普·波承认，人民没有统治权。他说："但是应该了解，人民有权经过他们的代表管理国家。"[②]在十七世纪成为统治阶层的莫斯科贵族，却从来没有提高到这种政治思想上来。

VI

俄国历史过程的特点，不在于它的绝对特殊性。但是如果将

---

① G. 毕科：《三级会议史》，第 2 卷，第 5—6 页。

② 同上书，第 6—7 页。

它同西欧各国——例如法国的历史过程加以比较，而看不到它的相对特殊性，那就是瞎子了。

从质的分析观点看，水的化学成分和过氧化氢的化学成分是一样的。这两种物体都是由氢和氧合成的。但从量的分析观点看，则两者之间却有无可疑义的差别：过氧化氢（H_2O_2）所含的氧要比水（H_2O）多。这种量的差别便说明了两者的特性的差别，即两者之间的质的差别。我们在历史上也可看到完全相似的现象。从质的分析观点看，莫斯科国的社会成分同法兰西帝国的社会成分是相同的：在这两个国家里都有农民、商业和工业居民、贵族、僧侣，最后还有君主。但量的分析却在两国的社会成分里发现很大的差别：由于莫斯科国在经济上大大落后于法国，所以前者的工商等级所起的作用，要比后者的工商等级所起的作用小得多。莫斯科的君主在同封建地主的斗争中所依靠的主要是领有封地的普通贵族，而法国君主在同封建主的斗争中所依靠的则是第三等级。大俄罗斯的地理环境对于生产力发展的促进作用，也远远不及法国。这一重要情况，一方面决定了这两个国家居民的社会成分的量的差别，同时又造成了两国社会成分的相互关系的非常重大的差别。莫斯科国是一个在自然经济条件居于主导地位的情况下、拓殖过程拖延甚久的国家。这一过程特别持久的必然结果，是劳动群众对私人和国家的奴隶依附地位。在被奴役的劳动群众里，不仅有农村居民，而且有城市居民。商人是不能成为私有主的奴隶的。1649 年的法令对于那些用所谓抵押的方法承担奴隶义务的商人，威胁要处以笞刑和流放西伯利亚。但是克柳切夫斯基说得好，用笞刑来维持的人身自由，其本身便变为一种对国家的义

务。他说："这一法令不曾以自由的名义取消人身的不自由，而是以国家利益的名义把人身自由转变为不自由。"[①]由此看来，除了极少的例外，这样或那样的奴隶依附制度业已推行到莫斯科国的所有劳动人民之中了。最后，莫斯科国发展的历史环境，决定它不得不把越来越多的资金用来同西方邻国进行斗争以保卫其自身的生存，这些国家在经济发展的过程中越来越超过了它。这后一种情况更加深了压在居民身上的奴隶依附地位的压迫。然而相反，尽人皆知，自中世纪开始，法国的奴隶数目，却是经常减少着的。据兰博说，在诺曼底，在十二世纪时已无农奴制的痕迹。在法国其他地区，农奴制消失得慢些。但就是在那些地方，农奴(serfs)的数目也是不断减少的。1315 年路易十世准许国王领地的农奴赎买自由。这当然不足以说明国王的大公无私，却无可争辩地证明在当时的法国，货币经济已取得巨大的成就。至于三级会议，则自十五世纪末，农民便已参加选举第三等级派性议会的代表了。他们同样参加制定给代表们的委托书(cahiers)。因此，我们看到，如果在莫斯科罗斯，经济发展的过程越来越缩小了人民代表制这一政治建筑物的社会基础，那么，法国的这一过程却相反地经常扩大了这一基础。这种代表制在法国和莫斯科罗斯的意义，远远不同，这便毫不足怪了。

当然，我们在这里所看到的差别，也不是绝对的，而只是相对的，不是质的，而只是量的。我在前面已经指出，法国的三级会议也只能向国王叩头陈述他们的需要。最后决定权是属于最高当局的。会议的召集和解散，都取决于最高当局。所以最高当局曾长

① 《俄国史教程》，第 3 卷，第 185—186 页。

期不召集会议。

情况便是如此。但在这种问题上，必须比在任何其他问题上更加记住，量的差别是要转变为质的差别的。尽管法国的三级会议归根到底也只有恳求的权利，但是法国的居民通过他们的代表在会议上说出了他们的需要，毕竟比莫斯科罗斯的居民更能影响其本国的立法。法兰西王国的居民认为他们是自己国王的臣民，而莫斯科国的居民则自称为沙皇的奴隶。而且不是所有的人，只是身居高位的人，才有权使用这样的称呼。下层阶级的人们则称为沙皇的孤儿。索洛维约夫写道："可以理解，无论是无依无靠的孤儿或是奴隶，在他们的身上是找不出力量和独立性的。"[①]这在事实上也是如此。前来出席缙绅会议的官吏奴隶和工商界孤儿的代表，都既未显示力量，也未表现独立性。和他们不同，出席三级会议的法国国王臣民的代表，则不只一次表现了力量和独立性。索洛维约夫在同一著作中说，无依无靠的孤儿和奴隶是不能有自己的意见的。但这不尽然。孤儿和奴隶都有自己的意见，只不过这种意见符合他们的屈辱地位，从未发展成为比较广泛的政治思想。这就是为什么在莫斯科国的缙绅会议上，听不到在法国三级会议上所发表的那些关于国家元首职责和人民权利的演说的原故。我重说一遍，量的差别是要转变为质的差别的。

VII

克柳切夫斯基在他的著作里写道："试一读各等级代表在会议

① 《俄国史》，第 3 卷，第 804 页。

上(1642 年的缙绅会议上——著者)提出的文件,便可感到他们在一道都无事可做,他们没有共同的事业,而只有利益的冲突。每个阶级只为自己着想,而把他人除外,只知道自己的迫切需要和他人的不公正的优越。显然,各等级政治上的隔绝,使他们在习惯上相互疏远,在这种情况下自不能不导致他们在会议的共同活动上的分离。"①

在法国三级会议上,利益的敌对导致各等级精神上相互疏远。这种疏远有时强烈妨碍他们共同政治活动。像在俄国一样,法国中央政府善于利用这一点。但在指出这种类似点时,不应忘记我们现已深知的那一重要差别。如果莫斯科国由于劳动群众的被奴役,参加会议的每一等级,除了他们眼前的需要之外,再也什么都看不见,那么,在法国,甚至特权等级的代表,也都在某些情况下,对于共同的国家利益,具有明确的认识。

至于工商等级的代表,对于整个劳动居民的利益,则是常常表现出广泛的认识的。在 1614 年三级会议一次会议上,工商等级中的一人对于法国人民竟能满足对他们提出的所有要求,向国王表示惊异。"人民必须向陛下,也向整个僧侣、贵族和第三等级供应食物。如果穷人不工作,则属于教会的什一税和大地产、属于贵族的美好土地和巨额封建财产,属于第三等级的房屋、地租和遗产,有何意义呢？其次,谁给陛下资金去维护国王的尊严,满足帝国内外的迫切需要呢？如果不是农民,谁给您以征召军队的资金呢?"这位代表——商界领袖米龙——后来在说明贫苦农民受军人掠夺

① 《俄国史教程》,第 3 卷,第 264 页。

的不幸境遇时说，在萨拉秦人①入侵时，法国人民也不曾受到这么大的痛苦啊！② 从外表看，这同我国贵族抱怨莫斯科官僚对他们的摧残更有甚于土耳其人和鞑靼人，完全相同。但是第一，莫斯科军职人员只关切本等级的利益，而这位巴黎的“客人”米龙所说的却是农民；第二，莫斯科贵族仅仅发出怨言，而法国的商界领袖却威胁说：“如果陛下不采取措施（反对米龙所指出的恶行。——著者），则绝望的贫民便会想到，士兵不是别人，而是武装的农民，种葡萄的农民一旦手里拿起火枪，便不再是铁砧，而变为铁锤了。”③

米龙的这种发人深思的见解，表现出法国“客人”代表“己见”的巨大广度。他们对于其委托人的迫切需要，并没有忘记。当然没有！但是他们在政治上的发展达到的高度，可以看到这种需要同法国整个劳动居民的根本需要在当时确已实际存在的联系。特别值得指出，在同一个三级会议（1614 年）的会议上，第三等级的代表要求采取措施完全废除法国农奴制的残余④。由于这种要求，可以说尽管第三等级的代表同特权等级的代表很少“共同的事业”，——同他们发生了激烈的争论——但表明他们能够了解其本身的“事业”和法国整个劳动居民的“事业”的共同性。而这一点是最为重要的。这就是说，国王的一位顾问的担忧不是没有根据的，他在 1484 年同第三等级的代表会谈后大叫：在恶棍面前，不应闪现自由的形象！显然，这种迷人的形象早就在有教养的法国资产阶级面前闪现了。

① 萨拉秦人是古历史学家对阿拉伯游牧民族的称呼。——校者

② G. 毕科：《三级会议史》，第 4 卷，第 244 页。

③ 同上。

④ 《三级会议史》，第 5 卷，第 2—3 页。

发展的过程早就准备让资产阶级在反对“旧制度”的全民运动中充任领导者的角色，在下一世纪里，它便扮演了这一角色。

VIII

现在我请读者同我一道回到十六世纪的莫斯科，并且想起根据这一世纪的一位政论家——《瓦拉穆术士谈话》附录的作者，附属的标题为《关于同一谈话的另一传说》——的意见，沙皇应依靠莫斯科国的所有社会力量进行统治。为此，必须召集“意见一致的全国会议”，即缙绅会议。为使会议真正具有全国性，按照这位政论家的意见，必须“从所有的城市和县市推选既非高官，又不骄傲逞能的人们”。这就是说，《另一传说》的作者要求莫斯科国的全体居民都有广泛的代表出席缙绅会议。但是这一要求似乎无法实行，因为奴隶依附的压迫普及于劳动群众愈来愈重了。这种情况的发生并不是由于“骄傲逞能”，而是由于确定不移的经济原因。毫无疑义，“骄傲逞能”在极大的程度上是莫斯科国中央政权的特点。但它是结果，而不是原因。这种特点的产生是由于工商界居民太软弱，不能坚决维护代表制的思想，而官宦等级也不再重视这一思想。随着农民的奴隶制的确立，一般贵族将大贵族吸收到自己方面，遂成为统治阶级。“但是他们不经过缙绅会议便找到了更方便的方法——即直接向最高当局提出集体申请——来实现他们的利益，而连续不断地包围着软弱沙皇的大贵族与一般贵族集团更为这种方法提供了方便。”①我国缙绅会议的历史不像法国三级

① 克柳切夫斯基：《俄国史教程》，第3卷，第273页。

会议历史那样富有戏剧性的事件(至于英国人民代表制的历史,就更不用说了),这是毫不足怪的。十六世纪的某些莫斯科人就能想到在全民代表制的基础上召集代表会议的好处,这一事实表明,在莫斯科人的头脑里是能够产生一些在西欧社会意识发展史中具有巨大意义的政治思想。但是我国的社会存在是不利于这种思想的比较重大发展的。因此,这种思想未及开花,便已凋谢。由于同一原因,这种思想经常是很模糊的。这里只有一个例外:即关于君权无限的思想在十六世纪已获得完全明确的性质。雷帝在给库尔布斯基的信中写道:“我可以自由地赏赐我的奴隶,也可以自由地杀死他们。”不能比这说得更明确了。这种君权无限的思想是没有任何空想的成分的。它是完全符合社会发展过程的。由于这种思想既没有空想的成分,又完全符合社会发展的过程,所以在莫斯科国的范围内,它怎样也不能碰到与它对立的人民自主思想,然而这人民自主的思想在西方,甚至在君主制的法国却是不时与它发生敌对的冲突的。奴隶一点也不能设想用任何法律规范来限制社会最高阶级的权利的。我已说过,大贵族从某些莫斯科国王那里取得的权力限制文书,是没有任何政治内容的。这个估计是同克柳切夫斯基的权威意见背道而驰的:他认为,舒斯基的信誓旦旦的诏书,在我国政治思想史上开辟了一个新的时代。但是,如我前面所指出,我们在这位历史学者的著作中还看到以下一些段落:“沙皇的权力是受到以前同它一同行动的大贵族建议的限制的。但这种限制只在审判事务上、在对个别人的关系上约束了沙皇。”①如果

① 《俄国史教程》,第65页。

限制仅适用于沙皇对个别人的关系，则沙皇在国家事务上的权力，仍旧是无限的。

IX

克柳切夫斯基在另一地方说："舒斯基虽然表面上限制了自己的权力，而在正式的诏书里却写作'专制君主'，作为天然的莫斯科国王称呼自己。"他说，这是由于莫斯科思维的顽固不化。然而尽管莫斯科的思维确实顽固透顶，却不能不承认在这个问题上，它是表现得很彻底的。舒斯基承担的某些义务仅涉及审判案件，但他仍旧是一个同"天然"的莫斯科国王一样的专制君主。在天然的莫斯科君主费多尔·伊万诺维奇即位时，季奥尼西大主教在这一大典上发表训词，规劝沙皇"要相信神圣的教堂和真诚的寺院；要服从他大主教和所有圣地朝拜者，因为对圣徒的尊敬，就是对基督本身的尊敬；要亲爱和尊重自己的同胞；要赏赐大贵族和显贵并按其父名予以尊重；要对所有公爵和其子嗣，对大贵族的子女和所有战士，亲切接待和表示仁慈；要保护所有东正教的基督徒，从心里关怀和照顾他们；要勇敢地支持被欺侮的人，不要用法庭和法典来凌辱他们；不要听信谄媚的言辞和空幻的谣言；不要听诽谤者的话，不要相信恶人；要师法哲学家或智者，因为上帝安息在他们身上，就像安息在教堂的祭坛上一样；要无偿地分封官爵，因为受贿者买官的事是有的，等等。"[①]这一切都是很好的规劝，然而这一切都是向专制君主提出的规劝。它们同限制权力的思想是没有任何共同

① 索洛维约夫：《俄国史》，第2卷，第510页。

之处的。任何人都会理解，为什么大主教认为应在费多尔·伊凡诺维奇即位时提出这些规劝：这是因为新沙皇的已故父亲没有服从他的神父，没有爱惜和赏赐大贵族和显贵，没有保护东正教的基督徒，没有支持被侮辱的人们，而相反地却自己用一切方法凌辱他的奴隶和孤儿（即凌辱贵族和工商业界——译者），听信谄媚言辞和诽谤者，相信恶人等等。官宦等级是无论怎样也不喜欢沙皇专制的这种办法的。尽人皆知，就是奴隶也宁愿有好主人，而不愿有恶主人。季奥尼西大主教认为他在道义上有规劝费多尔·伊凡诺维奇做一个好主人的责任。伊凡雷帝给了他的臣民一个明显的政治教训，其意义就是：一件事是无限制的君主（哪怕是在东方意义上的君主），而另一件事是残酷的暴君。官宦等级的上层在长期中为这一教训付出了惨重的代价，才认为必须提请新的沙皇注意无限制的君主和暴君之间的差别。某些沙皇甚至向这个阶层签字证明他们领会了这一差别[①]。然而善良主人的奴隶也还是奴隶。莫斯科国的军职人员虽然从他们的沙皇那里取得了限制权力的诏书，却丝毫没有摆脱其对这些沙皇的奴隶从属地位。这就是为什么实际上这种诏书甚至在审判事务上也没有带来任何改变的缘故。就令我们假定，大贵族使米哈伊尔承担较有内容的义务，那也要知道正是从克柳切夫斯基那里，我们听到这种义务是在什么情况下产生的。作为在选举的缙绅会议幕后进行的阴谋的结果，这

① “我华西里·伊凡诺维奇全俄皇帝和大公兹向全体东正教基督徒宣誓，我将实行真正公正的审判，无罪不对任何人加以贬压，不因仇敌而对任何人加以任何谎言，而且避免对任何人施加暴力。”在读到华西里·舒斯基诏书的这些话的时候，可以设想，这些话全部是从大主教季奥尼西的训词中抄来的。

种义务可能在比较长时期内影响国家管理的过程，但完全没有改变国家的制度。莫斯科罗斯虽然有了诏书，也仍旧是一个世袭君主制国家，同时居民的传播诏书也愈来愈加巩固了最高政权的世袭性质。莫斯科人无怪乎对马斯克维奇说，他们宁愿要他们的政治无权，而不愿要波兰的自由。他们感觉到，他们不可能有别的政治制度，以为不自由乃是一种自然的，甚至是一种值得嘉许的事情。瓦拉穆长老在给"全俄沙皇华西里·伊凡诺维奇的告密信"中叙述他同格里戈里·奥特列皮耶夫旅行立陶宛的情况时说，他们住在基辅－佩车尔寺院里，他不满意他的同伴想脱去僧侣的法衣。佩车尔的修士大主祭叶里谢和整个寺院的兄弟在听过他的不满后答复他说："这里是立陶宛，谁愿意信仰什么，便可信仰什么。"他们不知为什么——也许是由于觉得他对天主的过分的莫斯科式的热情吧——不允许瓦拉穆再住在这个寺院，所以他去到奥斯特罗格，奥特列皮耶夫也到了那里。他在这里又全神贯注于挽救他的同伴的灵魂，因为他的同伴开始在学校里用拉丁文和波兰文学习路德的书信，成为东正教基督信仰的叛徒和罪人。由于忘记了立陶宛是"一个自由的国家"，他又实行告密——这次是向瓦西里·奥斯特罗什斯基公爵本人告密。然而这次的告密也未产生热心的长老根据他的莫斯科经验的期待的结果。"瓦西里公爵和他的全体宫廷人士都对我说：在这个国家里，谁愿意信仰什么，便可信仰什么。——而且公爵对我说：'我的儿子雅内希公爵生于基督教信仰中，但保持波兰人的信仰，我也管不住他'。"①在得到这种答复后，瓦拉

① 《混乱时代的古文献》(古文献委员会出版的《俄国历史丛书》，圣彼得堡，1891年，第13卷，第19—22页)。

穆怎样也不能怀疑在世界上是有比较自由的国家的。然而无论从什么地方都看不出,这位饱经世故的长老虽然毫不怀疑"自由"国家的存在,却一刻也不曾想过应否给莫斯科人增加"自由"的问题:"自由的"国家是一回事,而莫斯科国又是一回事;在自由的国家里,"谁愿意信仰什么,便可信仰什么",而在莫斯科国却只能,而且必须用鞭笞、监狱和类似的硬性论证和坚决措施以迫使人们挽救他们的灵魂。在"自由的"国家里,甚至路德的书信也是每人都可学习的,而在莫斯科,在被指控为信仰异教的威胁下,这却是不行呀!"自由的"国家不能指挥莫斯科呀!

X

十七世纪莫斯科居民政治认识之低,可从当时的一些政治案件中得到说明。这些案件的发生通常都是由于"酒醉"后不在意地对国王说了"不妥当的话"。在米哈伊尔朝代的初期,在这种"不妥当的话"里,有时(的确是极稀罕地)听到某种自混乱时代流传下来的非常简单的政治内容。一位市民被人请去喝酒为国王米哈伊尔·费多罗维奇祝福,他问道:"季米特里·伊凡诺维奇皇帝还活着吗?"沙皇的军官压制他,但他克制不住,喊道:"立陶宛人也没有这样干过。"但是后来,在这类谈话中,就连这种最简单的政治内容也看不见了。有人说:"我的胡须同沙皇的一模一样",因此被控。这个可怜的人显然要受到"无情鞭笞"的威胁,但是为什么他会想起沙皇的胡须呢?御前侍臣和军官 H. C. 苏巴金在他的密报里详细地解释了这一心理之谜。他审问过的大贵族之子谢尔盖耶夫供称:"去年,135 年(即 1627 年——著者),我到安托什克·普洛特尼科夫家里谈天，喝醉了酒。有一名监狱的看守先卡教我学狗叫，我对他发火说：‘你这家伙凭什么向我汪汪叫？’我要把你的胡子拔掉。先卡也发火说：‘不许拔我的胡子，我是国王的人，我的胡子也是国王的。’除这些话外，别的我没有听到。”其他证人也都证明了这一供词[①]。由此可见，先卡的“贼行”不在于他胆敢将他的胡子同莫斯科国王的胡子相提并论，而只在于他宣布了他的胡子是沙皇的私产。你们看到，这里并没有任何危害莫斯科政治制度的东西。我还可以说，这里是没有任何“贼行”的！不幸的先卡宣布（尽管是在酒醉之中）他整个地、包括胡须在内，都属于沙皇，这仅表明他明确地了解莫斯科世袭君主制的社会基础和他对这个基础的坚定不移的忠诚而已。还有另一例子：“141 年（即 1633 年——著者）11 月 6 日，戴脚镣的犯人彼得·列赞措夫来到看守所说，11 月 5 日晚上，班长伊万科·拉斯波平来站岗，他对我做各种恶狗叫声。我对他说：你为什么对我汪汪叫，我要把你打得叩头求饶。这个拉斯波平翘起手指对我发火说：你倒像是一个国王啦！”[②]当然在这种场合里翘起手指是一种颇为不敬的姿态。但这丝毫不能表明拉斯波平的政治认识有任何威胁莫斯科的政治制度的地方。我再说两个颇有意义的例子。在 157 年（即 1649 年——著者）复活节，“大贵族之子”伊凡·巴什科夫同圣阿凡那西和圣吉里尔教堂

---

① H.诺沃姆别尔格斯基：《国王言行录》，1911 年，第 1 卷，第 49—50 页。

② 《国王言行录》，1911 年，第 1 卷，第 78 页。很奇怪，关于这个案件，收到沙皇的命令，规定应无情地处以笞刑的不是伊万科·拉斯波平，而是士兵费尔克·卡拉奇尼科夫。同时，从案情中可以看出，卡拉奇尼科夫在此前不久受过这密告拉斯波平的列赞措夫的陷害。用沙皇的名义写这份命令的莫斯科成员，把事情搞错了，——也许是由于“不在意”的缘故吧！

的职员涅日丹诺夫吵架。他大声喝问这个职员:“你是谁的?”职员答道:“我是国王的,是圣阿凡那西和圣吉里尔教堂的职员。”这职员反问他:“你是谁的呢?”伊凡·巴什科夫说:“我是国王的奴隶,我们的国王、全俄罗斯的沙皇和大公阿列克谢·米哈伊洛维奇比阿凡那西和吉里尔更高贵。”这职员对他说:“国王是人间的上帝,他还要向阿凡那西和吉里尔祈祷呢!”这一政教权力之争以斗殴而结束。莫斯科在审理了这个案件后,完全不偏不倚地决定:“对大贵族之子处以无情的鞭笞,使其以后不再说这种话;对教堂的职员也以同一理由同样处以鞭笞。”[①]在 148 年(即 1640 年),密肖夫斯克的哥萨克阿尔巴托夫、伊萨耶夫、菲里波夫和尼基伏洛夫等控告商人布列斯廷,说他讲过:“大公真糊涂,养了你们这些哥萨克。”布列斯廷承认他说错了,但举出下述减轻罪责的情况:“孤儿我因纵酒神志癫狂,我这病是密肖夫斯克全城都知道的。”莫斯科命令密肖夫斯克省长“鞭笞病夫布列斯廷,使他不敢再说这种贼话”。[②]

值得注意的是,在这种完全“无害的”案件上,被控的主要是下层居民。在军职人员中,难道只有“大贵族的子弟”才漫不经心地说了这种“不得体的”话?未必可以假定,在他们之上的官宦阶层更少“醉酒”。也许他们的酒喝得很有节制,或者他们不喜欢相互告密?但无论如何,十七世纪莫斯科国的政治案件,并不说明其中含有比较严重的政治反对派的萌芽。

① 《国王言行录》,1911 年,第 1 卷,第 553—555 页。

② 同上书,第 498—499 页。

XI

这一结论可从混乱时代的大量古籍的研究中得到证实。不用说，这些古籍的作者都是从道德宗教的观点观察历史事件的。他们认为，混乱时代的灾难是上帝对罪恶的惩罚。《关于虔诚的俄罗斯的内乱故事》一书写道："上帝自己说：跌倒了难道不能再站起来？或者离开了难道不能再返回来？"又写道："上帝惩罚我们，时而发生饥馑，时而发生火灾，时而发生反神明的现象如内战以及其他类似的事情，因为自大人物至最卑贱的人们都恶贯满盈了。你们向我求援，我却要向你们发出呼吁。"[①]另一些作家则主要用个别人，如鲍利斯·戈东诺夫的罪过来解释混乱时代的种种悲惨事件。但总的说来，他们的历史观，按照孔德的说法，应属于思想发展的神学阶段[②]。当然，道德宗教观点并不排除政治的同情或反感。这种同情和反感在关于混乱时代的传说里，也是屡见不鲜的。例如，有些传说赞美舒斯基，而另外一些传说则不喜欢他。对这一沙皇的不同态度表明，有些传说的作者同情大贵族的倾向，另外一些传说的作者则浸透了对一般贵族等级的社会政治企图的同情。

① 《俄国历史丛书》，第 13 卷，第 250 页。

② M. 科兹洛维奇指出，阿弗拉米·帕利岑所写的著名传说的标题，就是以说明作者的观点和方法(《俄国自觉史》，第 3 版，第 75 页)。此语信然。请看帕利岑的标题是怎样写的："历史：纪念真正的以往氏族，不忘行善，以便〈圣经〉给我们展现的奇术，全体人类永远铭记玛利亚的不朽事业，如何完成对圣西尔格伊的诺言，坚守你的寺院。——现在任何成年人都能耳闻我们公正的上帝为了人们纵容罪恶而惩罚整个俄罗斯，整个斯拉夫的言论都在愤怒，俄罗斯遍地都是火和剑。"(《俄国历史丛书》，第 13 卷，第 473 页)

但是对于克尔图亚拉认为有一篇传说的作者是君主专制的敌人，却是碍难同意的。这位尊敬的学者说，他所指的这个作者是“拥护舒斯基，而反对鲍利斯和季米特里伪君的。”[①]这是完全正确的。但是，反对鲍利斯，在这里只表明这一传说的作者憎恨其继续了伊凡雷帝敌视大贵族的社会政策而已。至于谈到君主专制，则不应忽视作者在谈到他所完全拥护的舒斯基时，不加任何保留地称他为“全俄专制君主”，说他是从万能的上帝那里接受王权的。同时，他还说，正直和虔诚的舒斯基与以往的沙皇本是“同根”[②]。如所周知，舒斯基本人便竭力指出他出身于以往沙皇的氏族。但是可以理解，他所以指出这点，断然不是为了减少他的专制君主的权利。我们的作者是很知道沙皇发誓遵守的限制王权的诏书的，他将这一诏书收进他的传说。但如他认为诏书是一种限制新沙皇权力的文件，又如他本人是反对君主专制的，那他当然要将诏书列入他所说的上帝赐予东正教基督徒的那些欢乐之内。然而他只是叙述了三大欢乐：第一，渎犯上帝的叛教者、异教徒格里什卡（格里戈里的昵称）。奥特列皮耶夫的崩溃；第二，雨和太阳热预兆丰年；第三，季米特里王子的势力自乌格利奇转移到莫斯科。最后，作者在说明他称之为真正的牧人而不是佣人的舒斯基的统治时，说这位沙皇“现在还像保护眼珠一样地尊重东正教的基督信仰，教导任何人走上拯救之路，使他们在死后都有生命种子的继承人，而不是使我们归于毁灭，离开死者的道路，误入歧途”。就说这些吧！作者

① 《俄国文学史教程》，圣彼得堡，1911 年，第 1 编，第 2 册，第 730 页。

② 《俄国历史丛书》，第 13 卷，第 60 和 62 页。

对于舒斯基的拯救灵魂的政策，是深为感奋的。他慨然说："这一切都应感谢创造了我们的上帝。阿门！"[①]但这只是证明他本人的虔敬心情，而并不证明他反对君主专制。

在我们所研究的全部传说中，也许在政治方面最有内容的是高级官员伊凡·季莫费耶夫的《编年史》。当然，这位官员也是站在道德宗教观点上立言的。但是在他的传说里，比别人的传说更明确地说明了上帝据以惩罚莫斯科国的那些罪恶，实质上应理解为社会政治方面的错误。在没有错误的时候，一切都很顺利；但在犯了错误的时候，国家就人心不安了。可是，季莫费耶夫觉得由于犯错误而停止了的顺利过程，究竟情况怎样呢？

"正如亚当在他犯了使他难堪的罪行之前那样，大家对一切都很顺从，情况与前亦很相似。近来，我们的专制君主在其国中拥有我等庶众，我等世代皆为其奴……许多世纪以来，直到如今，从不敢反抗，按照圣书，应当做忠顺于自己统治者的奴隶，对之唯命是从……像鱼似的缄口不言，尽心竭力、温顺地忍受对奴隶的压制，诚惶诚恐地服从。由于恐惧，建树甚微，无以与上帝相埒。"

那么，是什么东西破坏了莫斯科的田园生活？很难读下去。

"统治者们愿意听信别人对他们说的谗言恶语。这也像人类始祖夏娃在远古听信阿谀奉承的诱惑者——毒蛇一样。但夏娃很快就得到恶果——她和她的丈夫被赶出了天堂——伊甸园。对人进谗言和恶语这种弊病的结果犹如稗草和荆棘，它们在王国里到处丛生、壮大和成倍地增长。像小麦穗那样的成长，它明显地有着

---

① 《俄国历史丛书》，第13卷，第60—61页。

优势。通过谗言恶语来杀人，也和用利刃杀人一样。但这博得了听信谗言的人——统治者的宠爱，因而吹捧它是真理。只有在收割了这些苦果，把它们捆成禾捆，放进粮仓以后，才恍然大悟：这种苦果的危害极大。"

莫斯科人在他们的"统领者"是善良主人的时候，都是这些"统领者"的忠实奴隶。但是这些主人逐渐丧失了自己的善良了。他们开始听从各种谄媚者和告密者的话。告密者散布恶行，这便产生了混乱时代。这仍旧是我们所熟知的莫斯科人的观点：奴隶制的存在是自然的，甚至是合乎上帝的心意的。但坏在奴隶主并不总是善良的。当他们变坏了的时候，他们便违犯了上帝的意旨。这时上帝便由于国家"统领者"的罪过而惩罚整个国家。这一切都非常简单。

法国贵族菲利普·波——他的议论，前已叙述——认为必须将他从伟人和智者那里听到的有关三级会议权力的见解，向他的同志——代表们报告。但是为了领会我们在莫斯科官员伊凡·季莫费耶夫著作中所看到的那种观点，是不需要智者和伟人的帮助的。莫斯科人的头脑是能够不费丝毫气力地领悟这种观点的。

季莫费耶夫关于应该如何写历史的观点，也是值得注意的。他说，关于现在的（当今"Первосущие"）沙皇，不宜"尽写坏的，就令他到处都有过错。但是难道不能只把那些应该阐明的光荣、荣誉和颂扬写给未来的信徒作为纪念"？[1] 史学家不应谴责"统领者"，因为他们的蠢事将由上帝一人来裁判。的确，季莫费耶夫本人并没有经常遵守这个办法。而且在写伊凡四世的功业时，也很

① 《俄国历史丛书》，第13卷，第300页。

难遵守它。但是十七世纪的莫斯科官员所想出的这个办法，却在后来不无成就地被采用了，而且直到现在还为许多俄国历史——有时不仅是俄国历史——教科书的编者所采用……。

XII

根据以上所述，无论如何不应以为十七世纪的莫斯科国居民已满足于自己的悲惨命运。在这个世纪里，它的劳动居民常常发生强烈的骚动。但是我们很快就可看到，他们在这种骚动里，一如在醉后争论中一样，表现了同样的政治不开通。尽人皆知，沙皇奴隶——永恒的和残酷的繁重苦役，并没有给他们带来多少欢乐。伊凡·戈里岑公爵有一次对波兰公使说："俄国人不能同波兰国王的人一道服役，因为波兰人的情况太美好了。只要同他们一道服役一个夏天，那么在次年夏天，俄国的优秀人员的一半便不见了。"①毫无疑义，公爵的话是说得太过分了。不能假定，莫斯科的贵族是这样容易接受波兰的诱惑的。但他这样说不是没有用意的。显然，随着时间的流逝，在莫斯科国的军职人员中真正开始流传一种思想，以为为波兰国王服役要比为莫斯科国王服役容易得多和适意得多。虽然如此，他们在社会关系中过于脆弱，在政治关系中过于不开通，所以他们不能设想将任何两方的"自由"移植到莫斯科的土壤上来。在戈东诺夫时，非名门出身的军职人员说道："大小都靠国王的赏赐而生活。"在主要靠贵族的努力而建立起来的新朝代里，这一原则在国家管理上终于取得了胜利，当然能够在实质上反对这一原则的并

① 索洛维约夫：《俄国史》，第 2 卷，第 1381 页。

不是莫斯科的军职人员。贵族作为一个获得领地的等级，对莫斯科的土壤上逐步建立起来的东方专制制度的巩固，是极为关心的。

就其社会及政治地位而言，大贵族是在任何时候都不能同情这一原则的。他们长期抵制这一原则的实行。但大贵族的抵制是消极的，在莫斯科国的大贵族当中，政治思想从来都不发达[①]。在新朝代的选举中，大贵族的最高阶层就不敢公开提出他们的政治要求，而只是搞些幕后阴谋。阴谋的结果便是米哈伊尔的限制权力的诏书。但诏书仍旧是一张白纸。它不能够挽回无法挽回的东西。当沙克洛维特劝说特种常备军请求索菲娅女皇即位时，他对他们说：不要害怕大贵族，“这是一棵凋谢和枯萎的树”[②]。然而莫斯科的大贵族虽然丧失了权势，却没有丧失获取权势的愿望。在费多尔·阿列克谢耶维奇朝代，他们的最高代表力图通过新的幕后阴谋，在国家中取得权势地位。“议员大贵族”制定了一个方案。根据这个方案，在诺夫戈罗德、喀山、阿斯特拉汗、西伯利亚等地设置“永久性的”沙皇的总督，其人选应是出身“巨族的大贵族”，并予以各该地区的封号。这一方案还约许适当扩大僧侣等级最高代表的权力。软弱的费多尔·阿列克谢维奇行将就木，“答应了这件事情”。但是这一新的幕后阴谋因与另一幕后阴谋冲突而成为泡影。约金姆总主教劝说沙皇不要履行

① “甚至这个圈子的优秀代表人物如瓦斯西安·科索戈，别林森-别克列米舍夫，库尔布斯基公爵及《瓦拉穆术士的谈话》的作者等，他们能够在国内想到并在国外看到他们的一般同胞所想不到和看不到的许多东西，也不过是偶尔显露一些关于一般人民幸福和国家制度的不明确和不确定的思想萌芽而已。”（克柳切夫斯基：《大贵族杜马》，第4版，第305页）

② 克柳切夫斯基在引述他的这句话时，再恰当不过地提请读者注意：这话是一位因功受奖的高级官员说的。（克柳切夫斯基：《大贵族杜马》，第4版，第388页）

其对“议会的教唆者”所作的这一诺言；按照他的说法，这些“教唆者”的意图有削弱“君主专制制度”和破坏“政权统一”的危险[①]。莫斯科的僧侣并没有受大贵族的诱惑，他们是君主专制政权的最可靠支柱之一。的确，总主教夸大了危险。在莫斯科的条件下，“议会的教唆者”是不会给“君主专制”带来严重危害的。垂危的费多尔可能给予他们的东西，也可由他的继位者，特别是像彼得这样精干的继位者所轻而易举地夺回。但有一点是完全正确的：这种不可撤换的总督制，一般说来，既同专制制度不相协调，也同波丹所说世袭专制制度及奥列阿里所谓“monarchia dominica et despotica”（君主统治与暴君）不相适合。约金姆总主教在反对“议会教唆者”的斗争中，表明他能够从历史提供的前提中作出正确的结论。但我们知道，莫斯科人的政治思维在一切其他方面都不明确和不彻底，而在其致力于保卫最高当局的无限权力时，却是既明确又彻底的。

XIII

克柳切夫斯基说，十七世纪是我国历史的人民变乱时代。当时，特别是在阿列克谢朝代，变乱确乎很多[②]。但我们从这些变乱

---

① 索洛维约夫《俄国史》，第3卷，第880—881页；参阅克柳切夫斯基《俄国史教程》，第3卷，第104页。

② “1648年，莫斯科、乌斯丘格、科兹洛夫、索尔维契戈德斯克，托木斯克等城市的变乱；1649年，莫斯科的抵押人准备新暴动，但被及时防止；1650年，普斯科夫及诺夫戈罗德的暴动；1662年，在莫斯科因铜币问题引起的新骚动；最后，1670—1671年，拉津在伏尔加河东南一带的大规模起义，这次起义发生在顿河哥萨克中，但自与他们所唤起的普通老百姓反对最高阶级的运动会合后，更获得了纯粹的社会性质。”（克柳切夫斯基：《俄国史教程》，第3卷，第308—309页）

中关于人民群众的政治情绪了解了一些什么呢？克柳切夫斯基回答说："这些变乱明显地暴露出被官方仪式和教会训词精心粉饰的普通人民对当局的态度；再没有任何虔敬的心情和普通的礼貌，不仅对政府如此，就是对最高权力的代表，也是如此。"①这是不能同意的。事变所说明的，并不是这样。

1648年5月莫斯科人民一方面要求交出莫罗佐夫和特拉汉诺托夫，同时却声明他们所抱怨的不是沙皇，而是那些"盗用"他的名义的人们。在人们捧着十字架圣像游行的时候，阿列克谢·米哈伊洛维奇噙着眼泪劝导愤怒的莫斯科人不要坚持交出他曾约许交出的莫罗佐夫，人民报以"国王万岁！上帝和国王的意旨万岁！"的欢呼。这种声明和欢呼是表示莫斯科居民对最高政权的代表不仅没有虔敬的心情，而且对他完全没有礼貌么？完全不是！无论如何，这些话表示他们对沙皇是抱着完全信任的态度的。当信仰宗教的人们高喊："上帝和国王的意旨万岁！"的时候，这表示他们对于国王的态度有着对上帝的那种虔敬因素。甚至在诺夫戈罗德和普斯科夫发生骚动的时候，不满意上级命令的商人也反复说："国王不知此事。"从这里可以再次看到：变民是相信沙皇的。的确，后来在他们当中很快便开始发出其他的言论。他们开始说："国王不关怀我们了。"但是他们在竭力抵制沙皇的军政长官的命令时，还是约许"全体一致拥护国王"的。他们继续把他看为整个国家

① 克柳切夫斯基：《俄国史教程》，第3卷，第309页。

的化身[①]。在秘密送到莫斯科交给大贵族罗曼诺夫的公文里，普斯科夫人向莫斯科政府提出的是非常缓和的要求：他们请求往后军政长官和政府大员同地方首脑和选出的人员按照真实情况，而不要根据贿赂和诺言进行审判，并免除普斯科夫人到莫斯科受审的义务[②]。

由此看来，“变乱时代”在我们面前提出的仍是我们在研究莫斯科国最高等级的思想状况时所看到的那种社会及心理现象。心怀不满的人们所争取的不是社会政治制度的改变，而只是一些对特定的社会阶级或阶层略减艰难的国家管理方法。历史学家认为，在阿列克谢·米哈伊洛维奇朝代，人民骚动所以层出不穷，是因为混乱时代教训了莫斯科人民不要再消极地服从政府当局。很可能，他们的解释是对的。而如果他们是对的，那么，莫斯科人民甚至在放弃了对当局的消极服从以后，虽略为违反世袭专制制度的要求也全然不曾提出，这一事实，便更加值得注意了。

XIV

有些外国作家说混乱时代是一种悲剧（tragedia moscvitica）。他们虽然这样说，却未必完全理解这一说法是多么恰当。“巨大的纷争”充满了悲剧。这种悲剧在于人民恪于当时的条件，其不满虽

① 普斯科夫在“妖言”盛行的时候，有人因商业事务到过一处外国城市，说“那里在城门上贴着一张图画，上面画着一位女皇（瑞典女皇——著者）栩栩如生地坐着，手拿着宝剑，而在她的脚下，则俯首屈身，立着正直的国王阿列克谢·米哈伊洛维奇。”（索洛维约夫，见前书，第 1545 页）这张招贴似乎是表示由于大贵族的“背叛”而使莫斯科国有陷于某种臣属地位的危险。

② 索洛维约夫：同上书，第 1544 页。

然极大地动摇了莫斯科的社会政治制度，却没有客观的可能用某种新的、对他们少些麻烦的制度来代替这一制度。革除这一沉重压迫着一切人们的旧制度的客观可能的缺乏，在主观上表现为参加骚动的人们没有提出任何新的社会政治要求。按照克柳切夫斯基的说法，他们所追求的只是个人的利益，而不是阶层的保障。所以，当官宦阶级，商人以及部分北部特种国家土地的农民不能忍受“立陶宛人”和俄国“盗贼”的暴行，实行恢复社会政治秩序的时候，他们所恢复的——而且必然要恢复的——是旧的秩序，即由于对其不满而引起混乱的那种秩序。当时的莫斯科人没有别的出路。这种没有出路的悲剧，可从下述“生活现象”中得到最好说明。

米哈伊尔沙皇的政府曾派遣一个叫安德列·奥布拉兹佐夫的人到白湖收税。那里有时还发生立陶宛人的侵袭。税收交得很慢，为此奥布拉兹佐夫受到用沙皇的名义给他发出的警告。但他不认为他有任何过错，因为他觉得他已尽了一切人事与欠税现象作斗争。

他写道：“国王，我并未讨好商人，也未宽展期限。只要没有立陶宛人入侵的消息，我是无情地追索他们应向国王交纳的各种租税的，我把他们打得死去活来。但现在，不能逼商人向您交税了。国王，您可以随便，但我，您的奴隶，眼看着立陶宛人来了，却要日以继夜地同商人守卫城塞，派遣他们出去巡逻。”①

请看吧！当立陶宛掠夺者进袭的时候，商人在其军政长官的率领下对他们进行反击，“日以继夜地”努力守卫。他们没有

① 索洛维约夫：《俄国史》，第2卷，第1322页。

别的办法，因为立陶宛的掠夺者在莫斯科的“盗贼”们的帮助下，正在夺去他们的财产和生命。而只要他们驱逐了立陶宛人，平定了莫斯科的“盗贼”，当地的军政长官便在衙门里召开会议，把刚刚经过共同努力抢救出来的财产从他们手中夺去，以充实国库。而且根据这一长官的自供，他是这样热诚为沙皇服务，将某些商人打得死去活来。怎么办？起来反抗这位过于勤奋努力的官员吗？混乱时代向莫斯科人表明，归根到底，要作到这一点，并不像他们在美好的旧时代里所想象的那样困难。但是这个混乱时代使他们得出一种可悲的信念，即他们虽然驱逐了一个沙皇的军政大员，却不能冒很大的风险，成为更残酷的掠夺者的牺牲品。两害相权，宁取其轻。然而他们在选择了“轻害”之后，又发现虽然轻些，但在绝对的意义上，毕竟还是很重的。他们没有错：奥布拉兹佐夫之流的官僚主义的努力，不可能给他们任何好的东西。客观的条件既然使他们不能用自己的力量去消除，或者哪怕只是减少一些“害”，那他们就只有从外面寻求帮助了。于是，他们便求助于给他们派来奥布拉兹佐夫之流的同一莫斯科。这似乎奇怪，但这都是事实：他们希望“国王不知道”这些军职人员的行为。这里他们错了。例如，莫斯科对于这个十分努力的军政长官奥布拉兹佐夫的杀人行径，是完全知道的。然而不应怀疑，政府虽奴役劳动群众，却也关心消除这种滥施的凌辱，因为凌辱的结果将使劳动群众完全丧失负担赋役的能力。政府为此采取的办法很少达到目的。但是它采取了办法，从而在人民中支持了一种对政府有利的思想，以为中央当局关怀人民的幸福。

1620 年莫斯科发布下列公文：

“我们获悉：军政长官和官吏在各城市不照我们的指示办事，对寺院、官员、商人以及各县过往人等施加暴行，造成巨大损失，收取巨额罚款，索取大量礼品，贿赂和伙食费。伟大的国王同太上皇商议后，同大贵族一道决定：向各城市军政长官及官吏发布我们的文告，命令他们不得实行暴行和罚款，不得索取礼品、贿赂和伙食费。倘有军政长官不按我们的指示办事，将命令加倍赔偿并予以处罚。”①

当地劳动人民只要看到哪怕是一件公文的这种内容，便会每次在沙皇的臣仆作出某种加重人民负担的决定时发问：“这是否按照国王的指示办事呢？”非常自然，他们每次都会设想、他们所受的压迫，是违反国王的指示的。

有些学者以为十七世纪的莫斯科政府完全不关心农奴制农民的命运，这可错了。在这里，政府也是保持了它的通常政策的。它在一贯扩大地主对农民劳动的权利的时候，也在可能范围内表示关切，使农民不致完全破产。科托希欣断然说，在给大贵族或其他官员分发有居民的土地时，规定他们不得过分增加其新领臣民的工作和租税负担，“以期这样便不致驱使庄稼人离开领地或封地，也不致使他们陷于贫困”。凡玩忽这一规定的领主，政府以给予严厉惩罚相威胁。这位作者又说：“对于这样的地主和封主，他们从沙皇领得的领地和封地，将被收回还给沙皇，至于他们通过暴力和掠夺所获租税，则将命其交还农民。往后对于有过这种行为的人，永远不发给领地和封地。”不仅如此。国家不仅力图使地主所属农

① 索洛维约夫：《俄国史》，第 2 卷，第 1324 页。

民免于贫困。在科托希欣的著作里直接写道:“如果有人胆敢对其封地购买的庄稼人实行这种恶习,则将他的这些农民无偿没收,并无偿地发给他的善良亲属,而不发给这种使农民破产的人。”[①]根据这些有意义的证词,可以断言,无论十七世纪莫斯科国农民的地位多么恶劣,但领主对他们的权力,还没有完整到“开明的”十八世纪所逐渐达到的程度。但在这里对我们说来,重要的只是问题的社会心理方面。非常明显,农民不可能不知道上述那种规定的存在。同样明显,这种规定对于他们的心理应该产生怎样的影响。农民担负着农奴依附性的沉重枷锁,他们聊以自慰的思想是:他们在莫斯科有保护人能够在极端贫困时,立即前来帮助他们,而且往后也许还要完全解放他们。当波索什科夫后来写道,地主不是农民的永恒主人时,他——本人便属于农民等级——所反映的就是这个思想。我们知道,这个思想直到1861年,甚至更久,一直不曾离开农民的头脑,因为他们觉得2月19日给予的“自由”,并不是“真正的”自由[②]。

XV

莫斯科政府表述其对赋役群众的关怀的文书,是写得很精巧的。当时的官僚还没有学会用同中文一样难懂的俄文来说话。上面引用的文告继续写道:“我们通告你们,我们对你们慈悲为怀,希望你们在上帝的保佑和我们的宽厚照顾下,生活于宁静安逸之中,

---

① 科托希欣:见前书,第161页。

② 1861年农奴解放,2月19日为颁布解放农奴命令的日期。——译者

免受大的灾祸与凌辱，亲近你们，不交罚款以及其他任何捐税，你们在一切事情上可望得到我们沙皇的慈悲。”不难想象，中央政府对人民的这种态度，会在人民中造成什么印象。这样的态度使他们以为国王并不知道他的军政人员在压迫他们的那种信念，牢不可破。

在对城市发布的文告里，说沙皇命令所属官吏保卫这些城市不受大贵族和任何人的压迫。当然，商人怎样也不会相信官吏认真保护他们去抵抗大贵族的巧取豪夺：他们对于这种“芝麻绿豆官”的习性，是太了解了。然而如果中央当局的美好决定是由于官吏的过错而未获执行，则人民为此只能归过于官吏，而更加寄希望于国王。这就是为什么莫斯科国的劳动居民虽然反对沙皇的臣仆，却丝毫不顾反对沙皇的缘故。这一点奥列阿里已看出来[①]。也许，比奥列阿里看得更明白的是“盗贼成性的”哥萨克人，他们是当时的造反专家。他们确实对中央政权的最高代表，是没有虔敬之忱的。斯捷潘·拉辛向一名由阿斯特拉汗军政长官派来见他的官员说：“告诉你的长官，我不怕他，也不怕在他上面的人。”他还夸口说，他将攻占莫斯科，把“在上面”，即在王宫里的所有文件都烧掉。但拉辛在准备去伏尔加河上游时却宣布，他只是反对大贵族；他的战友们对沙皇的士兵说：“你们是为叛逆者，而不是为国王作

① “的确，俄国人，特别是普通老百姓，虽然身为奴隶，受着沉重压迫，但是出于对他们的统治者的爱戴，是能够忍受各种痛苦的。但一旦超过了限度，那他们也可说是Patientia saepe laesa fit tandem furor（忍无可忍就要造反）。……在这种情形之下，结果总是酿成危险的变乱。不过，这危险与其说是反对国家元首，毋宁说是反对下级官吏的”。（奥列阿里：《莫斯科游记》，第200—201页）

战，但我们却是为国王作战。”在拉辛的部队里，“便有一个冒充皇太子阿列克谢的僭王马克沁·奥西波夫”[①]。由此可见，“盗贼成性”的哥萨克是怎样理解赋役群众对国王的态度的。

克柳切夫斯基说，在混乱时期，冒名行骗成为俄国政治思维的一种刻板的形式，一切社会不满都体现于这一形式之中[②]。拉辛的战友的上述策略使我们相信，就在十七世纪下半期，冒名行骗仍不失为这样的形式。但它在下一世纪里起了什么作用呢？这一点我们大家根据普加乔夫起义的历史便知道了。

但是，为什么俄国的政治思维体现在冒名行骗这个形式上呢？就是因为政治思维的极端不发达。莫斯科国的赋役群众虽然遭受沙皇臣仆的压迫，并且时常起来反对他们，但仍旧信仰沙皇是他们的天然保护者。这一思想后来在俄国广泛传播，远远超过了大俄罗斯的范围。只有这种广泛传播才能解释发生在十九世纪七十年代下半期南俄“造反派”斯特凡诺维奇和杰伊奇的著名奇吉陵图谋[③]。

就力图限制官宦等级的欲望于一定范围之内的中央政权而言，问题是要不过分减少直接用于满足国家需要的那部分赋役人

① 索洛维约夫：《俄国史》，第 3 卷，第 303—315 页。

② 克柳切夫斯基：《俄国史教程》，第 3 卷，第 46—47 页。

③ 1683 年夏，有一名修道士约瑟夫，在顿河一带散发“盗贼的”信件，其中用沙皇伊凡·阿列克谢维奇的名义写的那封信说，他命令哥萨克开到莫斯科去，因为大贵族不听他的话，对他没有应有的尊重，“写了其他许多不能说的猥亵的言辞，对总主教和主教也都写了许多猥亵的言辞。”（索洛维约夫：《俄国史》，第 3 卷，第 931 页）人民的心理使十九世纪的南俄“造反派”想到利用沙皇亚历山大二世的伪造文告这一鼓动方式，这就我们所研究的问题而言，是同十七世纪的鼓动家适应这种心理，伪造沙皇伊凡五世的假文告，完全相似的。

民的剩余劳动。在这方面，中央政府的利益是同劳动群众的利益相接近的，因为劳动群众也常常颇为坚决地要求“一切属于国王”。这完全符合东方专制国家的社会关系的性质，那里的劳动群众命定地要困于无可奈何的农奴制从属地位，最多只能在各种不同的这一从属地位之间选择，他们往往宁愿从属于中央政权。但是反对军职人员横行霸道的斗争，有时甚至在十七世纪也使劳动群众发生一种思想，以为自治比“官僚主义的因循”对他们更为有利得多，这时在人民的愿望和东方君主专制的意向之间，便暴露出尖锐的矛盾。起义的普斯科夫人，无论所提要求多么温和，都遭到莫斯科政府的断然拒绝。阿列克谢·米哈伊洛维奇答复他们说：“我们的奴隶和孤儿从来不对我们伟大的国王发出指示，你们在现在的变乱之前，原应叩头恳求，至今惶恐不安，你们是不能自治的。”最沉默的沙皇对于人民参加国家管理问题，是有其自己的、完全明确的观点的。他说：“在我们祖先的时候，从来没有庄稼汉同大贵族、侍臣和军政长官一道参加审判事务的事情，往后也不许有。”[①]谦虚的普斯科夫请愿者，他们如果有幸看到沙皇，可能要反驳说，甚至阿列克谢·米哈伊洛维奇的最严厉的“祖先”——伊凡四世——也认为必须允许庄稼汉参加审判事务啊！但是自伊凡雷帝以来，莫斯科河桥下的水滚滚流逝，世袭君主专制的国家在发展过程中已远远超过它所特有的社会政治关系了。在十六世纪为凶残的暴君所允许的事情，在十七世纪却甚至最沉默的“统治者”也不允许了：事物的客观逻辑是如此稀罕地以国王的个人特性为转移的。

① 索洛维约夫：《俄国史》，第2卷，第1544页。

XVI

根据克柳切夫斯基的意见，在莫斯科，“社会不像在东方专制国家那样，是一种没有差别的人群。在东方专制国家，人人平等是以人人无权为基础的。莫斯科社会是经过分解，分化为阶级，这些阶级在封地时代便已形成。”[①]但是同这一意见相反，任何一个东方专制国家的社会都不曾是一种没有差别的人群。在每一个东方专制国家，社会都多少经过分解；在每一个东方专制国家里，社会都分为阶级。所有这些阶级都有一个共同的特点，即尽管分解和分化了，它们的居民却由于在对国王——对神圣的汗、对法老、对沙赫、对苏丹等等——的关系上无权，而相互平等。而这恰好是莫斯科国的特点。毫不足怪，它的居民的那些为东方君主专制国家所特有的政治概念，是同它的内部关系的东方特性相适应的。

谈到克柳切夫斯基所说的人民运动中的“礼貌”问题，最好是阐明一下，所谓“礼貌”应该怎样理解。无可争议，莫斯科的“变民”在1648年5月抓住沙皇坐骑的笼头，要求他撤换列昂季·普列谢夫的职务，是“没有礼貌”的。同样，1662年7月，骚动的劳动人民于到达科洛明斯克时，妨碍当时正在庆祝女儿诞生的阿列克谢·米哈伊洛维奇做完弥撒，抓住他的纽扣，要求他处置叛逆，也是“没有礼貌”的。最后，最“没有礼貌”的是，他们在回答沙皇的诺言时，竟然怀疑地问道：“靠得住吗？”而且只是在迫使沙皇向天发誓，并给叛逆以严厉惩罚时，才安静下来。国王的孤儿绝不可能学会当

① 《俄国史教程》，第3卷，第66页。

时沙皇奴隶的彬彬有礼的宫廷风度。但这并不妨碍他们成为无限制的沙皇权力的最热情拥护者和最坚决保护者。

此外，还应考虑下列一点。莫斯科“变民”在十七世纪的表现，同十六世纪的“变民”完全一样。1547 年 4 月，他们打死国舅 M. B. 格林斯基，其后又到沃罗比耶沃村去见幼主，要求他交出他所窝藏的外祖母安娜·格林斯卡娅公爵夫人和她的儿子。这也是很“不礼貌”的。值得指出，这次在沙皇郊外行宫前的示威行动，是用后来在科洛明斯克对付前来会见沙皇阿列克谢的“变民”的同一办法结束的：根据伊凡的命令，用武力驱散了示威的“变民”。唯一的差别是：示威的群众在科洛明斯克所付代价，比在沃罗比耶沃所付者多。但是那些抓住沙皇阿列克谢的纽扣，说他还很愚蠢，只知听从大贵族意见的“变民”，如果听说官宦阶级企图限制国王的权力，那他们是会出于最真诚的愤慨，群起反对官宦阶级的。官宦阶级深深知道这一点。他们对沙皇的奴颜婢膝的礼貌态度，在很大程度上便是受了这种人民情绪的影响。这种情绪还解释了一个值得注意的现象，即大贵族从沙皇手中取得某种限制沙皇权力的文告的企图，实际上并未获得任何结果。索洛维约夫说：“必须一读出自市民手笔的关于混乱时代和米哈伊尔·费奥多罗维奇朝代的普斯科夫传说，方可了解城市人民对于大贵族争取保障自己利益的文告的行为，多么感到厌恶。”[①]然而，实行骚动的，正是这些城市人民；也正是他们，在十七世纪四十年代末和五十年代初的“骚动时期”，表现得“没有礼貌”。

① 索洛维约夫：《俄国史》，第 2 卷，第 1293 页。

至于对“神的虔敬”，大家都知道，这种虔敬在不同的文化发展阶段上，具有不同的形式。例如，它没有妨碍野蛮人在愤怒的时刻对他们的神采取很不礼貌的态度。但是不能根据愤怒的野蛮人有时会毒打他们的神，便断定他们认为自己能够没有神的帮助。相反，野蛮人所以愤怒就是因为他们看到没有神助便不能保护自己：毒打的目的，是为了激发神的善意。

“骚乱时期”丝毫没有动摇——无论在城厢或在农村——莫斯科人民对最高当局的传统态度。为了动摇这种态度，只是在“变民”中散布沙皇由于软弱无能和没有经验而纵容军职人员的流言，是不够的。我们往后便可看到，这种态度在分裂运动的影响下有所动摇。但动摇得很不多。实质上，这种态度就在那时也没有改变其本质。

法国劳动人民在反对其所憎恨的盐税时，高呼“不收盐税的皇帝万岁！”（Vive le roi sans gabelle!）他们由于长期受到巴黎官僚的折磨，愤恨他们，便认为“坏的不是皇帝，而是他的大臣”，而聊以自慰。在他们用这种想法来安慰自己的时候，也许会以为在法国，劳动人民对最高当局的看法，也同莫斯科国劳动人民对最高当局的看法一样吧！的确，无论法国或莫斯科国，劳动人民对于最高当局的观感，是从相同的心理因素构成的。然而由于我们知道的这两个国家社会成分和社会政治结构上的差别，同样的心理因素在法国和莫斯科罗斯所结合的政治观念，甚至初看起来仿佛相同，却还是不同的。在缙绅会议上济济一堂，沾沾自喜的莫斯科人，从来没有提高到在法国三级会议代表演说中时常看到的那种特性。他们不曾说，勤恳的奴隶是一回事，而忠实的臣民又是一回事。与此相符，法国劳动群众也更易于达到这样的理解，认为如果有坏的部长，这即使不应归罪于国王个人，也应归罪于君主专制这个制度。关于这一点，十八世纪末的各次事件，是指点得非常明确的。

第七章　转向西方

I

在混乱时代以后的3年中，莫斯科国的内部关系愈来愈多地呈现出东方大专制国家所特有的那种性质。社会存在的这种发展过程，必然要影响于社会意识的发展过程。我们在事实上也相信，当时莫斯科人的政治概念是具有明显的东方色彩的。但在这同一时期，莫斯科国最初是非常缓慢地，后来却越来越迅速地转向西方[①]。这种转向也不能不影响于俄国社会思想的发展过程。如所周知，一个国家在思想发展方面的对立影响的斗争，总是要给这个方面增添一些相当大的紧张因素。我们马上就可看到，十七世纪莫斯科罗斯的社会思想史就不是没有这种因素的。然而为了更好地阐明在思想发展方面的两种对立影响斗争的社会历史条件，最好再次探讨一下，为什么莫斯科罗斯恰好在其内部关系的性质比任何时候更为接近东方，而且仍在继续接近东方的时候，即为什么在它看来应该愈加对西方不感兴趣的时候，却开始转向西方。

不久以前，我国著名史学家米·尼·波克罗夫斯基再次提

① “罗斯从东方走向西方”……（索洛维约夫：《俄国史》，第3卷，第798页）。

出——虽然措辞不同——这一重要问题。他断言，他的许多先行者在这个问题上都抱着一种不恰当的方法论观点："俄国因为终于认识到教育的利益，而开始向西方学习。俄国人开始到外国去（这时经常传说着一些笑话，表明他们当时是多么可笑），外国人也开始来到莫斯科——由于问题在于教育，所以外国人中以医生、药剂师、艺术家以及各种技师为主；逐渐开始了"文化交流"，在彼得时这曾顺利地使莫斯科的野人剃去自然长在下巴的胡须，而增加了大量头发，蓬松起伏，俨若假发。他们同时建造了舰队，最初开办初级学校，后来开办科学院，在这以后，前来俄国的，就不仅是药剂师和医师，而且有欧洲科学界的名人了。"①

波克罗夫斯基预防人们责备他是进行讽刺，所以建议他的读者读读已故布里克涅尔的大量著作，因为在他的著作里，"大量的——有时是很珍贵的——实际材料，便是根据这一观点汇集起来的"。他还说：甚至索洛维约夫"也距离这种幼稚的学究气不很远"。

现在且对波克罗夫斯基的这一初步评语，作些研究。这种认为一个国家所以向另一国家学习，只是由于认识到教育的利益的观点，应该说是一种什么观点呢？这是一种典型的十八世纪启蒙学者的观点，是历史唯心主义的观点。所以，许多研究俄国欧化问题的作家，都是唯心论者。这是完全正确的。特别是说布里克涅尔到老还是抱住唯心主义观点不放，也是正确的；可以说，他的唯

① 波克罗夫斯基：《俄国古代史》，第3卷，第76—77页。

心主义观点时常是“幼稚的学究气”的观点[①]。不过，我们即将看到，布里克涅尔自己在说明俄国欧化的过程时，并未能经常成为一个彻底的唯心论者。至于索洛维约夫，虽然对历史唯心主义时常作出很大贡献，但恰恰在俄国欧化问题上，与波克罗夫斯基所见相反，远远离开了启蒙学者的“幼稚的学究气”。

他写道：“俄国人民经过在八百年的东向运动之后，开始急剧地转向西方；经济和道德的破产要求转向，要求给人民生活以新的道路。”[②]这几句话已充分明确地表明，索洛维约夫是根据俄国人民的经济需要，求得其从东方转向西方的最深刻原因的。用一个民族的经济需要来解释其历史的最重要转折时代，是没有历史唯心主义错误的。当然，他也提到莫斯科国的道德破产。但这也是无可否认的。此外，请注意，索洛维约夫指出“经济的破产”，先于

① 试举一例：布里克涅尔说，在鞑靼人入侵后，俄国社会政治关系开始呈现出东方的性质（orientalischer Charakter des Staats）。但是他用鞑靼化（Tatarisierung）一词来表示这种接近，却是完全错误的。他称鞑靼人为“草原骑士”，即游牧部落。因此，如果俄国“鞑靼化”了，则居民的职业及其相互关系便应愈来愈加同游牧民族所特有的那种职业和相互关系相类似了。然而我们所看到的却是完全另一种情况。不错，东北罗斯从鞑靼人因袭了某些语词和习惯。但这种因袭只是表面的。大俄罗斯国的内部生活所模仿的不是游牧部落的生活，而是东方大农业专制国家的生活。这些专制国家也都遭受“草原骑士”的折磨，而且在“文化”方面也都从他们那里有所因袭。然而毫无疑义，所有东方专制国家同“草原骑士”冲突的影响下，都愈来愈加发展了距离游牧部落所特有的那些社会政治关系愈来愈远的社会政治关系。布里克涅尔所以没有看到这一情况，就是因为他虽然想用“文化”发展过程来解释历史的过程，但他对文化发展的动因的一般观点，却仍旧是纯粹唯心主义的。他是这样推论的：鞑靼人是一个未开化的民族；由于他们的入侵，罗斯便比以前更不开化了。这就是说，罗斯是“鞑靼化”了。按照历史唯物主义的观点，——布里克涅尔显然对于历史唯物主义是一无所知的——游牧部落对于农业民族的内部关系发展过程的影响，是要复杂得多的。

② 《俄国史》，第3卷，第803页。

道德的破产的。我们据此可以断言，他在研究俄国的欧化过程时，是接近于不是意识决定存在，而是存在决定意识这一历史观的。很可能，他自己并不明确知道他在多大程度上接近于这一历史观。而且我们也没有根据认为他是了解历史唯物主义的理论的。但是无论如何，在他尽管是不自觉地抛弃了唯心主义而接近于唯物主义观点的地方，责备他犯了唯心主义的错误，那是不公平的。

II

的确，米·尼·波克罗夫斯基自己也承认，俄国史学家很快便不再满足于将莫斯科罗斯比作一个中等学校的班级，而感到不得不"在莫斯科的土壤上探求欧化的具体明确的根源"。但他认为这些探求也都非常失败。"变革的客观需要第一次被说成是军事一财政的需要。俄国必须成为欧洲，因为不这样它便经不起同欧洲国家的竞争：这样可以简略地归结出新公式。留心的读者已可看出，在这个公式里还留下了什么奇切林一索洛维约夫式的形而上学。预先假定俄国为了某种目的而必须存在，这便是世界过程的目的之一。但是在我们不知道这个世界过程的计划，甚至在我们有重大的根据来怀疑这个计划的存在的时候，任何解释都是浮在天空的。任何解释都有如同义字的反复。俄国安然无恙，因为它能够成为欧洲，而它所以成为欧洲是为了要安然无恙：鸦片能催眠，因为它具有催眠力，如果它没有这种催眠力，它便不是鸦片了。"①

老实说，尊敬的学者的这种推论，对我是没有什么说服力的。

① 《俄国史》，第 3 卷，第 78 页。

他完全正确地指出我们有重大的根据来怀疑任何世界过程计划的存在，但不能据此便断定，用军事财政的需要来解释俄国的欧化，是“浮在天空”。这是不够的。史学家们在这个问题上所犯的逻辑错误，并不是什么同义字的反复。根据波克罗夫斯基所说的情况，他们的错误是所谓循环论证（circulus vitiosus）。如果他们说：“俄国安然无恙是因为它能够成为欧洲，而它所以成为欧洲是因为它安然无恙。”我们便可以责备他们犯了这一逻辑错误，——与同义词反复有实质性差别的错误。然而根据我们作者的说法，他们的推论完全不是这样。他们说：“俄国安然无恙是因为它能够成为欧洲，而它所以成为欧洲，是为了要安然无恙。”这两句话在这里用一个语气词“而”连接起来，就内容说，其远非循环论证是同下面的两句话完全一样的：“焦万尼安然无恙，因为他在地震以前便离开了米新那，而他所以离开米新那是为了要安然无恙。”换言之，焦万尼预知灾难的到来，因为害怕罹难而离开了米新那。如果我是这样说的，那读者便可以问我：焦万尼是否真正预知地震的发生呢？在那样的条件下，他能否预知地震的发生呢？这是一个事实的问题，必须对事情详加研究，才能解答。研究的结果可能暴露出我的错误，也许焦万尼离开米新那是由于其他目的，在他离开米新那的时候，一般不可能预知地震的发生。然而就令我在事实方面犯了错误，读者也完全不能说我的错误是违反逻辑。那些用军事—财政的需要来解释俄国欧化的史学家，也是没有犯违反逻辑的错误的。这里也只能提出事实问题：是否出现过这种需要呢？是否有了这种需要便足以使莫斯科罗斯转向西方呢？

我们现在便研究这些问题。但是预先必须指出以下情况。

按照波克罗夫斯基的说法，索洛维约夫和奇切林都想用“模糊的形而上学”把自己从“幼稚的学究气”中解救出来。毫无疑义，一个史学家如果说俄国的存在是世界过程的目的之一，那他便是陷进了“模糊的形而上学”。但索洛维约夫并没有说过这样的话。他只是指出，莫斯科罗斯因为想保持其生存，才学习西欧的技术。我在这里一般地没有看到形而上学，特别是没有看到模糊的形而上学。当然，关于事实，这里可能有可疑之处。可以设问：莫斯科罗斯确切地需要保持其生存么？这个问题是可以简单地解答的，除了一般的理由之外，还可举出一切共知的情况。试一回忆混乱时代——顺便指出，这个时代是同我们在这里所研究的俄国欧化过程开始的时期很接近的，下诺夫戈罗德的军人和地方人士在致各城市的文告里便写了下面的内容：

“许多假基督徒利用基督的话起来了。我们全国都受到他们的诱惑变得一团慌乱。内讧在俄罗斯国爆发了，而且持续了不少时间。反对我们自救的强盗——波兰人和立陶宛人，看到我们之间的这种内讧，妄图摧残莫斯科国，而且上帝也让他们干出这种毒辣的阴谋。莫斯科国的所有城市休戚相关，在看到他们悖于真理的时候，发誓自强，——我们所有东正教的基督徒要团结相爱，不发动过去的那种内讧，把敌人从莫斯科国清除出去，等等等等”[①]。

我们看到，撰写和散发这一文告的人士是坚信“俄国必须为了某种目的而存在”，成为一个独立国家的。不难猜想，究竟为了什么目的。为了使俄国居民——即那些撰写这一文告，散发它或同

① 索洛维约夫：《俄国史》，第2卷，第1012页。

情它的人们——不致受外国人的压迫和本国“盗贼”的摧残。既然他们有了这种出于最自然的生存愿望的信念，则我们为了说明俄国文化发展过程中的军事—财政需要的意义，便没有任何必要去求助于“世界过程的目的”，——事实上，这种目的根本就不仅是令人怀疑的。很可能，绝大多数莫斯科人——甚至那些出力恢复莫斯科国的阶级，——他们对于这个国家必须存在的信念，只是在特殊情况下才变得明确，而在通常情况下，这种信念仍旧超出了他们的意识的范围。但是在他们之中的少数人中——即那些统治着国家的人们中——这种信念就在普通情况下也是明确的：因为他们的事情，就是要同国内外对国家有威胁的各种危险进行斗争。

III

我们知道，伊凡三世已邀请外国专家来俄国。如果我们说，他这样做是出于对教育的偏爱，那我们就是犯了米·尼·波克罗夫斯基所讥笑的那种方法论错误。但我们不那样说，因为我们从俄国史学家那里知道，他这位大公对教育的偏爱是由于哪些“具体和明显”的需要。例如，由于俄国史学家，我们才知道，最初伊凡三世派当地石匠在莫斯科建造乌斯彭斯克大教堂，但是这些石匠手艺不高明，建筑物在开始接拱顶时便倒塌了。于是，大公根据他的妻子索菲娅的建议，求助于威尼斯。从威尼斯聘来的亚里士多德·费奥拉文蒂（或费奥拉万蒂）顺利地建成了大教堂。这件事向我们明确地表明，意大利专家应召来到莫斯科，并非由于莫斯科居民对教育的不明确爱好，而是由于莫斯科的统治者有“具体和明显”的需要。学者们为了说明莫斯科大公求助于外国人而指出这种需要，难道是犯了形而上学的错误吗？唯一可能的答复是：在这种情形下，他们的方法是同形而上学的方法直接对立的。

其次，费奥拉文蒂不仅建造了乌斯彭斯克大教堂；他还在莫斯科铸造了货币和大炮。他的这种活动同样满足了国家需要，指出这种需要是毫无形而上学之处的。在这里，一切都是再“具体”和“明显”不过的了。莫斯科国需要石造的建筑物和大炮；它需要铸币；最后，它的“统治者”有时需要医药帮助。于是，莫斯科政府从外国招聘“聪明的”石匠，“慈善的”药剂师，善于“攻占城市和大炮射击”的专家，等等。为要招聘外国专家，只需要一种先决条件：即政府相信外国的专家比莫斯科的“更聪明”，外国的药剂师比莫斯科的“更慈善”。在这一点上，政府是不难相信的：它在这方面从生活里获得了许多明显的教训，并为此付出了重大的代价——特别在军事方面。在伊凡雷帝的朝代里，莫斯科罗斯在东方及东南方获得许多很重大的胜利，但是当伊凡四世与西方邻国较量时，他却一败涂地。难道他不能懂得他的失败是由于西方军事技术优于莫斯科的军事技术吗？我不这样想。

波兰国王西吉兹蒙德—奥古斯特写信给英国女王伊丽莎白说：“莫斯科的国王由于取得了运到纳尔瓦的物品而每天都增加其实力，因为运到纳尔瓦的不仅是商品，而且是他前此所未知的武器。他们运到那里的不仅是艺术制品，而且艺术家也来到了，他利用他们得到了战胜一切人的手段。陛下并非不知这一敌人的力量和他用以加诸本国臣民之上的权力。我们迄今所以能够打败他，只是由于他没有教育，不懂技艺。但如纳尔瓦继续通航，则前途如何，殊难逆料。”

我们是否说，西吉兹蒙德—奥古斯特感受到和表达了这种担忧，便是陷于“模糊的形而上学”呢？我们说，相反：他在这里表现为一个灵敏的实践家。但是我们要补充一句：莫斯科国王在这方面的灵敏度也不亚于他。如果他担心莫斯科国王在学到西方技术后会变得过于强大，那么，从莫斯科国王方面说，他是懂得了学习技术实为增加其强大程度所必需。索洛维约夫和其他同一流派的史学家所指出的也就是这一点。由于他们指出了这一点，他们便与形而上学风马牛不相及了。

在彼得取得政权以前，军事需要即已引起改革的思想，这是可从费多尔·阿列克谢维奇统治时发给戈利岑大公的指令里明显看出的，这个指令为索洛维约夫所引用：“伟大的国王知悉，在以往的军事冲突中，敌军在与国王的军队战斗时，显示了一些新的军事设想，他们想借此搜索，压倒国王的军队。对于敌人新想出的狡猾办法，必须在军人中加以研究并作出最好的安排，使他们在与敌人作战时有适当的戒备与防卫；过去的军事安排，凡在战斗中显得不利者，应加改善；其在对敌作战中显得适当者，则不要改变。”①

在写这一指令的时候，莫斯科人必已深切了解，西方的“敌国”能够在军事上教给他们某些新东西。他们密切注视西方。但情况使他们与中国发生冲突，1687 年 10 月，侍臣 Ф. 戈洛温在与中国谈判阿尔巴金问题时接到下述命令：“切实侦察和研究中国作战人员的情况，他们的战斗力如何，人数多少，民兵及部队编制如何，他们用的是野战战术还是水战战术，或是攻陷城市及要塞的战术，他

---

① 《俄国史》，第 3 卷，第 876 页。

们最欢喜和最习惯于哪种战术，他们在军事行动上同哪一民族相类似。”[①]对于当时的“军事需要”的态度，可说是不能更审慎了。

由于“军事需要”这一莫斯科罗斯改革的根源具有重大意义，所以克柳切夫斯基说彼得改革，就其最初的设想而言，实质上是为了改造军队和扩充国家的财政收入，而只是逐渐地扩大了它的纲领，并“搅动了”俄国生活的全部陈腐霉菌，“激发了所有社会阶级”[②]，这个思想，是具有巨大的科学价值的。按照这个思想，可以明显地看出，彼得改革虽然从历史唯心主义的观点看，乃是一种非常幸运的偶然性，但它始终受着社会政治生活客观逻辑的支配。这个思想是同形而上学没有任何共同之处的。

IV

在1639年用沙皇米哈伊尔的名义发给亚当·奥列阿里的文书里，我们读道：“我们获悉你对天文、地理、天体运行、土地测量及其他许多必需的技艺才智，很有造诣和素养，而我们，伟大的国王就需要这样的专家。”如果考虑到在这次正式承认“天文”、“地理”等科学的重要性以前两年，根据同一国王的指令，曾从拉丁文翻译了宇宙学著作，我们似乎会得出一种论断，以为莫斯科的统治者是由于对教育的抽象爱好而招请西方专家的。然而事实上，情况并非如此。他们所以要招请外国专家，是因为他们适合于满足伟大国王的某些实际需要；而在同他们有了更切近的认识之后，更可了

① 索洛维约夫：《俄国史》，第3卷，第1029页。

② 克柳切夫斯基：《俄国史教程》，第4卷，第291—292页。

解他们所以比莫斯科人更"伶俐"，乃是因为他们具有一定的科学知识。莫斯科的统治者对这一点的了解是极端迟钝的，而且他们关于科学的概念也极为模糊，以致把科学的名称都曲解了。但是他们毕竟多少了解一些东西，所以开始谈论天文学，并命令翻译宇宙学。这距离采取认真的措施在莫斯科国普及自然科学认识，还是很远的①。但关于这一点，现在不感兴趣。对于我们，在这里以及在克柳切夫斯基关于彼得大帝改革的见解里，重要的是指出了不是意识决定存在，而是存在决定意识：一定的具体需要迫使莫斯科的统治者求助于外国专家，而同这些专家的更切近的认识使他们相信——如果相信了的话——莫斯科国同样需要理论知识。我们应该感谢像索洛维约夫这样的一些学者，是他们指出了这一点的。为什么要在他们背离形而上学的地方，责备他们陷于形而上学呢？

如果由于指出军事—财政需要，便以形而上学相责难，那就应最低限度同样对历史唯物主义的两位奠基人之一，即恩格斯加以同样的责难。请看他关于克里米亚战争对我国内部生活的影响是怎样说的：

"战争证明，甚至根据纯粹的军事观点，俄国也需要铁道和大工业。因此，政府开始关切资本家阶级的繁殖。……新的大资产阶级在铁道特权、保护关税及其他优越待遇的温室环境中得到尽力的培养。所有这一切既在城市也在农村引起了最完全的社会革

① 在米哈伊尔朝代，曾正式承认伟大的国王需要懂得天文的专家。但在"百项决议集宗教会议"上，沙皇却说天文学是一种"异教徒的智慧"。莫斯科的奥勃洛莫夫（冈察洛夫小说中主角，指委靡不振。——校者）特性，毕竟前进了，虽然前进得非常缓慢。

命，在这种革命之下，思想运动一经开始便不可阻遏。年轻的资产阶级的出现在自由主义的立宪运动中得到反映，无产阶级的产生在通常称为虚无主义的运动中得到反映。”

恩格斯在这里所使用的方法，恰恰就是索洛维约夫、克柳切夫斯基和其他俄国学者在力图对彼得一世的改革作社会学解释时所使用的方法。

历史的过程用唯物主义来解释，要比用唯心主义来解释好得不可计量。为求表达得更明确些，应该说，历史过程的科学解释，只有在学者自觉或不自觉地站到唯物主义的立场上时，才有可能。然而历史唯物主义者的眼界不能只限于经济。它不仅看到，而且一定要看到整个“上层建筑”，“上层建筑”在经济基础上产生，又经常对经济基础发生或大或小的强烈反影响。如果唯物主义者不愿考虑这种反影响，那他便违背了他自己的方法：从自己的眼界里取消“上层建筑”，并不等于从经济基础解释“上层建筑”的产生和“上层建筑”对于经济基础的反影响。

V

我们不知道有这样的文明社会，它们可以不与邻邦发生接触。每一个文明社会都有一定的历史环境，这种环境必然影响于它的发展。每一个文明社会的历史环境都是互不相同的。这便给历史运动的过程带来多样化的因素。这便在很大的程度上解释了何以没有，也不可能有两个发展过程完全相同的社会。某一社会对另一社会的影响——它们之间的“相互影响”——并不是“模糊不清的形而上学者”的虚构，而是一个普通的历史事实。社会学家所要解决的问题不是有无这种相互影响，——这是无可怀疑的——而是这种影响首先通过什么途径发挥出来。以“见解”为社会发展主要动力的彻底唯心主义者认为，某一社会首先是通过自己的观念（“教育”）来影响另一社会的；这就他们的观点而言，是完全正确的。彻底的唯物主义者丝毫不否认各国人民之间的相互思想影响。但是，根据他们的科学信念，思想影响的途径是由各国人民物质需要所制约的各种国际交往准备出来的。物质需要促使他们相互交换其经济活动的产品。人种学证明，这种交换在很低的经济发展阶段即已发生。但是，除了交换——交换本身在某些时候是时常与掠夺相结合的——物质需要也可引起社会之间（部落、城市、人民之间）的军事冲突①。这种军事冲突逐渐产生一定的军事组织，其性质取决于这个社会所达到的经济发展程度。军事组织一经产生，便使一部分社会劳动脱离其原始的使命：为直接满足社会成员物质需要和为制造生产资料而生产各种产品。如果这个社会同处于更高发展阶段，因而具有更完善的军事技术的民族发生冲突，则在完全失败和丧失独立的威胁下，这个社会便不得不掌握这种更完善的军事技术。这种掌握的可能性以及其或多或少的特殊进程和掌握过程的速度，取决于落后社会的经济及在这种经济

① “你们是否同邻近的部落打仗呢？——斯坦利曾问赤道非洲一个部落的代表。这位代表答道：不打，不过有时我们的小伙子到邻近部落的森林去打猎。有时我们的邻人也到我们森林中来。这时我们便打起来了，不到他们打胜或我们打胜不止。”（斯坦利：《在非洲的愚昧中》，（*Stanley, Dans les ténèbres de l'Afrique.*）巴黎，1890 年，第 2 卷，第 91 页）“所有的非洲战争都是为了达到两种目的之一抢夺牲畜或劫夺俘虏。”（白尔敦：《东非大湖旅行记》，（*Burton Voyage aux grands lacs de l'Afrique Orientale.*）巴黎，1862 年，第 666 页）俘虏以奴隶身份为主人工作或被出卖。

的基础上成长起来的社会政治关系。但更完善的军事技术是在更高的经济发展阶段上产生的。因此就会掌握了更完善的军事技术，而落后国家的政治代表也会感到必须注意国内提倡一些生产和建立一些制度，这种生产和制度，若在其他条件下，是会完全不需要，或只有小得多的需要的。换言之，如果落后的国家没有一个由于更高的经济发展而具有更强大的军事技术的邻邦，其经济政策便不会采取这样的姿态。统治者开始创办工厂，采取发展贸易和工艺的措施，——总之，促进国家生产力的发展。因此，一个社会在一定的经济基础上产生的军事需要，在一定历史条件下，对这个基础的继续发展是有其巨大影响的。这一情况可在某些西方国家里看得很明显。普鲁士政府在同被革命的风暴振兴起来的法国进行较量、惨遭失败后，便实行许多改革，大大促进了这个国家的进一步经济发展。在莫斯科罗斯，也可看到同样的情况，只不过程度更大而已①。

在类似的情况下，落后国家的政府必然起着或大或小的进步作用，这种作用使它能在一定时间内得到国内先进思想界的同情。只有彼得改革的进步意义才能解释别林斯基赞美彼得的观点，把

① “彼得需要钱，必须开辟国家收入的新财源。对充实国库的关怀，沉重地压迫着他，使他想到只有根本改善国民经济，才能提高国家财政收入。彼得认为发展民族工业和贸易便是达到这种改善的途径。所以他利用他的整个经济政策来促进贸易和工业的发展。”(普拉托诺夫:《俄国史讲义》，第 488 页)波克罗夫斯基却恰好把下述见解说成是历史唯心主义:“因为问题涉及教育，所以在外国人中，将医生、药剂师、艺术家和各式各样的技术人员提到首要地位(着重点是著者所加)。”这里的“因为……所以”使我感到惊异。历史唯心主义提到首要地位的不是技术、医学、药房，而是人们的“见解”，即他们的一般宇宙观。药房和技术则是有着强烈的唯物主义气味的。

他看作“使我们重获生命”的“神”。落后国家先进思想家和其政府的分歧，只是在政府完全放弃了进步作用以后——有时是在相当长久以后——才开始的。如果我们不懂得这一历史辩证法，我们便对俄国社会思想史的整整一个时期不能理解。

波克罗夫斯基对于史学家一方面指出军事财政需要为彼得改革的原因，同时却不曾适当注意十七世纪莫斯科国民经济状况，表示不满。这一责备不是没有根据的。必须承认，直到现在，俄国（而且不只俄国）史学家都未充分注意研究经济关系的发展。直到现在，在他们的见解里每每对精确的政治经济知识表现出非常值得惋惜的匮乏。波克罗夫斯基以为，不预先研究十七世纪莫斯科国的经济，便不能理解彼得改革。这当然是正确的。但他本人也很难说完全精确地说明了这方面的情况。试举一例：

他写道：“罗曼诺夫家族的几个最早的沙皇，实际上垄断了所有最贵重的市场销售物产。长期住在俄国的柯林斯说：‘沙皇是本国的第一商人。’沙皇垄断的清单给我们提供了俄国输出贸易集中的一幅很有意义的图景，这种贸易为土著商业资本主义的成长建立了基础。”[①]这幅图景的确是很有意义的。但它完全不是以证明莫斯科商业资本主义的蓬勃发展状况。沙皇为本国的第一商人，这一情况指明俄国的经济发展程度很低及其社会关系与东方专制国家的社会关系的接近[②]。在古埃及，国家元首也是第一商人。

---

① 波克罗夫斯基：《俄国史》，第 3 卷，第 91 页。

② 莫斯科国的经济落后一方面使俄国商人对外国商人处于极为不利的地位，同时又巩固了莫斯科商人等级观点中的民族主义色彩，这一点我们在下文就可看到。

关于十七世纪莫斯科罗斯的经济不发达，波克罗夫斯基并未充分明显地加以说明①。他说，十七世纪的商业资本主义对于莫斯科国的外交政策和国内政策都有极大的影响。这是对的②。但他却未必充分注意到这种影响是在怎样的社会政治关系之下发生的③。正由于他对于这种关系没有充分注意，所以他认为我们前此所述财政需要，是一种“形而上学”的东西。事实上，完全可以理解，这种需要在一个以国王为第一商人的国家的往后发展中，起了巨大作用。沙皇垄断本身是满足莫斯科国财政需要的一种手段，而这种需要的产生又是由于军事需要。由此可见，莫斯科政府的“商业资本主义”同军事财政需要有着密切的因果依存关系，将两

① 他自己就公正地指出，在这种情形下，图甘-巴拉诺夫斯基所引述的基勒布格尔的意见，以为俄国人从上层到下层都爱好商业，是什么也不能证明的（波克学夫斯基：《俄国史》，第 3 卷，第 79 页）。他还可补充说，根据外国旅行家的证词，中国的城市居民是向来喜欢经商的。“他们是真正天生的商人”，——埃·科尔洪在谈到中国城市居民时说：——“在生活的一切场合里，甚至在最少涉及商业的场合里，他们，如果可以这样说，也想的是钱”……（引自埃利泽和奥·列克柳：《中国帝国》，第520—521 页）。但是，尽人皆知，商业的爱好并没有妨碍中国人在“商业资本主义”方面远远落后于西欧。基勒布格尔说，莫斯科的商店在大多数情形下都是既小又窄，卖主在里面很难转身。在爱好商业的中国，大多数商店的情况直到最近也是这样。“商业爱好”本身什么也不能证明，还可从这样的事实中明显看出：即某些勉强达到中级野蛮状态的非洲部落，也是爱好商业的。

② 波克罗夫斯基：《俄国史》，第 3 卷，第 101 页。

③ 这种影响怎样巨大，可从下述事实中看出。荷兰人安德列·温尼乌斯于 1632 年获得在土拉附近建造工厂的租让权；为了保证工厂对工人的需要，遂指定宫廷所属的一整个乡区为这些工厂提供工人。西方的工厂工业是在完全不同的生产关系下产生的。顺便指出，土拉的工厂是在同波兰作战以前建立的，其创办人有廉价向莫斯科政府提供大炮、圆形炮弹、武器及各种铁的义务。由此可见，政府在支持温尼乌斯的企业时追求何种目的。

者对立起来是没有根据的[①]。

VI

无可争论，这一军事财政需要决定了在莫斯科国占上风的那种教育的影响。

以前，俄国书生都以认识自己对东正教的忠诚为满足。“不懂雄辩学、修辞学和哲学，但胸有基督智慧”。可是在十七世纪，莫斯科的东正教维护者却碰到一个可以用来识别“胸有基督智慧”的人们的准则问题。他们看到，莫斯科教会的礼仪与希腊教会的礼仪有许多不同。希腊教会不只一次对此提出责难。在尼空就任总主教职位以前不久，雅典教会的僧侣便宣布莫斯科用二指画十字为异教，烧毁了莫斯科的祈祷仪式书，甚至由于过度的宗教热情，要烧死保存这种书的僧侣——塞尔维亚人达马斯金。不仅如此。在斯拉夫文本的祷告和祈祷礼仪书里，发现了与希腊文本不同之处。为了决定这些偏差是否可以准许，为了研究清楚教会礼仪问题，必须求助于神学，而神学又依靠“雄辩学、修辞学和哲学”等辅助科学。总之，必须学习[②]。对于教育的

① 沙皇的贸易垄断不仅为莫斯科国的经济落后所产生，而且支持了这种落后。普斯科夫的编年史家抱怨1636年剥夺了普斯科夫人经营亚麻贸易的权利。“派来的莫斯科客人，奉命按照莫斯科规定的价格为国王收购，寺院和所有的人都受到很大亏损，货币奇劣，价格不自由，收购不受欢迎，一切都很可悲，说不出的仇恨，到处受到约束，谁也不敢买卖。”（索洛维约夫：《俄国史》，第2卷，第1340页）

② 我们前已知悉的加济主教派西·李加里德说，异教——即分裂教派的运动——所以在崇奉基督的俄国泛滥，是由于缺乏国民学校和图书馆。他还说，如果有人问他：“教会和国家的支柱是什么？”那他会回答说：“第一是学校，第二是学校，第三还是学校。”莫斯科僧侣们的无知，是在“百项决议集”的宗教会议上就被公认的。

需要的认识，必然因当时历史环境的作用而加强。在十七世纪，东正教的莫斯科国家积极参加了东南罗斯反对天主教波兰的斗争。如果说军人用武器作斗争，那么，东正教的僧侣们便不免要同天主教进行思想斗争了。这一斗争在西部罗斯早就开始了；尽管莫斯科人对于西部罗斯东正教的主张的精微奥妙不感兴趣，但在十七世纪中叶，他们已不能对之抱着漠不关心的态度了。最后，如果莫斯科的牧师想要防止他的精神羊群受“异教”的侵害，而这“异教”的代表者又是政府招聘到莫斯科的外国人，那他们在这里也是不能没有“雄辩学、修辞学和哲学”的。所以我们看到，莫斯科在招聘西欧造炮专家和采矿师的同时，还召集了一些有学问的希腊人和西俄人，责成他们教育莫斯科的青年人。在十七世纪三十年代，菲拉列特总主教便在楚多沃修道院设立了一所学校，称为总主教学校。四十年代末，大贵族勒季谢夫在安德列耶夫修道院设立了一所学校，交给西俄的有学识僧侣主管。1679 年设立了一所学校，称为埃林—希腊学校，后来改称斯拉夫—拉丁学校，再后又改称为斯拉夫—希腊—拉丁学院。在这所学院里，讲授文法、诗歌、修辞学、雄辩学、哲学、神学、宗教法和民法。学院的章程草案是莫斯科教育史上声名赫赫的西俄人西梅翁·波洛茨基写的。

在希腊教育家和西俄教育家之间时常发生不协调和竞争。在建立学校的时候，关于学校应接近哪个类型：是接近希腊类型还是接近西俄类型问题有许多争论。

换句话说，在为了满足道德及宗教需要而进行的学校教育事业上，也发生了东方（希腊）影响和西方（基辅）影响的斗争。但是这种在同一思想领域里发生的两种影响的斗争，若与在性质上完全不同的两种知识部门——即技术部门和文学—神学部门——之间发生的两种影响的斗争相比，其历史意义是微不足道的。尽管莫斯科的僧侣极端需要充实他们的知识，但在当时的历史条件下，甚至本领不高的大炮技师和采矿人员也比最有学问的神学家和最慷慨激昂的“雄辩家”对莫斯科无比重要①。莫斯科显然意识到这一点。克柳切夫斯基说：“基辅的学者所得到的奖偿，不及德国雇佣军官所得到的优厚。”②我国为什么归根到底取得断然胜利的不是希腊的影响，也不是基辅的影响，而是西方国家的影响——尽管在莫斯科，人们由于天真糊涂，真正相信西方国家的基督居民是“非基督的”，——这是完全可以理解的。

关于“异教”影响战胜东正教影响的社会学原因，索洛维约夫作了很好的说明：

“首先，必须摆脱经济不富裕状态，必须增加财富和加强力量——通过发展商业和各种企业来增加财富；必须获得海洋——而要获得海洋便须手中握有武器；必须放弃旧的打算，免除用礼品名义到克里米亚向鞑靼人交纳贡赋，为此必须掌握作战艺术，学会建造和驾驶船舶，建筑要塞。为了发展商业和增加财富，必须学会

---

① 叶皮法尼伊·斯拉维涅茨基在他的一次布道中对东正教听众叫嚷：“要把我们心地残酷的硬化粉碎，要对发射器摆脱我们旧的罪恶，要把我们的聪明耗尽不结果实的田地，扼杀者的罪恶使我们的灵魂发出恶臭，要抛弃热情，我们要从灵魂的死亡中解放。……”在当时教会修辞班上这也许是漂亮的，但从国家需要的观点来看，这也许不值得好好地写。

② 《俄国史教程》，第3卷，第356页。

敷设道路,开凿运河——必须学会一切艺术和工艺”[1]。

借写这几行的机会,我想再说一次,不能不作重大保留便将索洛维约夫算作历史唯心主义者和模糊的“形而上学者”。但是关于这一点,已经谈够了。

① 索洛维约夫:《俄国史》,第 2 卷,第 805 页。

第八章　初期的西方派与启蒙思想家

1. 伊·安·赫沃罗斯季宁公爵

I

"非基督"的影响虽然在莫斯科国胜利了，但这种影响也是有其重要特色的：波兰的影响就其整个性质而言，是同"德国"影响大不相同的。彼得时"德国"影响排斥了波兰影响；但在彼得改革前的时期，波兰影响在莫斯科是颇为强大的。1671 年一位西俄罗斯人(拉·巴拉诺维奇)在一封给沙皇的信中说："沙皇陛下的高级官员会议并不鄙弃波兰文，人们欣然阅读波兰文的书。"次年，在莫斯科曾试图——虽然结果没有成功——出售波兰文书籍[①]。沙皇费多尔·阿列克谢维奇精通波兰文。在莫斯科贵族的宅邸里出现了波兰用具。

波兰文，波兰书和波兰产品为波兰思想敷设了道路——虽然是一条非常狭窄的，隐隐约约的小路。我们已经读过马斯克维奇关于莫斯科人在同他谈话时坚决维护其政治制度特点的报道。一

① 米柳科夫：《俄国文化史概论》。

般说来，波兰影响从来不曾动摇十七世纪莫斯科人对东罗斯政治制度和社会生活的优越性的信念。但是没有一条通则没有例外。混乱时代同波兰人密切交往的结果，最少使个别莫斯科人开始对上述政治制度和上述社会生活抱着否定的态度①。出身于雅罗斯拉夫公爵氏族的赫沃罗斯季宁，便是这种罕见的，因而更为值得注意的例外之一。

赫沃罗斯季宁公爵曾在第一个伪第米特里沙皇的宫廷里充任总管御膳的近臣。根据某些史料，他同这位伪君有可耻的关系。人们还说，他在那时便表现傲慢。但我们不去研究那些攻击，而只是指出波兰影响使他对莫斯科人的宗教观念在某种程度上抱着自由主义的态度。后来，米哈伊尔沙皇和斐拉列特总主教给他的训令指责他在“免去教衔”时便受了异教的传染。现在不能断定，赫沃罗斯季宁的宗教自由思想在那时达到何种程度。可能，在当时大批来到东罗斯首都的波兰人中，就有些人善于向这位年轻，而且一般认为很有才干的人说明：信仰东正教的莫斯科人把天主教徒当作“非基督徒”，乃是一个严重的错误。只要他传染上了这一信念，他便可被他的同胞们称为异教徒了。在“免去教衔”的情况下，

① 莫斯科人认为他们比外国人高尚得多。但十七世纪同西方的接触，动摇了这种傲慢的心理。不仅赫沃罗斯季宁一人对于自己的同胞作了轻蔑的评价。1634 年华西里·伊兹迈洛夫——他是同舍依内伊一道在斯摩棱斯克附近指挥莫斯科战役的军政长官伊兹迈洛夫的儿子——曾被指控颂扬立陶宛王，因为他说：“我们莫斯科可怜孱弱，怎能同这样伟大的国王作战呢！”加弗里尔·巴金也受到同样的指控，因为他“在莫扎依斯克时曾颂扬立陶宛王和立陶宛人，而鄙视俄国人，说后者可怜孱弱”。（索洛维约夫：《俄国史》，第 2 卷，第 1207—1208 页）值得注意的是：莫斯科人是由于同西方邻邦交战失败，才想到自己的“可怜孱弱”的。

这样的异教不仅不危险，而且也许在宫廷生涯的意义上甚至是有利的。但在舒斯基的时候，这种异教使赫沃罗斯季宁受到迫害：他被发配到约瑟夫修道院去忏悔。他去那里待了多久，不详。似乎很快他就返回莫斯科，因为据他自己说，他是赫尔摩根总主教和大贵族政府冲突的目睹者。1613 年初他在姆岑斯克任军政长官，有了这个名位，他必然要“想到”他的敌人。次年，他担任诺沃西尔警备部队长官。在弗拉季斯拉夫会同小俄罗斯的统帅萨盖达奇内进攻莫斯科的时候，他在佩雷雅斯拉夫尔“牵制了契尔克斯人的队伍”，因此获得沙皇的银杯奖和一件价值一百六十卢布的皮大衣。那时他已是一名御前大臣。但是他显然仍受波兰酵母的影响：他没有忘记他的“异教”。此外，他给他的同代人的印象，仍旧是一个激烈和“傲慢”的人。他的一个远亲谢·伊·沙霍夫斯科伊公爵便曾这样批评他。沙霍夫斯科伊说，赫沃罗斯季宁是一个“像法利赛人[①]一般傲慢的人”。我们从这一同代人那里获悉他与赫沃罗斯季宁的一次争论。争论的问题是第六次全国会议，赫沃罗斯季宁谈话的语调，严重地得罪了对方。沙霍夫斯科伊公爵写信给他说：“昨天在你家里责骂了我，同时却过分自夸，大言不惭，高傲自大，像法利赛人那样，以为自己在神学教条上超过一切人。我们贫乏无知，也不可能完全不懂神学和祖籍，而你却为了我的某种小小成语，争吵不休，狂怒暴跳，极其凶残。”对此，沙霍夫斯科伊很通情达理地指出，“好丈夫为虚荣所征服或向朋友凶残暴戾，都是没有用

① 法利赛人，古犹太的宗教政治派别，他们对早期基督教团作过无情的斗争，因此在新约里面被贬为伪善者。——校者

处的”。此外，他还说：赫沃罗斯季宁“自幼就有这种高傲自负的习惯”。值得注意的是，他说有一个叫扎布洛茨基的人，是赫沃罗斯季宁的这种恶劣爱好的“主要怂恿者”，这个人刚刚转入东正教，而且根据普拉托诺夫教授的可靠推测，是一个波兰人[①]。

II

对于赫沃罗斯季宁的这种特殊性格，莫斯科政府并没有忽视。它开始迫害他，“拿走了”他的“拉丁”神像和书籍，用现时的话说，便是对他进行了搜查。但是，如果相信前述训令，那时他的“异教”已达相当广泛的范围。他不仅自己不去教堂，而且“殴打和折磨”去教堂的自己人。（自由思想家却保持着大贵族的专横暴虐！）现在他对于神的侍者言多诽谤，否认死者可以复活。这似乎意味着赫沃罗斯季宁最少否定了基督教义的某些部分。但是一个在以宗教的赞许来决定道德意义的环境中培养出来的人，当他作出这种否定的时候应有何种感受呢？当宗教成为道德的基础的时候，对宗教的怀疑便会时常引起对道德规范的怀疑。道德如果没有自己的立足点，一旦失去了宗教的支持，便会摇摇欲坠。根据给赫沃罗斯季宁传达的训令，可以断言，他在不再期望死者复活以后，是喝得酩酊大醉的。也许，事实上，他并不曾变成训令所说的那样一个醉汉。后来，他断然说，酗酒是同他的性格格格不入的。但是如果假定，在其立足的基础发生动摇的时候，这位自由思想的雅罗斯拉

① 《关于十七世纪混乱时代的古代罗斯传说和纪事》，圣彼得堡，1913 年，第 2 版，第 232—237 页。

夫公爵后裔，一时以酒为友，这在心理上也不是不可能的[①]。当他感到他由于相信新观点而完全处于孤立状态时，这种可能就更大了。他的思想批判工作，不仅限于宗教方面。以前他便高傲地鄙视他的同胞，现在他更用最轻蔑的态度批判他们。他责备他们对信仰问题的不合理态度，还说他们在地上种的是黑麦，而生活却靠谎言。他针对他们，“用诗的体裁写了许多责备性的言论”。由此可见，也许赫沃罗斯季宁有时虽然滥饮了烈性的酒，但这并没有妨碍他对于亲近的人们，可能也对他本人，提出严格的道德要求。因此，就令他立足的基础动摇了，但这种动摇却不是在谈到最重要的道德问题时发生的。训令的作者还向他提出另一责备，说他称莫斯科沙皇为俄国的专制君主。他们认为这是对沙皇尊号的贬称[②]。然而很可能，这里有一种比“贬称”的意愿更为严重的东西。如果莫斯科的居民在同马斯克维奇争论时通常都表示拥护自己的沙皇制度，那么，赫沃罗斯季宁公爵当时既已同其他莫斯科人不完

---

① 不过不应忽视，纵酒本身“在莫斯科”并不认为是恶行（“饮酒是罗斯的欢乐”）。训令的作者对赫沃罗斯季宁的指控，主要地不是说他“不断喝酒”，而是说他在1622年整个狂欢周里“沉醉不醒”和在复活节前夜喝得酩酊大醉。与此同时，还指控他不出席早祷和午祷，并不按规定提前开斋。值得注意的是，对尼空提出的指控，也与沙皇和总主教这两位至尊在给赫沃罗斯季宁的训词里提出的，很相类似。在费多尔·阿列克谢耶维奇的朝代里，曾密告前总主教“在晋见阿列克谢沙皇后，在整个大斋日，喝得大醉，而且醉后无故折磨所有的人”。……还有一个指控似乎涉及两性道德方面：“有一个20岁的姑娘带着她的兄弟见他求医，尼空把她灌醉，这姑娘因醉而死。”（索洛维约夫：《俄国史》，第3卷，第819页）这是什么？是当时流行的一种密告形式呢，还是道德的缺陷真正表现于这种密告所指的行为呢？

② “在你的信里，不恰当地称呼了国王，把国王称为俄国的专制君主。但专制君主是一个希腊词，意为领主或统领，而不是沙皇和君主。然而你，赫沃罗斯季宁是一个莫斯科的贵族，你不应该这样称呼国王。”（索洛维约夫：《俄国史》，第2卷，第1373页）

全相同，而且爱好波兰的概念，是可能相反地宁取波兰贵族的自由，并以谴责的方式称莫斯科的君主制度为专制制度，而不必作出贬低沙皇尊号的近乎儿戏的行为的。训令的作者——而且毫无疑问，不只是这些作者——认为对莫斯科政治现实的这种态度是“傲慢和失礼”。然而在这位莫斯科人头脑中的思想批判工作一经开始，便必然使他同其敌视“异教”的同胞们极难“相处”。可是在当时的莫斯科，敌视“异教”的人们形成了一种社会环境。因此，赫沃罗斯季宁只能或者孤芳自赏、或者飘然远离莫斯科国；至于可疑的纵酒消愁，我在这里就不提了。训令说，赫沃罗斯季宁有去立陶宛的意图。如果他真有这种意图，则以赫沃罗斯季宁公爵为代表，我们便看到第一个莫斯科人由于同其周围的社会环境的分歧而想到要离开自己的国家了。库尔布斯基也曾逃离莫斯科国。但他的离去，并非由于他在道德观念上没有同在社会地位上与他相近的莫斯科人接近的可能。他可能同很多当时的大贵族都有非常密切的来往，这没有瞒过伊凡四世。库尔布斯基虽然属于历史注定归于政治灭亡的社会阶层，但他在莫斯科不可能感到道德上的孤独。赫沃罗斯季宁的情况却非如此。尽管他由于受到波兰观念的影响，不赞同莫斯科的专制制度，但他所以决定——如果真是决定了的话——去立陶宛，却很难说是由于害怕他会因自己的政治自由思想而受迫害。我们马上便可看到，对于政治问题本身，他是不大注意的。他只觉得生活于宇宙观上同他格格不入的人们当中，是太痛苦了。克柳切夫斯基在论及赫沃罗斯季宁时说：“他是一个对冷酷的拜占廷教会仪节以及浸透了这种仪节的整个俄国生活，抱着深刻反感的天主教式的特殊俄国自由思想者，是恰达也夫的精

神远祖。”[1]

克柳切夫斯基的话不完全正确。即令他是正确的，那也要注意到恰达也夫的悲观主义，只不过是俄国的西方派在反对俄国的停滞的斗争中感到完全无能为力时所表现的那种失望情绪的最显著的典型之一，而这种失望情绪，便是在最勇敢和最热情的西方派中，也每每浸透了他们的心灵。

III

赫沃罗斯季宁没有去立陶宛。1622年底或1623年初，他被再次发配“受管教”，——这次是被发配到基里洛夫修道院的，这里他必须在一位“善良”的长老的监督下生活。总主教命令：“他不得一天不遵守修道院单人房间的规则，任何一次唱歌都不得缺席。”在基里洛夫修道院——也像以前在约瑟夫修道院一样，我们的自由思想者没有待多久。1624年1月，在他具结放弃“异教”后，释放了他。一年多后，在1625年2月28日，他便死了。但他死时的本名不叫伊凡，而改称约瑟夫，因为他死前不久成为托罗伊泽-谢尔吉也夫修道院的一名修道士，死后便葬在这里。他死后留下了一些著作，在某种意义上，都是非常值得注意的著作。著作之一为关于混乱时代的传说，其标题为：《俄国莫斯科时代及沙皇和神父的传说。简要的摘录，历史判断，为热爱宗教的人们修改和宣读而作。编者伊凡公爵，即伊凡·安德列耶维奇·赫沃罗斯季宁公爵》[2]。《传说》是为爱好

① 《俄国史教程》，第3卷，第312页。

② 这部著作刊载在我在前面时常引用的《俄国历史丛书》，第13卷里，古文献研究委员会出版，第552—557页。

宗教虔诚的读者而作的。这一事实引起一个问题，即这位因“异教”而招致同代人不满的作者所说的是哪种宗教虔诚呢？原来，我们在这一著作中所看到的是当时莫斯科人的最普通宗教虔诚。赫沃罗斯季宁很高兴俄国虽然过去相信多神教，是所有国家中最无宗教虔诚的国家，却相反地信仰基督教后变为最有宗教虔诚的国家了。他说：“现在国内有许多笃信宗教和遵守教规的人们，但在这以前，许多人是不虔诚和不信神的，他们同异教思想者生活在一道，——然而现在俄国不仅在农村，而且在许多城市里，都有耶稣的统一的神甫和统一的信徒了，他们思想一致，且都赞美圣父、圣子和圣灵的神圣三位一体。”[①]《传说》对于莫斯科的神圣事物表示高度崇敬，而且热烈赞扬了赫尔摩根总主教，虽然据作者自称，他受过这位总主教很厉害的折磨。此外，如果再补叙一点，那就是在《传说》里，没有称斐拉列特为总主教，而只是称他为罗斯托夫的主教，则普拉托诺夫教授关于《传说》可能写于斐拉列特就任总主教以前的推测，便是完全可信的了。但是由于赫沃罗斯季宁在《传说》里提到他担任梁赞军政长官的职务，这是1618年和1619年初的事情，则又应同普拉托诺夫教授一道，假定《传说》写于1619年上半年，其目的是为赫沃罗斯季宁作自我表白。普拉托诺夫说：“斐拉列特·尼基季奇在这一年从波兰回国。当然在莫斯科，人们都知道他性格专横恶劣，所以赫沃罗斯季宁可能担心他会对他的过去进行追究。使斐拉特把他看为一个信仰东正教的人和一个爱国志士，这对他是非常重要的。赫沃罗斯季宁因此选择了写作的

① 《俄国历史丛书》，第3卷，第530页。

道路，这并不是不可能的。”[①]既然这样，则《传说》中充满了普通的宗教虔诚，应该说是非常适当的。在这种情形之下要问：赫沃罗斯季宁在著作里将自己装扮为一个东正教信徒和一个爱国志士是否出于真诚呢？在解决这个问题时，必须记住，赫沃罗斯季宁在我们即将进行研究的另一著作里，说指控他相信异教是毫无根据的。他的这一见解，是不能从字面上去理解的，因为这是他写完《传说》以后开始的时期写的，根据普拉托诺夫教授的说法，他在这一时期并没有掩饰他的“异教”观点。但在这一时期（1621—1622 年），他对东正教信仰的改变也许不曾达到他的同代人眼中那样大的程度。至于赫沃罗斯季宁在免去教衔时期所表现的自由思想，如上所述，则只能限于一般否定以天主教徒为“非基督徒”的旧莫斯科观点，并与这种否定相适应，对天主教的形式及天主教的祈祷仪式采取尊重的态度。如果我们同意这一切——我们显然完全有根据同意，——那就可以断定，尽管赫沃罗斯季宁在《传说》里当然尽力强调，乃至夸大了他的虔诚心情，但他毕竟远远不是在对问题缺乏批判态度时可能对他怀疑的那样虚伪。无论如何，《传说》为说明这位优秀人物的思想状态，提供了大量即使不是直接的、也是间接的资料。

IV

我在前面已经指出，十七世纪莫斯科人关于混乱时代的传说，证明其作者的政治发展水平是很低的。这一意见应该同样适用于

① 普拉托诺夫《混乱时代历史文物》，第 256—257 页。

赫沃罗斯季宁的《传说》。尽管他由于接受了波兰影响而不可能成为莫斯科旧政治制度的拥护者，但他关于混乱时代的叙述，却没有对政治作认真思考的痕迹。他关于舒斯基即位的叙述，看来给了他一个最恰当的机会来表达——就令是不明确的表达，也可用讽示的办法——其对限制沙皇权力问题的观点。然而他却没有利用这一机会。舒斯基的誓词使他大发感叹：“必须向全世界、向所有生活在他的王国的人们发誓！啊，可怜！啊，不幸！沙皇只不过贪图短暂地活在这个世界上，便对天发誓了，没有人要求他这样作，他是自愿发誓的。啊，这是权力欲，而不是对神的爱！”[①]只有在假定这位爱好西方习惯的赫沃罗斯季宁对政治的理解，并不比旧生活方式的辩护者高明多少的条件下，我们对于这种感叹之词才能有所理解。要知道在他以后，俄国也还有不少西方派人士在政治问题上仍旧是很幼稚的。

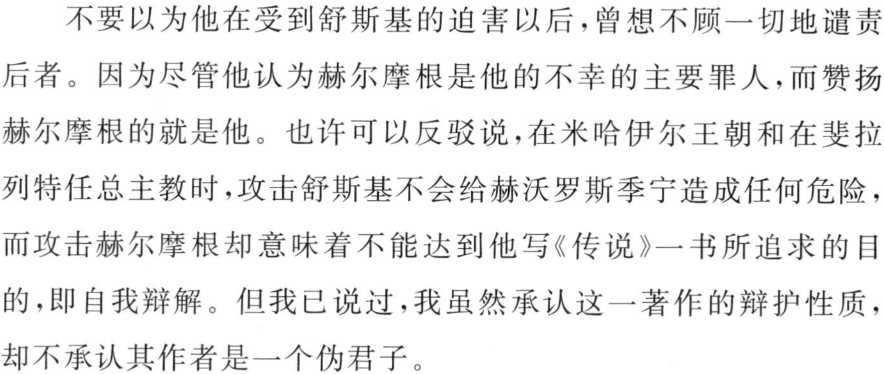

不要以为他在受到舒斯基的迫害以后，曾想不顾一切地谴责后者。因为尽管他认为赫尔摩根是他的不幸的主要罪人，而赞扬赫尔摩根的就是他。也许可以反驳说，在米哈伊尔王朝和在斐拉列特任总主教时，攻击舒斯基不会给赫沃罗斯季宁造成任何危险，而攻击赫尔摩根却意味着不能达到他写《传说》一书所追求的目的，即自我辩解。但我已说过，我虽然承认这一著作的辩护性质，却不承认其作者是一个伪君子。

一个颇有意义的细节：这位雅罗斯拉夫公爵的贵胄后裔，曾严

① 《俄国历史丛书》，第 8 卷，第 542 页。

厉谴责大贵族在王位虚悬期间的行为[①]。

最后，试一回忆这样的事实：赫沃罗斯季宁在《传说》里——也就是按照普拉托诺夫教授的假设，在1619年上半期——便认为鲍利斯·戈东诺夫“仇恨谄媚制造奴隶，将劳动者提高为自由人”的政策，是他的朝代的弊政[②]。

这一评价所以值得注意，是因为他在另一著作(《告发异教徒》)里，谈到了他因奴隶的告密而遭受折磨。这一著作可能是他在做了修道士后，根据旧事回忆而写为诗的。

可是我的奴隶已成为我的对方，
他们的辱骂伤害了我的灵魂，
要塞和篱栅已经撤除
他们一同对我进行了诽谤！
他们的非法仇恨何其凶恶，
竟要置我于死地。
他们的族系本来恶劣，
对我更是极尽毒辣；
他们创造种种条件，
使我哭泣，
使我受辱[③]。

如果相信这篇怨言，则在我们面前便会出现下述生活现象。这位

① 《俄国历史丛书》，第8卷，第553页。

② 同上书，第532页。

③ 见《新发现的十七世纪反对异教徒的论争著作》，圣彼得堡，1907年，第79—80页。这些著作经沙瓦教授发现，并由他主编作序出版。

爱好西方习俗的莫斯科贵族官员发表了——而且据沙霍夫斯基证明，还是猛烈和激动地发表了在当时堪称勇敢的宗教观点。他不去教堂，而且一般地反对拜占廷的仪式，尽管在莫斯科人的眼里，这种仪式就是宗教虔诚的本质。他不仅自己不去教堂，不仅自己反对这一仪式，而且要他的“奴隶”不再将这种仪式同宗教混同一物。由于我们这位西方派仍旧是一名奴隶主，所以他用命令乃至殴打向他的奴隶灌输宗教自由思想。然而他的奴隶却是遵守最少从戈东诺夫时期以来在莫斯科建立的习惯的：他们赶忙告发了他们的主人，这位主人遂因相信异教被发配到修道院，人们在那里对他的“信仰进行了残酷的惩罚”。部分地由于“惩罚”，部分地由于西方影响并未深入他的灵魂，所以这位主人仍旧回到了东正教的怀抱，甚至作了修道士。然而尽管现在对东正教的虔诚心情业已控制了他，也许对于他的那些处于自由状态的亲近人们的罪恶，他可加以宽恕，但对于他的“奴隶”的背叛，却是耿耿于怀的。他生而好辩，所以用两个小写字同意刺伤他们。他在叙述他们对他的羞辱以后，慨然写道：

主啊！请审判他们，
也把我同他们一道进行审判吧！
请衡量一下我的情感，
也看看他们的暴行吧！
我的面包养大了他们，
而我的仁慈却换来了他们的凶狠。
光荣属于主人[1]，

① 应该是老爷。

比最甜蜜的百合花更美①。

V

最使公爵-修道士痛苦的是他认为他的“奴隶”忘恩负义：他用面包养活了他们，对他们慈善，而他们却告发了他。赫沃罗斯季宁以往的自由思想没有使他看到这样一条真理，即不是主人“养活”他的“奴隶”，而相反，是奴隶“养活”他们的主人。波兰的贵族也远远没有认识这一真理，尽管他们的影响使他倾向于自由思想。赫沃罗斯季宁可能在作修道士时想起他怎样企图给他的“奴隶”灌输开明的宗教观点，以及他的企图——应该相信，这种企图并不经常具有战斗的性质——怎样以失败而告终。他坚决相信，不应有这种企图。

不要向猪猡撒黄金，
也不要弄脏了你的两脚。

后来他一再重谈“奴隶”的背叛，再次用“诗”来辱骂他们。

他们给我制造了恶意的流言，
说我从奴隶征收了许多捐税。
他们不想想基督的教训，
我也逃不了他们的罗织。

我们的伊凡公爵为了解释“奴隶”的这种恶劣行径，写了整篇的心理特写。在他的笔下，“奴隶”的心理形象是不受人喜爱的：

他们不畏惧天上的上帝，

① 《新发现的十七世纪反对异教徒的论争著作》，圣彼得堡，1907年，第80页。

这上帝给所有的人以大量的福利。
他们的言词有如蛛网，
他们的凶狠有如罪恶的陷阱。
我一人统治着他们，
统治着我的叛逆，
我被安置为他们的主人，
上帝给我比给他们更多的光荣。
但我孤弱无力，
他们用誓言玷污了灵魂，
为了他们的自由，
想逃避做主人的奴隶。

应该想到，“奴隶”曾发誓证明他们对赫沃罗斯季宁的异教思想的指控是正确的。赫沃罗斯季宁方面则相信这种指控是不正确的，因而自然认为他们发誓是以誓言进行犯罪。所以他说：他们玷污了自己的灵魂，他们的话是“蛛网”。但是为什么他们要玷污他们的灵魂呢？据赫沃罗斯季宁说，是因为他们不满意他做了统治他们的主人，就是说，他们受到奴隶依附地位的压迫。他们在告发他的时候，希望“逃避做主人的奴隶”，也就是希望从政府获得自由。不能不承认，这是一个极为可以设想的解释。在莫斯科国经济落后所创造的社会政治环境里，劳动阶级对于所处地位的不满，必然要表现为赫沃罗斯季宁公爵所痛斥的那种背叛行为。谁要是懂得现时我国“黑帮”中民主主义分子的心理，他便知道，这些分子也在进行阶级斗争，不过由于他们的极端不开朗，所以斗争的方式是野蛮的，完全不恰当的和恶劣的。现在我们看到，这种心理是从什么历史条件里产生的了①。

赫沃罗斯季宁对“异教徒”的驳斥，就其本身而言，是没有多少意义的。但是根据作者的气质，这些反驳写得很激昂，有时还表现出机智。例如，他在指责罗马教会为金钱而出卖对灵魂的挽救时，讽刺地质问它，为什么不向魔鬼出卖对罪恶的宽恕呢？

他对罗马教皇曾作如下的训诫：

啊，骄傲的教皇！放弃你的淫乱吧，
甚至把你的画室向全世界展出吧！
在什么地方彼得曾命令毁灭他的信徒群众，
而且对虔诚的信徒和歹恶的信徒一视同仁呢？
你为什么向荡妇征收贡品，
显然她们的淫荡是出于你的命令？
你为什么同犹太人——基督的凶手和神的敌人
一同举行节日的庆祝呢？
使徒们的誓词会毁灭你，
他们的神圣诫词会置你于死，
你为什么不读读福音书的成语呢？

这是相当乏味的。但是当这位可怜的公爵违反他的气质而担任一个虔诚的东正教布道者的角色时，他就显得更加乏味了。例如：

谁背离了东正教的信仰，

① 我在另一地方说过，“黑帮”这一陈旧的莫斯科名词，现在在我国使用得不恰当。但在这一名词已被通用的情况下，甚至不同意这一名词的人也不得不使用它了。

他便不再与神共命运。

这种人的灵魂是僵死的，

他自己也是一个卑鄙的罪恶的牺牲品[①]。

赫沃罗斯季宁到死都没有放弃其以为自己比周围环境优越的高傲意识，也没有改变他对这一环境的愚昧无知的沉痛惋惜。这甚至通过他关于真正信仰的乏味的虔诚空谈，也都呼之欲出，所以不禁要问：是否他以他那种仿佛剃度为僧来代替他那没有成功的出国，即借为僧来摆脱那种由欺世盗名的人们组成的社会环境呢？他是否未脱虎穴，又落龙潭呢？

2. 沃·阿·奥尔金-纳晓金

赫沃罗斯季宁公爵只不过梦想逃离莫斯科国，而奥尔金-纳晓金却事实上逃到外国了。

事情发生在阿列克谢·米哈伊洛维奇时期——1660 年 2 月。著名的莫斯科外交家阿·拉·奥尔金-纳晓金的儿子沃因·纳晓金负着重要使命奉派去到他父亲的任所，但他却乘机"叛变"了。这件事情发生得如此突然，如此不符合这位青年逃亡者的社会地位，所以虔诚的莫斯科人只能用人类宿敌的阴谋来解释这一意外。阿列克谢·米哈伊洛维奇在给纳晓金的父亲的信中正面断定事情的发生，是由于"撒旦本人以至所有恶魔"的作弄，他们"用凶狠恶臭的阴风"，从父亲手中夺去了"这位善良温顺的儿子"。然而史学

① 索洛维约夫：《俄国史》，第 60 页和 54 页。

家对这一事件的解释，却是简单得多。请看索洛维约夫对于这一事件是怎样说的：

“沃因·纳晓金早就以聪明能干的青年人见称。在父亲离去期间，曾接任其在扎列维契-第米特里城的职位，担任国外通信，向父亲传送信息和向莫斯科的沙皇本人传送信息。但在从事这种活动之中，这位青年的头脑和心灵却别有抱负。他的父亲反对莫斯科制度的惯常越轨行为和关于其他国家做法不同，而且作得更好的经常谈论，早就养成他景仰西方。由于想使儿子受到教育，父亲在他的身边安置了一些被俘的波兰人，这些教师力图加强他对外国人的爱慕，对本国人的憎恶，用关于波兰自由的故事去激励他。在此期间，他去过莫斯科，但在这里终于使他痛苦不堪，于是，他在从国王取得往见父亲的使命以后，不去立窝尼亚，而去国外，去革但斯克，见了波兰国王，波兰国王最初送他见了皇帝，后来将他送到法国。”①

纳晓金的父亲谴责莫斯科的制度，说其他国家的做法不同，而且作得更好。他已经懂得西方文明的价值。但他以为，莫斯科人在抄袭西方的同时，能够保持其旧莫斯科生活方式的主要特征。但纳晓金本人却已被旧的莫斯科生活压迫到极点了。他在莫斯科感到窒息，感到痛苦不堪。索洛维约夫似乎为此责怪他的波兰教师，仿佛他们力图使他们的学生加强对外国人的爱慕，以及用波兰自由的故事来激励他。但是青年纳晓金的波兰教师，并不需要故意促使纳晓金憎恶本国的生活。当时的莫斯科制度和习俗已给自

①　索洛维约夫：《俄国史》，第3卷，第67页。

身作了说明。敏感热情的青年只要对给他描绘的西方文明景象有了向往之情，便会感到莫斯科"窒息"的沉重冲击。这时，出国愿望的形成，便是完全自然的事了。

阿列克谢·米哈伊洛维奇坚决要求引渡这位逃亡者。他训令纳晓金的父亲要想方设法关怀自己的儿子，"以便捕获儿子后带来见他，为此约许发给 5 千、6 千乃至 1 万卢布。如果这样尚不能捕获，如果纳晓金的父亲认为必要，那就将他的儿子就地歼灭，因为伟大的国王放他到父亲那里去时，是让他带了许多关于公事的指示和公报的"。最沉默的沙皇对奉派带着这个训令到老纳晓金那里去的人说，"关于他（即小纳晓金——著者）已死的消息，要在听过父亲的话以后说，而且要酌量他的情况，说得机巧"[①]。

我不知道，这位最沉默的沙皇的主张，是怎样传达给悲伤的老纳晓金的，以及他曾否协助——如果他想到公家的需要——杀害他的儿子。我以为即令在当时的莫斯科，也不是每个做父母的都会这样做的。

像赫沃罗斯季宁公爵和沃因·纳晓金这样的人，都在莫斯科"感到厌恶"，而向往着国外。但是对于西欧的生活，他们也是难以适应的。他们的不幸，难以忍受的大不幸，在于他们在莫斯科境界的两面，都是外国人。此外，俄国的逃亡者由于同旧关系的决裂，其经济状况必然很糟：并不是任何人都在立陶宛有封地的。被迫的闲散和令人苦闷的地位不定，使他们在过去所烧毁的事物面前

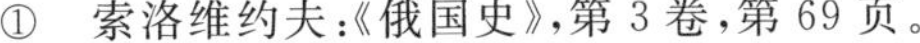

① 索洛维约夫：《俄国史》，第 3 卷，第 69 页。

低头。年轻的奥尔金一纳晓金忏悔了自己的“背叛”，得到了宽大。1665年8月底，他收到文书，用沙皇的名义说：“来禀收到，我们仁慈地宽恕你，相信你不负我们崇高的仁慈……获得自由。”但是他必须居住在父亲的村庄里。而且在那里，他也很快受到干扰。1666年9月，他在“严密监管”下被发配到40年前在墙壁上写着“伊凡公爵”的同一基里洛夫修道院。修道院当局必须监督他每天去教堂。不知道他是否像赫沃罗斯季宁一样在信仰上受到残酷折磨，但次年1月，阿列克谢·米哈伊洛维奇便指令解除对纳晓金的监管，将他释放到莫斯科。这次释放他，是因为他的父亲老纳晓金在同波兰签订安德鲁索夫和约上立了功。但是当这位有功的使臣想再次为他的儿子谋取一个外交职业时，却未能成功。纳晓金被送回农村，不过，也不是永久的。最后，这位过去的流亡者在外省一处边远地区作了一名地方官员①。

可惜我们总也无法知道，他在请求宽恕和根据自己的意愿和根据上峰的命令从国外回到莫斯科，从莫斯科回到父亲的村庄，从村庄去到修道院，从修道院再次回到村庄，最后担任地方官员时是怎样反复思考和反复感受。无论如何，毫无疑问，这位当时少有的有学识的人，是经历过长期痛苦的心灵悲剧的。我们可以把他看作莫斯科从东方转向西方的最早牺牲者之一。他在莫斯科所身受和驱使他逃往国外的“痛苦心情”，就是后来许多俄国西方派所不得不身受的那种痛苦心情。可以说，天才的教授B.C.佩切林在十

① 见维塔里·爱因戈仁：《沃因·奥尔金-纳晓金传记的片断》，载《欧洲通报》1897年2月号，第883—887页。

九世纪逃离莫斯科时所走的道路，是沃因·纳晓金在十七世纪首先开辟的[①]。不过佩切林是死在外国。

① 请读者原谅我谈得太远了，但我不禁想起佩切林在1837年3月23日写给斯特罗加诺夫伯爵——当时莫斯科教育区的督学——一封信中下列数语："……您要我回莫斯科。……唉！伯爵，你自己虽然并不愿意，但你却给我作过多少坏事啊！当我看到这种恶劣的牛马生活，这些卑鄙的东西，……这些在身上找不出创造主的痕迹的人们的时候，当我看到这一切的时候，我是会死去的！……我对自己说，你将不得不堕落到你现在所蔑视的这些人的水平；你将要在他们的社会的污浊中厮混；你将像他们一样变为一名满怀善意的老教授，满身铜臭，挂着小十字架，充满一切肮脏的东西！那时，我的心将笼罩着深切失望和不可救治的悲哀。自杀的念头将像黑云一般在我思想上飘荡。……"你们看到，佩切林在莫斯科也是"痛苦不堪"的！

第九章 初期的西方派与启蒙思想家(续)

3. 格·卡·科托希欣

I

在沃因·阿·纳晓金以后数年,即1644年底,外交事务衙门的秘书格·卡·科托希欣逃亡外国。我在前面谈到米哈伊尔获选即位,发表限制君权的诏书和莫斯科政府对农奴的某种关怀时,曾提过他。如果说科托希欣的出走,完全是由于理想的动机,那是未免过于牵强的。1663年7月,有一位名叫艾伯尔斯的人,受瑞典政府的派遣来到莫斯科,从科托希欣那里获得某些保密的外交情报,为此给了他一笔报酬(40卢布)。因此,摆在我们面前的是一件无可争辩的叛国事实。在十九世纪,莫斯科的斯拉夫派严厉地谴责了科托希欣的这一行为。当然,西方派怎样也不能同意他的背叛。虽然根据某些学者的正确意见,莫斯科的官僚阶层一般在道德上都是可疑的,都是乐于出卖受贿的;然而不应忘记,艾伯尔斯在其送给瑞典王的报告里说科托希欣虽出生在俄国,而他在情感上却是一个善良的瑞典人。这仿佛是说,艾伯尔斯并没有单纯地把他看作一个只是贪图财富的间谍。还有一件值得注意的事实是,更早以前,科托希欣与一名伊凡戈罗德(纳尔瓦)商人库·奥夫钦尼科夫相识,这商人是瑞典人。后来,在逃到国外后,据科托希欣自己说,他看到奥夫钦尼科夫“刚毅勇敢,忠心耿耿服务于他的国王陛下”。没有理由去假设,奥夫钦尼科夫对瑞典的忠心耿耿是在科托希欣逃亡以后才产生的。很可能,这种忠诚在这位瑞典籍的俄罗斯人同莫斯科的秘书初次见面时,便已存在。由于奥夫钦尼科夫没有任何必要将他对瑞典的同情掩盖起来,所以,也许他的影响曾促使科托希欣自己产生为瑞典服务的意愿。科托希欣是在瑞典外交官的直接影响下产生这种“意愿”,当然也是可能的,因为他从1659年起便同这些外交官发生接触。最后,还可回忆一下,就在他同瑞典人发生外交接触时,他遇到一次不幸事件,无论当时莫斯科人多么能够忍辱负重,这件事仍使他深感痛楚:由于他无意写错了国王的尊号,因而受到笞刑。在向西方的转变(尽管只是胆小和迟缓的转变)业已开始的时候,笞刑是可能在某些莫斯科人的头脑里引起批判的思想的。不巧得很,不幸的秘书在饱尝莫斯科笞杖之后的同一1660年,两度奉派携带外交文件前往雷瓦尔瑞典外交代表团。科托希欣目睹瑞典人的比较柔和的道德风尚,而他的脊背对于莫斯科笞杖的冷酷无情则记忆犹新,他是可能得出一些不利于祖国的结论的。次年中期,他参加卡尔季斯和约的签订,再次与瑞典人来往。回到莫斯科后,他又遭受了一次新的不幸。在他出国期间,他的房屋及全部家私均被没收。他在自传①里写

①《阿列克谢·米哈伊洛维奇朝的俄国》,圣彼得堡,1884年,第3版,第18—19页。

道："这一切都是为了处分我的父亲的过错。他是莫斯科一处修道院的会计，杜马贵族议员普罗科菲·叶利扎罗夫迫害他，造谣诽谤说他仿佛滥用了交他保管的修道院公款。但此事未经证实，因为搜查以后，发现我的父亲只缺少了五枚铜币。……尽管如此，无论我从卡尔季斯回来后怎样请求，却未发还我的财产。"这样的事故也是能够造成不利于莫斯科制度的思想的。此事以后不久，科托希欣又被派为信使，也是到瑞典。瑞典人很好地接待了他，并赠给他两个银质大酒杯，价值三百零四个达勒尔。天知道，这算什么贵重的赠品！但是尽人皆知，宁住小屋，勿害大病。在瑞典，科托希欣得到两只大银杯的赠品，虽然并不怎么贵重；而在莫斯科却受了笞刑，遭到破产。后来他自己说，为瑞典服务的意向，便是在这次斯德哥尔摩之行时产生的。既然他有了这种意愿，则他将国家机密出卖给艾伯尔斯，便事实上是他对瑞典的真正同情的反映了。重说一遍，背叛终究是背叛；但我所指出的情况说明了造成背叛意向的条件。

在科托希欣逃出俄国以前发生的一个情况，也是值得深切注意的。人都知道，那时（1664 年）俄国与波兰作战。科托希欣必须参军，受沙皇军政长官的指挥。按照莫斯科的旧习惯，军政长官们无不相互激烈争吵，并向莫斯科密告进行相互攻讦的。尤利·多尔戈鲁基公爵劝诱科托希欣支持他对切尔卡斯基公爵的密告。由于这样或那样的原因，科托希欣拒绝他的劝诱，因而当然引起了多尔戈鲁基公爵的不满。这时他离开祖国的意愿，终于形成。关于这个问题，他说：

"在这种困难情况下，可惜我没有同切尔卡斯基公爵一道回到莫斯科,尤其使我痛心的是我为沙皇服务的失败:我的忠诚和努力所得到的报酬是在我的父亲无辜受辱之下失去了房子和我的全部财产。考虑到我如果回到多尔戈鲁基那里去参军,完全可能,我所得到的将是仇恨、折磨和拷打。由于我没有执行他陷害切尔卡斯基的愿望,我决定离开我的祖国,我在祖国是没有任何希望的。"[①]

科托希欣经过波兰、抵达瑞典,在这里被接纳担任公职。瑞典人是能够重视他的卓越才能的。但是在瑞典,他也不走运。1667年8月,他不幸与醉后嫉妒他同其妻子要好的房东发生斗殴。科托希欣用短剑致命地刺伤了他的对手,因而被判处死刑。为他作传的瑞典人巴尔克古津坚决地说,他的罪行不是预谋的。他称科托希欣是无比聪明的大丈夫[②]。

出于对叛徒的蔑视,斯拉夫派忘记了问问自己:为什么这位"无比聪明的大丈夫"在莫斯科住不下去呢?为什么莫斯科不能为他的丰富才能找到用武之地呢?

II

科托希欣所写关于俄国的著作,包含着许多足以说明十七世纪莫斯科国情况的重要资料。从俄国社会思想史的观点看,他的著作很重要,它是一部人事文件,说明彼得前莫斯科对于一个多少了解西欧社会生活,且不属于社会上层的有才干的俄国人所造成的印象。

---

① 《阿列克谢·米哈伊洛维奇朝的俄国》,圣彼得堡,1884年,第3版,第20—21页。请注意,他没有提到笞刑。他可能觉得向瑞典承认他受过这种处分是可耻的。

② 《阿列克谢·米哈伊洛维奇朝的俄国》,圣彼得堡,1884年,第3版,第25页。

伊凡·赫沃罗斯季宁公爵指责莫斯科人缺乏诚实。科托希欣则谴责他们“本性”粗鲁，并且解释这是由于他们“不畏神”。他报道政府在莫斯科沙皇殡葬日从监狱释放罪犯一事时慨叹道：

“参加那次殡葬的人们真不幸，因为殡葬在夜间举行，参加的是大批莫斯科人和从城市和县区来的人。然而莫斯科人生性就不畏神，抢劫街头男女衣服，把人打死。那天的一些暗探，像通常在沙皇殡葬时那样，打死打伤了一百多人。”①

科托希欣对于那些“不是由于才智，而是由于出身大家族”而获得高贵称号的大贵族的著名评价，更是惟妙惟肖。这种大贵族在国王的杜马开会时，“摸摸自己的大胡子”，不发一言，“因为他们丝毫不通世事，而且每每是目不识丁”②。

科托希欣对于莫斯科人不学习，是碍难苟同的。他希望不仅男人，就是女人，也要读书。他在谈到莫斯科接待波兰王的使臣时指出，这些使臣未被引见女皇，借口是她有病。实则她当时健康如常。对此，他提出一个问题：为什么要这样办呢？答复是：

“莫斯科国的女性未学文化，没有这种习惯，而且头脑简单，辞令既不利落，态度也很腼腆。”③莫斯科女性的不伶俐和不适当的“腼腆”，迫使我们的作家考虑：这些不逗人喜爱的特质，是从哪里来的呢？他解释说，这是由于莫斯科上流社会妇女的深闺禁闭。“由于她们自幼年到出嫁，都在父亲那里生活于隐秘安静之中，除最亲近者外，外人见不到她们，她们也见不到外人。因此，可以想

① 《阿列克谢·米哈伊洛维奇朝的俄国》，圣彼得堡，1884 年，第 3 版，第 23 页。

② 同上书，第 26—27 页。

③ 《阿列克谢·米哈伊洛维奇朝的俄国》，圣彼得堡，1884 年，第 3 版，第 63 页。

见,她们怎能成为更聪明、更勇敢的人呢！就在出嫁以后,她们也很少见人。”因此,皇后不便接待波兰的使节,便毫不足怪了:“如果那时沙皇命令波兰使臣去外交使团晋见他的皇后,而皇后在听了使团的话后不能作出任何回答,那岂不要使沙皇本人难堪吗!”①

为科托希欣的书第一版而作的序言,把他的前述见解说成是罪恶。序言写道:“彼得大帝以前,皇室妇女不参加宫廷和其他公众典礼,其原因不是教育的缺乏,而是自古以来的崇高习惯使然。”作为证明,序言的作者提出索菲娅·阿列克谢耶夫娜皇后,“她的聪明才智,不仅受到俄国人,而且受到外国人的特殊赞扬”②。但是,第一,科托希欣所说的不是莫斯科妇女的聪明,而主要是她们的教育。第二,谁都知道,索菲娅皇后乃是一个罕见的例外。而且就是这个例外,也是在科托希欣出国以后才出现的。

这位天才的秘书在参加外交使团的时候,看到莫斯科使臣的愚蠢行为,定会不只一次感到难堪和遗憾。他写道,在同外国的代表会谈时,他们是按照莫斯科给他们的指令说话的。他们的这些言辞,都由秘书记录下来。但除事实上说过的话外,也记了许多别的话,暴露出“使臣的欺骗才能”,其目的就是为了“向沙皇骗取荣誉和俸禄”。于是,科托希欣又提出一个问题:“为什么他们要这样办呢?”他的答案仍是:他们是由于没有学识,才这样办的。

“俄罗斯国的人以自己的门第而高傲自大,没有做任何事情的

① 《阿列克谢·米哈伊洛维奇朝的俄国》,第 63 页。

② 同上书,第 35 页。

习惯，因为他们在本国未受良好教育，而且除了傲慢、无耻、仇恨和谎言之外，什么也学不会。他们由于无知说了许多相反的话，或由于草率而反复多变，后来又在一些言辞里时常颠倒错乱，把意思弄反了，这时便将过错推诿给翻译人员，仿佛是翻译的失误。”①

科托希欣是为了使外国人了解俄国而写他的书的。他常常害怕他所写的关于莫斯科生活缺点的报道不能取信于西方的读者。于是他便向读者保证他所写的正确。例如，他在谈了莫斯科外交使臣的无知后，附带作了如下说明：

“聪明的读者！请在读本书时不要感到惊奇。这一切都是真实的，因为这个国家不将自己的子女送到外国学习科学和习俗，害怕他们在知道外国的信仰、习俗和良好的自由以后，会废弃自己的信仰，接受别的信仰，再也不想回到自己的家园和亲人那里去了。”②

III

鲍利斯·戈东诺夫派到外国学习科学的青年，都永远留住在外国。科托希欣想必听到这一情况。此外，他根据自身的经验也知道，在对西方的“自由”有了某种理解之后，多么难于忍受莫斯科的笞杖。库尔布斯基责备莫斯科的沙皇，说他剥夺了他的臣民自由出国的权利。科托希欣对于缺乏这一权利，也是不高兴的。他写道：

“关于莫斯科人出国问题，除奉沙皇的命令和接洽商务者外，

---

① 《阿列克谢·米哈伊洛维奇朝的俄国》，圣彼得堡，1884 年，第 3 版，第 58 页。

② 同上。

其他的人无论为了什么事情,都不准派出。至于商人虽可到外国经商,但他们必须提出贵族的保证书,严格担保他们的商品和人员将不留在国外,而全部回国。无论何人,不管是公爵或大贵族或别的人,其本人或其子嗣兄弟,未经叩请国王允准,无论为了什么事情出国,均以叛国论罪,其世袭领地或封地庄园及人员,均没收归沙皇所有,如系本人出国,则遗留的亲属将受拷打,查询他们是否知道出国亲属的想法。如果有人送他的儿子,兄弟或侄辈出国,则家主将受拷打,查问他为什么送他们出国,是否带动军人反对莫斯科国,想要控制国家,或学习其他某种盗贼主意[①]。”

叛国归叛国,而事实却是科托希欣提出了一付完全正确的——尽管自然是很凄凉的——莫斯科生活的景象。我想,斯拉夫派深刻地意识到这一点,因此他们特别愤怒地批评了科托希欣。在斯拉夫派感到极为亲切的莫斯科国里,是连一点“自由”的迹象也没有的。应该假定,如果由科托希欣写出莫斯科国所需要的改革,那他一定会将比较完全的迁徙自由,摆在首要地位。这一要求也许是他的政治自由思想的极限。严格地说,在政治方面,他的批判思想——同赫沃罗斯季宁的思想一样——是很迟钝无力的,是几乎完全保持了莫斯科的呆板笨拙的。当然,他不赞同伊凡四世的残暴,不称他为雷帝,而称他为傲帝。按照他的说法,伊凡傲帝是在“愤怒和仇恨的心情之下用暴君的习惯”来统治国家的[②]。但是丝毫不反对东方“世袭”君主专制的许多莫斯科人,也都谴责伊

① 《阿列克谢·米哈伊洛维奇朝的俄国》,圣彼得堡,1884 年,第 3 版,第 58—59 页。

② 同上书,第 1 页。

凡"傲帝"的暴政的。科托希欣论米哈伊尔的限制权力"诏书"的命运一文,完全不足以证明他的政治思维的明确性。他只满足于以下的说法,在阿列克谢即位时,由于性格"沉默",遂未恢复限制权力的"诏书"。他没有问问自己,这位权力无限的统治者的沉默性格,是否对被统治者提供了充分的保证。此外,他不觉得应该阐明,从国家元首及其臣民之间的相互政治义务的观点说,限制沙皇统治的权力意味着什么。他珍惜"良好的自由"。但他还不懂得,这种自由必须用一定的政治制度来保障。

最后,他的政治思维的呆板性,还有一种表现。为了解释为什么阿列克谢沙皇称为专制君主,他说这是因为不曾从他那里拿到限制权力的诏书。但他自己又说,米哈伊尔沙皇虽然颁发了限制权力的诏书,却仍署名为专制君主。看来,他不难看到,既然如此,则"诏书"同这种尊号并无任何关系。但他对于这类问题是很少注意的。

他虽然不很懂得一定政治规范的意义,但他却深刻看到莫斯科的不自由极大地阻碍了国内生产力的发展:他在这方面是一位真正的西方派。他写道:"莫斯科国不出产金银。虽然根据史书所记,俄国产金银,然而不能勘探,即使勘探了,也为数不多。此外,莫斯科人不搞实业。但在外国,出产金银地方的人们,都会从事勘探。人们不愿参加这种事业,因为为此必须开办工厂,花费很多钱。他们就会显示出自己的理想,但后来无论如何也不开办这种企业和工厂,便把事情丢开了。"①

情况就是如此。当莫斯科政府认为将某一市民的财产"抄没

① 《阿列克谢·米哈伊洛维奇朝的俄国》,圣彼得堡,1844年,第3版,第111页。

归沙皇"为好事时,市民是不能从法律上保护这种财产的。这就自然既不能促进莫斯科居民进取精神的发展,也无助于吸收外国资本向本国投资。

阿·尼·佩平正确指出,如果将科托希欣说成是组织严密的莫斯科制度的唯一的恶意否定者,那是错误的。就对这一制度的否定态度而言,这位天才的秘书是有其先行者的。在前一章里,读者已经熟知科托希欣的两位先行者了。

4. 尤里·克里扎尼奇

I

赫沃罗斯季宁、纳晓金和科托希欣是当时在莫斯科刚刚产生的俄国社会思想西方派的代表。尤里·克里扎尼奇则是当时同样新出现的一个斯拉夫派——更正确地说,泛斯拉夫主义派。但是,不要以为克里扎尼奇的泛斯拉夫主义同我国晚近的泛斯拉夫主义或斯拉夫派有很多共同之处。

克里扎尼奇不是莫斯科国的宫廷居民[①]。用他的话说,他是在热爱斯拉夫民族的俄皇的仁慈庇荫下,前来定居的。他愿意定居在所有大斯拉夫部属中唯一未受外国人影响的人民之中:他认为波兰人已完全屈从于外国影响。他打算在莫斯科编写斯拉夫语语法和词汇,写一部俄国史。最后,他显然希望进入宫廷,而且由

① 他于1617年生于克罗地亚;就学于维也纳天主教神学进修院;1646—1650年居于莫斯科国,1660年再次来此;次年被流放到托波尔斯克,在这里住到1676年;死于1680年以后。

于他的渊博知识，希望成为一名沙皇的顾问。他写了很多东西；但在这里，重要的是他在讨论政治的未完成之作(《政治杜马》)[①]。

很难说，克里扎尼奇在抵莫斯科前对俄国生活是怎样看法的。但是我们明显看到，他对莫斯科的印象并不算好。

作为斯拉夫主义的顽强辩护士和“德国人”的不可调和的敌人，他辛辣地谴责外国旅行家关于莫斯科人民写了种种“可耻的谎言”。下面就是他所举的一个可恶的例子，可惜这样的例子到现在仍未过时：“鲍利斯，就算你走遍全世界，你也不能在任何地方找到像这里、即罗斯所看到的那种极为令人厌恶的、卑鄙和可怕的酗酒行为。”[②]莫斯科人的“笨拙”、“不可靠”及由此而产生的多疑，也使克里扎尼奇深为不快[③]。总之，他看到莫斯科人有非常多的“缺陷”。但是我们的泛斯拉夫主义者引以自慰的是，他以为他们所看到的莫斯科人民的重大缺点，并非与生俱来，亦非来自信仰，而是由于“恶劣的法律”。人们说，“俄罗斯人”除非受到鞭笞便什么好事也作不成。“德国人”说，这是俄罗斯人的牲畜本性[④]。克里扎

① 这一著作由别索诺夫发现，并经略加删节，刊登在1859年度《俄国谈话》杂志的若干期的附录里。

② 克里扎尼奇在这一著作的一些地方，用鲍利斯——一个不懂科学的莫斯科居民和知识丰富、表达作者观点的赫尔沃伊两人对话的形式来叙述他的观点。

③ “我们的智力迟钝，手足笨拙。”不过，他的这点意见是指整个斯拉夫人的。俄国人、波兰人和整个斯拉夫人无论在海上或陆地都不作“远程贸易”。“我们的商人不学算术，因此外国商人可以随时无情地玩弄和欺骗我们。”(克里扎尼奇用自己臆造的方言写文章，这种方言是各种不同的斯拉夫语言的奇特的、有时很难理解的混合体。)

④ 克里扎尼奇无疑是指奥列阿里下述数语：“同样，由于俄国人本性残酷无情，他们似乎生来就是为了作奴隶，所以对于他们，必须经常加以残酷严峻的压迫和强制，采取刑拷和殴打的办法，经常强迫他们工作”(《游记》，第149—195页)。

尼奇对此愤然怒斥,说"这是一纸谎言"!如果许多俄国人的行为良好,不是由于诚心向善,而是由于害怕惩罚,则这种情况的原因,乃在于莫斯科的"残酷占有制":由于这种占有制,俄国人才感到生活本身令人感到"坏透"了。如果德国人或任何其他民族也陷入这种条件,他们也会产生相似的、或更坏的缺点。按照克里扎尼奇的意见,莫斯科国一切恶的主要根源,就是"残酷的占有制"。在较为温和的制度之下,这个国家的人口会比当时要多一倍。"残酷的占有制"比自然灾害更能妨碍人口的繁殖①。克里扎尼奇关于"残酷占有制"的后果的这些见解,同孟德斯鸠的一句名言很相类似:"一个国家并不是由于土地肥沃,而是由于自由,才被认为是文明的。"克里扎尼奇大概在这个问题上是完全同意《法的精神》作者的,尽管在自由这一概念的含义上,他显然与孟德斯鸠不能保持一致。

莫斯科没有公正的法庭,这也使克里扎尼奇深感不快。他认为这是因为官吏的报酬太少。但他虽然理解这一祸害的原因,却仍不能容忍按照他的说法,当时的情形是:负有保护私有财产之责的一些机关的代表,仿佛都在对盗贼说:"弟兄们,随便偷罢,抢罢,分给我一部分,你们便可得到宽恕!"因此,使克里扎尼奇感到奇怪的,不是莫斯科有许多盗贼,而是"正直的人们"还能在那里生活。

由于相信"俄国人"的最大不幸在于他们国家所特有的那种"殊酷的占有制"和"恶劣的法律",克里扎尼奇拟订了一整套改革

① "瘟疫、灾荒和战争不能造成长期的荒芜,经过不多年的时间,这种土地上又住满了居民。"

方案。

克柳切夫斯基说，在读他所拟订的改革方案时，你会不禁慨叹："这就是彼得大帝的方案啊！甚至缺点和矛盾也都相同。"[①]的确，相同，也很不相同。事实上，克里扎尼奇的方案在许多方面是同彼得的方案相仿佛的。像彼得一样，他认为发展国家的生产力，具有重大意义。他说，在贫穷的国家里，国王也是穷的。不仅如此，他还希望政府能关切人民的最低层。"在平民众多而富裕的地方，国王和统治者，乃至显贵也会是富有和强盛的。"这位克罗地亚的学者的这一意见，与政治经济学中的重农学派创始人魁奈所说的"农民穷，则王国穷；王国穷，则国王亦穷"，是很相似的。这个思想，我们在彼得的同时代人、农民波索什科夫所著《论贫富》一书中，亦曾读到。波索什科夫书中的这一思想，给我国某些作家以所谓根据，夸耀说西欧经济科学的一个最伟大发现是先在俄国作出的。只有完全不了解政治经济学史和西欧国家的经济政策，才会说出这种毫无价值的空话。"在劳动居民穷的国家，其国王亦穷"——这一发现，是远在斯拉夫作家有所理解以前，已由"外国人"作出的。而且无可怀疑，外国的理论家，也是在实践家、即在那些以充实国库为职责和利益的人们有了这一发现以后，才知道这一发现的。克里扎尼奇本人对于政府为什么要关心劳动群众的福利解释如下："皇帝[②]、统治者和显贵所以关心平民，是为了以后能够永远掠夺他们。"这里说得很明显，他也认为问题主要不是为了

① 《俄国史教程》，第 3 卷，第 325—326 页。

② 克里扎尼奇随处都称国王为皇帝，他认为这个称号比沙皇要崇高得多。

平民,而是为了能够“掠夺”[①]。后来,“劳动人民的贫困造成国家的贫困”这个定理,已不再符合经济的实际情况了。社会主义者说得正确,劳动群众的物质情况,恰恰是在富有的国家最为恶劣。我们看到,克里扎尼奇本人便不得不在他的著作里指出这一似乎反常的现象。但是在他的时代里,资本主义的发展,刚巧已开始通过其自身的过程,推翻上述定理。因此,欧洲的许多理论家和实践家才不断承认它和复述它。“塞尔维亚人尤里·伊凡尼奇”——莫斯科人当时是这样称呼克里扎尼奇的——便是从他们那里抄袭了这一定理的。但是无论如何,他坚决主张发展莫斯科的生产力,在这方面,他同彼得确乎是一致的。关于怎样的国家才能说是富国的问题,他解答说,凡是金银多,矿产多的国家,便是富国;其衣着材料和食物充沛者更富;而“手工制品”发达、海上贸易繁荣者,则富强甲于天下。我们“在英国和布拉班”(即尼德兰——著者)就看到这种情况。就这点说,留学荷兰的彼得,也会完全与他同意的。

II

但是越是往后,重要的差别便开始出现了。彼得喜欢“外国人”,并吸收他们来到他的国家;而克里扎尼奇则对他们感到不能忍受,他主张“下逐客令”,并“封锁边境”。他说,俄国人民需要一

① 1726 年秋,缅希科夫,奥斯特曼、马卡罗夫和沃尔科夫在回答给最高机密会议议员所提的问题时,提出一份报告,在其他意见中,我们在这里读到下述意见:“因为军队是极为需要的,没有军队国家就不能保持其存在,所以对于农民,必须给予关怀,因为士兵与农民血肉相连,没有农民,便没有军队。”(索洛维约夫:《俄国史》,第 4 卷,第 887 页。)由此可以再明显不过地看出,为什么官僚们对于“平民”,要表示关切——而且真正是表示关切的。

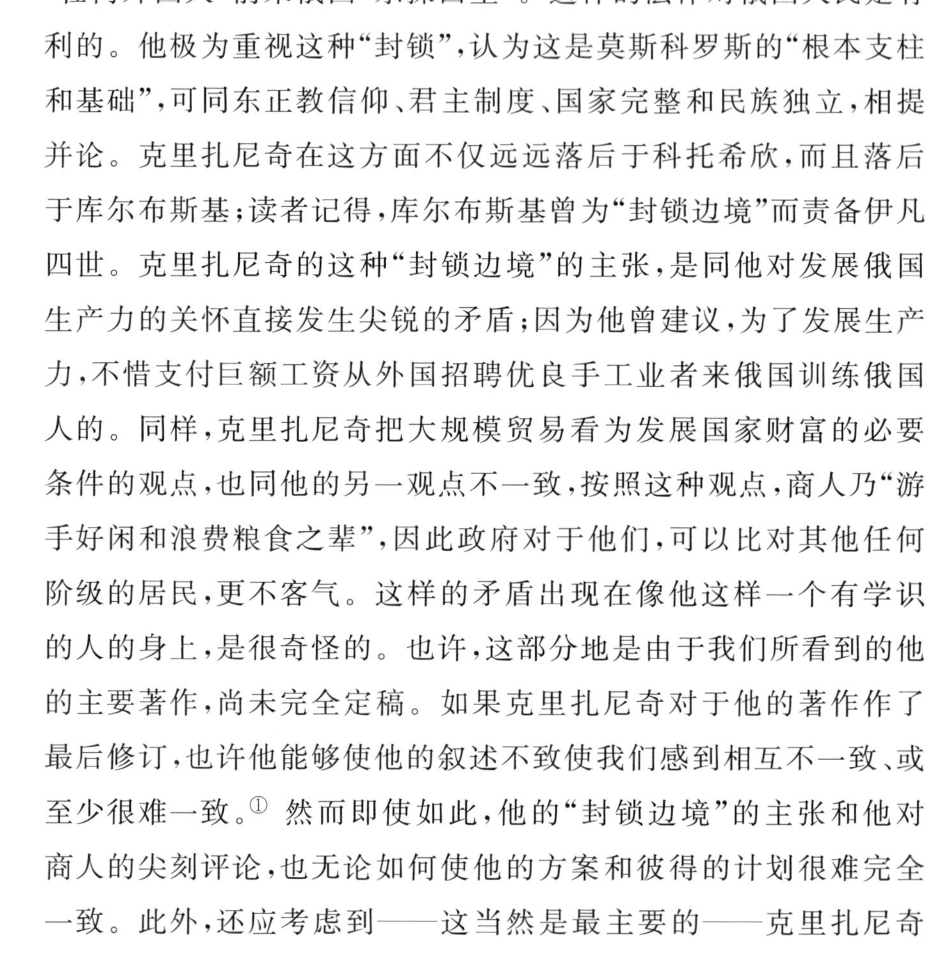

种“非常善良的法律”，禁止莫斯科国王的臣民在外国流浪，取缔“任何外国人”前来俄国“东探西望”。这样的法律对俄国人民是有利的。他极为重视这种“封锁”，认为这是莫斯科罗斯的“根本支柱和基础”，可同东正教信仰、君主制度、国家完整和民族独立，相提并论。克里扎尼奇在这方面不仅远远落后于科托希欣，而且落后于库尔布斯基；读者记得，库尔布斯基曾为“封锁边境”而责备伊凡四世。克里扎尼奇的这种“封锁边境”的主张，是同他对发展俄国生产力的关怀直接发生尖锐的矛盾；因为他曾建议，为了发展生产力，不惜支付巨额工资从外国招聘优良手工业者来俄国训练俄国人的。同样，克里扎尼奇把大规模贸易看为发展国家财富的必要条件的观点，也同他的另一观点不一致，按照这种观点，商人乃“游手好闲和浪费粮食之辈”，因此政府对于他们，可以比对其他任何阶级的居民，更不客气。这样的矛盾出现在像他这样一个有学识的人的身上，是很奇怪的。也许，这部分地是由于我们所看到的他的主要著作，尚未完全定稿。如果克里扎尼奇对于他的著作作了最后修订，也许他能够使他的叙述不致使我们感到相互不一致、或至少很难一致。[①] 然而即使如此，他的“封锁边境”的主张和他对商人的尖刻评论，也无论如何使他的方案和彼得的计划很难完全一致。此外，还应考虑到——这当然是最主要的——克里扎尼奇

① 我所以用这种可能性来解决克里扎尼奇的上述矛盾，是因为我假定他的用语并不都能准确地符合他的思想。例如，“封锁边境”可能归根到底只是表示他的一个表达得极端不准确的信念，以为必须实行保护关税，以利民族工业的发展。他是确实有过这一信念的。作为例证，我可以指出《论手工业》一书第二篇。（见《俄国谈话》，1859年第1期附录，第34页），克里扎尼奇在那里提出的见解，与后来弗里德里希·李斯特所见者相同。

对于莫斯科社会生活的最主要特点的态度，是同彼得完全不同的。

他写道，皇帝是上帝的全权代理人和“活的法律”；他的权力是无限的，他的行为不受人间法庭的裁判；最后，国内所有的一切，都为皇帝所有。读者在看到他的这种观点时，会以为就是伊凡雷帝，也丝毫不会反对他的政治学说的。可是，读者很快就会相信，在克里扎尼奇看来，雷帝的君主制度乃是最凶恶的暴政，而他这位君主制度的坚决拥护者则是暴政的不可调和敌人。对于莫斯科人鲍利斯提出的“何谓暴君”问题，西斯拉夫人赫尔沃伊在一次对话中激动地答道：“暴君是人民的盗贼，既不害怕法庭，也不害怕犯罪。他是无法无天的刽子手。他这种人是人的否定，是衣冠楚楚的魔鬼。他可以好话说尽……却并非出自心愿。用我们的话说，暴君就是杀人魔王。”暴君是狼，而皇帝则应该是牧人。皇帝的光荣高于天下一切光荣，而暴君则是“对皇帝的最大羞辱”。克里扎尼奇指伊凡雷帝的最残酷的“杀人魔王”。他的行为引起上苍的“恶报”①。我们的“塞尔维亚人”深信，吕里克王朝的灭亡，乃是上帝对伊凡·华西里维奇沙皇“杀人魔王”的惩罚。当然，对于伊凡四世的残暴的这种坚决谴责，并无任何新颖之处。我们已经看到，莫斯科想从国王手中获取限制权力诏书的一切企图，都是由于他们希望预防这种残酷暴行的重演。然而克里扎尼奇却不仅是仇恨“杀人的暴政”。他对于君权无限的见解，是同在莫斯科国居民中流行的见解，大不相同的。无怪乎他说，善良的沙皇即使在“凶恶的法律之下，也不会是贪求无厌的”。特别值得指出的是，这一君主专制的

① 他是“整个残酷占有制的祸首”。

坚决拥护者一方面断言，甚至他所仇恨的“杀人魔王”也比“庶民统治”要好一些[1]，同时又认为必须对皇帝的权力规定一定的界限。他说，无限的权力是违反上帝和自然的规律的。上帝授予权力是为了创造，而不是为了破坏。自然“告诉”我们，“不是皇帝设定帝国，而是帝国设定皇帝”，——“这句话我们不妨反复多说几次，因为皇帝必须在思想上多多想到它”。

根据这位塞尔维亚人克里扎尼奇的学说，皇帝的权力有三种来源。它可能来自继承，来自征服、或授自人民[2]。由于征服者显然只能在被征服者还不及他强大时进行统治，所以实质上，只有两种合法的权力来源。但就继承说，谁也不能传授超过他本人所有的东西。因此，皇帝的权力不能合法地超出其“选民”所规定的界限。“选民”也不能给皇帝以随心所欲作好作坏的权利：诸如“出卖、割让、劫掠、破坏”等等。尽管国王一经选出便不受人间法庭的裁判，但他如违反其臣民的自然权利，那还是对神、对自然有罪的。这同波丹所说的“世袭君主专制”和欧洲君主专制之间的差别，很相类似；我想读者对此是很了解的。

固然，每人对于神和自然的意志，见仁见智，解释互有不同，因此，在提到这种意志时，对于那种恰恰需要明确的东西，却并不都有明确指示。但是克里扎尼奇的思想，通过他的推理过程，得到了适当的补充。

---

① 就是说，一个人的暴政总比人民的暴政要好一些。

② 关于召请大公的历史传说，克里扎尼奇认为是一种愚蠢的神话。他的见解是：所以召请大公，似乎是由于人民饱受内乱之苦。可是在这种情形之下，为什么所召请的不是一个大公，而是整整三个大公呢？斯拉夫人不会做出这种蠢事。

他引述以色列的先知者萨穆伊尔的言论(在引述时使用了他自造的斯拉夫语文):“你的儿子想作皇帝:他建立骑兵,弓箭兵,指派了军政长官;他想占有你的庄稼地和葡萄园,发给他的臣仆;他想占有你的男女奴隶和牲畜,由他使用;他想以什一税的名目实行征税,发给他的臣仆。你也将成为他的奴隶。”这些话很容易被解释为赞成独夫专制的言论。但是,在我们作家那里,这些话却具有完全不同的意义。

他说:“以色列人当时由于不满意萨穆伊尔的审判和预言,由于不满意上帝派来的这一神职人员,遂请求上帝指派一个皇帝。上帝因此震怒,便将皇帝加于他们的负担告诉他们。”萨穆伊尔所列举的一些未来皇帝的可能举动,如掠夺臣民所属的庄稼地、葡萄园、牲畜等等,就克里扎尼奇看来,都是显然错误的。他提到阿哈夫,据圣经说,这阿哈夫曾想方设法要购买纳伏迪的葡萄园。如果以色列的皇帝有权夺去其臣民的财产,那他在纳伏迪拒绝自愿让出他的葡萄园后,必然要用强力夺去他所喜欢的这座葡萄园了。但是阿哈夫没有这样做,“因为他没有这种权利”,他只好按照他的妻子的主张,提出伪证,同纳伏迪打官司。

在叙述了阿哈夫的作法后,克里扎尼奇用外交辞令说,他不知道,当今的皇帝在这种情形之下,会怎样办的。当然,他不能不知道,莫斯科的国王是不同他的奴隶和孤儿进行诉讼的,只要他觉得有用或喜欢,他会毫不客气地将他们的财产据为己有。关于这点,他认为最好是不去提及。不过,对于土耳其的苏丹或波斯的沙赫,——简言之,对于东方的专制君主——他是毋须客气的。他直截了当地说,他们掠夺自己的臣民。而且他们不仅掠夺臣民,还要杀害其子女，“仿佛这是依法办理”，命令人们承认其正确。克里扎尼奇说，我们不应仿效他们。

这一切都写得很明确。这一切表明我们的作家愿望莫斯科国欧化，想迫使它放弃东方专制制度所特有的习俗，尤其重要的是，放弃东方专制制度所特有的制度。

III

毫无疑义，克里扎尼奇的理想是法兰西王国。他率直地说，最光荣和幸福的，是不仅工商业发达，而且“法律良好的国家，我们在法兰西王国所见，就是如此”[①]。由于他对法国政治制度的这种偏好，所以他对于神和自然规律的解释，同波丹在他以前所作的解释，旨意完全相同。彼得大帝是不承认这种解释的。他用了全部精神力量来维护“世袭君主制度”，或在这里用克里扎尼奇的话说，就是维护“残酷的占有制”[②]。

克里扎尼奇的改革方案，写在他的一篇假想的莫斯科沙皇告全国居民书里。首先，沙皇声明他的国家迄今还没有“良好的法律”，他愿意弥补这一缺陷。他说：“我们愿意给各地各级人民以适当自由，使所有的人各得其所，各安其命运。”

---

① 前述年度《俄国谈话》，第 1 期，第 7 页，着重点是著者加的。

② “伊凡雷帝的理论根据，如果撇开他本人的和暂时的影响不说，在于俄国历史的久远传说。东北俄罗斯的政治生活，在伊凡以前已在许多条件的影响之下形成，这些条件在更早以前就已成立，在彼得改革以后没有全部失效，就在我们的时代也未完全消失。”（《塔季谢夫及其时代》，波波夫著，莫斯科，第 67 页）1861 年，当波波夫这一著作出版时，这种议论便需修正，这不仅是因为在雷帝以前，东北罗斯的政治生活还只倾向于采取那种在他以后毫无重大改变地存在到“我们时代”的形式。

沙皇说,他审阅了各国——希腊、法国、西班牙、德国、波兰——的法律,从那里挑选了各种适合的法律,决定将其“慷慨地赐予”本国臣民。在谈及这些适合的法律的内容之前,请先注意考察一下克里扎尼奇的立法空想的形式方面。

大家都知道,1649 年初,法典编制工作结束。莫斯科政府在制定这部法典时研究了各国的法律。除莫斯科钦定法律汇编之外,它还参考了主导法典[①]的第 2 卷,那里收进了希腊历代皇帝的法典和法律;以及 1588 年的立陶宛条例。由此可见,按照他的空想,克里扎尼奇是想使沙皇在立法工作上大体上采取莫斯科政府那样的行动。克里扎尼奇甚至没有忘记希腊的法律。然而事实上,他所向往的不是希腊的法律,特别不是波兰的法律,也不是德国的政治制度。前已谈过,克里扎尼奇所最倾心的是法国的君主制度。因此,毫不奇怪,在他的著作中引证的,主要是法国人,也许还有西班牙人,因为这些国家的最高等级具有“适当的自由”[②]。

我们的作家所草拟的“自由”方案,主要地涉及最高阶级。

僧侣将免除受官厅和人间法庭的管辖。此外,他们免除“工作和捐税等负担”。官宦等级分为三等。第一等的高贵人士,称为公

---

① 原名 номокайн 的拜占庭法律汇编,包括有关宗教的一切法规和一般的法律,自 13 世纪末叶起在罗斯宗教法庭采用,并加以补充。——校者

② 他在另一地方对臣民说,(这次是用拉丁文):“Quas autem et Quales uobis dabimus libertates? Nempe liberalissimas. Dabimus einim nobis omnes pene illas libertates, quibus gaudent quicunque Europae Populi: quantum cas non reseire Potuimus, et quantum expedit Saluti ac felici statui huius regni et totius populi。”(然而我要给你们什么自由和怎样的自由呢?当然,是最宽大的自由。要知道,我要给你们欧洲任何一个民族所享有的几乎所有那些自由,只要我能以知道它们,只要这有助于这个王国的幸福和繁荣。)

爵。他们每人统治一个设防的城市和一座碉堡。沙皇"看来"，这种公爵只要十二名就够了。第二等的公职人员，称为大贵族，第三等人，"不够"称为大贵族儿女者，称为大贵族侄儿。所有这三等人，统称为忠实的臣仆、大贵族人士或侄辈，但不得称为奴隶[①]。对属于以上各等公职人员，不得用简称，如"波尔科"、"弗拉得科"，而要用全称，如"波尔科"应称为鲍利斯，"弗拉得科"应称为弗拉季米尔。对于他们，沙皇应禁止其叩头及地，"只能对唯一的上帝和圣像行这种礼，而对人则不可行。"公职人员既不再是奴隶，便永远免除了"鞭刑、笞刑和侮辱性的惩罚如刺面、割鼻、割耳、断手等"。对他们的惩罚将是：监禁、革职和流放等等。沙皇允许免除他们负担任何奴隶劳动和义务。

按照克里扎尼奇的意见，所有这些"自由"不仅无损于皇帝的权力，而且对它有利。在制度良好的西方国家，无论人民或军队都不许可自己受辱。在这些国家里，最高政权要比土耳其巩固些，因为土耳其没有自由，国王受制于"简单的特种常备步兵的愚蠢无礼行为"。在克里扎尼奇草拟他的改革方案时，在所有莫斯科人的头脑里，"变乱时代"所造成的印象，记忆犹新。因此，他说他所设计的"自由"方案，在某种程度上是反对人民起义的保证。

沙皇仿照西方国家的先例，规定保持公爵和统治者的财产的完整："你们的世袭领地和封地，不得分割。"[②]

在克里扎尼奇的方案里，城市获有一定的自治权。手工业者

---

① 读者记得：波丹说过，在"世袭君主专制"国家，军职人员是国王的奴隶，而在欧洲的君主国家里，却无此事。

② 不过，在莫斯科国，对于封地，也是只有在政府同意下，才能分割的。

组织行会,免除为国家作强迫的工作[①]。但是,——这一点必须指出,——给予工商业阶级的权利,要比给予公职人员的权利少得多。我们的作家认为不能永远地(in perpetuum)给商人以自由,在给商人以自由时,“要用临时赏赐的名义,这种自由随时都可取消”。由于认为商人是“耗费粮食和游手好闲之辈”,克里扎尼奇自然认为对于他们没有讲客气的必要。在他的方案里,沙皇说:“这种人的家财都是从商业中赚来的。这种利益(无论它是多么巨大),我们业已宣布、现在再次宣布,应该属于我们。”[②]这同克里扎尼奇谴责阿哈夫对待纳伏迪的行为,仿佛是极端矛盾的。但是,在皇帝宣布商业利益应该“属于我们”的时候,他只不过想说皇帝保有将获利最大的商业部门收为他的垄断的权利而已。我们已听波克罗夫斯基说过,在十七世纪的莫斯科国,沙皇已广泛使用了这一权利。克里扎尼奇对此表示完全赞同,他说商业是件好事,如果经商不是为了个人的利益,而是为了全体人民的利益,那更是一件光荣的事业,甚至是一件“直接由皇帝经营的”事业。由此可见,在他的眼光里,沙皇对商业的垄断,是满足人民需要——实质上即满足国家需要的一种手段。但是他认为所以必须采取这种满足国家需要的手段,是同莫斯科国的经济不发达有因果关系的。他说,如果国王的臣民有充分的力量用自己的资金来举办大规模的商业企业,这些国王是不经营商业的。但是这些国王对商业的利益,却是很关心的:“为了保护自己的及其臣民的商业活动,法国皇帝仍然

---

① “对于手工业者,任何人都不得加以侮辱,任何人都不得驱使他们从事强迫的工作。”克里扎尼奇主张对于那些学习某种精巧技艺的奴隶子弟,给予自由。

② 《俄国谈话》,第1期,第65页。

经常在察列格勒派出高级使臣，英国亦派出公使。至于西班牙和葡萄牙的皇帝，则为了保护其臣民的商业活动，更派出军队巡逻海上，护送商船。”[①]

IV

这些关于法、英、西、葡各国国王关怀其臣民商业利益的引述，表明克里扎尼奇虽对商人作过上述尖刻的批评（“耗费粮食的游手好闲之辈”），但这并没有妨碍他理解商业在文明国家经济生活中的重大意义。虽然如此，他在所拟方案里分给商人的自由，却无可争议地比他给予公职人员的，要少得多。他的方案给予农民的自由更少。克里扎尼奇说，“无知的平民是不能给予自由的”。他们必须准备“按照皇帝的一切命令和需要，交纳贡赋，承担重负”。读者看到，这并不是什么值得羡慕的遭遇。然而克里扎尼奇却说：所有欧洲国家最低阶级的情况，都是这样。当他谈到这一情况时，他对理论史做了非常重要的观察，实际上与他自己提出的，且亦为读者所熟知的一条通则：即“在平民众多富有的地方，其国王和统治者以至大贵族，也都富有强盛”，是大相径庭的。现在我们从他那里获悉，尽管富有的人们在富有的国家里生活得优裕些和富足些，但农民及从事手工业的城市贫民的情况，却并不比在贫穷的莫斯科国好多少。根据克里扎尼奇解释，这是由于在某些西方国家——例如在瑞士，多石的土壤对农民劳动的报酬要坏得多；这还由于在富有各国，大部分居民并不是为自己播种粮食，因此，“他们

① 《俄国谈话》，第 1 期，第 10—11 页。

的生活很苦”。他说,在外国的某些地方,人们所吃的粮食,更像泥土,而不像是真正的粮食。但在罗斯,最穷的居民,也能吃到好粮食、鱼和肉,即令喝不到啤酒,至少也能喝到用果汁制成的清凉饮料克瓦斯。这种有利于莫斯科罗斯的评语,可能是出于克里扎尼奇讨好莫斯科当局的愿望,因为克里扎尼奇的著作,本来就是为当权者写的。不能不承认,克里扎尼奇对于大俄罗斯人民的经济状况,是粉饰过头了。但在他所描绘的情景里,也还是有其真实之处的。在自然经济处于主导地位的国家里,其居民是比在商品经济高度发达的国家里,更易于取得粮食、肉类等重要生活必需品的①。我们现在知道,西欧的社会劳动分工带来了劳动群众的穷困化。因此,我重复说,上述以莫斯科罗斯与西方相对立,是有其无可争辩的真理的。克里扎尼奇按时间说,是在书本上提出这一对立的第一位作家,虽然他的书是预定给少数俄国人看的。这种对立为一个问题的提出提供了充分的逻辑根据,这个问题就是:那些关心俄国生产力发展的人们是否犯了反人民的错误呢？在克里扎尼奇本人那里,没有发生这个问题,而且无论根据那个时代的条件、无论根据他本人的情绪的特点,都不可能发生这个问题:克里扎尼奇是一个狂热的大斯拉夫主义者和专制制度的坚决拥护者,

① 阿弗拉米·帕利岑说,在混乱时代,“收集了无数抢夺来的各种粮食,而当地居民并未因此陷于穷困。农地上谷垛林立,谷场上堆满了麦秸、草垛,和全俄骚动十四年来的干草垛。他们吃的是旧时劳动的产品。早先收获和播种的东西被揉碎了,被铲除了”。(《俄国历史丛书》,第13卷,第481页。)当然,在先进的西方各国,情况与此完全不同。固然,莫斯科国的商品经济,在十七世纪亦曾取得相当大的进展。但一切都是相对的。同西方相比,莫斯科罗斯那时仍然是一个落后的自然经济国家,这是无可争议的。

他并不怎样爱人民。然而十分重视劳动群众利益的十九世纪俄国知识界，却不得不几乎用尽他们的最大部分智力来解决这一"可憎的问题"。

克里扎尼奇还说："在某些附近的国家里"，大贵族和军人可以不受处罚地欺侮农民。这似乎是暗示波兰。无论这一暗示本身有多么正确，但不可能假设，克里扎尼奇不知道莫斯科国的农民由于最高等级的暴行而遭受了多么惨重的苦难。因此，他在这里又写了一种照例明确的事情。

受到"自由"赏赐的莫斯科沙皇臣民，向沙皇宣誓效忠。克里扎尼奇慎重地为他们写了长篇誓词。皇帝也宣誓遵守其臣民的权利："我们和我们的后代将一定在即皇帝位前宣誓保持我们赐予你们——我们的忠诚臣民——的一切自由不变。"[①]。

这第二篇誓词是完全不符合莫斯科世袭君主制的精神的。当 1654 年 1 月波格丹·梅利赫尼茨基带着誓词加入莫斯科国籍的时候，他请求沙皇的使臣——大贵族布士尔林代表沙皇宣誓将不侵犯小俄罗斯人民的自由，但从他那里得到的答复是："在莫斯科国，国王的臣民曾向以前的伟大国王宣誓，他们亦曾向伟大的国王阿列克谢·米哈伊洛维奇宣誓尽忠、正直并做好事；至于代表国王宣誓，这是从来不曾有过的事情，将来也不会有的。你，盖特曼，不应谈起这种事情，因为任何臣民都必须向自己的国王宣誓。"

---

① 着重点是原文就有的。《十七世纪中叶的俄罗斯国》，1859 年度《俄国言论》，第 4 辑，附录。

V

П. 别索诺夫责备克里扎尼奇想把基本民族基础的稳定性看作因循守旧、发展障碍，想要克服其坚韧不拔的精神，并对这些基础本身进行改造[①]。的确，他“想要”！读者已经看到，克里扎尼奇所拟订的改革计划就是为了将莫斯科国从一个东方的君主专制国家转变为一个西欧(法国)式的无限制的君主专制国家。现在已可指出，克里扎尼奇维护正教，但他指的是罗马天主教，而不是希腊—俄国的宗教；在他看来，这种宗教不过是一个“教派”。同样，克里扎尼奇关于俄国民族的概念，也同十九世纪莫斯科的“官方”和非官方的斯拉夫派的概念不同。这些斯拉夫派谈到民族，便是指大俄罗斯族及其主要在俄国历史的莫斯科时期发展和巩固起来的生活特点和社会政治观点。而克里扎尼奇则时常把这些特点看为“不伦不类”，贬低俄国民族并从根本上破坏俄国民族的幸福。他很高兴地向莫斯科国的人指出，应该以小俄罗斯人和白俄罗斯人为仿效的榜样。这表明，他的俄国民族观，要比俄国晚近的斯拉夫派和我国现时的乌克兰派的观点宽阔得多。

晚近的斯拉夫派在读到克里扎尼奇的下面一段话时，是只会向他鼓掌称快的：“任何民族和国家的最大危害，莫过于人们轻视或完全抛弃其祖国的美德、法律、制度和语言，而接受外国的道德、别人的语言，想把自己变为外国人。”他们对于他的“下逐客令”的倾向，当然也很赞赏。然而非常明显的是，如果莫斯科罗斯实现了

① 《克里扎尼奇文集序》，前述年度《俄国谈话》，第 1 期，附录，第 24 页。

我们反复研究过的这位十七世纪的克罗地亚泛斯拉夫主义者的改革方案，则那些使十九世纪莫斯科斯拉夫派深为珍惜的根本“基础”，便在俄国所剩无几了。就其对莫斯科国的社会政治制度的态度而言，克里扎尼奇是一个西化派，而彼得一世——他的改革为西化派所极度称颂，亦为斯拉夫派所极端反对——按照斯拉夫派一词在十九世纪所包涵的意义而言，则是一个纯种的斯拉夫派了。

使克里扎尼奇与彼得接近的，除前述对发展生产力的关怀之外，还有对“游手好闲之辈”的憎恨。这种接近达到了这样的程度，以致克里扎尼奇不管多么坚决主张按照法国的形式改造莫斯科国的政治制度，却仍在所拟方案里保存了这个国家的奴役性质。在他的改革方案里，最高阶级应负担强迫公职。这个通则的例外是准许公爵于服完公职若干年后退休。克里扎尼奇方案中的这一规定，部分地预示了在下一世纪一切俄国贵族逐步为自己争得的“自由”。

克柳切夫斯基说，“科托希欣的著作，在上一世纪（即十九世纪——著者）四十年代被一位俄国教授在乌普萨拉大学图书馆发现以前，在俄国谁也不曾读过。克里扎尼奇的著作仅流传于‘上层’，于宫廷之中，于阿列克谢和费多尔等沙皇之间；其抄本亦保存在索菲娅女皇的权臣梅德韦杰夫及戈利岑公爵手中。似乎在费多尔沙皇时，还打算将它付印”[①]。不过，只是打算，却并未印出。类似的事实决定了那些无疑是俄国知识界鼻祖的人们在当时莫斯科

① 《俄国史教程》，第 3 卷，第 328—329 页。

可能发挥的影响的范围。这种范围是极为狭小的[①]。当时俄国"知识界"的鼻祖,不可能设想会对社会生活有何直接影响:他们没有听众,而这却是发挥这种影响的必须条件。所能设想的只是间接影响。间接影响的最有效形式,是通过最高当局。权力无限的君主,只要他愿意,是能够根据理性的指示来改造其人民的生活的。这就是对于社会发展的真正原因没有认识的人们的想法。因此,他们以为,问题只不过在于某一权力无限的君主是否愿意扮演改造者的角色。最早的莫斯科西方派觉得这是极不可能的,所以他们既然在国内感到不可克服的"厌恶",便逃往国外、或打算逃往国外,而不想在修道院之外求得逃出这种一团糟的现实的补救办法。但是克里扎尼奇相信可能自上而下实行根本改革,所以他勇敢地向莫斯科的国王发出呼吁:"啊,沙皇!你手中握有神奇的权标(Чудотворный Мойсеев Прут 即 Жезл),你可以用它来创造奇迹。"莫斯科的国王可以借助权标"轻易地改正错误,镇压邪恶,找出人民事业中的污泥浊水"。

在本书的往后叙述里,我们将看到,俄国知识界对于"权标"的希望有时消失了,有时又以新的力量重新复活。我们在赫尔岑的某些国外著作里和在尼·孔·米哈伊洛夫斯基的某些公开论文里,也看到这种对权标的希望,这并不奇怪。

前面说过,克里扎尼奇相当长期地被流放到西伯利亚。爱作

---

① 1648 年,由基辅米哈伊洛夫修道院院长纳法奈尔编辑,由沙皇的神父斯特凡·沃尼法季耶夫出版的论文集《论信仰》,在最初两月中便发行了八百册,(B. A. 克尔图亚拉:《俄国文学史教程》,第 1 部分,第 2 册,第 814 页。)可见,莫斯科并不拒绝阅读其所能得到的出版物。

历史比拟的读者，也许要指出，从这方面说，坚决相信“权标”的“塞尔维亚人克里扎尼奇”的命运，是大量俄国“知识界”的未来命运的典型。

但这只是顺便一提。我想最好是做另一种比拟。

别林斯基在他所著《俄国文学的思想与札记》一文中写道，俄国文学“为各种等级的内部接近奠定基础，形成舆论的范畴，在社会上造成某种特殊的阶级，这个阶级与普通的中间等级不同，在于它的构成不仅有商人和小市民，并且有通过教育——这种教育在我国完全集中在对文学的爱好上——而相互接近的所有等级的人们”①。

按照别林斯基的说法，文学“在社会上造成的特殊阶级”，便是以十七世纪在我们面前表现为其鼻祖的伊·安·赫沃罗斯季宁、沃因·阿·奥尔金-纳晓金，乃至克里扎尼奇一类人们的俄国知识界，虽然克里扎尼奇本来不是俄国人。实际上，知识界在我国从来不曾构成一个完整的社会阶级，而且在任何地方都不可能构成这样的阶级。他们只不过是一个薄薄社会阶层；但是这个薄薄的阶层却在俄国教育史中起过重要的作用。别林斯基说，通过教育而相互接近的所有等级的人们，都属于这个阶层，这话是正确的。但是正确的思想却被他叙述在一个不正确的观点里：按照他的说法，俄国文学所造成的“阶级”，其构成不仅有商人和小市民，还有……等等。这样说，则商人和小市民便仿佛是这个“阶级”的核心了。然而在十七世纪，我们在知识界的鼻祖当中，却完全没有看到有人

① 《文集》，第12卷，莫斯科，1882年，第243页。

出身于商人和小市民。在其后的两个世纪里,商人和小市民虽曾有代表置身于知识界的行列,但直到十九世纪六十年代出现非贵族出身的知识界时止,他们在知识界中只占少数[①]。这就是俄国知识界同法国知识界的差别:别林斯基称为中间等级,而法国则称为第三等级的那个等级的人们,早就占了多数。这是可以理解的。我们已经知道,法国君主政权在反对封建主的斗争中主要就是依靠第三等级。两种历史过程的这一相对差别,不仅解释了我所指出的俄国和法国知识界在成分上的差别。我们往下便可看到,这一为俄国历史过程的相对特殊性所制约的俄国知识界社会成分的相对特殊性,怎样影响了俄国社会思想的往后发展过程。

① 尽人皆知,商人代表直到现在还是非常少的。

第十章　初期的西方派与启蒙思想家(续完)

5. 瓦·瓦·戈利岑

I

奥尔金-纳晓金、赫沃罗斯季宁、科托希欣都没有在他们周围的环境里为他们的丰富精神力量找到用武之地。因此,他们每人对当时的莫斯科,反正都感到"憎恶"。瓦·瓦戈利岑公爵的命运却不同。他无疑地是一位坚决的西方派。但是他的环境却使他能够最低限度试图改变他周围的丑恶现实。因此,"憎恶"便很难说是他的情绪的主导特点。作为一位改革家,他必须同大量的实际阻碍进行顽强的斗争。大家都知道,斗争对于坚强的性格只能是一种锻炼。但戈利岑公爵未必具有很坚强的性格。此外,莫斯科国的政治制度也使这位名门大贵族只能采取一种斗争形式:即利用宫廷阴谋进行斗争。宫廷阴谋使他在好些年里获得了几乎全部权力,但也为他预备了一个很悲惨的下场。我国有人当时说过,他在这方面,并不是落后一人。在他以后,还在俄罗斯出现过采用同样武器的改革家,然而他们的结局都不比戈利岑好多少。每一种情况都有其客观的逻辑。

戈利岑博览群书,勤奋学习。他垮台后,彼得一世的政府在按照莫斯科的旧习惯,把失宠被黜官员财产"没收上交国王"时,在他们藏书里发现下列一些书籍:修士司祭安东尼·鲁萨科夫斯基编写的虔诚国王颂、印制本——向国王陛下称谢书、手抄本——对研究院的委托、手抄本——论公民生活和有关一般人民的一切事务的整顿(当然,这本书引起了改革家的注意——著者)[①]。遗嘱,或希腊皇帝华西里给他的儿子列夫·菲洛索夫的遗训。奥龙达皇后如何接近其亲族,而他们的婆母和她的公主如何杀害她。刊印的文法书:用波兰文写的。罗弗·路多尔夫著作的手抄本——总主教米列奇助祭著作的译本、阿尔科兰·马赫麦托夫波兰文书简刊印本的译本、马吉隆女皇史一书中的波兰文书简、论出使各国的使臣、四部德文书、四卷手抄本——论喜剧、各年历书八卷、手抄本——论法或尚武的荷兰典章、德语歌词、波兰语和拉丁语文法、波兰文字史、马医概述、德文本鱼类及兽类概述、法律大全、家谱、枪操操法、尤里·谢尔宾手抄本、基辅编年史、索洛韦的呈文、论军事制度、德文土地测量学[②]。

戈利岑的藏书使人想起波兰影响在莫斯科国同"德国"影响进

① 这是波兰人安·弗·莫得德列乌斯(莫德日夫斯基)(1503—1589)的著作《De emandanda republica》的俄文译本,其一部分于1551年在克拉科夫出版,全书于1554年在巴塞尔出版。这一著作当时在许多方面都很出色。作者主张人人在法律面前平等,坚决反对教权扩张。关于他,请参阅古姆普洛维奇著《Geschichte der Staacstheorien》(《国家理论史》),因斯布鲁克,1903,第163—174页。俄译本可能于1678年出版,请参阅乌·阿·索博列夫斯基著《莫斯科俄罗斯的翻译出版物》,圣彼得堡,1903,第160页。

② 索洛维约夫:《俄国史》,第3卷,第1051—1052页。

行较量，而且胜过“德国”影响的过渡时期。人人知道，波兰影响的到来，先于西俄影响。戈利岑欣然赞助了基辅的学者。当关于圣餐转化的时间问题爆发争论时，他——这时已是索苏娅女皇的宠臣——坚决站在西俄神学方面而反对希腊神学[①]。这是毫不奇怪的。这位坚决的西方派同当时的希腊人是毫无通融余地的。波兰的影响促使他研究波兰文和拉丁文。我们在他的藏书里便看到这两种文字的文法书和一些波兰文书籍。他对拉丁文也很精通，曾用拉丁文同外国使臣进行谈判。但是他的藏书的书目尚不足以表示他的思想兴趣的渊博。德-拉-内维尔说，戈利岑曾用拉丁文谈论欧洲发生的一切事情，“特别是关于英国革命”(et surtout de la révolution d'Angleterre)[②]。不是偶然的，在这位开明公爵的藏书里，收藏了《论公民生活和有关一般人民的一切事务的整顿》一书的手抄本。

德-拉-内维尔在描写戈利岑公爵给他的接待时说，可以想象，仿佛是置身于某一意大利国王的宫廷中。据他说，戈利岑的宅邸，是欧洲最华丽的宅邸之一。“它遍处饰以黄铜，装了极为富丽的帷幕和极为有趣的绘画”[③]。索洛维约夫引述在政府没收戈利岑的财产时关于这一宅邸描写和关于藏书的描写。“在宅邸的大厅，顶板上画满了油画，正中画着一轮烫金的太阳，光芒四射；太阳周围，

---

① 索洛维约夫：《俄国史》，第3卷，第1048—1050页。同时请参阅A. K. 博罗兹金教授在《俄国宗教争论》论文集(1907年)中关于西尔维斯特尔·梅德韦忒夫一文。波罗兹丁教授所指出的，实质上是梅德韦杰夫对索菲娅的态度，而支持索菲娅的却是戈利岑。外国人甚至认为戈利岑是耶稣会派的拥护者，有些外国人甚至说他想改信天主教。

② 德-拉-内维尔：《莫斯科的奇妙关系和新闻》(De la Neuvillo：《Relation curieuse et nouvelle de Moscovie》)，海牙，1699，第14—16页。

③ 同上书，第177—178页。

天空上飘着黄色彩带，画着灿烂的群星。三根铁杆从太阳处吊下五只白色骨质大吊灯，每只吊灯上各有八只小灯。每只吊灯价值一百卢布。太阳的另一方面是一轮银光闪闪的月亮。顶板周围，画着二十座雕刻涂金的男女先知者的神像①。四边挂着四张德国板画，每张价值5卢布。”此外，戈利岑的大厅还装饰了好些镜子和基辅大公弗拉季米尔、伊凡雷帝、费多尔·伊凡诺维奇、米哈伊尔·费多罗维奇、阿列克谢·米哈伊洛维奇，伊凡和彼得·阿列克谢维奇等亲王和沙皇的画像。还有四张不认识的皇室人员的画像。但最好还是让沙皇的司书来说吧：“在这个大厅里，有46扇玻璃窗，玻璃都镶了金属边框。在卧室里，在木质涂金的框架里，装有德文土地测量图，贴在麻布上；还有四面镜子；两座阿拉伯人面石像；一张德式胡桃木床，玲珑透剔地雕刻了人、鸟花草图像。在胡桃木床上面，正中装有一面圆镜，价值150卢布。九张包着金色皮革的靠椅，沙发均用丝绒包装。”总之，在戈利岑公爵的宅邸里，幼稚的莫斯科人员会感到惊奇的。例如，除以上各节外，他们还在

① 可能，德一拉一内维尔称为戈利岑居宅的“非常有趣的图画”装饰的，便是这些先知者的神像。莫斯科的司书所看到的只是人像，而不是艺术作品。不过，那时不只戈利岑一人用艺术作品来装饰自己的住宅。扎别林说：“画、板画、地图及其他物品，不仅为宫廷所有，而且进入了（尽管罕见）大贵族宅邸。然而著名的马特韦耶夫……以及同样著名的戈利岑，在这方面，并不算是唯一的特殊例外。除某些人外，在他们的同代人中，我们还可指出尼·伊·罗曼诺夫：他爱好音乐，穿德国服装，至少是穿着这种服装去打猎的。总的说，在十七世纪，大贵族的生活已开始在许多方面改变了以往状态。早期大贵族的先例，对后代是不无影响的。”甚至尼空也有“二百七十印张的法国书，一大张印制的挂图，一大张宇宙分图和一大张宇宙全图”。在十七世纪八十年代，阿凡纳西·兹韦列夫为国王雕刻了各种法国雕刻。（《十六和十七世纪俄国沙皇的家庭生活》，第1卷，莫斯科，1872年，第177和180页）

记录里描写了“德国妇人骑在马上，而钟表却装在马内”，或“在3个胡桃木制的德国人像正中，装着玻璃管，管上铜色标记，刻着德文，管下玻璃器皿内装有水银(是否晴雨计？——著者)”[①]。

II

戈利岑居室的豪华陈设，有力地证明了他的欧洲嗜好。但陈设是一种外表。且看这位开明公爵的改造计划如何罢！

在费多尔·阿列克谢维奇朝代，他便“受命”主管军事，改善沙皇军队的体制和管理。同他一道经办这件事情的，有选任御前大臣，宫廷事务总管、大贵族、居民、城市贵族和大贵族子弟，还有骑兵和步兵部队的将军和上校。这个索洛维约夫用现代名词称为委员会的工作，于1682年1月废除了按门第规定官阶的制度。可以设想，军事委员会活动获得这一成果，不是没有戈利岑的影响的；戈利岑对于莫斯科军队的改造想得很多，自然懂得这种按门第规定官阶的制度对军事的危害甚大。

所有的事实表明，他倾注全部精力以谋取权力，甚至不惜为此而违背良心。但是他没有旧式大贵族显贵的野心。如果相信德－拉－内维尔的话，他“很鄙视‘有权势的人’(les grands)，因为他们无能”，而只是为有才干的人行方便，因此莫斯科的贵族门第(familles patriciennes)对他都很仇恨。他向贵族家庭证明，必须教育他们的子弟，为此应将他们送进波兰学校，或延聘波兰家庭教师。德－拉－内维尔在说明戈利岑的广泛计划时，说他想“使荒原人烟稠密，使低

① 索洛维约夫《俄国史》，第3卷，第1050—1051页。

级野蛮人发财致富,使他们成为人;想将懦夫变为勇士,使牧人的茅舍变为石筑的殿堂"。这一切确乎许诺甚多,可惜太不明确。

德一拉一内维尔在谈到这位西方派公爵的"解放农民"的意愿时[①],(affranchir les paysans)他的大吹大擂的词令的不明确性,尤为令人遗憾。关于这一意愿,克柳切夫斯基很正确地说过:解决农民问题的主张,只是在戈利岑死后一个半世纪才回到俄国当局的头脑中来[②]。波克罗夫斯基认为,戈利岑只是想更明确地规定农民的义务,而不是想解放他们。现在很难确定,事实上当时究竟怎样。德-拉-内维尔说:

"由于这位公爵的意愿是想使这个国家与其他国家并驾齐驱,所以他命令向他提供关于所有欧洲国家及其政府的叙述。首先,他想解放农民,将他们为沙皇耕种的土地发给他们支配。为此,他们将逐年交纳赋税;按照他的计算,这种赋税将增加这些国王(即当时在位的彼得和伊凡——著者)的收入一半以上。"[③]

克柳切夫斯基以为,由于按照戈利岑的计划,贵族仍须服军役,所以农民为了他们的土地而交纳的赋税,应增加贵族的货币薪给,并"成为地主因土地归农民而损失的收入的补偿"。对谁的土地的补偿呢?德-拉-内维尔所说的不是地主的土地,而是"农民为国王耕作的"土地。很奇怪,克柳切夫斯基没有注意及此。根据德-拉-

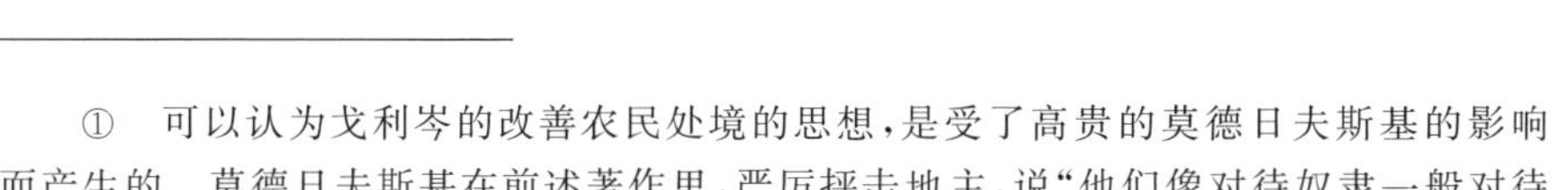

① 可以认为戈利岑的改善农民处境的思想,是受了高贵的莫德日夫斯基的影响而产生的。莫德日夫斯基在前述著作里,严厉抨击地主,说"他们像对待奴隶一般对待农民,使他们处于不自由的处境。"(古姆普洛维奇:见前书,第169—172页。)

② 《俄国史教程》,第3卷,460页。

③ 德-拉-内维尔:见前书,第215页。

内维尔的话的准确含义，可以假定，戈利岑所要解放的，——也可以说，所要规定和转算为货币义务的，——是皇室所属地区的农民。如果同意这一假定，则十七世纪末的最先进莫斯科西方派之一，在掌握权力以后，其所梦想实现的改革，是多少同法国在1315年根据国王路易十世指示所实行的改革相类似的。我们知道，这位国王曾阐述他所实行的措施的理由是："根据自然法则，凡人应生而自由"。(Selon le droit de nature chacun doit naitre franc)。根据德-拉-内维尔的札记，看不出这位读过"关于公民生活"的书和关怀英国革命的莫斯科西方派公爵，是否想到这一理由。然而事实是，他的意愿没有实现。由于经济条件的差别，法国在十四世纪初便已顺利实行的那种措施的思想，对于十七世纪末的莫斯科，却是为时尚早。

III

假定戈利岑所设想的农民改革只适用于皇室所属地区——也许还适用于耕种国有土地的农民——那也还要考虑到德-拉-内维尔的如下论述：

"他还想使贵族能够旅游，使他们去别的国家学习军事：因为他想把农民大军转变为良好的士兵，而农民参加战争，则其土地便会荒芜。他不想实行这种于国无益的兵役[①]，所以打算对农民征课不重的货币人头税。"(au lieu de ce service inutile à l'Etat, imposer sur chaque tête une somme raisonnable)

这些话的颠倒错乱，达到极点。将无数有服兵役义务的应募兵

① 戈利岑说，当时的所谓"负有纳税义务"的农民和奴隶，都是些劣等的军人。

员变为良好的士兵,便是要使他们得到良好的军事训练。而用不重的货币人头税来代替于国无益的兵役,便是要免除他们服役。两者相互矛盾。根据德-拉-内维尔的其他解释和克柳切夫斯基的想法,则戈利岑的打算是完全取消用负有纳税义务的新兵和奴隶来补充莫斯科部队的,所以对于所谓将农民大军“转变”为良好士兵,应理解为用贵族部队来代替这种农民大军。从免除兵役的农民那里获得的货币租税,应该用来供养贵族部队。不能不承认,戈利岑的这种计谋是行不通的,它同当时莫斯科的军事需要是背道而驰的。

德-拉-内维尔在谈到戈利岑想用货币税来代替强迫农民耕种沙皇土地时,仍然照常自相矛盾地补充说:“他还想实行酒及其他消费品的买卖(et autres vertes et denrées),引起这些人民的致富希望,从而使他们成为爱好劳动的和灵敏的人(industrieux)。”[1]如果想到当时的酒是由沙皇垄断的(“царев кабак”),则这些不明确的言辞就会变得略为明白一些。德-拉-内维尔大概是想说,戈利岑打算给莫斯科国的臣民以工业活动的自由,借此引起他们的经济进取心。索菲娅女皇的这位优秀宠臣,一般很注重莫斯科国的工业发展及其同西欧和东方各国增进商业往来。他敷设了公路,建立了莫斯科和托波尔斯克之间的正规驿站[2]。他还向中国派出专使,调整莫斯科人同这一遥远国家的贸易。

就令局部地使莫斯科人的商工业活动解脱其国家所特有的“残酷占有制”所加于他们的无数严厉束缚,那也将给他们带来巨

① 《俄国史教程》,第 215 页。

② 同上书,第 221—223 页。德-拉-内维尔认为莫斯科国公路上的里程标杆,是戈利岑命令树立的,这也不无意义。

大的利益。戈利岑明确地看出了大俄罗斯国民经济生活中的主要祸害。然而即使不说他本人地位的特点，就是这种国民经济生活的“特殊性”也足以使他的计划不能实现。由于这种“特殊性”，便不得不牺牲长远，然而同样重要的需要，以满足当前的国家需要。“军事财政需要”促使莫斯科的统治者在同西方接近的精神上进行改革。政府开始注意国家生产力的发展。然而为了取得这种发展，政府——主要以彼得为代表——却不得不采取一系列归根到底极大地阻碍了生产力发展的措施，尽管所以采取这些措施本是为了加快生产力发展的。例如，彼得为了刺激商人的进取精神，极度地压制了农民的工商业活动。其实，——如本书《绪论》所述，——莫斯科罗斯的城乡分工，远远没有达到先进西欧各国业已达到的水平。迁徙自由的完全缺乏，妨碍了俄国城市的发展，却是造成了农村手工业的巨大发展。彼得为了商人的利益所采行，且为其继位者所支持的那些措施，不能不非常不利地影响于这种手工业的命运：这些措施把这种手工业维持在长期保持的原始不发达状态，这种原始不发达状态就在今天，也还局部地保持未变。这当然极大地妨碍了大俄罗斯族的经济发展过程①。

① 地主军队的建立，其本身便对城市的命运产生了不利的影响。我在本书《绪论》里引述克柳切夫斯基的见解时，业已指出这一点。现在再引索洛维约夫的以下非常有意义的意见：“古代城市居民有重要意义的，即是他们派出自己的部队参加作战，在王公混战时代，战争的结局在很多方面取决于这种部队。甚至在伊凡三世统治公国之初，莫斯科部队由特殊的长官率领出发，参加作战。但是后来大量地主部队的建立，使政府可以不再需要城市的部队；城市居民不再参加部队，而变成一个完全无武装的等级，变成老粗，同完全的人们，即同武装的汉子相比，只能是半个人；因为按照当时的理解，只有有武装的人，只有军人，才是完全的人，才是享有完全权利的人。”(《俄国史》，第3卷，第657页)

如果戈利岑能够略为减轻“残酷占有制”的束缚,那他就会大大便利了莫斯科人的经济活动。但是可以设想,他对于莫斯科改革家由于他们的落后国家的社会政治“特殊性”而必然陷入的那种处境的矛盾性,是多少有些模糊的感受的。他希望莫斯科的国家经济,完全采取货币性质。这需要很多钱。为了筹得必须的钱,他打算对俄国毛皮商品行销国外,实行国家垄断①。同时,我们看到,他本人也懂得,国家垄断并不能促进私人进取心的发展;所以毋怪乎他想实行酒类及其他消费品的自由买卖了。像在他以后的彼得一样,他不得不在自己的改造计划里考虑特定的经济现实。

IV

克柳切夫斯基说:“戈利岑公爵的私人关系甚至使他不能对他的改造意图进行实际的筹划;他把自己的命运同索菲娅女皇连在一道,同她一道垮台,而不曾参加彼得的改革活动,虽然他是他的最接近的先行者,可能成为他的一位即令不是最好的助手,也是一位好助手。他的计划,在立法中反映得很弱。”②

已故教授还可说得更重一些。戈利岑掌权时期的立法,部分地是同他的改造意图背道而驰的。据德-拉-内维尔证明,他想给莫斯科人以信仰自由,然而在他那时,分裂教派却遭受了残酷迫害。同样,没有采取任何实际措施来改善农奴制农民的命运。克柳切夫斯基对此作了再好不过地解释说:“女皇政府在还未能用特

① 《俄国史》,第3卷,第218页。

② 同上。

种常备部队和哥萨克来吓唬贵族的时候，是用贵族来吓唬骄狂的特种常备部队的，所以不能为农奴作任何事情。”[①]至于斯拉夫派所谓罗斯没有过阶级斗争，这种意见就是最起码的批评也经不住的。然而无可争论的是，莫斯科国由于它的那种“特殊性”，因而甚至作为进步源泉的阶级斗争，也常常成为停滞的根源。

如果说索菲娅女皇由于不得不依靠贵族来反对特种常备部队，又不得不依靠特种常备部队来反对贵族，其处境确乎是困难的，那么，她的开明的情人为了自保不得不将其很大一部分智力和注意力用于各种宫廷阴谋，其处境就更困难了。显然，甚至他同索菲娅的爱情关系，一方面使他取得了国家的巨大权力，同时也给他造成不少的困难。女皇热爱他[②]。而他，据德-拉-内维尔说，所以同她要好，则只是由于想提高自己的地位。(il n'aimait que par rapport à sa fortune)索菲娅深受同他这种非法的，但尽人皆知的关系的痛苦，想嫁给他。为此，他必须事先使他的妻子去当修女；而他，据德-拉-内维尔说，又不愿这样做。但他终于让步了，征得了他的妻子的同意进修道院。这一件家庭闹剧，已足使这位“皇帝大印和国家外交大事的监护人”——现在对戈利岑的称呼——付出很高的代价。但与此同时，还发生了一场使他受到致命伤害的

① 《俄国史》，第3卷，第218页。

② 她在第二次克里米亚战争时给他的信中写道：“你给我的信都全部完整地收到。从彼列科比发来的公文于11日星期五到达。我从沃兹德维日斯基徒步去取的。刚刚走近谢尔格伊修道院大门，就收到战报。我记不得是怎样走进去的，边走边读，真不知怎样感谢主和圣母的这一恩德和仁慈的圣徒谢尔格伊！我亲爱的爷，你函示送往修道院事，均已照办：我自己曾沿整个修道院徒步徘徊。”（索洛维约夫：《俄国史》，第3卷，第1022—1023页）这里的真挚情感，是不能有所怀疑的。

同彼得一派的斗争。索菲娅坚决相信她的事业的胜利,但戈利岑却是怀疑的;他在那时不能不看到,事情的结局迫在眉睫。他能不能保持严肃的改造活动所必须的那种精神的平静吗?

彼得的胜利,使他身感失宠被黜的莫斯科公职人员的可怕屈辱地位。这位按照欧洲方式教养起来的公爵,不得不用沙皇奴隶的卑鄙语言来说话了。他在流放途中写给出身雅罗斯拉夫尔世系的沙皇的呈文中说:"费吉尔·沙克洛维特伊从来不是我华斯卡①的好友。"这次旅途中,他从雅伦斯克再次写信给国王说:"我们这些不幸的人(即他和他一家——著者)受尽苦难,接近末日;但是对于您国王陛下,没有怨言。车子将我们,您的奴隶,送到托特马,未到市内,就在苏洪河畔,我的妻儿和家仆所乘的车子坠入水中;妻子和我们的几个小孩勉强被从河里拖了出来,久久失去知觉。"他从普斯托塞尔斯克又一次写信给国王:"我们在途中受尽折磨,像讨饭一样的漂泊无依;一切必需品都没有了,什么都吃光用尽了。"②

不用说,对于一位多年居住在欧洲最华丽的宫室之一的人来说,落到这种极度贫困地步,是很艰苦的。但是当你读他的呈文时,对于伟大的戈利岑——德-拉-内维尔曾这样称呼他——未能沉默无言地忍受落到他身上的这一切巨大苦难,从而未能避免一再把自己称为沙皇的奴隶瓦斯卡的屈辱必要,你是会感到惋惜的。

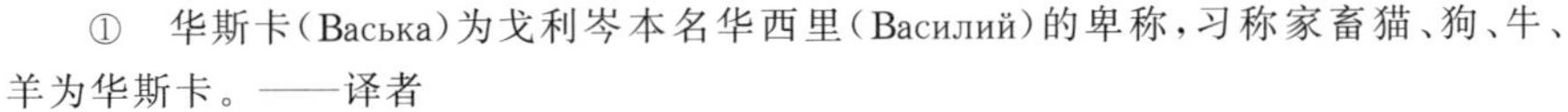

① 华斯卡(Васька)为戈利岑本名华西里(Василий)的卑称,习称家畜猫、狗、牛、羊为华斯卡。——译者

② 索洛维约夫:《俄国史》,第3卷,第1079—1080页。

V

索菲娅的宠臣是这样一些俄国西方派的鼻祖，他们为了实现其改革计划，都力图通过这样那样的途径，对最高当局发生个人的影响。他们的努力很少产生良好的结果。这些人往往是在没有结果，但按照他们的处境却在无法避免的阴谋上耗尽很大一部分精力之后垮台的。一些企图从下而上实现社会改革的西方派，有时对于从上而下改造俄国的希望，抱着严厉谴责的态度。车尔尼雪夫斯基在其为M.科尔弗男爵所著《斯佩兰斯基生平》一书的出版而写的论文《俄国改革家》（1861年）中，对于斯佩兰斯基怎么能如此长期坚信其事业的成功可能，亦即怎么能如此长期坚持改革，表示惊奇。“我们说，像他这样绝顶聪明的人竟然这样愚蠢地欺骗自己，这是令人感到惊奇的。然而这种惊奇应该不仅指自斯佩兰斯基回国到亚历山大·帕夫洛维奇逝世的那些希望空抛的年代。在他以前担任国务秘书时，他便应同样明显地看到他的希望的毫无根据。那时只要将他的意图的性质和规模同他想使用的手段的素质一道进行考虑，他便会承认他是一个梦想家。显然，他在这方面生来就是特别健忘的。”车尔尼雪夫斯基说斯佩兰斯基的健忘，是由于他的急于求成。他将他比作一个急于想发财的人，虽然知道买彩票是一种倾家荡产的赌博，却还是买了好些彩票。按照他的意见，斯佩兰斯基像是一个多情种子，甚至看不见所爱妇女的显著缺陷。他还说：“所有这种人都是可笑的，他们自欺事小，但如果在大事上自欺，那他们就可能危及社会。他们在错误的道路上兴奋地奔忙，仿佛取得了某种成就，因而使许多人受到迷惑，从这种虚

构的成就中产生走这条错误道路的思想。就这方面说,斯佩兰斯基的活动,可以说是有害的。”①

车尔尼雪夫斯基在这个问题上的观点,是一种政论家的观点。根据史学家的观点,对于斯佩兰斯基这种人的活动的看法,却不是经常同十九世纪六十年代俄国先进的非贵族出身知识分子的思想家相同的。史学家不能不问问自己,在斯佩兰斯基的那个时代,是否真有“许多人”会在其他条件下受到他的“兴奋的奔忙”的迷惑呢?他的失败是否促成十二月党人产生必须使用完全不同的改革方式的思想的一种历史条件呢?至于戈利岑公爵,在他那时的莫斯科,他是不能使任何人迷失正确道路的。此外,他的广泛改革方案虽然完全没有实行,但他掌权的那些年代,即索菲娅统治的年代,毕竟对于莫斯科国不是没有好处的。克柳切夫斯基便指出彼得的追随者库拉金对于那些年代的非常好的评价:

“索菲娅女皇统治开始,励精图治,审判公正,人民满意,所以在俄罗斯国家,从来没有过这样英明的统治。在她统治的七年之中,全国大为富裕繁荣,商业及各种工艺都增多了,科学开始恢复拉丁文和希腊文,……那时人民富裕,欢欣鼓舞。”克柳切夫斯基将库拉金的证词同德-拉-内维尔的报道作了对照。据内维尔报道,莫斯科在戈利岑统治期间建造了三千多幢石头房屋②。由此可见,这位西方派公爵的努力,并不是完全没有结果的。

德-拉-内维尔说:“由于戈利岑的垮台,莫斯科失去了一切。”

① 《车尔尼雪夫斯基全集》,第 8 卷,第 318—319 页。

② 克柳切夫斯基:《俄国史教程》,第 3 卷,第 461—462 页。

在戈利岑垮台的时候，他必然是这样看的①。现在我们知道，结果并不是这样。在戈利岑的改造意图之后，接踵而来的是彼得的果断改造行动。但是克柳切夫斯基所指出的事实仍可成立：即以戈利岑为代表，沙皇改革家向远方放逐了一位可能在改革方面成为他的最得力助手的人物。人们不禁在心里闪现一种思想：如果他们两人能够言归于好，那岂不要好得多吗？但是他们两个都是在特定环境条件下行动的，在这种条件下，宫廷阴谋起了巨大作用；阴谋的结果便是索菲娅派同彼得派的斗争。每一种情况都有其自己的客观逻辑②。

① 德-拉-内维尔是在彼得派击败戈利岑和索菲娅以前不久，以波兰国王使臣的身份到达莫斯科的。

② 阿·兰博在《俄国史》(*Histoire de la Russie*)(第5版，第350页)称索菲娅为“一个拜占廷人”，并把她同企图“成为一个欧洲人”的彼得相对立。但是像索菲娅一样，彼得也是出生、受教育和活动于“拜占廷”环境之中的。

第十一章　对西方影响的民族主义反动

I

1655年沃洛戈德的僧侣们向主教提出一个问题：可否认白俄罗斯人进教堂和可否到他们那里去举行宗教仪式？主教感到他无力解答这一重大问题，就向总主教求教。总主教尼空是这样回答的："如果有人未真诚受过洗礼，未真正洗透，这种人要重受洗礼，但死者要重新安葬。"①

这一事实使我们对于莫斯科人的意识在其东方生活影响下所达到的那种惊人局限性，有了一种测量的尺度。如果这些僧侣所问的是：一个东正教的大俄罗斯神父能否安葬一个东正教的白俄罗斯人，应否只是根据这位白俄罗斯人也许在受洗礼时只是浇了水，而不曾浸入水中，便认为他不是耶稣信徒，那就是再往前走——或更正确地说：再往后退，都没有余地了。② 大俄罗斯人不但用中国

① 索洛维约夫：《俄国史》，第3卷，第737页。

② 这是对E.戈卢宾斯基先生所说的俄国人——更确切说，大俄罗斯人——在蒙古入侵以后，"开始把自己看为仿佛是欧洲的中国"（《俄国教会史》，第1卷上半册，莫斯科，1901年，第461页）的无数可能说明之一。以下还有两个说明："我国的亲王和沙皇在正式接待外国使臣之后，通常都要洗洗在接待时同使臣握过的手，认为经过这样的

的长城来隔绝德国人和波兰人，甚至用它来隔绝自己的白俄罗斯和小俄罗斯同胞，从而大大妨碍了他们的国王自莫斯科地位提高以来所提出的目标——俄国国家统一的实现。像使西罗斯人畏惧的"残酷占有制"一样，宗教上的排他性也是同这一目标极相矛盾的。较有远见的莫斯科国统治者懂得这种排他性的危害，力图部分地加以削弱。我们已经知道，国家的迫切需要迫使这些统治者招聘西方的手工业者，技师和医生前来莫斯科。莫斯科的僧侣等级是不欢喜这种事情的。当鲍利斯·戈东诺夫想要建立学校，由外国人给俄国青年教授各国外文时，僧侣们认为这对宗教有害。他们说："他们的辽阔国家在道德风尚、宗教和语言方面是统一的，如果语言多了，国内就会发生混乱。"[①] 不过，僧侣等级的抵制，在莫斯科国从来未能具有重大意义。在鲍利斯·戈东诺夫的朝代里，在莫斯科本地已经开始模仿外国的习俗。有些莫斯科人，不顾莫斯科的僧侣在丹尼尔主教时（1522—1539 年）便将一条虚构的圣徒规则写进《主要法典》中，说什么"如有人剃了胡须死去，就不

接触，手已弄脏。……在掌舵人中有这样一条规则：如果船舰上挂上一艘拉丁人的轻便渔船，那就得嘲弄一番，并做祷告……等等。"（A. 察列夫斯基：《波索什科夫及其著作》，莫斯科，1883 年，第 144 页）

① 索洛维约夫：《俄国史》，第 2 卷，第 724 页。正是僧侣的这种抵制，促使鲍利斯把一批青年送到国外——送到律贝克、法国、奥国、英国。这批青年再也没有回国。值得注意的是，莫斯科政府尽管为混乱时代而深感焦虑，却未忘记这批"孩子"。1617 年 7 月，它在派遣使臣去英国时，命令他们"坚决要求，并采取一切办法，使英国政府将在戈东诺夫时代送去留学的孩子们找到并交出。"的确，它叮咛使臣："对于这些交出的孩子，必须收到自己身边，予以最大的爱护，不使他们感到任何的困难和匮乏，不要因为这些事情而疏远他们，要在一切方面安慰他们。"（索洛维约夫：《俄国史》，同上卷，第 1178—1179 页）当然，将他们带回莫斯科后，对他们是可以施行笞刑的。英国政府没有交出俄国孩子，宣称它在国内不使任何人失去自由。

要安葬它，并将他算做异教徒"等等，而仍然穿上外国服装，剃去胡须。阿弗拉米·帕利岑甚至在他所写的传说里相信，鲍利斯"纵容亚美尼亚和拉丁异教徒的追随者，而且喜欢像妇女般剃光胡须：由于他的爱好，所以老小男子都学样"①。僧侣们怨声载道，但他们牢记着"明哲保身"的谚语，不想同最高当局坚决论争。旧事物的拥护者求助于总主教（约夫），对他说："神甫呵！你看到了这一切，为何沉默不言呢？"但约夫不想破除缄默："在看到耶稣的葡萄园里种了坏种子而无能为力的时候，那就只有望着唯一的主、上帝，用眼泪来浇灌这块坏地。"②总之，莫斯科人的思想迟钝，善于让步，虽然让得很慢，而且是出于明显的实际需要：在实际需要的压力下，他们克服了同外国人接近的畏惧心理。他们甚至常常向西方人——这当然完全出乎这些人的意外——宣读教令，说信仰是一码事，而实际交往是另一码事。伊凡四世的大贵族对开明的英国女皇伊丽莎白的使臣说："信仰不妨碍友谊，贵国女皇同我们国王的信仰不一样，然而我们的国王愿与贵国女皇越过其他国王而相亲相爱。"③不幸的是，同西欧人的交往并不经常对莫斯科人有利。莫斯科人由于落后而成为更为先进国家居民的剥削对象。因此，

---

① 《俄国历史丛书》，第 13 卷，第 487—488 页。马克西姆·格列克也反对剃胡须，尽管他信宗教不完全是信宗教仪式。他在写给伊凡·华西里维奇的论剃胡须的信里说，"髭和须是上帝好心想出的一种最聪明的小玩意儿，它不仅可使男子有别于女性，而且使我们的面目端庄美观。"他说，"有人"剪了山羊的胡须，"山羊受不了这种苦恼……便拼命以头触地自杀。"马克西姆据此教训说："我们都了解，一个不会说话的动物，对于须饰尚且敬重和爱护呵！"（B. 日马金：《丹尼尔主教及其著作》，莫斯科，1881 年，附录，第 83—84 页）

② 《约夫总主教传》，手抄本，录自索洛维约夫：《俄国史》，第 2 卷，第 726 页。

③ 索洛维约夫：《俄国史》，第 2 卷，第 298—299 页。

对“拉丁人，对路德派和加尔文派”的不信任，由于同宗教仿佛毫不相干的原因，而得到支持和加强。

II

这种情况，我们现在在十六世纪的古籍中还可读到。读者已经知道的《瓦拉穆术士的谈话》，便这样写道：

“沙皇和亲王在修道院和所有各处用温和的(原文如此!)威胁规定，不得剃须，不得对他们的尊严有任何危害，要在脸上划完整的十字，要是所有各处对所有人整年地举行忏悔和斋戒祈祷，要使十二岁以上的男女向主和神父忏悔。”①

由于《谈话》的作者很可能是一位俗人，所以他对于外表和心内的虔诚的关怀，包括画十字和剃胡须等等在内，可能显得过分。但是就在这《谈话》里，我们已可看到一种明确的证据，说明这种关怀是由于作者——也许作者并不知道——的纯粹俗人出身。

我们在那里读道：“基督教徒真不幸，他们迷恋异教徒的港口和冠戴(шлыки)②并使用这种冠戴，相信异教徒的美妙并把这种美妙移植到本国，向他们寻求帮助，想靠他们和他们的勇敢精神来捍卫以色列的③的城市和地区④。这样的人不是奴隶，而应称为敌人，因为抛弃上帝的帮助而希望从异教徒得到支援，后来必然要受

① 《古籍委员会研究年鉴》，第10辑，第24页。

② 在另一抄本上为сиртыки。

③ 在另一抄本为基督教的。

④ 在其他多数抄本上为国家。

他们的凌辱和为他们做奴隶，而自己的城市亦将为他们所占领。”①

莫斯科的大公们早就欢喜录用个别从外国来的人担任公职。这些外国来人，是莫斯科公职人员的竞争者。因此莫斯科官宦阶级某一阶层的思想代表，便预断那些想利用“异教徒”来捍卫自己的基督徒，必将遭到不幸。这种思想代表预言，基督徒将受外国人的“凌辱和奴役”。由于思想的自然结合，对于阻塞其仕途的外国人的不满，遂在莫斯科公职人员中产生了对外国“港口”、“冠戴”等等的憎恨②。

商业使各种部落和民族接近。他们一方面相互交换产品，同时也交换思想。根据马克思的正确指示：商品高于任何宗教、政治、民族和语言的限制。但如在交换过程中，一方对另一方具有巨大优势，则其暂时的后果便可能在弱者一方出现宗教和民族局限性的强化。我们在莫斯科商业阶层的范例中就看到了这种情况。

莫斯科国在十六世纪时就不能没有西欧的商品。由于需要这种商品，莫斯科当局给外国商人以重大的优惠待遇。例如，在鲍利斯·戈东诺夫时，就有一些在伊凡雷帝时迁来莫斯科的黎巴嫩商人，从沙皇的国库里借得 300 卢布和 400 卢布无限期的无息贷款。对于其中两人，鲍利斯颁发给莫斯科最佳商人称号的奖状；他们不同莫斯科商人一道担负任何徭役，他们被豁免了任何捐税和义务③。不难理解，莫斯科商人对此不会高兴，因为他们必须负担很

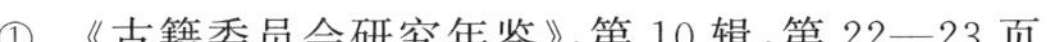

① 《古籍委员会研究年鉴》，第 10 辑，第 22—23 页。

② 别尔森便对马克西姆·格列克说过：“凡改变其习俗的国家，必不能久存。”

③ 索洛维约夫：《俄国史》，第 2 卷，第 720 页。

多徭役和赋税。英国的商业公司在费多尔·伊凡诺维奇时取得一些特殊权利，这也使莫斯科国的商工业居民不高兴①。据科斯托马罗夫说，像同东北方外国人的贸易有利于俄国人一样，十六世纪同俄国人的贸易亦有利于英国人。“英国人占据了通商路线，任意提高其产品的价格，而降低俄国产品的价格，他们对俄国人民采取轻视态度，从而引起了对他们的不满。”②在这种不满的基础上，自然要发展各种反对外国“没有良心的人”的成见。

混乱时代以后，这一不满并没有消失；因为引起不满的原因没有消除。在米哈伊尔沙皇时，外国商人又想获得各种特权。当时，英国人想获得通过伏尔加河进入波斯的权利。由于需要金钱，莫斯科政府本想同意他们的这一请求；但它觉得必须同一些莫斯科的客人进行磋商。沙皇和总主教询问他们：“如果给英国客人一条通往波斯的道路，这是否会给莫斯科的客人和商人造成妨碍和损失呢？”莫斯科的商人和客人一方面感谢伟大国王的仁慈，并预先请求原谅他们将坦率地陈述他们的见解，同时大致表示：“如果向英国人征收关税，则国库获利必巨，但商人的事业将瘫痪，因为他们竞争不过英国人。”③每当莫斯科人获得可能公开发表他们对西欧（不只是英国）商人在俄国经商的意见时，都提到这种“竞争不过”。莫斯科商人担心会陷于对他们的可怕竞争者的依附地位。

① 有趣的是，伊凡四世也与英国商人打交道，赞扬他们是**商业上的好汉**。这一事实鲜明地说明了他对莫斯科“商业资本主义”的态度。

② 科斯托马罗夫：《历史专题著作和研究》，第 20 卷，《十六世纪和十七世纪莫斯科国商业概述》，第 22 页。

③ 索洛维约夫：《俄国史》，第 2 卷，第 1175—1176 页。

当荷兰公使范一克伦在费多尔·阿列克谢维奇朝代的初期请求准许荷兰人在俄国同波斯人做生意,并准许波斯人经由俄国将生丝运到荷兰时,莫斯科的商人又表示害怕外国人将把他们全部“逐出商业”,并控制各行各业。他们还提出东印度为例,说荷兰人在那里“占有了金矿和银矿,以及其他一切行业,因此现在获得了巨大财富,而那里的居民却陷于贫困”[1]。

莫斯科商人对于荷兰人的殖民地政策给东印度土著人民带来的后果,是估计得完全正确的。因此,莫斯科居民的极端局限性,并未妨碍他们在涉及其已意识到的切身利益问题上,具有远见。但由此也可看到,莫斯科的“商业资本主义”在同西方的商业资本主义发生冲突时,感到自己是多么软弱无力。

III

由于不能“束紧腰带”同西欧人作经济斗争,莫斯科商人对西欧人抱着憎恶的情感,这种憎恶很自然地扩展到所有西欧人的风俗、习惯,乃至外表[2]。科斯托马罗夫说:“俄国商人以及一般俄国人,同有学识的人类仍然没有联系,这便造成他们性格的孤僻,无知和对所有外人的敌视。”[3]我们看到,——部分地由于这位史学

① 《俄国史》,第 3 卷,第 886 页。

② 莫斯科商人 1646 年,向沙皇控诉“英籍德国人”。在控诉书里除其他许多理由外,写了下述可笑的意见:“他们的证书写明,证书是根据他们向卡洛斯王提出的呈文发给的。但他们、英国人、商人都对卡洛斯王不驯服,脱离了他,同他斗争了四年。”(索洛维约夫:《俄国史》,第 2 卷,第 1507—1508 页)这种从君主专制制度方面找出的理由,后来在俄罗斯商人的申请书里,亦常常出现。

③ 同上书,第 180 页。

家的指点，——对所有外人敌视的根源，在于莫斯科国的经济落后，这种敌视便是被剥削者对于剥削者的憎恶情感。但是无论如何，随着莫斯科国同西方国家贸易往来的日益频繁，这种对所有外人的敌视，在若干时期内是必然会加强的。正如在彼得以前和彼得以后很久，俄国商人也都暴露出保守的情绪而不接受欧化，尽管实际上他们所从事的事业，归根到底必将破坏莫斯科旧生活的基础。这种保守情绪，直到现在还在为现代资本主义胜利引起信教式的恐惧的外省城市很大一部分小市民的“黑帮”观点中暴露出来。

莫斯科国劳动群众的“无知”，更有甚于上层阶级。然而就在这里，反对外国人的成见，也远远不仅是由于“无知”①。人民群众预感到，转向西方将使其业已无法忍受的重担更为增加。此外，在十七世纪莫斯科国大量涌现的供职的外人，他们瞧不起莫斯科人，当然最鄙视的是劳动群众，而劳动群众的代表——如“负有纳税义务”的劳动人民和奴隶——却受他们的统辖。因此，劳动群众厌恶外国人，是毫不足怪的。普斯科夫的变民（гилеьщики）在给阿列克谢·米哈伊洛维奇的呈文中表示：“在以前历代君王时，在伊凡，华西里耶维奇时，外国人没有当什么官。”在同一呈文里，他们对那些赞扬“德国信仰”的人提出指责。在普斯科夫和诺夫戈罗德，由于两地发展的历史条件，其反对“德国信仰”的成见，要比在莫斯科弱得不可计量。这两个城市共和国在十四及十五世纪中产生的异

① “无知”本身，在这种事情上是什么也解释不了的。无论所谓野蛮人有多么无知，他们只是在外国人压迫他们时，才对外国人开始发生敌意的。

教，同“德国信仰”有着密切的联系。阿列克谢·米哈伊洛维奇答复普斯科夫人说：“一些沙皇、皇后和马格努斯王，以及许多外国人，都为沙皇伊凡·华西里维奇和我的父亲服务。”[1]这是事实。民族主义的反动不能消除十七世纪莫斯科罗斯招聘供职的外人的需要，这也是完全无可怀疑的。然而这种需要愈是显著，民族主义的反动也暴露得愈加强烈。既然莫斯科人所特有的局限性，如前所述，业已发展到使他们怀疑应否将信仰东正教的白俄罗斯人也算做“异教徒”的地步，则民族主义的反动分子对于学者们从西部罗斯，甚至从希腊来到莫斯科，自不能不表示愤慨。1650 年对若干民族主义反动代表的审讯摘录，是保存下来了。据克柳切夫斯基说，这些代表都是莫斯科的青年学生。他们共四人：卢奇卡·戈洛索夫（后来任职到相当地位），斯捷潘·阿利亚比耶夫、伊凡·扎谢茨基和布拉戈维申斯克大教堂的低级职员科斯特卡（康士坦丁·伊凡诺夫）。他们愤恨著名的沙皇侍臣勒季谢夫在距莫斯科不远的地方建造了一座修道院，住进了 30 名小俄罗斯僧侣，他们必须向愿学者讲授斯拉夫和希腊文法、修辞学和哲学。勒季谢夫本人同这批小俄罗斯学者整夜长谈。但是莫斯科的“青年学生”抱怨说：“请看，他们向基辅人学希腊文，而在那种文字里便有异教。”根据斯捷潘·阿利亚比耶夫的供词，可以看出，他开始向长老阿先尼·格列克学拉丁文，但在这位长老被流放到苏洛夫基后，便停止了学习，连识字课本都撕毁了。因为他的亲人以及戈洛索夫和扎谢茨基都对他说：“不要再学拉丁文了，这不好——但什么不好，他

① 索洛维约夫：《俄国史》，第 2 卷，第 1544 页。

们没有说。”勒季谢夫要求戈洛索夫本人向基辅僧侣学拉丁文，但遭拒绝。他向前述布拉戈维申斯克大教堂的低级职员君士坦丁·伊凡诺夫说：“请告诉你的大司祭，我不愿向基辅的长老学习，他们这些长老不善良，我在他们身上看不到德行。现在我因为害怕勒季谢夫，所以迷惑他，但往后怎样也不想学了，谁要是学会拉丁文，他便走入歧途。”这一被迫学习的青年学生，对于比较有学识的莫斯科人前往基辅完成学业，也是反对的。同一戈洛索夫对他的朋友君士坦丁·伊凡诺夫说：“又请提醒大司祭[①]佩尔菲利·泽尔卡尔尼科夫和伊凡·奥泽罗夫都到基辅学习了，通行证书是勒季谢夫搞到的。他们去向基辅的长老学完拉丁文课程，学完后就回国，那时他们将会有大麻烦。”这个教堂低级职员科斯特克（君士坦丁·伊凡诺夫）也是不赞成这种旅行的。他答复自己的朋友说：“福马教士对我说：你看，怎么办？我的忏悔者伊凡·奥泽罗夫和佩尔菲利·泽尔卡尔尼科夫都在请求去基辅学习了。我（即君士坦丁·伊凡诺夫。——著者）对他说：看在上帝的分上，别让他们去罢！上帝会怪你的。但福马说，我是乐于把他们留下不走的，但他们哭哭啼啼地要求，不听我的话，怎样也阻挡不住。”

福马教士的这后一答复，为我们提供了一种新的、更令人欣喜的特点，以说明当时“莫斯科青年学生”的情况。虽说在他们当中，有像斯捷潘·阿里亚比耶夫和卢奇卡·戈洛索夫这样的人——而且这种人很可能占大多数——由于害怕陷于异教而不愿学习，但

① 当时，布拉戈维申斯克大教堂的大司祭，是沙皇的神父斯特凡·韦尼法捷耶夫。

是在他们当中也还有这样一些人，他们“不断地哭哭啼啼”要求让他们到基辅完成其在莫斯科业已开始的学业，这对于国家的进一步发展，是值得庆幸的。这后一类人，是有完全充分的理由哭着请求准许他们去基辅的。他们毫不敬重他们的虔诚的莫斯科教师，说“他们都在胡扯，他们言之无物，听起来对自己毫无好处。他们只是在教，但他们自己也不知道在教什么”[①]。这些急于求知的青年人同样在母亲莫斯科感到“憎恶”；像奥尔丁金一纳晓金一样，他们力图脱离她。可惜这样的人暂时还极少。

IV

由于转向西方而产生的民族主义反动，随着西方影响的滋长而不断增加。可以设想，克里扎尼奇在宣传他的“逐客”主张时，是局部地受了当时在莫斯科广泛传播的情绪的影响。我所以说“局部地”，是因为克里扎尼奇在抵达莫斯科前，便已对“德国人”相当憎恶。在莫斯科，克里扎尼奇听到各方面对“德国人”横行霸道(现在我国民族主义也会这样说的)的怨言，只能更加巩固他对“德国人”的憎恨，因而终于倾向于“逐客”。民族主义的反动还表现于教派分裂运动。我想就此多说几句。旧仪派的分裂运动，是十七世纪莫斯科生活中最鲜明的民族主义的反动表现。分裂运动的著名领袖阿瓦库姆大司祭叹道：“啊！可怜的俄罗斯，你为什么想要拉丁习俗和德国式举止啊！”另一分裂派领袖拉扎尔神父向阿列克

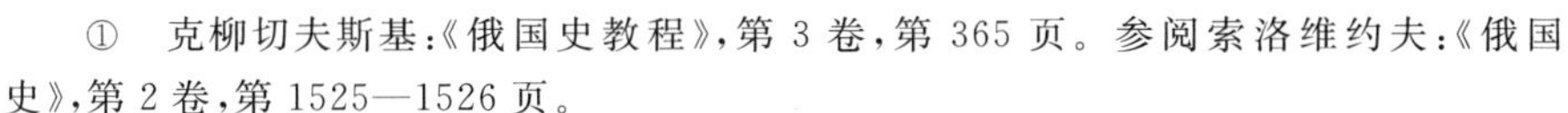

① 克柳切夫斯基：《俄国史教程》，第3卷，第365页。参阅索洛维约夫：《俄国史》，第2卷，第1525—1526页。

谢·米哈伊洛维奇发出呼吁:“高贵的沙皇呀！你体验体验这是什么时代:你有聪明的哲学家,他们议论天上的神和地上的人物,用俄尺来测量星宿的尾长。上帝说这种人是伪君子,因为他们没有料到时代。国王呀！你养活了各式各样的人,这难道有什么值得欣赏的吗？……古法是上帝赐予的楷模:坚守祖法,便可得到上帝赐予的一切幸福;乱了祖法,便要受到一切恶报。沙皇你应告诫自己的高贵子女,要他们永远坚守祖法呀！”旧信仰的第三个辩护人,东正教助祭费多尔曾为旧罗斯的末日而哭泣。他说:“已经没有别的退路,最后的罗斯尽于此矣！……”①就是尼空总主教,尽管在分裂派的眼光里,他是一个危险的革新派,但他也没有摆脱民族主义反动的影响。据阿列普的主教保罗说,在莫斯科的一些画家开始采用西方艺术家的作画方法时,莫斯科的达官显贵向他们购买新式圣像。尼空没收了这些圣像,并发布命令说,以后凡画这种圣像者,将受最严厉惩办。根据沙皇阿列克谢·米哈伊洛维奇的指示,这种圣像均被收集起来,埋入土中;而按照新画派的精神画了这种圣像的人们,则被革出教门②。在反对西方的事业中所表现的这种热情,便是最倔强的分裂派领袖,也是望尘莫及的③。

---

① 《А. П. 夏波夫文集》,第 1 卷,1906 年,第 219—220 页。

② 《А. П. 夏波夫文集》,第 1 卷,第 204 页,注解。

③ 卡普捷列夫教授说:尼空像他的敌人分裂派领袖一样,也是对西方科学抱着敌视态度的。李加里德有一次在同他谈话时引证了物理学。尼空愤然反驳他说:“你不用上帝的圣书来作答,圣徒和圣父是命令我们用这种书来进行训诫和作出解答的。但你用来作解答的却是物理学,胡桃叶以及其他可笑的谎言。”按照卡普捷列夫教授的说法,总而言之,尼空“对于各种现象的理解,他的判断的方法和性格,都同他的敌人——旧仪派极为相似,所以常常几乎不能把他的见解同反对他的改革的敌人的见解加以区分”。(《尼空总主教和阿列克谢·米哈伊洛维奇沙皇》,第 2 卷,第 358 页。)

后来在分裂运动中表现的情绪，在尼空还不过是诺夫戈罗德的主教、对俄国教会的命运尚无影响时，便已几乎完全形成。那时便已在教徒之间传播着种种论文集，谈论反基督徒和计算反基督徒出现的时间。在尼空的前任——约瑟夫总主教时期印行的《论信仰》一书，说到"自上帝的儿子的化身出现一千年后，罗马脱离了东方的教会。595 年时，成千的小俄罗斯居民接近罗马天主教教堂。这是基督教徒第二次脱离教会。为了防止这种情况，我们现在写明：希望在 1666 年到来时，我们不再受以往那些罪恶的折磨"①。大家知道，1666 年在莫斯科举行了俄国僧侣会议；会议通过了尼空的革新办法，采取了严厉措施来惩办不知悔改的分裂派（大司祭阿瓦库姆、神甫拉扎尔、助祭费多尔）。这似乎是证实了刚刚所说的预言，因此以这个预言为内容的书，当然在拥护旧信仰的人们的眼光里，具有很大的威信。

再说一次：革新派的敌人，在十七世纪不仅有分裂派。1690 年 2 月，即在彼得实际上掌握了政权的时候，应邀出席为庆祝皇太子阿列克谢·彼得洛维奇诞生而举行的宴会的总主教约基姆，要求不要请外国人赴宴，而且这个要求获得成功。他在死前写了一篇遗嘱，对万恶的外国异教徒发表了一整套愤慨议论：

这个高级僧侣天真地问道："他们能对东正教的军队有什么帮助呢？他们只能引起神的压抑。在东正教徒祈祷的时候，异教徒在睡觉；基督徒向圣母和所有圣徒请求帮助，而异教徒却嘲笑所有这一切；基督徒实行斋戒，而异教徒却从来不这样做。狼在指挥着

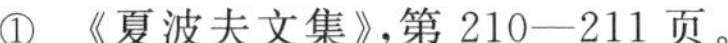

① 《夏波夫文集》，第 210—211 页。

羔羊啦！由于上帝的恩赐，在虔诚人们的俄国，有许多精于军事的人才。我再次提醒：不准异教徒在任何地方建造罗马的教堂和德国路德教的教堂，不准鞑靼人在任何地方建造清真寺，不要实行拉丁人和外国人的风俗习惯，不要按照外国方式改变服装。”[①]等等。

然而尽管如此，反对转向西方的民族主义反动，表现得最明显的仍是分裂派，这是毫无疑义的。

① 索洛维约夫：《俄国史》，第 3 卷，第 1095 页。

第十二章　作为社会思想表现之一的分裂运动

分裂运动的正式发生，是对莫斯科罗斯的特点的最好说明。人所共知，它的发生是由于宗教仪式和某些祈祷仪式书籍的修订。创议进行这种修订的是尼空总主教。尼空认为，莫斯科所规定的宗教仪式与东方教会的旧仪式不相符合。他错了。莫斯科的仪式，比尼空用来否定它的那种仪式，和十七世纪东正教希腊人中居于统治地位的那种仪式，历史更为悠久。最初，基督徒是用一个手指画十字的，后来在东方用“两指”代替“一指”；这两指仪式又从东方传到罗斯。但是往后希腊人画十字已不用两指，而用三指；而莫斯科人却仍沿用“两指”。根据一切事实可以看出，这些历史事实是尼空所不知道的。这也毫不足怪，因为尼空不懂希腊文，而且一般没有作这种历史考证的学识。但是应该指出，几位希腊的总主教，虽然主持了 1667 年的莫斯科宗教会议，并同意处分那些接受俄国旧仪式的人们，然而他们并不知道他们本国的教会史。不过也可能，他们知道这一历史，但想尽力忘掉它。正如卡普捷列夫教授所说，他们“过分醉心于先入的偏见，一心想谴责无知的俄国人企图在教会生活中摆脱当时希腊人的监护和对希腊人的服从；一心想通过谴责和贬低俄国离开希腊教会生活而独立自主的整个时

期，以提高这些总主教公开夸耀的‘极端典雅的希腊人’的地位，在俄国舆论中恢复‘希腊人美丽堂皇’的印象，同时增加俄国政府送给东方总主教讲坛的赏赐”①。

把保持俄国仪式的人们革出教门，势必在那些由于对事物的态度比较温和、只是在非实质性问题上发生分歧的地方，造成分裂运动。这便使卡普捷列夫的下述意见更为可信：“我国旧仪派分裂运动的正式发生，完全是由于两位东方总主教在宗教会议上的影响，而不应归咎于俄国的主教，俄国的主教在 1667 年宗教会议上讨论俄国仪式时，只是消极服从两位世界总主教和其他希腊人的影响，认为这些人在解决教会问题上，比他们更有权威和更有学问。”②当然，如果在莫斯科的教会里没有“残酷的占有制”，则希腊的主教们也不能给俄国带来那么多的危害，而这种“残酷占有制”的产生，却不能归咎于希腊人。但无论如何，希腊人的过错，无疑地是很大的。

卡普捷列夫教授认为，俄国教会正式分裂的主要罪人，（除两位东方总主教派西·亚历山大里斯基和马卡里·安季奥希斯基外）是潘西·李加里德和雅典的伊维尔修士大司祭季奥尼西③。我在前面的一章里，已谈到李加里德的非常可疑的品德。现在我不得不补充指出，可惜在东正教的希腊人中，品德非常可疑的，其实不仅他一人。卡普捷列夫教授以为，莫斯科人虽然承认具有科

① 卡普捷列夫：《尼空总主教和阿列克谢·米哈伊洛维奇沙皇》，第 2 卷，第 528 页。

② 《尼空总主教和阿列克谢·米哈伊洛维奇沙皇》，第 2 卷，第 527 页。

③ 同上书，第 531 页。

学知识的希腊人在教会问题上是权威，可是同时对于他们的品德缺点，也是了解得相当明确的。他写道："俄国人不能不看到，希腊人来到莫斯科，首先和主要地是为了个人发财，获得莫斯科政府和一般所有俄国人的施舍。俄国人看到，希腊人为了发财，不择手段，甚至不排除使用最为可疑的手段，他们只要获得好报酬，不惜干出任何勾当。"[①]两位东方总主教本人在莫斯科的行为就不是完全无可非议的。他们竟然出卖免罪符，每张卖一卢布，按现时货币计算，约为 20 卢布。价格可说还可以，但莫斯科人抱怨起来了。保存下来的一个不知名人士在上国王的呈文中说："巴勒斯坦的总主教来到你的国家，他们在这里、在莫斯科国出售免去过去罪恶的证书，往后犯罪也不算罪；这种免罪证书，花一卢布就可购得。他们有什么真话和真理呢？他们之中没有完美的人，而是无赖透顶。难道他们一百人中有一人打扮成穷人吗？"[②]的确，他们是无赖。然而我们的僧侣还是承认了这些无赖汉的权威，由此可见，一度极端自负的莫斯科国官方神学，在当时条件下，是多么感到自己的软弱无能！至于世俗统治者，他们无疑地有自己的打算。我在前面[③]说过，阿列克谢·米哈伊洛维奇在同尼空冲突时，向东方总主教求助。我还指出：这位最沉默的沙皇的希望没有落空：什么勾当都干得出来的希腊人，热烈地支持了他，……当然，不是没有报酬的。

① 《尼空总主教和阿列克谢·米哈伊洛维奇沙皇》，第 2 卷，第 541 页。

② 同上书，第 541—542 页，注解。

③ 请参阅《宗教当局和世俗当局的斗争》一章。

II

卡普捷列夫教授断言，在两位东方总主教领导下的1667年宗教会议，对俄国旧仪式所作坚决谴责，是“完全”出于误会[①]。这看来完全正确。但不能同意这位天才和勇敢的学者所说我国旧仪派的分裂，“就其本身实质而言，没有比较巩固和长期存在的任何真正基础。”既然它存在了数百年，而且直到现在还是足够“巩固”地存在着，怎能说它“没有”存在的真正基础呢？卡普捷列夫教授以为，“整个分裂运动存在的真正基础，是斗争双方的误会和缺乏了解”[②]。当然，在莫斯科总是有许多各式各样的缺乏了解和误会的！但是为什么这种误会和这种缺乏了解，竟然如此深刻地动摇了莫斯科国的社会生活呢？我们的作家解答说：“尼空的改革愈是坚决地指出俄国教会旧事物在某些方面站不住脚，必须根据当代希腊的——全世界的方式加以改变，则改革的敌人便愈是坚决和强硬地抓住旧事物不放，便愈是果敢地在他们之间确立起一种信念，认为对俄国旧事物采取任何批判的态度，无论于教会或于国家，都是一种致命的严重罪行。”然而问题却在于莫斯科人为什么这样坚固地抓住旧事物不放呢？卡普捷列夫教授引用名言说：“坚持至死，仿佛愉快；不要预设永久界限；给我们立下规矩；垂之久远。”他就此申述道：“这就是东正教大司祭阿瓦库姆所提出，并为其全体追随者所信守的根本原则。”接着在下文里，他重申：“尼空

① 《尼空总主教和阿列克谢·米哈伊洛维奇沙皇》，第2卷，第529页。

② 同上书，第532页。

敌人对群众的吸引力和魅力，在于他们是维护遭到尼空践踏的祖国神圣旧事物的战士和捍卫者，是拥护现在称为俄国特殊性的战士，而这种特殊性却受到外国新事物的致命入侵的威胁。”[①]这仍然是什么也不能解释。为什么人民群众这样需要“俄国的特殊性”呢？为什么在他们的眼光里，旧事物变成“神圣的”呢？

我在前一章里，指出莫斯科罗斯转向西方在其居民中引起巨大民族主义反动的一般历史条件。现在对这些条件加以更仔细的研究。

最初的分裂派领袖，都是来自莫斯科的僧侣等级。什么原因促使他们反对尼空革新呢？

夏波夫说：分裂运动是从对严峻的尼空的民主反对派中产生的，低级的僧侣都称尼空为第二教皇。夏波夫认为，对尼空总主教的敌视，是早期分裂运动的基本原则。他说：“僧侣教权和宗教民主，这就是分裂运动何以从低级僧侣中产生的第一个最初的直接原因。”[②]我们往下便可看到，这种说法需要某些修正，但它比纯然理性地指出误会和无知云云，毕竟是具体得多的。

其次，为什么劳动群众对于莫斯科低级僧侣发动的分裂派说教，如此欣然响应呢？为了解答这一问题，夏波夫从一位过去的书吏、旧仪派分子多库金所写的“令人愤恨的信”里抄了很长一段话。的确，这封信所说的是彼得时代，但这丝毫不能减少其作为人事证件，对阐明人民群众分裂运动的心理的意义。下面便是信中一段：

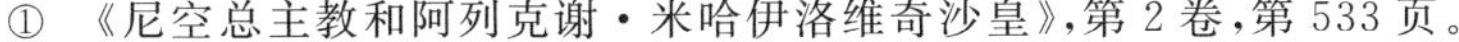

① 《尼空总主教和阿列克谢·米哈伊洛维奇沙皇》，第2卷，第533页。

② 全集，第1卷，第217页。

“请看罢！我们……这些生息在这块土地上的东正教基督徒，怎样被剥夺了自由生活，从一处房屋被驱逐到另一处，从一个地方被驱逐到另一地方，从一个城市被驱逐到另一个城市，我们受侮辱、欺凌；我们的房屋、商业、农业，以及手工业和以前所有的作业，……我们的一切生活需用财物，无论在城市和乡村，虽有法律规定，却均被剥夺。”

这一段话令人信服地证明，劳动群众的分裂倾向，是由他们的困苦处境引起的。然而不仅如此。往下我们还可看到更明确的说明：

“我们事业中到处都最需要的木材被禁用，渔业、商业和作坊有许多被没收，灾难遍地，由于赋税繁重而负债累累、饥饿使人瘦弱，许多人因此死亡，房屋和低级教区都荒废了，神圣的教堂倒塌了，木工和石匠被驱逐出去了。……”

我们在这里看到一系列非常明确的怨言。每一种怨言都可引用彼得的相应压制人民的命令来解释。因此完全可以看出，构成人民中分裂运动的基础的，不仅是误会，也不仅是无知。这一运动无疑地是以人民对其不断恶化的处境的不满为基础的①。这一无

① 这就是为什么 П. 斯米尔诺夫先生犯了严重错误的缘故，他断言，似乎文献表明，构成分裂运动的基础的，只是宗教的意图，似乎任何一种文献也“没有一句反对国家生活的语句，没有一点反对社会制度压迫的暗示，没有一声关于经济制度的慨叹”。（《十七世纪分裂运动的内部问题，根据新发现的手抄本和刊印本古代文献对分裂运动初期史的研究》，圣彼得堡，1898 年，第 128—129 页）。在这种文献中，是有“暗示”和“慨叹”的。夏波夫关于分裂运动的观点，要比斯米尔诺夫这样的学者正确得多。但夏波夫从相反的方向犯了错误：他把“慨叹”和“暗示”看作自觉的民主主义抗议的表现，然而在当时，并没有、也不可能有这样的抗议。

可争辩的情况给为数颇多的学者和政论家提供理由，把在十九世纪六十年代及七十年代俄国民主主义思想史中起过重大作用的分裂运动，加以理想化。

III

夏波夫说："崇奉旧信仰的人们，同多库金一道，在彼得时大声疾呼，反对剥夺自由生活，许多人因此跑去参加分裂运动。……在老早以前，全国的人，包括关厢客商人和农民，都享有完全的日常生活自由权，都可以按照自己的意志而生活。……后来出现了对意志的最初限制，把居住地点及对国家的赋役加以固定；农民被固定于农村地区，商人被固定于商业地区，——全国的人经常逃避赋役，力图生活于优待和自由之中，而不愿负担赋役；强者对国王的指令也不服从，……自动地迁往有优待和自由的商工业市镇……。而到了十七世纪下半期和彼得朝代，由于人民普遍被奴役和负担着对国家的义务，就连自由的商工业市镇也变为国王的市镇和公家的市镇了，自由流浪阶级被消灭了，这自然要引起所有这些游荡的人们和自由市镇的反抗。"[①]受政府迫害的流浪人们逃进森林和草原，迁居边境地区，在那里建立新的市镇。然而这些市镇已是分裂派的市镇了。劳动群众在维护其旧时自由的时候，遇到了力求在教会制度上实行民主的来自僧侣等级的最初分裂派领袖，心甘情愿地请他们在反对莫斯科中央集权派的农奴制实践的社会抗议中，充任思想家的角色。

① 《地方自治和分裂运动》，载《夏波夫文集》，第1卷，第485—487页。

夏波夫的这些议论是一个大纲，所有其他“把分裂运动理想化的人们”[①]都根据这个大纲作了或多或少的热心和天才的发挥。现在很容易看出，这个大纲并不充实。

在西欧的先进国家中，“宗教民主”表现于一定的政治倾向，成为积极思想工作的推动力。对于北俄“民主”中产生的宗教运动，也差不多可以这样说。科斯托马罗夫曾请他的读者注意，所谓“斯特利果尔尼克派”[②]的宗教抗议运动，不仅触及信仰的字句，而且触及信仰的实质。他们的宗教思想没有停留在一个地方。如同一位史学家所说，他们甚至发展到纯粹的自然神论，不仅否定了教会的传说，而且否定了圣徒的传说[③]。犹太化的异端也表现出很大的自由思想和强烈的前进倾向。科斯托马罗夫以为他们当中有些人甚至达到了唯物主义[④]。一般地说，按照当时的标准，他们的特点是很有学识，而不仅注意圣经著作。约瑟夫·沃洛茨基攻击他们致力于“许多神话创作”，并非偶然[⑤]。戈卢宾斯基认为“斯特利果尔尼克派”的异端，同我国现在的分裂派——反教仪派[⑥]非常相似。然而即令有无可争辩的相似之处，也还是有实质性的差别的：

① 这是И.哈尔拉莫夫的用语。见《事业》杂志，1881年8—9月份刊登的他的论文《把分裂运动理想化的人们》。

② 十四世纪在俄国发生的一种宗教形式的反封建压迫运动。——译者

③ 《历史专题著作与研究》，第8卷，第422—425页。

④ 《北俄的民主》，第426页。

⑤ 参阅戈卢宾斯基：《俄国教会史》，第2卷，上册，第579页注解。另参阅博齐亚诺夫斯基：《十四—十五世纪的俄国自由思想家》——见《新言论》，1896年第3辑，第168页。

⑥ 反教仪派（Беспоповщина）为分裂派的一个支派，它与教仪派（Поповщина）这个旧仪派的支派相反，不承认司祭、神甫、教士及教堂仪式。——译者

反教仪派在过去和现在死啃字句，并不亚于教仪派，然而“斯特利果尔尼克派”及其后的犹太化异端，却是很不重视字句的。

同时，普斯科夫和诺夫戈罗德的异教徒都不害怕与西方接近，而且相反地，愿意同西方接近。这也是可以理解的：他们的宗教观点是在西方的明显及强烈影响之下产生的。

最后，就在莫斯科，我们也看到（在马特维·巴什金和费奥多西·科索伊的著作里）批判思想的辛勤著作，这种著作同呆板地信赖旧教仪和旧字句，是毫无共同之处的。对于旧仪派，——我们在前面已经看到，对于尼空本人也一样，——怎样画圣像问题也具有头等重要的意义。而费奥多西·科索伊，在他们出现以前一百年，便断言圣像也是偶像：“给它们画了眼、鼻、唇、手、足，但它们什么也不能作，不能动。”他否认一切基督教会的制度，认为耶稣也是“常人”[①]。根据这位卓越人物的学说，基督教不是要人遵守仪式，而是要实行耶稣关于对人仁爱的戒律。但如将他的观点同旧仪派的观点加以对照，则最足惊人的是在他的观点里完全没有民族的排他性。他说，在上帝那里，所有的人都一样：“鞑靼人也好，德国人也好，以及说其他语言的人也好”[②]，都是一样。

为什么在十七世纪的莫斯科罗斯，宗教的激情和人民的不满只是表现为对死板字句的盲目依从呢？莫斯科的僧侣在维护旧仪式的时候，大声疾呼：“规矩前定，永世不变。”当他们为“神圣”的旧

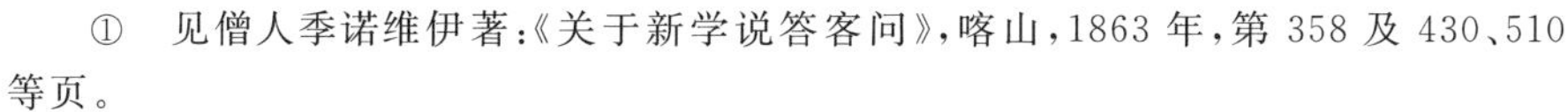

① 见僧人季诺维伊著：《关于新学说答客问》，喀山，1863年，第358及430、510等页。

② 戈卢宾斯基，书见前，莫斯科，1900年，第2卷，上册，第828页；另参阅826—827，329—330页。

事物而死的时候，他们便表明他们的“宗教民主”不但与思想停滞共处得极好，而且加强了这种停滞。莫斯科的宗教民主的这一特点，是从哪里来的呢？对于这一个很有意义的问题，夏波夫和其他“把分裂运动理想化的人们”是很少去研究的。而即令他们研究了，他们对这一问题的解答也是从唯理论的精神出发的。例如：

最热衷于“把分裂运动理想化的人们”之一——说得更正确些，他们当中最热衷的一人——И.尤佐夫写道：“我国渴求精神生活的人们，可惜只有一条出路：分裂运动。……任何感到‘精神饥荒’的农民，除了用分裂运动来消除折磨他的精神饥荒之外，别无其他出路。所有其他道路，对他说来，都是不通的。”[①]

这话归根到底就是说，由于人民完全没有其他的知识来源，才胡乱抓住了分裂运动。这同我在上面引录的卡普捷列夫教授的意见，以为分裂运动的根源在于误会和无知，是很相仿佛的。

尤佐夫在另一处从一份用参加同一信仰[②]的分裂派名义写的呈文里，抄了一些很长的引文。其中有一段对我们很有意义。这一段所说的是对分裂派实行革出教门处分问题。

使我们在这里感到兴趣的这段呈文摘录里说：“这一处分是违反教会本身、即违反人民、违反教会的主体和宗教捍卫者，而由俄国教会的大法师一人作出的。由于大法师一人并不就是本义上的教会。所以，这种处分不仅不是圣徒的教会作出的，甚至也不是俄

① 《俄国脱离国教的人们——旧教派和精神的基督徒》，圣彼得堡，1881年，第110页。

② 东正教中保存一切旧仪式的教派——译者

国教会作出的。因此，这个处分由于不是教会的处分，所以是无效的。”[①]我不打算去分析呈文作者关于俄国旧仪式拥护者是根据谁的创议而受到诅咒的见解，不打算分析这一见解有多少符合历史的真实情况。上述卡普捷列夫教授的意见，可以说是把问题说透彻了。但是必须指出，事实上，某些分裂派分子即令不是经常都尊重教会的民主，但在写呈文这一时代，却是尊重的[②]。在他们的眼光里，人民是笃信宗教的保护者教会的主体。当他们更进一步发挥他们的观点时写道：“在俄国教会里，由谁来讨论教义及信仰问题呢？根据圣徒的先例，应该共同讨论。但在全俄罗斯的教会里，有些什么会议呢？东正教最高会议在军官指挥下，只能研究外表上的事务，”等等时[③]，对于他们的这种观点，是不能不表示同意的。

呈文的作者随后写道：圣徒的教会“从来不以为仪式应该是教条式的一成不变和全世界都应一模一样；每一局部的教会，均应按其独立的程度，适应时间、地点和人民精神，规定其职称和章程，习惯和仪式”[④]。尤佐夫没有声明，这段话的着重点是谁加的。我以为是他加的。但无论是谁对“适应时间、地点和人民精神”一语加了着重点，对这句话是值得加以研究的。

为什么用两指画十字，顺着太阳的方向从东到西行走，对上帝的加重赞美，称极世主为耶稣等等，在莫斯科符合“时间、地点和人

① 《俄国脱离国教的人们—旧教派和精神的基督徒》，第 54 页。

② 谁都知道，“皈一教”的成立日期为 1800 年底。

③ 尤佐夫：同上书，第 55 页。

④ 同上书，第 54 页。

民精神”呢？关于这个问题，无论呈文的作者或尤佐夫本人，都未谈到。如果有人认真地向他提出这一问题，他一定会重说一遍：“我国的分裂运动是渴求精神生活的人们的唯一出路。”然而这个答复完全不算什么答复。一种分裂运动与另一种分裂运动不同；一种异教也与另一种异教有别。我们知道，“异教徒”认为北俄的民主是宗教学说的灵魂，而他们在莫斯科国却愿为字句而死。科学的任务便是要指出制约着社会意识的这些实质差别的社会生活特性。

IV

在解决这一任务以前，我们且对旧仪派的心理作一仔细研究。毫无疑问，最初的分裂派领袖，对于尼空的专横独断，是极为愤恨的。大司祭阿瓦库姆在其上阿列克谢·米哈伊洛维奇的呈文里就说过：“教会中分裂运动的发生，就是由于争权。”但阿瓦库姆对尼空活动最为不满的是什么呢？是尼空的仪式革新。他关于他本人及其友人——同他一样出名的分裂派领袖、喀山的大司祭涅罗诺夫——写道：“我们思考过，彼此聚在一起，现在看到仿佛冬日将临，心已僵冻，两脚开始颤抖起来了。涅罗诺夫将教堂交我照管，他自己却一人藏到丘多沃去了，在帐篷里祈祷了一星期，在那里倾听圣像的声音。”这种可怕的道德震动，就是由尼空的下述命令引起的：“根据圣徒和圣父的遗教，不必在教堂里下跪，只要弯腰鞠躬，再就是用三个手指画十字就行了。”涅罗诺夫在丘多夫听到圣像的声音宣布：“苦难的时刻就要到来了，你们要毫不松懈地接受苦难。”像阿瓦库姆和他的朋友这样的人，是不怕受苦受难的。他们立即行动起来了。“我们和丹尼尔[①]从圣经里作了关于用手指画十字和下跪的一些摘录，送给国王。我们写了很多。”[②]这是实话。但是“关于下跪，用手指画十字以及其他仪式”写了很多，而关于“宗教民主”，在分裂派领袖的著作里虽曾出现，却是出现得很少的。

在大司祭阿瓦库姆那里，有一名忏悔者——少女安娜。狡猾的恶魔有一次对她恶作剧，让她笔直地站着，打盹，然后在昏睡中倒在木床上。她睡了三天，在第四天神智清醒过来，大哭一阵之后，向她的神甫说：

“当我瞌睡躺下的时候，有两位天使向我走来，她们扶起我，亲切地带领我向前走去，在左边，听到啜泣和嚎啕的哭声，还有令人感动的教堂乐曲声；后来，她们把我带到一个敞亮的地方——红光十分夺目，并且给我指点了多处红色住室和厅堂。一处最红的大厅有说不出的美丽，比其余的所有大厅更红、也更大，他们把我带了进去，……又扶住我再从大厅走出来，对我说：‘你知道这是谁的厅堂吗？’我说：‘不知道，请让我进去罢。’她们回答说：‘这是大司祭阿瓦库姆神甫的厅堂。你要听他的话，好好生活，听他指点你在祈祷时怎样用手指画十字，怎样鞠躬。不要在任何事情上反对他，你将同他住在这里。”[③]

我们看到，两位天使自己虽然认为怎样用手指画十字和鞠躬具有决定性意义，同时却完全忘记了“教权主义和宗教民主”。这

① 科斯特罗马的大司祭。

② 《大司祭阿瓦库姆自传》，第2版，圣彼得堡，1904年，第7页。

③ 同上书，第26页。

就是说，就令僧侣界的分裂运动以“低层教会的宗教民主”为其出发点，然而在其行动纲领里，分裂运动却除了同任何民主都无任何共同之处的旧仪式外，几乎没有找到余地。

此外，夏波夫过分夸大了反对尼空的低层僧侣的民主主义。伊凡·涅罗诺夫、阿瓦库姆、丹尼尔、洛金以及整个早期分裂派领袖的小团体，尽管就其本身的见解而言是非常卓越的，但完全不曾反对在尼空就任总主教以前时期统治着莫斯科教会的那种制度，而这种制度也是没有民主的。他们只是反对祈祷仪式中的某些混乱。在尼空就任总主教一职以前，参加这一小团体的宗教热心家可以顺当地向教会当局请求改正各种教会混乱状况，甚至可将这种混乱状况报告国王。严峻的尼空则严格地约束住他的属下，所以这种自由很快就完全消失了。阿瓦库姆说他“在就任总主教后，连朋友也不能向十字架一吐这种毒物”。[①] 根据这些话，不难确定“毒物”的化学成分。主要的不幸不在于莫科科的总主教对教会有了巨大的权力，“人民”没有参加教会的管理，而在于统治教会的巨大权力掌握在认为毋须同“朋友们”共同商议的严峻尼空的手中[②]。教权主义反对派使人想起在军职人员中，特别是在大贵族之间不时出现的反对派。军职人员丝毫不反对莫斯科国的制度，但是他们有时不满意某些个别固执和“虚伪”的国王所实行的国家管理体制。当然，对于像伊凡四世这样暴君的行为感到伤心的军职人员，毕竟是比反对暴虐的总主教的僧侣们，更能讲求实际的。

---

① 《大司祭阿瓦库姆自传》，第 2 版，圣彼得堡，1904 年，第 7 页。

② 尼空的前任是比较“单纯一些”。但是对于这位前任，阿瓦库姆，涅罗诺夫和他们的朋友，却扮演了不很尊重旧宗教仪式的维新派的角色。历史的讽刺就是这样。

他们争得了限制国王权力的诏书，诏书的内容不是关于同国王来往的礼仪方面，而是涉及密切关联我们尘世痛苦的国王可能的行为：如不经过法庭审判的处决，财产被没收等等。但是，尽管军职人员比较实际得多，然而他们的要求并未立即表现出比较成熟的政治思想。我们在低级僧侣的要求里，也未看到这种思想。

V

初期分裂派领袖的民主主义是多么使人怀疑，可从阿瓦库姆的下述议论中证明："你知道吗？尼空是非常恶劣的。教会所受灾难，都是从他那里来的。但愿有一个善良的沙皇，像很久以前安曼的阿尔塔克谢尔克斯愿意毁灭马尔多赫和犹太人那样，将他吊死在高高的树上。亲爱的沙皇伊凡・华西列维奇会很快就对这条狗发出命令的。否则就不堪设想啊！仁爱的人，现在的人，由于同他亲近而被剥夺了智慧。"①

阿瓦库姆愤然斥责对分裂派的迫害。他慷慨激昂地说："真奇怪！他们怎么不愿了解：怎能用火、鞭笞和绞刑架来建立信仰呢！哪一位圣徒这样教导过？我不知道。我的耶稣没有教导我们的圣徒用火、鞭笞和绞刑架去推行信仰。"②这些话说得既正确、又很有才气。但是"我的耶稣"未必同意伊凡・华西列维奇下这样的"命令"，而我们的大司祭却很盼望阿列克谢・米哈伊洛维奇不要仿效这位"亲爱的沙皇"的榜样。他天真地写信给最沉默的国王说："请

① 卡普捷列夫，见前书，第Ⅰ卷，第381—382页。

② 《大司祭阿瓦库姆的生平》，第22页。

你不要再这样折磨我们吧！拘捕那些毁灭你的灵魂的异教徒，烧死他们这些恶狗，拉丁人和犹太人，释放我们这些自己人吧！那就好了。”[①]那是再好没有了！当然，“我的耶稣”不曾命令用火、鞭笞和绞刑架来实行迫害。但是虔诚的大司祭一定以为，只有对旧仪派施用火刑、笞刑和绞刑，才是坏事，而对于“拉丁人和犹太人，”这却是容许的，甚至是必要的。在这里，我们看到一种足以说明早期分裂领袖的“民主”的新特点。

当阿瓦库姆深信沙皇阿列克谢不会完全否定尼空所实行的教会改革时，他便对这位沙皇非常不尊重了。他写道：“兽有两角。两种权力标志着：其一是胜利者……尼空，另一是帮凶阿列克谢……，他虽仁慈，但用双角触及教会，并擦掉了教会的章程，”等等。又写道：“许多经常遭到不幸的人们，却在一生中搞出些古古怪怪的勾当，像山羊一般，满山蹦跳，追风逐云，俨若权力的标志，寻找圣徒所在，想把他们吞没，带进地狱。”

在对阿列克谢·米哈伊洛维奇沙皇失望以后，阿瓦库姆开始寄希望于他的皇位继承人。他对一度向他所爱戴的米哈伊洛维奇写道：“你的儿子在你以后将依靠耶稣，在即将召开的第六次宗教会议上，开释所有受折磨的信徒。君士坦丁·布拉达特伊就诅咒过他的父亲的折磨者异教徒，并按照耶稣的教旨赐给所有受折磨的信徒以生命。”阿瓦库姆愿意将“亲爱的沙皇”伊凡·华西列维奇所享受的全部权力交给君士坦丁·布拉达特伊。

阿瓦库姆由于对阿列克谢·米哈伊洛维奇的不满，坚信这有

---

① 卡普捷列夫：见前书，第Ⅰ卷，第382页。

罪的沙皇将在地狱受苦难:“你为什么在这里背叛了耶稣、将无比纯洁的圣母圣像从供桌上拆除了,亲切地维护其他的异端,而火烧笃信宗教的信徒呢? 你自己将受上帝的火燎,而那些由于信仰而受过火燎的人们,则将在那里活着。”①

库尔布斯基公爵在他那时也只能用上天的审判来吓唬沙皇。

一个值得注意的事实:约瑟夫·沃洛茨基是拥护莫斯科国王的无限权力的最彻底思想家,……因为这些沙皇同意不侵犯教会的财产;在他的学生中,前面顺便提到的丹尼尔主教便居于最突出的地位。丹尼尔在所写大量著作中,不断引述沃洛茨基的观点。所以这位保守到极点的作家,受到旧仪派的最大尊敬。他们将他的著作同圣父的著作等量齐观。按照他们自己的观点,他们是正确的。

B. 日马金说:“旧仪派对于丹尼尔主教个人和著作的长期向往,不仅是由于他们对于在他的著作里得到肯定的某些个别观点和宗教仪式特点的同情,而是由于在分裂派和当时一般以丹尼尔主教为引导人和战士的所有派别之间,在过去和现在都存在着一致性和密切联系。”②

VI

我说过:异教与异教不同,分裂与分别有别。这对旧仪派的分裂而言,也是正确的。“教仪派”是一码事,“反教仪派”是另一码

① 卡普捷列夫:见前书,第 360 页。

② 《丹尼尔主教》,第 761,762 页。

事。“反教仪派”在同官方教会的斗争中比“教仪派”要坚决得多。在十八世纪下半期，“反教仪派”中能够产生像“逃亡派”这样的极端宗派。按照年代顺序，这个宗派远远超出本章的范围。但我有可能时还是要在这里提到它，因为正是由于它的极端倾向，它比所有其他“反教仪派”的宗派，更能表明旧仪派的思想境界的极端狭隘。另一方面，旧仪派极少前进，所以它的思想代表在随后的一百年中，仍旧在实质上保持着他们在十七世纪所保持的那些观点。

反教仪派对尼空提出了以下的指责：

“1. 给耶稣之名附加调子，理解为神灵，也理解为人类……

2. 完成了(代替开始了)叶凡赫尔圣诗分段。——保罗·萨莫萨特和拉丁异教。

3. 教导了救世主用洒水行洗礼——路德异教。

4. 像马尼赫伊、叶尔林、拉丁和奥里根那样，教导关于仁爱的孕育。

5. 在阿利路亚(赞美上帝)歌中加上第三个阿拉赫。——拉丁异教。

6. 在描写叶弗夫罗伊姆生平的歌中，加上异于上帝的崇拜偶像的东西。

7. 对以前神圣的大祭实行祈祷，在三一节下跪。——拉丁和斯拉钦异教。

8. 把耶稣受难像画在两部分十字架上。——路德和拉丁异教。”

这样的指责达 24 条。引用其余各条是枯燥而无益的。只要说的是所有各条就其内部性质说就像上面刚刚引证过的。正像刚刚引证的各条，其余任何指责都对无论什么样的民主也没有丝毫关系。

但是我据以引述这些指责的资料，却不仅是反对尼空。资料里还有其他一百条指责，说明居于统治地位的教会在这一总主教以后的情况。在这一百条对官方东正教的指责中，只有一条如果加以适当解释，可能获得社会意义。这一条指责说：

“驱逐和杀死不接受新办法的人，——以下就是对这类的指责：

“在《权标》一书中，将耶稣解释为圣父、圣子、圣灵三位一体和两个自然。

“剃须和对圣季米特里及格奥尔吉的诽谤。

“祈祷时用四块圣饼。

“在三角板上用拉丁文写‘上帝’这个词。

“不保持斋戒制，准许自己——即僧侣食鱼、俗人食肉。

“在唱阿利路亚[①]时不鞠躬”，等等等等。

这些指责的思想所重视的是字面，而不是精神。这是很明白的。但除这些表明只是注重字面的指责外，还有一些指责表明，像教仪派一样，反教仪派也是因为莫斯科转向西方而引起的民族主义反动的结果之一。兹就这种指责略举数例：

“饮酒进餐时奏乐、跳舞和鼓掌。

“进教堂，甚至登祭坛时，油头粉面。

“（按照马尼教的学说）编写日历。

① 阿里路亚（Аллилуия）为对上帝的赞美词。——译者

“将主的年代缩短 8 年(拉丁),在 1 月 1 日庆祝新年。

“学天文学,按照卑鄙的书籍和习俗去相信星宿的运转。

“在喜剧里,男扮女装,女扮男装。”①

无论你想怎样把分裂运动理想化,在这些指责里也不可能找出任何进步的东西。

某些反教仪的宗派拒绝为沙皇做祈祷,这同政治反对派仿佛有所类似。这一拒绝的无可争辩的事实使夏波夫对十七世纪莫斯科国的社会发展过程产生如下想法:

“由此观之,在 1613 年缙绅会议上表示全民同意之后,竟然在莫斯科和所有地区发生了十七世纪俄国人所说的那种‘巨大反复’;这是令人吃惊,百思不解和意义重大的。在十七世纪二十年代根据全国的同意选出了沙皇,而自十七世纪九十年代起便产生了全国人民群众到处反对这一同意,开始不承认沙皇,否定沙皇了,……古代俄罗斯便这样完结了。”②

这位史学家的结论,在这里无限度地超越了可能充作结论根据的历史事实。“反教仪派”的同意,虽然拒绝为俄国最高权力的元首做祈祷,但并不曾“否定”沙皇这个制度,而只是“否定”了“不虔诚的”沙皇:这种沙皇迫害正当的信仰,因此为他做祈祷,在祈祷里称他为“虔诚的”沙皇,便是犯罪。甚至像逃亡派(又称云游派)这样一个极端的宗派,也完全信守了这种主张。但是就令他们有

---

① 见《反东正教论文集》,摘自 1853 年 9 月从萨伏瓦提·彼特罗夫的菲力普教派教师处没收的书中。《关于分裂派的政府通报汇编》,编者:ф.克尔西也夫,第 4 辑,伦敦,1862 年,第 191—197 页。

② 《文集》,第 1 卷,第 470 页。

了这种主张，也完全不能使我们相信，由于他们，“古代俄罗斯便完结了。”

逃亡派（云游派）奥西普·谢苗诺夫在审讯时说：“自从抛弃信仰的尼空总主教以来，便开始了反基督的统治，这种统治的代表者便是你们的皇帝老爷。……如果想承认国王的权力，那便是对上帝的欺骗。”[①]这话听来是极端急进的。但谢苗诺夫接着又说：“我在《年代记》一书中读过，圣父们都曾命令向狄奥克列齐亚努斯皇帝纳贡，只要他不压迫他们，否则不承认他的权力。我也将向你们的国王纳贡，只要他不禁止我们宣扬真正的信仰。”[②]另一云游派多美季安·费奥凡诺夫在1848年3月12日审讯时说：

“我不认为大俄罗斯教会的书是圣经。我只相信在虔诚的沙皇统治时期所印行的书。我相信宗教会议和由7个全国宗教会议建立的圣徒教堂。我认为沙皇的权力是必要的，这只是因为没有一个国家能够没有沙皇。至于命令将云游派和基督徒关进监狱的沙皇，我不认为是沙皇，而认为是折磨者。圣经证明，谁抛弃了信仰和思想模糊，他便是反基督徒；而自尼空时期以来，所有信仰他的学说的人，都是东正教的背教者。”[③]

费奥凡诺夫相信没有一个国家能够没有沙皇而生活。这是他

---

① 克尔西耶夫：见前书，第285页。

② 同上书，同页。这些供词是由官员写成，而由谢苗诺夫签名的。也许可以怀疑，这些供词由于是在那种条件下作出的，是否完全可信。但是我们看到，被审问的人是不害怕慷慨陈词的。至于官员，他们通常都是倾向于夸大，而不是减轻受审人观点的急进精神的。用加重点印出的语句，想必是出于官员之手，而不是由于谢苗诺夫的强调。

③ 同上书，第287页。

的观点的政治方面。但沙皇背弃了真正的信仰，他成为反基督徒。因此，他不再是沙皇。这样，在费奥凡诺夫的头脑里，莫斯科罗斯遗传下来的政治保守主义，由于种种因宗教理由而引起的对当时当地沙皇的否定态度，是变得更加复杂了。结果得出了一种综合的见解，这种见解，同我们在大司祭阿瓦库姆著作中所看到的，是极相仿佛的。但是无论阿瓦库姆的宗教宣传，无论刚刚引述的云游派费奥凡诺夫的观点，都不曾宣布古代俄罗斯的终结。

VII

逃亡派这一前已说到的极端派的创始人。叶夫菲米，称沙皇米哈伊尔·费多罗维奇“为一光辉虔诚和维护耶稣戒律的好沙皇”。他认为应该为这样的沙皇祈祷。按照他的意见，如果为彼得及其继位者祈祷，那是犯罪。对他们不应服从；服从他们就是听命于恶魔。然而所以不应服从他们，只是由于他们的渎神行为，而不是出于任何政治动机。①

很奇怪，夏波夫一方面认为十七世纪的那些极端分裂宗派否定了沙皇，同时却忘记了他在同一著作中不过几页以前所写的下列一段话：

“所以，正如在十七世纪的群众民主很容易被摆弄为自封沙皇

① 见叶夫菲米 1787 年给莫斯科长老的信的摘录，载《克尔谢耶夫文集》，第 4 卷，第 252—256 页。在这里必须同意斯米尔诺夫先生的意见。他说，拒绝为沙皇做祈祷，在逻辑上是从相信反基督的朝代业已到来的信念中产生的：“事实上，可以为不信教的沙皇祈祷，而且按照圣徒的指示祈祷，但不能为反基督徒或为其不寻常的器皿祈祷，因为这甚至是犯罪的。”（《分裂运动的内部问题》，第 105 页）

的游戏，同样弗拉基米尔省、穆罗姆县、斯塔罗杜布乡的一个普通农民伊凡·季莫菲伊奇·苏斯洛夫也成为一名宗教的自封人物。他根据神人同形说的观点，自封为耶稣—上帝。从那时起，便有了好几个自封的耶稣了。”①

自封的沙皇所以在罗斯出现，不是因为俄国人民“否定了”沙皇，而相反地是因为他们像费奥凡诺夫一样，认为任何国家都需要沙皇的权力。这种观点是任何民主主义的象征意义也没有的。完全一样，自封耶稣在俄国存在这一事实，也无任何民主主义的迹象。这种自封的耶稣只不过是对自封的沙皇的一种臆想的补充而已。无论是自封的沙皇，或是自封的耶稣，他们所以能够出现，这本身便证明古代罗斯不是终结了，而是生命持久。不过，自封的耶稣都是在那些已与本义上的旧仪派不同的旧教派中产生的。

旧信仰——教仪派和反教仪派——不只是在字面上反对当权者。这是可从叶夫菲米的下述见解中明显看出的：

“第一次全国普查时，第一个皇帝清查了所有的人们，并将他们划分为各种不同的级别，……这个内容难道不是明显反基督的吗？……他们将土地、森林、水域分段划界，甚至我也成为他们的遗产，从这些地方要求垂死的人们纳贡，……尤其是向荒原派出那个自己统治的招致灭亡的人们，寻找那些默默地工作着的人们，他们过去信仰沙皇，尊敬沙皇，向沙皇交纳所需要的东西，接受沙皇的祝福，现在却对他们实行掠夺，折磨，置他们于死地。”②

① 《文集》，第 1 卷，第 464 页。

② “给莫斯科长老的信”，见《克尔谢耶夫文集》，第 4 卷，第 260—261 页。

叶夫菲米不仅不满意彼得将人民分为各种不同的级别。使他感到气愤的是将土地、森林、水域分段划界。在反对这种划分时，叶夫菲米甚至作出了一些共产主义的结论。他说："我的所有乃来自魔鬼；一切由上帝创造的，都应属于你们。"他认为私有制（"我的地产"）的建立，是由于道德败坏："为此而开始了欺骗，不公正的测量，狂乱的衡量制度，在任何东西里都掺假；而产生了指天发誓、贪财、仇恨、妒忌、敌意、斗殴、兽性的相互攻讦，演成掠夺性的欺凌。所有这一切都是为了财产的查封和划分。皇帝对某人多分些，某人少分些，某人什么也不分。只有手工制品才有自由。"[①]

这些结论和见解，证明他是一位禀赋敦厚的人物[②]。这些结论和见解又证明大俄罗斯族在天然秉赋上完全不亚于其他族，在有利的条件之下，同样能够从事我们在西欧所看到的那种勇敢的思想活动。但是社会条件不曾在莫斯科国为社会意识的发展留下任何余地。因此，每当形势要求莫斯科人讨论他们本身所造成的社会政治制度的时候，他们总是表现得极端无能为力。黑格尔在说明中国的法律和道德概念时说，中国人以为道德要求，不是发自自己的良心，而是得自外来的命令。他解释这是由于在中国专制制度所特有的社会政治条件之下，个性不能发展。但是，像在专制制度的中国一样，在莫斯科的"世袭君主制"之下，个性也在同样的程度上完全没有发展的可能。外国旅行家——在这里也可将对俄国人非常抱有好感的斯拉夫人克里扎尼奇算在内，——对于莫斯

① 《克尔谢耶夫文集》，第 4 卷，第 262 页。

② 这位逃兵没有受过任何教育。

科人的道德的描写，是同黑格尔在所著历史哲学中同样根据外国旅行家的议论对于中国道德的描写，一模一样的。都知道，在文化发展的长期过程中，道德甚至法律，都是由于宗教而受到尊崇的。当然，莫斯科国的情况也是如此。然而如果莫斯科人以为道德的要求不是发自自己的良心，而是得自外来的命令，则使这种要求受到尊崇的宗教自然也在他们的观念里成为一些死板的——即未经个别思想家的著作赋予灵感的——教条和仪式了。因此，莫斯科人在用道德和宗教的名义起来反对什么的时候，必然要依靠死板的教条，最多——即当他们抗议达到极点的时候——也只是“为字义而死”。这就可以解释为什么用两指画十字，顺着太阳的方向由东向西行走，用深沉的“阿利路亚”歌赞美上帝，以及其他旧约的细微末节，在莫斯科国都是“适合时间、地点及人民精神”的了。①

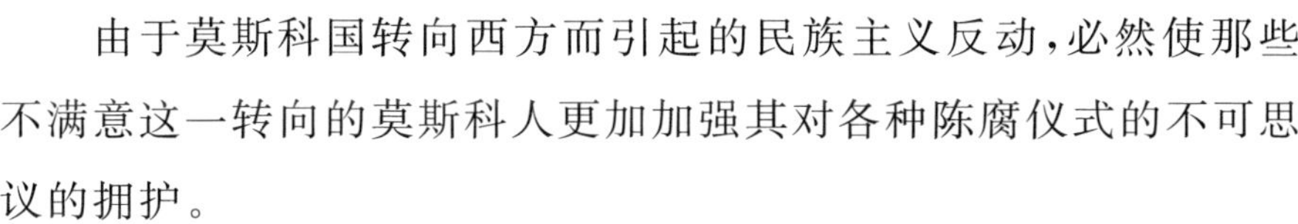

由于莫斯科国转向西方而引起的民族主义反动，必然使那些不满意这一转向的莫斯科人更加加强其对各种陈腐仪式的不可思议的拥护。

在大部分“彼得堡时期”，俄国的劳动居民仍旧处于他们在彼得改革前所处的同样条件。唯一的差别就是这些条件变得更艰难，更不利于个性的发展。因此，人民群众的心理状态在实质上毫无改变。这一情况使我得以在研究十七世纪旧仪派的心理时，引证十八及十九世纪旧仪派的观点。这也使我在往后的叙述中只是对于旧仪派，作为人民情绪的一种表现，约略一提。

① 见前面摘录的皈一教呈文。

VIII

反教仪派的极端代表也受了民族主义反动的影响。旧的莫斯科罗斯仍然继续生活在他们当中。甚至像叶夫菲米这样无疑地很有天才的人，一方面反对社会不平等和彼得一世加于俄国人民的不堪负荷的重担，同时却在他的正确和勇敢的结论里堆积了大量拙劣的废物，使这些结论丧失了实际的意义。按照他的意见，彼得的罪过不仅在于他使劳动群众陷于极端艰难的处境。这位第一皇帝的不可饶恕的罪过在于他“决心确立叶林和拉丁以及其他异教的法律，诸如：剃胡须、穿德式服装、留发及结发辫、打花结、戴领带、头上及发辫上扑粉、用鼻孔吸烟和用嘴唇吸烟，和狗用同一器皿吃东西，”等等。因为彼得彻底消灭了虔诚的习俗，所以发生了“谚语”所说的“将发生大饥荒。”①最后的这些话，明显地表明叶夫菲米虽然是从现实的事实出发，却立即陷入民族主义反动的阴暗范围。他听说，彼得时人民情况很艰苦：“曾发生大饥荒”。必须找出这一现象的原因。神学的思想方法，加上反动的民族主义，立即提醒他，大饥荒的原因在于剃胡须、穿德国式服装、用鼻孔吸烟和嘴唇吸烟等等等等。然而由于用了这种解释，叶夫菲米便完全不可能同他完全正确叙明的社会罪恶，进行卓有成效的斗争。

科斯托马罗夫说，分裂运动虽然既不完善，也不正确，但却是

① 克尔谢耶夫：同前书，第265页。——很难决定是谁在这里给“用鼻孔吸烟”和“将发生大饥荒”加了重点。

一种特殊的人民自我教育机关[1]。这一定义，如果将其构成部分重加编排，也许可以接受。我以为应该说：分裂运动虽然是一种特殊的人民自我教育机关，但却是既不完善、也不正确。当然，“不正确”和“不完善”等词，可能引起误会。但在这里，应该怎样去理解它们，却是显而易见的。

社会存在决定社会意识。社会存在的前进活动，引起社会意识的向前发展；而且不仅引起这种发展，它自身以后的发展过程亦将由其引起。为了社会存在的进步，最重要的是使这种“人民自我教育机关”臻于“完善”和“正确”。而任何这种机关愈是符合于目的，也就是说人民愈是能通过它更好地理解社会现象的因果联系，那它也就愈加正确和完善。毋须说明，为什么如此：为了同社会祸害进行斗争，必须正确理解祸害的原因。我们刚才看到，旧仪派的意识形态，不仅不曾便利人民去理解其艰难处境的真正原因，而且直接妨碍人民去理解它。因此，就令分裂运动也算是一个人民自我教育的机关，然而这个机关的极端不正确和不完善，却使它同时成为人民停滞，而完全不是成为科斯托马罗夫所说的那种人民进步的机关。

科斯托马罗夫还说：

“我们不同意早在我国流传，并且成为所谓老生常谈的意见，似乎分裂运动就是旧罗斯。否。分裂运动是一种新现象，是同旧罗斯格格不入的。”

他对这一思想曾加解释说：在分裂运动里，人民群众破天荒第

---

① 《分裂派的分裂史》，——《欧洲通报》，1871 年 4 月，第 500 页。

一次表现了一种独特的活动。然而在旧仪派之前，罗斯便有过斯特里戈尔尼克派[①]和犹太派等宗派。这两个宗派都是比旧仪派的分裂运动正确得多和完善得多的人民思想进步机关。的确，它们虽然也是产生在俄国，但是在莫斯科国的境界之外。也可以说，它们主要是一些西北罗斯共和国的最高阶级的思想成果。但是就在莫斯科，费阿多西·科索伊的异教，在思想内容方面甚至比反教仪派的旧仪派，有价值得多。十八世纪的逃兵叶夫菲米亚远远赶不上十六世纪的逃亡奴隶费阿多西，科索伊。莫斯科"世袭君主制"的基础愈是扩大和巩固，则社会条件对于人民群众的思想活动愈是不利。所以在大部分人民群众相当广泛和极为热烈地参加维护旧信仰的斗争时，他们立即暴露出受到莫斯科国社会政治关系制约的社会自觉性的惊人软弱。因此，不能像科斯托马罗夫那样，认为分裂运动是一种同旧罗斯格格不入的现象。正是旧莫斯科罗斯，在这一现象里比在任何其他现象里，更完善，更突出，更鲜明地表现了它的精神本质。

IX

当夏波夫断言，在国家压迫下的农民和商人曾竭尽全力来"解脱重压"，求得"自由生活"时，他说出了一句纯粹的真理。当他写道，农民和商人的这种企求时常使他们"不听从国王的命令"，这也一点不错。但是这种对自由的企求，在什么地方才能实现呢？夏

① 斯特里戈尔尼克派（Стригольничество）为十四世纪古代罗斯主要发生在新城和普斯科夫商人中的一种宗派运动。它否定教会的教阶制度，要求教会改革。——译者

波夫对这个问题，作了解答。

我们在他的著作里看到他指出一个有趣的事实，即在十八世纪上半期的“教师”名册里，常常在宗教学校学生的名字上面写着“经常逃亡”(Semper fugitiosus)等字。这几个字可以用来很好地说明俄国人民中的全部反抗分子。他们当中的每一个都是一种特殊的逃亡者。我们的作者又说：“任何级别的人们，特别是纳税的农奴和服役人员，都不断在世界上奔跑。这些逃亡者结成各种团体、宗派和帮伙”[①]。特别值得注意的是，极端旧仪派获得了我们已经知道的云游派或逃亡派的称呼。

我遁踪于阴暗的森林，
与野兽结伴为伍。
我将生息在这里；
这里空气纯净喜人，
又可听到吱吱鸟语；
这里和风习习，
流水淙淙。[②]

在被奴役中住不下去的俄国劳动群众的精力充沛的代表人物，就是这样歌颂阴暗的森林的。他们还创作了许多动人的诗篇献给“美丽的荒原”。

由于忧愤和悲伤，
我徘徊在美丽的荒原上。

① 《夏波夫文集》，第1卷，第532页。

② 同上书，第550—551页。

你美丽的荒原呵！
是我的第二个慈母。
请收养我吧，荒原，
我罪过累累，
热泪奔流！……[1]

逃亡者在"荒原"里觉得很自在，因为那里没有大贵族、贡税、义务、官吏，没有莫斯科的笞杖和彼得堡的长鞭。当然，他们在那里必须忍受许多物质上的匮乏。荒原——慈母预先就告诉了逃亡者：

我这里是一片荒原，
没有甜蜜的食物；
我这里是一片荒原，
没有蜜酿的琼浆玉液！……

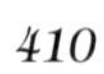

但这不是什么巨大的不幸，何况美丽的荒原还有许多各式各样的天然资源。正如这同一慈母所说，不幸在于：

我这里是一片荒原，
你没有和谁可以交谈，
这里没有人语声。

谈到这里，"荒原"所指的实质上就是来到这里的"青年"，将无人一同"纵情玩乐"。但是，从历史的角度说，问题比这严重得多。在荒原里不仅无人可共玩乐，而且无人可与之交流思想，这就促使逃亡者的思想停止了发展。伟大的社会政治思想不是在荒原里，

---

① 《夏波夫文集》，第1卷，第532页。

而是在大的文化中心里产生和发展起来的。在这种文化中心里产生的社会矛盾，乃是思想进步的最强大的推动力。

尤佐夫写道："我国的旧信仰派所以群起维护旧事物，并非由于它是旧事物，而是由于它仿佛比新实行的制度更符合人民的需要。"[①]这当然如此，但是试问什么人只是因为旧事物（或新事物）是旧的（或新的）而去维护它呢？任何时候，任何地方，人们所以重视旧事物（或新事物），都只是因为他们承认这种事物比新事物（或旧事物）更符合他们的需要。在莫斯科国也是一样。正如论述民族主义反动一章所阐明，这个国家的很大一部分人民，在分裂运动出现以前便是反对由于转向西方而引起的新条件的。我们还知道，分裂运动本身便是民族主义反动的一种表现。最后，我们知道，这种反动不是没有原因的。它是由于转向西方所造成的新的生活条件这样或那样地破坏了人民中各种不同阶级的比较重大的利益。不幸的是，这种利益迫使莫斯科国的反对派思想不去向前看，而是朝后看。

这种思想以不满于莫斯科君权无限扩张和供职外人出现于罗斯的大贵族为代表，而向后看；这种思想以反对尼空独断专横的低级僧侣们为代表，而向后看；这种思想以受到外国商人竞争排挤的商界人士为代表，而向后看；[②]最后，这种思想以本义上的劳动群众为代表，而向后看。反对派思想经常朝后

① 《俄国脱离国教的人们》，第 50 页，并参阅第 22 页。

② 甚至竭力把分裂运动理想化的夏波夫，也是承认这一点的。他说："人民群众的民族意识几乎完全浸透了旧事物的精神，不是朝前，而是朝后看的，朝十六世纪和十七世纪的传说看的。"（《文集》，第 1 卷，第 221 页）

看，而不向前看，乃是由于社会关系的不发达，使反对派的代表不可能为自己的国家拟订出一条前进的——而不是倒退的——运动的道路。

X

但是社会关系的不发达还有一种后果，即莫斯科国社会思想的反对派对于国内往后的思想发展，仍旧没有产生任何结果。“把分裂运动理想化的人们”说：“对新事物抱着批评态度的守旧派，不能不对自己的旧观点采取同样的批评方法，——从这里便有了继续发展的可能。”[①]这种见解只能说服那些保持唯心史观的学者。如果人们从来不是仅仅由于旧事物（或新事物）是旧的（或新的）而维护旧事物（或新事物），则他们同样永远不会仅只因为批评就是批评而对旧事物或新事物（在这种场合里都是一样）进行批评。如果莫斯科国的劳动群众对新事物采取了批评态度，那也完全不能从此断言，他们一定会由于尝到甜头，便对旧事物也采取批评的态度。人们在思想方面“继续发展的可能”，总是有的。然而只有在有了必要的社会条件的时候，这种可能才能转化为现实。可是随着莫斯科国所特有的社会政治制度的形成，这种条件是越来越少了。因此，宗教反对派虽然在十六世纪就突出了科索伊，而在下一世纪却只能提出大司祭阿瓦库姆及其他与他相似的热衷于“古代信仰”的人物了。

在先进的西方各国，不满意的分子集中于城市，而在莫斯科

① 尤佐夫：同前书，同上页。

国，他们却是去荒原里拯救自己的灵魂。这就是为什么旧事物在莫斯科国无论在社会关系方面或在思想方面都比西方先进国家无比活跃的秘密[①]。

先进西方各国的不满分子由于集中在文化的中心，除了比较彻底地改造社会政治制度之外，别无其他改善他们的命运的手段。社会发展的客观力量，驱使他们同社会政治制度作斗争，也就迫使他们的思想对这种制度进行批判。社会斗争愈是尖锐，不满分子的批判思想便愈是深刻地看清了旧制度的基础。莫斯科国情况却不是这样。劳动群众的境况愈是艰难，其精力最充沛的分子便愈是受到逃往“美丽荒原”的诱惑。他们在那里是集结为哥萨克集团，还是建立起分裂派的隐修院，——这就要由情况来决定了。然而无论如何，他们既然奔向边疆，便没有理由考虑改善那种压迫他们的社会制度的手段。他们只要相信这个制度在压迫着他们就够了。既然压迫，那就应该“分散开了”——这就是人民思想在那种历史和地理条件下所得出的极端结论。这个结论是不包含任何进步东西的。

劳动人民既然有了“分散开”的愿望，他们当然非常愿意听从那些向他们证明在旧的地方不能希望发生任何好事的人们的意见。有时是勇敢善良的青年作出这样的证明，邀请受尽捐税折磨

① 旧仪式的宣扬者宣称：“活着的人在城市里不能拯救灵魂。”（П. 斯米尔诺夫：《十七世纪分裂运动的内部问题》，第 101 页。）斯拉夫派也按照自己的方式（在十九世纪！）强调了同样的意思，——例如 И. С. 阿克萨科夫便喜欢将“乡村”同城市对立起来，民粹派便认为城市的工人，在文化的意义上，是“俄国‘不正确的’经济发展”的甚为有害，而不是有利的产物。

的从事工商业的人们在哥萨克的队伍里遨游无际草原和河流的广阔天地。有时,是一些号召东正教徒为“古代信仰”而斗争的长老,坚决主张离开那些住惯了的地方。这些长老除了指出反基督徒业已即位并已罗织东正教的基督徒之外,再也提不出其他更动听的理由。反基督徒既已即位,则“分散开”便不仅是为了他们的物质利益,而且为拯救灵魂所必需。

由此可见,除了前面所述各点外,这便是使首次从低级僧侣中分化出来的分裂派领袖的宣传易于为人民意识所接受的那些社会存在条件。

哈尔拉莫夫在八十年代就写过:“云游派对于反基督的形象深感震惊,并用这种形象来恐吓群众。他们在指出这一特殊的灾祸并说明这是魔鬼——反基督徒造成的时候,搅乱群众的思想,把群众的思想从现实的范围推入幻想的范围;他们离开群众齐心协力摆脱生活重压的企图,而使人民的思想进入另一范围——即个人德行的范围,他们把个性突出到首要地位,遮盖了社会及社会思想问题。”①

Mufatis mutandis(加以相应程度的改变)——除了少数例外,这些话也可适用于基督教的所有宗派:他们的一切宣传往往是把人的思想从现实范围推入幻想范围,因而阻碍人的思想的发展。然而主张其信徒“为字面而死”和逃向荒原的那种说教,比所有其他说教更能阻碍人的思想发展。这种宣传愈是成功,便愈是有助

---

① 《云游派·分裂运动史纲》,载《俄国思想》,1884 年,第 5 期,第 127 页。

于保持旧制度原封不动①。

在迁移到"荒原"之后，不可能满足于"空气纯净喜人"和"莺歌鸟语"。必须生活。为了争取生存的斗争，逃亡者联合起来，逐渐形成相当大的村落。在若干时期之内，国家是不能对这些村落严加打击的。但是村落居民的相互关系的形成，归根到底还是采取了在旧住处按照主导的生产方式而制定的那种模式。差别只在于"荒原"的天然财富和国家压迫的鞭长莫及，有助于移民在"新地方"达到高得多的繁荣程度而已。当然，这好得很。然而在西方各国——包括西罗斯在内——的条件下，更高度的繁荣，带来了同这种生产方式相适应的社会矛盾的更迅速发展，而这种社会矛盾又加速了社会思想的运动。可是在美丽的慈母——荒原里，情况却非如此。的确，在移民之间产生了财产不平等，出现了穷人和富人。守旧派的企业家几乎是像通过同"外人"(换言之，同尼空派的人们)进行商业和工业往还那样，通过对自己的志同道合的伙伴们的剥削，赚得了有时是很大的资

① 已故 И. 哈尔拉莫夫当时最明确地指出了地理环境对我国人民思想发展的不良影响。他写道："当我国辽阔的平原到达绝望的时候，当对于整整一千年来经常积累的不满打开了可供使用的空地的门户时，我国人口的增长和密集过程，进行得非常慢，非常不明显，这是可以理解的。在人民的意识和思想里，除了悄然离去垦殖之外，不可能产生任何其他反对社会灾祸的斗争。而且就是对于使人们悄然逃避的灾祸，也只是有所感觉。人们所以逃避苦难，只是因为知道那里很艰难。至于为什么会有这种艰难，以及这种艰难和不便主要是从哪里产生的，——对此几乎不去思考"(文见前载《俄国思想》，1884 年，第 2 期，第 197 页)。可惜，哈尔拉莫夫不懂唯物史观，因此他所提出的深刻、正确思想，在他的著作里不曾获得适当的发挥；而在同"把分裂运动理想化的人们"进行论争时，他自己也终于倾向了唯心主义的观点。如果将 Г. И. 乌斯片斯基对俄国人民的"整个生活"的埋怨之词同他论述地理条件在俄国社会思想发展过程中的意义的见解作一比较，那会是很有意义的。

本[①]。然而贫苦人却愿意追随他们，认为他们是虔诚地“爱耶稣”者。所以，从这方面说，分裂运动倒也是一个思想进步“未完成”的机关。它阻碍了思想进步，而不是促进了这一进步。

社会存在不曾给那些有时——尽管极其少见——在反教仪派中产生的进步思想因素以任何有成效发展的可能。云游派创始人的共产主义观点，一直处于萌芽状态。这些观点实质上是非常不明确的，甚至“把分裂运动理想化”的最狂热分子也不想承认其为完全共产主义的观点。尤佐夫认为，在叶夫菲米的学说里，共产主义只适用于不动产[②]。果真如此，——而这是非常可能的——则叶夫菲米只对事实上存在于“荒原”的情况，给予宗教的批准，因为在那里，土地，森林及其他能够进行经营的地方，都不是任何人的私产。

无论如何，云游派是不能不尊重实际的经济关系的。他们当中也有许多商人和实业家，是完全不愿咒骂“我的，你的”等词汇

① “分裂派的富人，特别在十八世纪后半期，掌握了许多商业和工业部门，控制了地方工业产品的贸易，并由此而控制了很大一部分当地居民。贫苦的农民处于对商业分裂派分子的这种无可避免的依附地位，有时被迫参加分裂运动，以免失去小康的生存资料。他们或受雇为富有分裂派分子的工人，或向他们出售自己的产品，以求在这两种场合里，同分裂派分子一样享受优待，……因而同意分裂运动”（《夏波夫文集》，第1卷，第319页）。“阉割派教徒一经站稳脚跟（至于富户更不用说），便使用雇佣劳动”（《奥列克明斯克的阉割派教徒——历史生活概述》，圣彼得堡1895年，第28页）。“的确，对于雇佣工人，阉割派教徒比城里人和农民给了更高的工资和更好的饭食，但是从他们身上榨取了所有膏脂”（同上书，第21页）。

② “Г.罗佐夫说：在云游派创始人叶夫菲米的基本思想里，有共产主义思想。但对此是碍难同意的。逃亡派对于他们的领袖在这个问题上的言论，不是这样解释的。根据大多数云游派的意见，这些言论只不过涉及地产、渔业、制盐业等”（《俄国脱离国教的人们》，第116页）。

的。这些商人和实业家在云游派里构成一个“俗人”或“居民”，逃亡派的特殊阶层。按照夏波夫的说法，对于他们，逃往荒原只是一种表面文章。他们的真正任务是窝藏，即为真正的逃亡派建立秘密的避难所。这些真正的逃亡派是不能没有这种秘密的避难所的，所以他们不得不同他们的富有同道们做交易。然而这种无法避免的交易乃是对“反基督徒”精神的一种非常重大让步。此外，必须指出，最少在十九世纪，云游派普遍出现于大俄罗斯的工业省份，在这些地方，资本的力量比俄国任何其他地方都要强大，这里虽有很多的森林，但“美丽的荒原”很快就失去了它的旧时的性质了。

XI

但是不要离题太远了，我们还是重新回到莫斯科罗斯罢。

夏波夫断言，分裂派体现了斯捷潘·拉辛的精神[①]。但这是不确切的。拉津如果要说他的思想方式，他对于阿瓦库姆、伊凡·涅罗诺夫、尼基塔·普斯托斯维亚特及其他热衷于旧信仰的人们所热切关怀的仪式问题，是并不重视的。当他占领阿斯特拉汗时，当地居民以他为榜样，在斋戒日吃牛肉，喝牛奶，而且殴打那些反对这样做的人们[②]。在切尔卡斯克的教堂被烧毁时，拉辛拒绝对教堂的重建作任何捐助。他问道："要教堂干什么？要神甫干什么？要举行结婚礼，还是怎样呵？难道双双站在树旁，围着它跳舞

① 《夏波夫文集》，第1卷，第170页。

② 科斯托马罗夫：《历史专题论文》，第2卷，第303页。

不是一样吗？这就是结婚仪式了！”关于这个问题，科斯托马罗夫说：“拉辛已成为宗教本身的敌人，因为宗教是不保护造反和杀人行为的。”[①]要说这位著名的哥萨克领袖在任何时候，出于任何动机是一位自觉的宗教敌人，那是很可怀疑的。如果事实上他否定了神甫和教堂的需要，主张在结婚时只要围着“树丛”跳舞就行了，则在这里应该看到的主要不是对“宗教的仇视”，而是那种“鲁莽的”好汉精神的表现，由于这种精神，甚至对于好汉自己在灵魂深处仍旧尊重的东西，也是毫不吝惜的。在这种情形之下，能够表现这种勇敢行为的善良好汉，不可能信奉分裂运动，这是完全无可争议的。拉辛和他的亲近追随者对于莫斯科饱读经卷之士所热切关怀的问题毫无兴趣，是可从他们所犯的重大策略错误中看出的；当然，如果他们更了解莫斯科国内的情况，他们是不会犯这种错误的：这就是他们曾想将尼空总主教吸收到他们一边。尽管尼空正如所应预料，“不曾受这种盗贼的诱惑”，然而他们却散布谣言，说尼空同他们坐在一条船上。尼空前此不久在同世俗当局的斗争中遭到惨重失败。由于他已成为世俗当局的牺牲者，所以哥萨克觉得他是在人民中进行鼓动的一个适当的工具。但是他们忽视了劳动群众中的反对派分子更倾向于反对尼空，而不愿支持他。斐尔索夫教授早就指出，拉辛对宗教的漠不关心，是他这一重大错误的根源[②]。哥萨克们对宗教仪式问题的不关心，还可从下述事实中得到更好的证明：这就是他们在伏尔加河冒充尼空派时，许诺索洛

① 科斯托马罗夫：《历史专题论文》，第2卷，第284页。

② 《拉辛起义是人民生活中的社会心理现象》，沃尔夫出版社，第41—42页。

韦茨的长老们在反对尼空新制的斗争中，给予支持。他们对这些长老说："兄弟们，要维护真正的信仰，不要用三指画十字，这是反基督的标记呀！"当时的人们便已懂得，"拉辛的工作人员"说这些话是不真诚的。果然，这些工作人员在参加索洛韦茨修道院时，"解除了一些僧人和逃亡者的职务，把自己的弟兄法德杰伊克·科热夫尼科夫和伊瓦什科·萨拉法诺夫推选为院长，教导不仅不要服从教会，而且不认为沙皇是国王。"[①]一百年后，普加乔夫和普加乔夫派的人们，在宣传鼓动方面却显示出他们能够无比地更重视分裂运动，认为它是人民不满的表现之一。

劳动群众由于信从"造反"情绪而追随拉辛的"助手"。在莫斯科国，农村居民——像在任何时候、任何地方一样——是比城市居民更为消极的。因此，在城市里，"造反"情绪在1648—1650年和1662年就已表现出来；而在农村，只是在1670—1671年才表现出来[②]。在农村里，这种情绪比城市更不可靠。当时不具备条件，足以为新社会制度的确立创造客观可能，从而保证反对旧社会政治关系的人民运动取得胜利。我在前面已经指出，哥萨克不得不重视追随他们的群众的君主制信念。除了前面提到的那些事例之外，现在补叙同一拉辛虽然不怕对僧侣和教堂的圣礼仪式实行嘲笑，却于逗留阿斯特拉汗时，在皇太子费多尔的命名日，拜访了主教。人民群众把拉辛视为他们所仇恨的一切恶人的征服者，在莫斯科国的所有地区都准备用面包和盐来欢迎他们自己的这位"父

① 科斯托马罗夫：见前书，第337页。

② 科斯托马罗夫说："整个十七世纪下半期，都是对拉辛时代的准备。"（见前书，第212页）

亲”，对于他的希望超过了对于他们自己。这就是为什么他们在哥萨克出现的地方精神振奋，勃然兴起，而在哥萨克不得不让他们自力谋求生路的时候，则引领承受旧时压制的缘故[①]。然而领导不满意的人民的哥萨克，其本身便是旧事物对新事物的反抗，而不是新事物对旧事物的反抗。按照这种情况，当时已经有了一些受过欧式训练的兵团的沙皇部队，在军事上比毕生戎马的哥萨克要精练得多。但是，尽管如此，拉辛的造反，是一种比旧仪式派分裂运动具有无可比拟地更丰富的生命力的社会现象。这种造反的参加者所坚持的是人间的——尽管当然是业已过时的——理想，而分裂运动所企求的却是“天上的耶路撒冷”。俄国人民运动的心理，尚未经过充分的研究。但是，如果我们说，人民群众倾向于分裂运动，是同他们对于可能用自己的力量战胜占统治地位的罪恶的信念成反比例的；因此，分裂运动是在人民遭到巨大失败以后传播得特别顺利的，那也未必错误罢！很可能，这里发生了我们迄今仍在我国知识界中看到的那种社会心理过程，我国知识界正是在反动派胜利和社会力量衰落的黑暗时代，最热衷于“宗教的探求”。

① 这也就解释了长期存在于人民群众的一种奇谈，认为拉辛不是被杀，而是躲起来了，他“会回来，一定会回来”(参阅科斯托马罗夫：见前书，第 380 页)。

图书在版编目(CIP)数据

俄国社会思想史.第1卷/(俄罗斯)戈・瓦・普列汉诺夫著;孙静工译.—北京:商务印书馆,2017
(汉译世界学术名著丛书:120年纪念版:珍藏本)
ISBN 978-7-100-14286-1

Ⅰ.①俄… Ⅱ.①戈… ②孙… Ⅲ.①政治思想史—俄罗斯 Ⅳ.①D095.12

中国版本图书馆CIP数据核字(2017)第139297号

汉译世界学术名著丛书
(120年纪念版・珍藏本)
俄国社会思想史
(第一卷)
〔俄〕戈・瓦・普列汉诺夫 著
孙静工 译
郭从周 校

商 务 印 书 馆 出 版
(北京王府井大街36号 邮政编码100710)
商 务 印 书 馆 发 行
北京新华印刷有限公司印刷
ISBN 978-7-100-14286-1

2017年12月第1版 开本710×1000 1/16
2017年12月北京第1次印刷 印张27½
定价:136.00元